Bien programmer en Java 7

Avec plus de 50 études de cas et des comparaisons avec C++ et C#

Ouvrage du même auteur

Cahier du programmeur Swing – L'étude de cas Sweethome 3D, E. Puybaret, Eyrolles 2007, 500 pages.

Dans la collection blanche

Dans la collection noire

Dans les collections Design web et A Book Apart

Autres ouvrages

Bien programmer en Java 7

Avec plus de 50 études de cas et des comparaisons avec C++ et C#

Emmanuel Puybaret

EYROLLES

ÉDITIONS EYROLLES
61, bd Saint-Germain
75240 Paris Cedex 05
www.editions-eyrolles.com

Cet ouvrage est la 4e édition, avec mise à jour, nouveau titre et nouvelle présentation,
de l'ouvrage d'Emmanuel Puybaret paru à l'origine sous le titre
Les Cahiers du programmeur Java 1.4 et 5 (ISBN 978-2-212-11916-9)

Avant-propos

Configuration logicielle requise

Les études de cas présentées dans cet ouvrage peuvent être reproduites sur toute machine qui supporte Java 7 (ou une version ultérieure) et le système de gestion de bases de données MySQL, c'est-à-dire à peu près sur n'importe quel système, notamment Windows, Linux, Mac OS X, Solaris et FreeBSD.

Ces études de cas ont en particulier été testées avec succès avec Java SE 7, MySQL 5.5 et Tomcat 7 sous Windows XP/7, Linux (distribution Ubuntu) et Mac OS X (10.7).

Java est reconnu comme l'un des meilleurs langages de programmation objet. Suivant une démarche didactique progressive, cet ouvrage vous aidera à comprendre la modélisation objet telle qu'elle est appliquée en Java et dans sa bibliothèque. Chaque concept est abordé isolément et accompagné d'une application simple et aussi concrète que possible. Enfin, pour vous aider à percevoir l'environnement Java dans sa globalité, cet ouvrage met en œuvre la création d'un forum de discussion.

Organisation de l'ouvrage

Après une présentation des principales applications dans le **chapitre 1**, cet ouvrage est divisé en trois parties.

La première partie couvre les fondements objet du langage Java : son architecture, la création de classes, la programmation de traitements et les mécanismes de réutilisation mis à disposition.

- Le **chapitre 2** présente les principes de la programmation objet et leur application dans l'architecture de Java avant d'aborder l'installation des outils de développement.
- Le **chapitre 3** est consacré à la création des classes et des objets, avec leurs méthodes et leurs champs.
- Le **chapitre 4** aborde la programmation des traitements d'une méthode grâce aux opérateurs et aux instructions de contrôle.
- Le **chapitre 5** explore les possibilités de la composition, de l'héritage et du polymorphisme pour concevoir l'architecture de vos classes.

Télécharger le code source

Le code source des études de cas peut être téléchargé sur le site d'accompagnement, à l'adresse :

▸ http://www.editions-eyrolles.com

Aux programmeurs Java 5 ou Java 6

Si vous êtes contraint d'utiliser Java 5 ou Java 6, un code source compatible avec ces anciennes versions est aussi disponible sur le site d'accompagnement.

Pour aller plus loin

Si vous avez des remarques à faire ou si vous recherchez des informations complémentaires sur les sujets abordés dans cet ouvrage, utilisez le forum prévu à cet effet à l'adresse :

▸ http://www.eteks.com

Conventions

Les lignes de code réparties sur plusieurs lignes en raison de contraintes de mise en pages sont signalées par la flèche ➥.

Les portions de texte écrites avec une police de caractères à chasse fixe et en italique, comme *`VERSION`*, signalent des informations à remplacer par un autre texte.

Marques déposées

Les appellations suivantes sont des marques commerciales ou déposées des sociétés ou organisations qui les produisent :

- Java, JDBC, JSP, JVM, JDK, Java SE, Java EE, JavaBeans, Solaris, MySQL et Sun Microsystems d'Oracle Corporation.
- Windows de Microsoft Corporation.
- Mac OS X de Apple Computer Inc.

La deuxième partie de l'ouvrage met en œuvre les classes principales de la bibliothèque Java dans diverses applications, avant d'aborder les mécanismes d'abstraction et de traitement d'erreurs.

- Le **chapitre 6** est consacré aux classes de la bibliothèque Java qui permettent de manipuler des textes et des dates, d'effectuer des calculs mathématiques ou de gérer des tableaux et des ensembles d'objets. Ce chapitre introduit aussi les classes de base du forum de discussion.
- Le **chapitre 7** aborde des notions indispensables pour bien utiliser la bibliothèque Java, à savoir les classes abstraites et les interfaces.
- Le **chapitre 8** présente les exceptions, qui constituent le mécanisme de gestion des erreurs.

La troisième partie décrit comment exploiter en Java les informations enregistrées dans des fichiers ou une base de données et exposer ces informations aux utilisateurs grâce à une interface homme-machine.

- Le **chapitre 9** présente les possibilités offertes par Java pour lire et écrire des informations dans des fichiers sous forme de flux de données.
- Le **chapitre 10** est consacré à la création d'interfaces utilisateur graphiques avec Swing ; il montre comment mettre en page des composants Swing et gérer les interactions de l'utilisateur avec ces composants, puis comment créer une application de carnet d'adresses et une applet de calcul de mensualités d'emprunt.
- Le **chapitre 11** est consacré à l'enregistrement et à la lecture d'informations dans une base de données grâce à JDBC et SQL, avec une mise en pratique pour gérer dans MySQL les utilisateurs et les messages du forum de discussion.
- Le **chapitre 12** présente comment créer dynamiquement des pages HTML avec les servlets et les pages JSP sur un serveur tel que Tomcat.
- Le **chapitre 13** est consacré à la création de l'interface utilisateur du forum de discussion avec des pages JSP.
- Le **chapitre 14** explique les fondements de XML et les très nombreuses façons d'exploiter ce dernier en Java.
- Le **chapitre 15** montre comment ajouter au forum une applet de chat et la rendre réactive grâce aux fonctionnalités multitâches intégrées à Java.

À qui s'adresse cet ouvrage ?

Que vous ayez peu de connaissances en programmation ou que vous maîtrisiez sur le bout des doigts les langages C, C++ ou C#, ce livre a pour objectif de vous apprendre à programmer en Java comme un « pro ». Les débutants comme les développeurs Java y trouveront une description des fonctionnalités clés de Java illustrées par des solutions prêtes à l'emploi et la programmation d'un forum de discussion. La démarche pédagogique de cet ouvrage vous guidera d'autant mieux qu'il utilise une mise en pages élaborée pour mettre en valeur l'information essentielle, en reléguant sous forme de nombreux apartés les compléments d'informations.

Aux programmeurs C/C++

Vous connaissez déjà le C ou, mieux encore, le C++ et vous désirez apprendre Java ? Tant mieux, car ces langages ont des syntaxes proches, ce qui accélérera d'autant plus votre apprentissage. Pour vous aider à passer du C++ à Java plus rapidement, vous retrouverez tout au long de cet ouvrage les principales différences qui distinguent ces deux langages sous forme d'apartés C++.

Remerciements

Je tiens d'abord à remercier toutes les personnes de mon entourage qui m'ont soutenu dans ce travail de longue haleine, ne serait-ce que par leur curiosité... et tout particulièrement Diem My, Thomas et Sophie.

J'aimerais remercier aussi les stagiaires de la Brigade des Sapeurs Pompiers de Paris et de l'ITIN qui m'ont permis d'expérimenter l'approche du langage Java exposée dans cet ouvrage.

Finalement, un grand merci à l'équipe des éditions Eyrolles, tout particulièrement à Muriel, Jean-Marie, Gaël et Martine pour leur patience et leurs suggestions, ainsi qu'à Frédéric Baudequin, Régis Granarolo, Bernard Amade, Frédéric, Sophie, Anne-Lise, Géraldine et Laurène.

Aux programmeurs C#

Comme C# et Java sont des cousins très proches, vous vous rendrez rapidement compte que passer de l'un à l'autre n'est pas une tâche très ardue. Les principales différences entre ces deux langages sont mentionnées dans les apartés C#.

Table des matières

chapitre 1

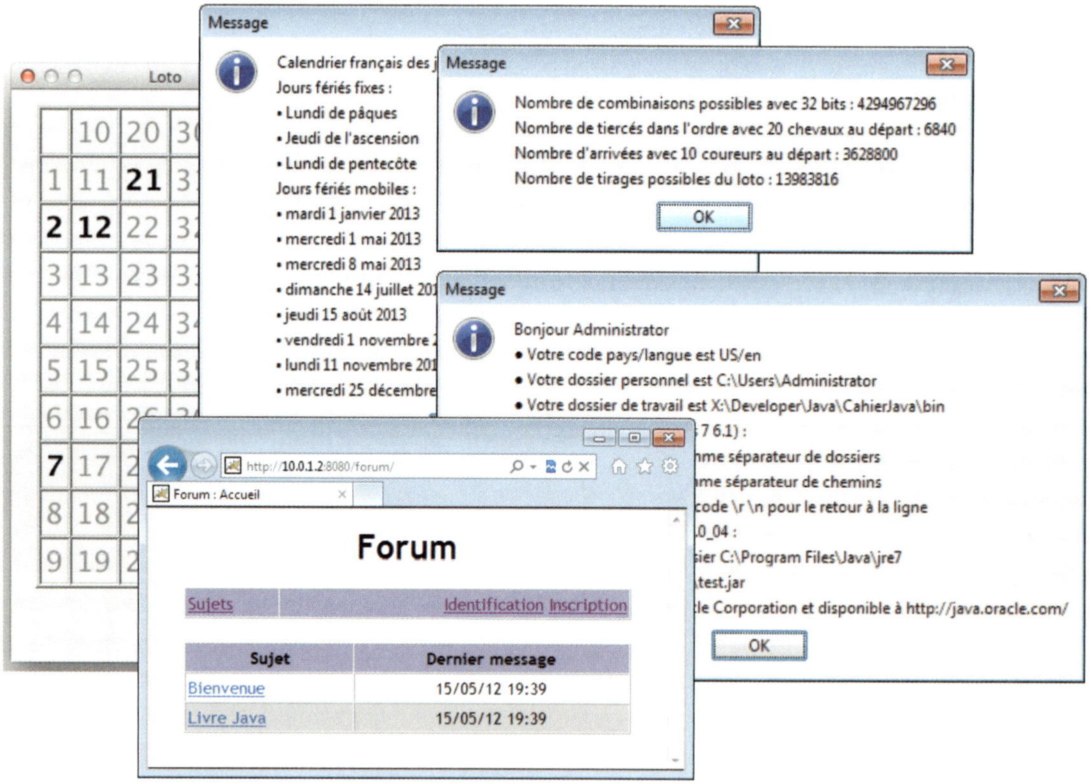
Loto
Message
Calendrier français des j
Jours fériés fixes :
• Lundi de pâques
• Jeudi de l'ascension
• Lundi de pentecôte
Jours fériés mobiles :
• mardi 1 janvier 2013
• mercredi 1 mai 2013
• mercredi 8 mai 2013
• dimanche 14 juillet 201
• jeudi 15 août 2013
• vendredi 1 novembre
• lundi 11 novembre 201
• mercredi 25 décembre
Message
Nombre de combinaisons possibles avec 32 bits : 4294967296
Nombre de tiercés dans l'ordre avec 20 chevaux au départ : 6840
Nombre d'arrivées avec 10 coureurs au départ : 3628800
Nombre de tirages possibles du loto : 13983816
OK
Message
Bonjour Administrator
• Votre code pays/langue est US/en
• Votre dossier personnel est C:\Users\Administrator
• Votre dossier de travail est X:\Developer\Java\CahierJava\bin
7 6.1) :
me séparateur de dossiers
me séparateur de chemins
code \r \n pour le retour à la ligne
0_04 :
ier C:\Program Files\Java\jre7
test.jar
le Corporation et disponible à http://java.oracle.com/
OK
http://10.0.1.2:8080/forum/
Forum : Accueil
Forum
Sujets
Identification Inscription
Sujet
Dernier message
Bienvenue
15/05/12 19:39
Livre Java
15/05/12 19:39

Présentation des études de cas

Cet ouvrage décrit la création de différents types d'applications, depuis une simple application isolée mettant en pratique un concept Java, jusqu'au développement d'un forum de discussion détaillé sur plusieurs chapitres.

SOMMAIRE

- Applications isolées
- Carnet d'adresses
- Calcul de mensualités d'emprunt
- Forum de discussion
- Messagerie instantanée (*chat*)

MOTS-CLÉS

- Application
- Java
- Base de données
- MySQL
- Tomcat
- Forum
- Chat

Applications isolées

Le tableau 1-1 donne la liste des applications isolées (définies sur une ou deux sections qui se suivent) les plus intéressantes de cet ouvrage. Celles-ci pourront servir de socle pour le développement de vos propres applications.

Tableau 1–1 Description des applications isolées

Titre de l'application	Chapitre	Description
Convertir un nombre en toutes lettres	4	Montre comment convertir en toutes lettres un nombre compris entre 0 et 99 en tenant compte des exceptions de la langue française.
Quelques calculs de probabilité classiques	4	Calcule quelques probabilités connues en appliquant les formules mathématiques du calcul combinatoire.
Calculer les intérêts d'un compte épargne	5	Montre comment organiser deux types de comptes bancaires, l'un simple et l'autre permettant de calculer des intérêts cumulés.
Ce que connaît la JVM de votre système	6	Affiche les informations que connaît un programme Java sur votre système et son organisation.
Bon anniversaire	6	Calcule le nombre de jours avant votre prochain anniversaire.
Afficher les jours fériés de l'année	6	Affiche la liste des jours fériés français d'une année choisie par l'utilisateur.
Organiser les définitions d'un glossaire	6	Montre comment associer, dans un glossaire, un mot ou une expression à la définition correspondante.
Trier les événements d'un agenda dans l'ordre chronologique	7	Explique comment trier automatiquement les événements d'un agenda.
Quels numéros mettre dans ma grille de loto aujourd'hui ?	7	Tire aléatoirement 6 nombres entre 1 et 49 et les affiche dans une grille de loto.
Calculer le nombre de lignes de code d'un programme	9	Calcule le nombre de lignes de code, hors commentaires et lignes vides, des fichiers sources situés dans un dossier et ses sous-dossiers.
Enregistrer les factures de clients	11	Crée une table de factures dans une base de données puis retrouve les factures d'un client.
Créer une liste de courses	12	Montre comment créer sur un serveur web une liste de courses qui soit propre à chaque utilisateur du site.
Vérifier la validité d'un document XML	14	Vérifie si un document XML est bien formé et valide.
Afficher les nouvelles	15	Affiche un texte paramétrable défilant verticalement à l'écran.

Carnet d'adresses

L'application de carnet d'adresses permet de saisir les coordonnées d'un ensemble de contacts et de les afficher à l'écran dans un tableau.

Cette application vous montre comment créer une interface utilisateur avec les composants graphiques que vous avez l'habitude de trouver dans la plupart des applications de votre ordinateur : fenêtres, menus, boîtes de dialogue, champs de saisie...

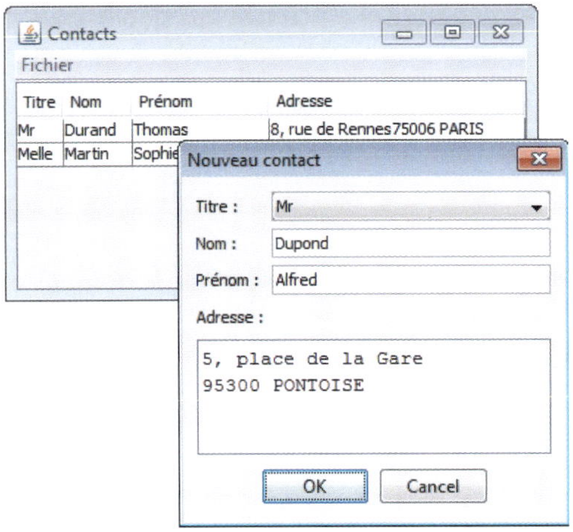

Figure 1–1
Saisie d'un contact dans l'application de carnet d'adresses

La programmation de l'application de carnet d'adresses sera décrite au chapitre 10, « Interfaces utilisateur avec Swing ».

Calcul des mensualités d'un emprunt

Cette application calcule le montant des mensualités et des intérêts d'un emprunt en fonction du capital emprunté, de la durée de l'emprunt et d'un taux d'intérêt.

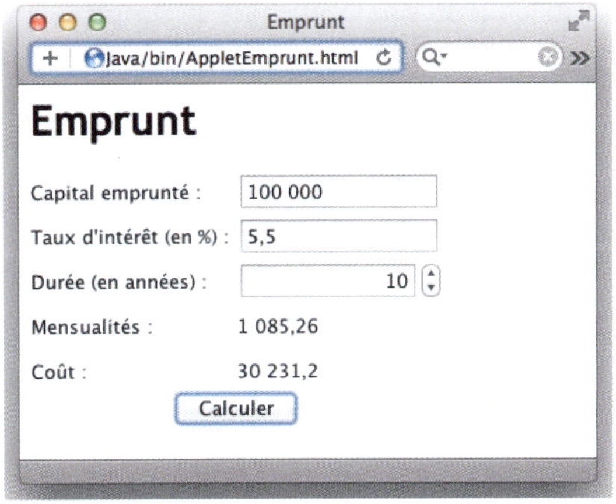

Figure 1–2
Calcul des mensualités d'un emprunt

Cette application sera développée aux chapitres 6, « Les classes de base de la bibliothèque Java » et 10 « Interfaces utilisateur avec Swing » :

- Dans la section « Calculer les mensualités d'un emprunt » du chapitre 6, il vous est d'abord montré comment calculer des mensualités en fonction de valeurs saisies par un utilisateur.
- L'interface utilisateur de cette application étant pour le moins rudimentaire (la saisie du capital, du taux d'intérêt et de la durée de l'emprunt se fait dans trois boîtes de dialogue affichées tour à tour), on montre en fin de chapitre 10 comment la transformer en une interface digne de ce nom.

Forum de discussion

Le forum de discussion présenté dans cet ouvrage reprend les fonctionnalités principales des forums disponibles sur Internet. Il permet à une communauté d'utilisateurs de partager des informations sous la forme de messages qui sont enregistrés par un serveur web. Ces messages sont regroupés par sujet, par exemple une question posée à la communauté ou un sujet de discussion lancé par un utilisateur. Les autres utilisateurs répondent à la question ou apportent leur contribution à la discussion lancée.

Principales fonctionnalités

La lecture des messages du forum est accessible à tout internaute connecté au serveur, mais la rédaction de nouveaux messages est réservée aux utilisateurs identifiés grâce à un pseudonyme et un mot de passe. Tout internaute peut devenir un membre de la communauté du forum en choisissant un pseudonyme unique. Une fois qu'un utilisateur est enregistré, le serveur lui attribue un mot de passe pour lui permettre de s'identifier avec le formulaire adéquat puis de contribuer au forum.

Un utilisateur identifié peut rédiger de nouveaux messages et modifier au besoin le contenu de ses anciens messages, grâce aux formulaires de rédaction prévus. Ses messages peuvent venir en réponse à d'autres ou lancer un nouveau sujet de discussion, chacun étant automatiquement daté du moment de sa création et signé du pseudonyme de son auteur. Pour éviter toute dérive dans les messages contraires à la netiquette, un utilisateur spécial, le modérateur, a le droit de modifier tous les messages du forum.

B.A.-BA Modérateur et netiquette

Le modérateur a la charge de modifier les messages des auteurs qui ne respectent pas la netiquette, pour éviter qu'ils ne portent atteinte aux bonnes mœurs (insulte, diffamation...) ou aux droits des personnes (non-respect des droits d'auteur, diffusion d'informations confidentielles...). Ce rôle de modérateur est d'autant plus nécessaire que les auteurs signent leurs messages avec leur pseudonyme pour assurer leur anonymat et que les messages du forum présenté dans cet ouvrage sont lisibles par tous les utilisateurs identifiés ou pas.

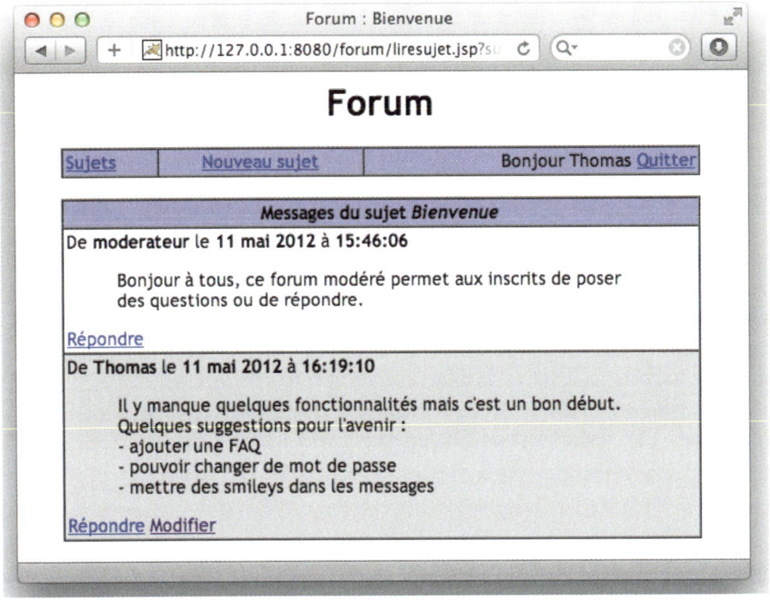

Figure 1–3
Exemple de page du forum affichant les messages d'un sujet

> Le scénario complet d'utilisation du forum est décrit au début du chapitre 13, « Interface utilisateur du forum ».

Architecture technique

Le forum utilise une architecture qui fait intervenir les acteurs suivants :

- un serveur de base de données, pour enregistrer les utilisateurs et leurs messages ;
- un serveur web programmé en Java, pour gérer l'accès à la base de données et répondre aux requêtes des utilisateurs ;
- les navigateurs web des utilisateurs, pour afficher les pages renvoyées par le serveur web.

Le forum présenté ici utilise la base de données MySQL et le serveur Java Tomcat, mais la portabilité d'un programme Java permet en fait de déployer le programme prévu initialement pour Tomcat sur n'importe quel serveur qui prend en charge les pages JSP.

La base de données MySQL est elle aussi interchangeable avec la plupart des autres systèmes de gestion de bases de données du marché grâce au paramétrage du driver JDBC prévu pour le forum et décrit dans le chapitre 13, « Interface utilisateur du forum ».

Le forum étant l'application la plus complète de cet ouvrage, il est développé sur plusieurs chapitres comme suit :

- Une partie du **chapitre 6** montre comment décrire en Java un utilisateur et un message du forum et programmer différents outils nécessaires au forum, notamment pour calculer un mot de passe de façon aléatoire.
- Le **chapitre 11** est presque entièrement dédié à la gestion de l'enregistrement et de la lecture des utilisateurs et des messages dans une base de données comme MySQL.
- Le **chapitre 13** montre comment intégrer les outils décrits dans les chapitres précédents pour créer dynamiquement les pages HTML de l'interface utilisateur du forum sur le serveur web.
- Le **chapitre 14** explique comment retrouver une liste d'utilisateurs ou de messages dans des données au format XML.
- Enfin, le **chapitre 15** décrit comment créer un module de chat qui exploite les données au format XML fournies par le serveur web et l'intégrer au forum de discussion.

L'organisation de tous les fichiers nécessaires au fonctionnement du forum et du chat ainsi que le diagramme UML de leurs classes sont présentés dans l'annexe B.

Module de messagerie instantanée (chat)

À la différence du forum de discussion, le module de messagerie instantanée (chat) permet à chaque utilisateur identifié de dialoguer en direct avec les autres utilisateurs de la communauté. Ainsi, un utilisateur du chat voit apparaître dans son navigateur les messages postés dès leur rédaction, et ce, sans avoir à recharger la page dans son navigateur. Les conversations se déroulent « en temps réel » avec les autre utilisateurs.

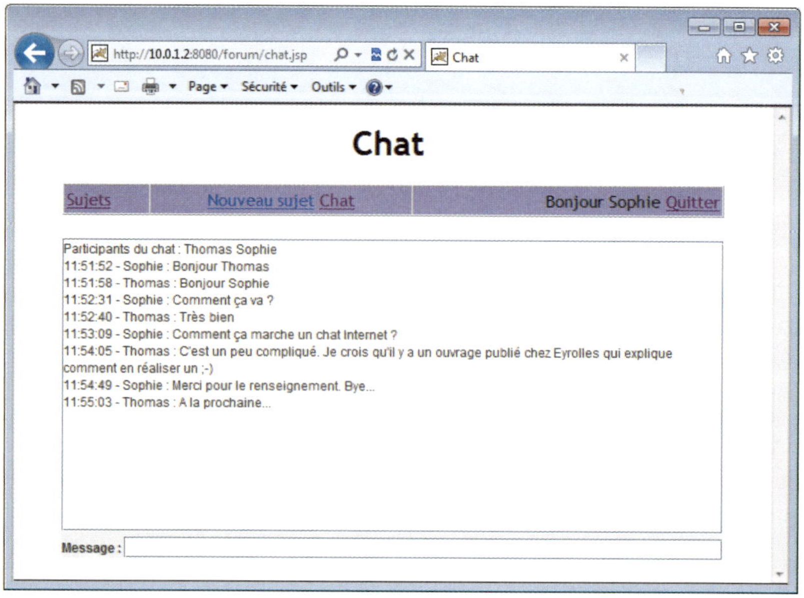

Figure 1–4
Exemple de conversation sur le chat

> Le chat est développé au chapitre 15, « Messagerie instantanée avec la programmation multitâche » de cet ouvrage.

Ce module additionnel manipule aussi des notions d'utilisateur et de message et réutilise une partie des outils développés pour le forum.

En résumé...

De la plus simple à la plus complexe, les applications développées dans cet ouvrage vous donnent un aperçu réaliste des possibilités de Java et de sa très riche bibliothèque. Ces applications, nous l'espérons, vous permettront de démarrer vos premières applications Java sur des bases solides.

chapitre 2

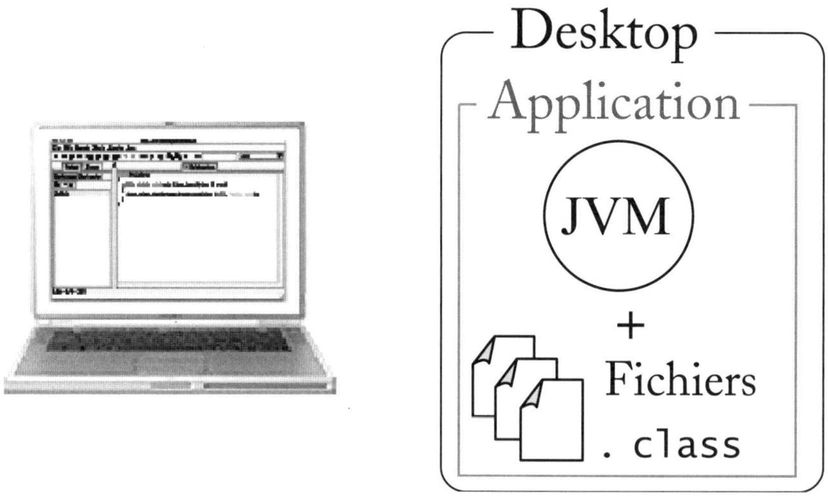

Principes du langage et installation de l'environnement

Java intègre les concepts les plus intéressants des technologies informatiques récentes dans une plate-forme de développement riche et homogène. L'approche objet de ce langage, mais aussi sa portabilité et sa gratuité en font un des outils de programmation idéaux pour s'initier à la programmation objet.

SOMMAIRE

MOTS-CLÉS

- Objets et classes
- JVM
- JDK
- javadoc

Programmer en Java : une démarche objet

Du binaire à l'objet, 50 ans d'évolution de la programmation

B.A.-BA
Vocabulaire de la programmation objet

L'une des difficultés de la programmation en Java passe par l'utilisation des nombreux termes associés aux concepts de la programmation objet. Ces termes, décrits au fur et à mesure de cet ouvrage, sont repris dans le glossaire en annexe si vous voulez vous rafraîchir la mémoire en cas de besoin.

La programmation identifie les données d'une information et les traitements qui s'y appliquent, puis les codifie pour les rendre compréhensibles par un ordinateur. Le microprocesseur d'un ordinateur ne manipulant que des instructions et des données codées en binaire, différents langages de programmation ont été créés pour permettre aux programmeurs de coder des concepts plus humains que des 0 et des 1. Le texte d'un tel programme est traduit par un compilateur ou un interpréteur en instructions que le microprocesseur peut alors exécuter.

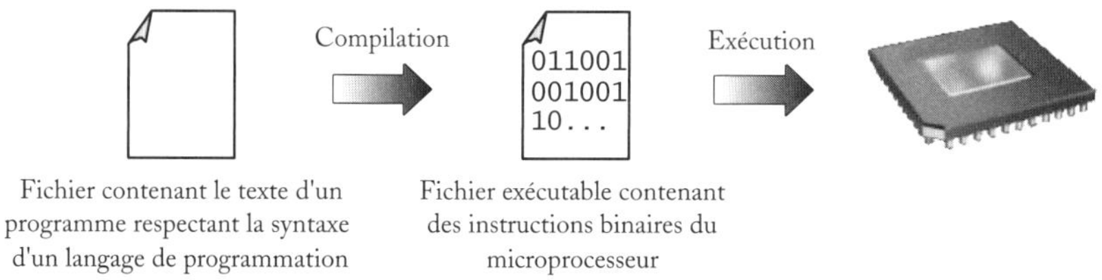

Figure 2–1
Compilation et exécution d'un programme

REGARD DU DÉVELOPPEUR **Les atouts de Java**

Mis au point par Sun Microsystems, Java est un langage de programmation utilisé dans de nombreux domaines. Son succès est dû à un ensemble de caractéristiques dont voici un aperçu :

- Langage de programmation objet et fortement typé : contraignants pendant le développement, l'approche objet et le typage fort du langage Java rendent plus robuste un programme Java dès sa conception.
- Syntaxe proche du C et C++ : en reprenant une grande partie de la syntaxe de ces deux langages, Java facilite la formation initiale des programmeurs qui les connaissent déjà.
- Gestion de la mémoire simplifiée : le ramasse-miettes (*garbage collector* en anglais) intégré à Java détecte automatiquement les objets inutilisés pour libérer la mémoire qu'ils occupent.
- Gestion des exceptions : Java l'intègre autant pour faciliter la mise au point des programmes (détection et localisation des bogues) que pour rendre un programme plus robuste.
- Multitâche : grâce aux threads, Java permet de programmer l'exécution simultanée de plusieurs traitements et la synchronisation des traitements qui partagent des informations.
- Système de sécurité : Java protège les informations sensibles de l'utilisateur et le système d'exploitation de sa machine en empêchant l'exécution des programmes conçus de façon malintentionnée (contre un virus par exemple).
- Bibliothèque très riche : la bibliothèque fournie en standard avec Java couvre de nombreux domaines (gestion de collections, accès aux bases de données, interface utilisateur graphique, accès aux fichiers et au réseau, utilisation d'objets distribués, XML..., sans compter toutes les extensions qui s'intègrent sans difficulté à Java !).
- Exécutable portable : comme l'exprime l'accroche *Write Once Run Anywhere*, un programme Java, une fois écrit et compilé, peut être exécuté sans modification sur tout système qui prend en charge Java.
- Gratuit : développement gratuit avec les commandes de bases Java, ou certains outils plus évolués, et exécution gratuite des programmes.

Les langages de programmation ont évolué pour permettre aux programmeurs d'utiliser des concepts de plus en plus proches de la réalité et du langage naturel. La programmation en assembleur a remplacé le codage en binaire des données par un codage en hexadécimal, et les instructions codées en binaire du microprocesseur par des instructions symboliques.

EXEMPLE

```
MOVE 02 R1
MOVE 10 R2
ADD R1 R2
```

Ces instructions écrites en assembleur Motorola 68000 placent la valeur `2` dans le registre `R1`, la valeur `16` (`10` en hexadécimal) dans le registre `R2`, puis additionnent les valeurs de ces deux registres.

La programmation procédurale et structurée de langages comme le C, le Pascal, etc. identifie les groupes logiques de données et les procédures décrivant des suites cohérentes d'instructions.

EXEMPLE

Voici la trame d'un programme écrit en C qui pourrait être utilisé sur un téléphone portable pour l'allumer. Ce portable a ici pour données sa carte SIM et l'état de sa connexion.

```
typedef struct
{
  char * carteSIM;
  char connexion;
} Portable;

void allumer(Portable * telephone)
{
  /* Instructions C à exécuter au cours de la mise en marche */
}
```

La programmation orientée objet regroupe les groupes de données et les traitements qui s'y appliquent sous forme d'entités nommées *objets*. À un objet physique avec son état et son comportement correspond un objet informatique avec ses données et ses traitements. La programmation objet est aussi utilisée pour des concepts abstraits, par exemple la gestion de comptes bancaires.

Le traitement d'un objet est programmé sous la forme d'un message.

EXEMPLE

Un téléphone portable peut être représenté sous la forme d'un objet doté des messages suivants.

Assembleur et langage d'assemblage

On appelle assembleur le programme qui transforme en code binaire ou en exécutable un programme écrit en langage d'assemblage. Ce dernier se compose de mnémoniques (plus lisibles que le code binaire) représentant les instructions binaires d'un microprocesseur.
Un programme directement écrit en langage d'assemblage exploite de façon optimale les capacités du microprocesseur mais n'est pas portable d'une puce à l'autre, chaque famille de microprocesseurs (Intel x86, PowerPC...) ayant son propre jeu d'instructions.

B.A.-BA Hexadécimal

En hexadécimal ou base 16, les *nombres* décimaux 10, 11, 12, 13, 14 et 15 sont représentés par les *chiffres* hexadécimaux A, B, C, D, E et F. La notation hexadécimale continue à être souvent utilisée en informatique pour manipuler les informations binaires des images ou de sons digitalisées, car elle est pratique pour noter chaque groupe de 4 bits ou chiffres binaires sous forme d'un seul chiffre hexadécimal. En voici quelques exemples :

- `8` en décimal = `8` en hexa = `1000` en binaire ;
- `20` en décimal = `14` en hexa = `1 0100` en binaire ;
- `255` en décimal = `FF` en hexa = `1111 1111` en binaire ;
- `1 024` en décimal = `400` en hexa = `100 0000 0000` en binaire.

À RETENIR

Appeler un traitement d'un objet, c'est envoyer un message à cet objet.

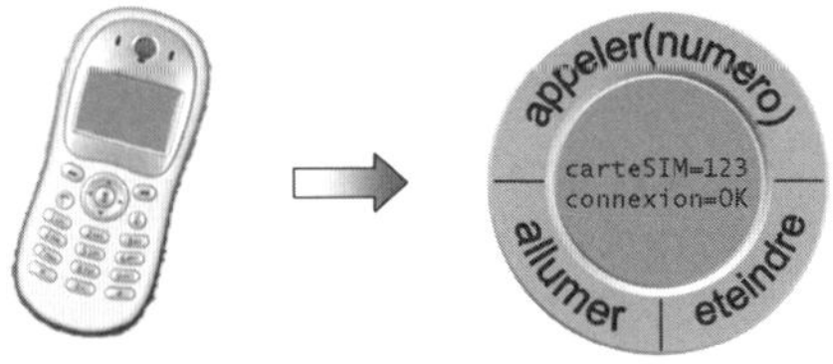

Figure 2–2
L'objet Téléphone portable et ses messages

```
allumer
eteindre
appeler(numero)
```

Le dernier message, `appeler`, est paramétrable. Il prend en paramètre un numéro de téléphone.

À chaque métier ses objets

La liste des messages de l'interface d'un objet est fixée en fonction des besoins du programme où cet objet sera utilisé. Selon le type d'application, l'analyse des besoins peut aboutir à une interface différente pour un même objet.

Par exemple, un téléphone portable pourrait être doté d'une interface objet avec les messages suivants :

- pour le programme du téléphone : `allumereteindreappeler(numero)` ;
- pour l'application de l'exploitant du réseau : `joindre getId` ;
- pour le programme de gestion du fabricant du téléphone : `getNumeroSerie getPrix getDescriptif`.

Ce que fait un objet et comment il le fait... interface et implémentation

Un objet est une boîte noire, munie d'une interface et de son implémentation. L'interface spécifie la liste des messages disponibles pour un objet donné, tandis que l'implémentation correspond à la programmation proprement dite des messages de l'objet avec ses données et ses traitements.

On pourra souvent considérer que l'interface est la liste des services proposés par l'objet, et l'implémentation la manière de réaliser ces services. Quand un objet reçoit un message disponible dans son interface, les traitements implémentés par ce message sont exécutés.

Un message reçu par un objet provoque souvent une réaction en chaîne. Par exemple, le message `clic` envoyé au bouton *OK* d'une boîte de dialogue enverra le message `fermer` à la boîte de dialogue, puis provoquera une action qui correspondra au choix proposé.

Programme

Dans un programme objet, les objets sont mis en relation et communiquent entre eux par messages.

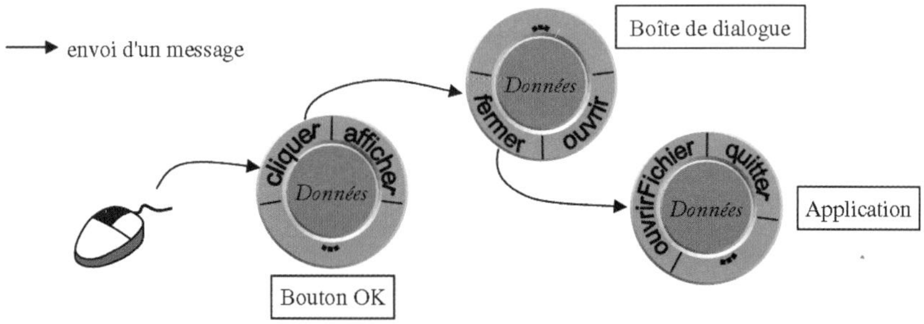

Figure 2–3
Ensemble d'objets d'un programme communiquant par messages

DANS LA VRAIE VIE **Penser objet, une démarche qui demande de l'expérience**

Bien que basée sur un concept simple, la maîtrise de la programmation orientée objet et du mode d'analyse qui lui est associé ne va pas sans pratique et demande donc que l'on y consacre du temps. Voici les principales difficultés que vous aurez à surmonter :

- L'identification des objets, pour un problème donné, requiert un niveau d'abstraction élevé.
- Réfléchir à l'interface et aux messages des objets avant d'étudier leur implémentation n'est pas une démarche si naturelle qu'il y paraît et demande un bon esprit d'analyse.
- Le découpage d'un problème en objets qui soient les plus indépendants possibles les uns des autres permet d'obtenir un programme plus simple à maintenir et des objets que l'on va pouvoir réutiliser dans plusieurs programmes. Cette démarche gagnante sur le long terme demande plus de temps d'analyse au départ.
- Dans un programme où les objets sont mis en relation, les liens que l'on crée entre eux doivent être clairs et limités pour éviter une interdépendance trop complexe entre les objets.
- Quand un message met en œuvre plusieurs objets, la décision d'ajouter le message à un objet plutôt qu'à un autre n'est pas toujours évidente à prendre.

De l'analyse objet à l'écriture des classes Java

Pendant la phase de conception des objets, on essaie d'identifier des catégories d'objets ayant les mêmes messages et les mêmes types de données (par exemple, tous les téléphones portables, tous les boutons d'une boîte de dialogue).

> **À RETENIR Terminologie**
>
> Identifier une catégorie d'objets (mêmes messages, mêmes types de données), c'est identifier une classe avec ses membres (méthodes et champs).

Plutôt que de programmer individuellement chaque objet avec ses messages et ses données, un développeur Java programme un modèle, ou *classe*, pour chaque catégorie d'objets et crée les objets à partir de leur modèle. Chaque classe implémente les messages et les types de données d'une catégorie d'objets. En fait, tout objet est créé à partir d'une classe (on dit aussi qu'un objet est une instance d'une classe) ; même un objet doté de messages et de types de données uniques est une instance unique d'une classe.

Le concept de classe est très important puisqu'en Java tout se programme à l'intérieur des classes.

EXEMPLE

Un téléphone portable connecté à un réseau pourrait être représenté par les objets et classes suivants.

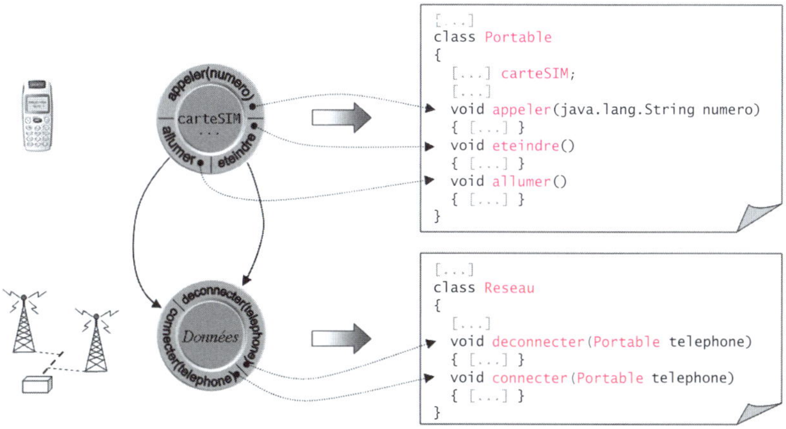

Figure 2–4 Identification des classes correspondant aux objets portable et réseau

> **C++ Pas de variables ou de fonctions globales en Java**
>
> La structure d'un fichier `.java` est très simple car il n'est permis de définir, au niveau global d'un fichier, que des classes, des interfaces (sortes de classes dont toutes les méthodes sont virtuelles pures) ou des énumérations (disponibles à partir de Java 5). Il n'existe pas en Java de notion de constante globale, de variable globale, de fonction globale, de macro, de structure, d'union ou de synonyme de type : `#define`, `struct`, `union` et `typedef` n'existent pas en Java. Les classes Java n'ont même pas besoin d'être déclarées dans des fichiers `header` séparés pour les utiliser dans d'autres fichiers sources !

Écriture, compilation, exécution

De la conception à l'exécution d'un programme Java, on compte trois phases :

1. Écriture des classes dans des fichiers portant une extension `.java`.
2. Compilation des fichiers `.java` avec la commande `javac`. Le compilateur crée pour chaque classe un fichier d'extension `.class` contenant du

> **À RETENIR**
>
> Programmer en Java, c'est donc :
> - écrire les classes du programme, leurs méthodes et leurs champs ;
> - instancier les classes (créer les objets du programme) ;
> - appeler les méthodes de ces objets (leur envoyer des messages).

code binaire (*bytecode*) spécifique à Java. Un fichier `.class` décrit une classe, ses champs, ses méthodes et les instructions des méthodes.

3 Lancement de la machine virtuelle Java (JVM, pour *Java Virtual Machine*). La JVM charge les fichiers `.class` nécessaires à l'exécution du programme et interprète le code binaire des instructions des méthodes en instructions du microprocesseur de la machine sur laquelle tourne le programme.

C++ Pas d'édition de liens en Java

Il n'y a pas de phase d'édition de liens en Java ; chaque classe d'un fichier `.class` peut être vue comme une petite DLL (*Dynamically Linked Library*) dynamiquement chargée à l'exécution par la JVM, la première fois qu'elle est utilisée.

C# Équivalent bytecode/JVM

Le *bytecode* Java est l'équivalent du MSIL C# et la machine virtuelle Java l'équivalent du CLR C# (*Common Language Run time*).

B.A.-BA Machine virtuelle Java (JVM)

L'architecture d'exécution Java permet d'exécuter les instructions Java d'un fichier `.class` sur n'importe quelle machine avec la machine virtuelle (JVM) qui correspond à son système d'exploitation et son microprocesseur. La JVM Windows, par exemple, traduit les instructions Java en instructions Intel, la JVM Mac OS X traduit les instructions Java en instructions PowerPC ou Intel, etc.

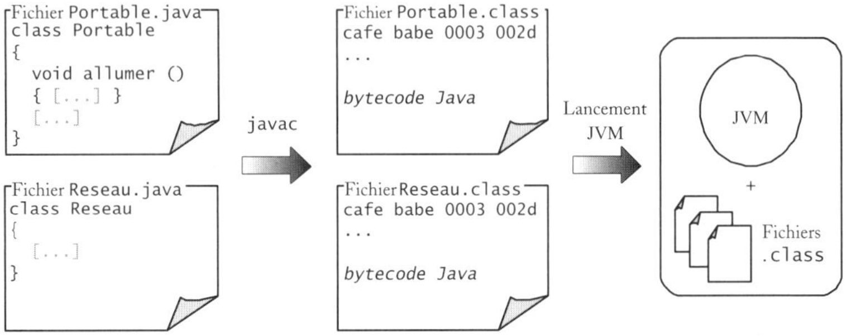

Figure 2–5 Cycle de développement Java

À chaque besoin son environnement Java : applets, servlets et applications

Les trois principaux environnements d'exécution Java (*frameworks* en anglais) sont les applications ❶, les applets ❷ et les servlets ❸. Chaque environnement utilise une catégorie de classes et un point d'entrée différents ; le point d'entrée d'un programme est la méthode appelée par la JVM pour exécuter un programme.

❶ Application batch ou interface homme-machine lancée avec la commande java

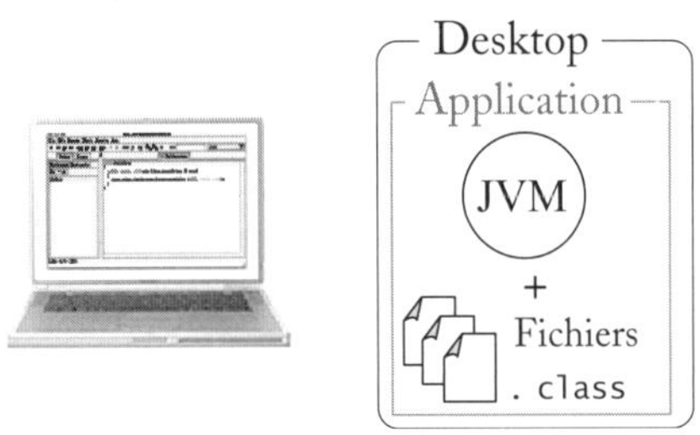

Figure 2–6 Application Java

Une application s'exécute sur une machine isolée ou raccordée à un réseau. La JVM et les fichiers `.class` d'une application doivent être installés sur la machine.

Le point d'entrée d'une application est la méthode `main` d'une classe respectant la syntaxe décrite ci-après.

```
class Editeur
{
  public static void main(java.lang.String [] args)
  {
    // Votre programme
  }
}
```

❷ Applet d'un fichier HTML lancée par un navigateur

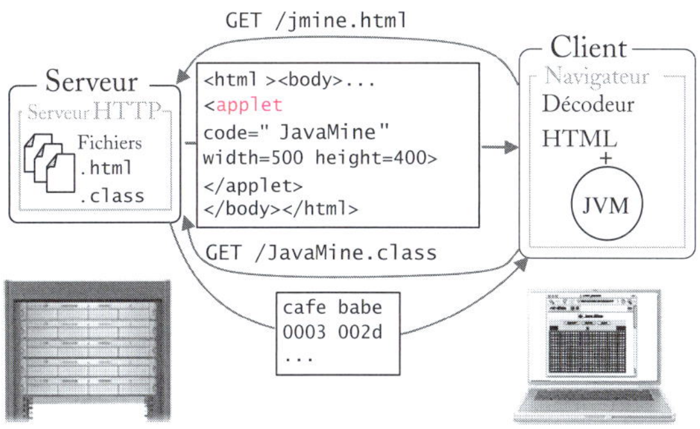

Figure 2–7 Applet Java

Une applet s'exécute dans une page HTML sur une machine cliente raccordée à un serveur web.
La JVM, installée sur la machine cliente, est lancée par le navigateur.
Les fichiers `.class` d'une applet sont installés sur le serveur web et téléchargés par le navigateur.
Le point d'entrée d'une applet est la méthode `init` d'une classe respectant la syntaxe décrite ci-après.

```
public class JavaMine extends javax.swing.JApplet
{
  public void init()
  {
    // Votre programme
  }
}
```

❸ Servlet lancée par une requête sur un serveur web

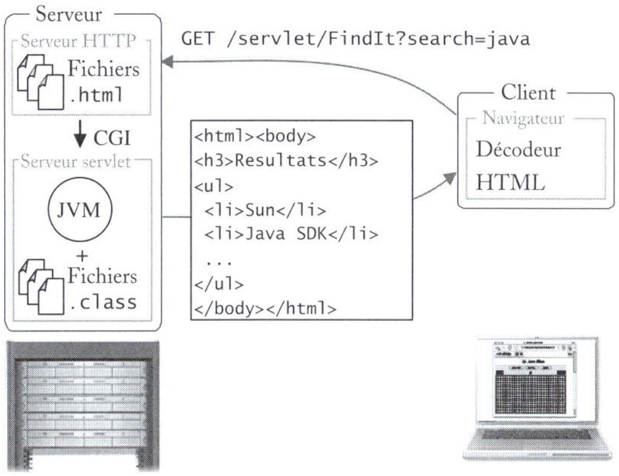

Figure 2–8 Servlet Java

Une servlet s'exécute sur un serveur web pour créer dynamiquement des pages HTML ou des images.
La JVM et les fichiers `.class` d'une servlet doivent être installés sur le serveur web.
Le point d'entrée d'une servlet est la méthode `doGet` d'une classe respectant la syntaxe décrite ci-après.

```
public class FindIt extends javax.servlet.http.HttpServlet
{
  public void doGet
    (javax.servlet.http.HttpServletRequest request,
     javax.servlet.http.HttpServletResponse response)
     throws
     javax.servlet.ServletException, java.io.IOException
  {
    // Votre programme
  }
}
```

Télécharger et installer les programmes pour développer en Java

Les versions de Java pour les systèmes Windows, Linux, Solaris et Mac OS X sont disponibles en suivant le lien *Java SE* de la section *Software Downloads* sur le site web http://www.oracle.com/technetwork/java. Vous y trouverez chaque version de Java sous deux formes :

- l'une pour les développeurs : le JDK (*Java Development Kit*) ou SDK (*Software Development Kit*) comprenant la machine virtuelle Java

> SOUS WINDOWS **Modes de téléchargement**
>
> Le programme d'installation du JDK comme le JRE peut être téléchargé soit en un seul coup pour une installation *off line*, soit sous la forme d'un programme de quelques centaines de Ko dont le rôle est de télécharger le reste du JDK (ou du JRE) avant de l'installer. Une fois installée, la JVM est capable de se mettre à jour d'elle-même quand une nouvelle version de Java est disponible sur le site d'Oracle.

pour un système d'exploitation, la bibliothèque des classes Java et les commandes pour développer en Java ;

- l'autre pour les utilisateurs : le JRE (*Java Runtime Environment*) comprenant la machine virtuelle Java et la bibliothèque des classes.

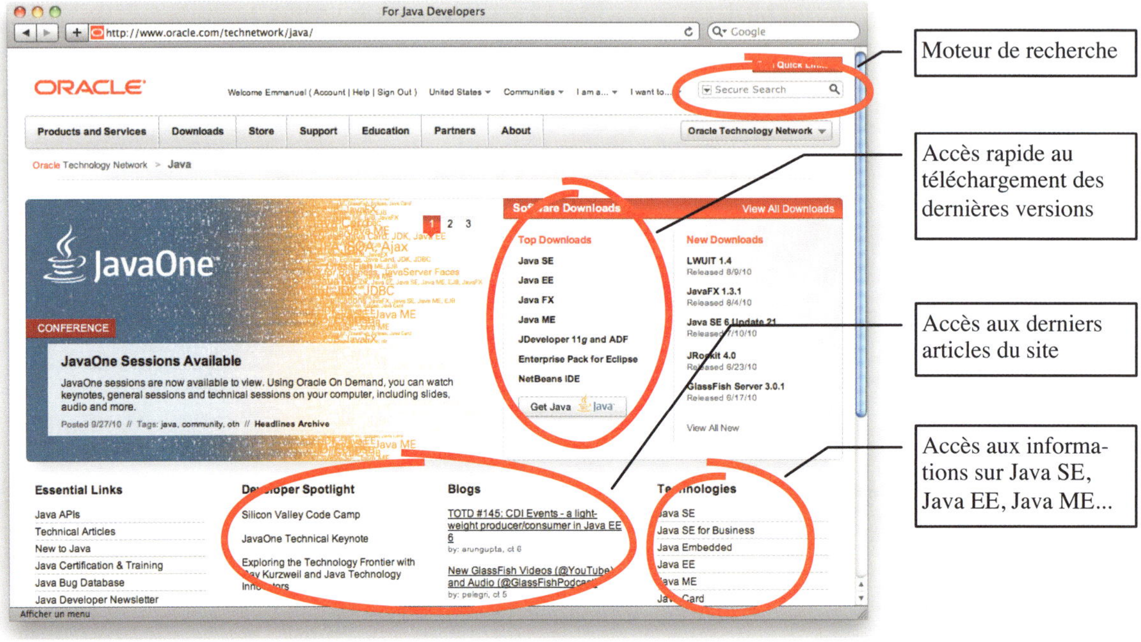

Figure 2–9 Documentation des API Java

VERSIONS **Les versions de Java depuis 1995**

Depuis sa première version en 1995, Sun Microsystems puis Oracle qui l'a racheté en 2009 sort régulièrement une version majeure de Java précédée de versions bêta et *pre release* (*Release Candidate*) publiques. Chaque nouvelle version ajoute des fonctionnalités grâce à de nouvelles classes et améliore la vitesse d'exécution de Java :

- 1995 : 1.0 (170 classes)
- 1997 : 1.1 (391 classes)
- 1998 : 1.2 (1 232 classes)
- 2000 : 1.3 (1 466 classes)
- 2002 : 1.4 (2 097 classes)
- 2004 : 1.5 ou 5 (2 485 classes)
- 2006 : 1.6 ou 6 (2 821 classes)
- 2011 : 1.7 ou 7 (3 120 classes)

Java respecte la compatibilité ascendante des classes, autorisant le fonctionnement des anciennes classes avec les versions les plus récentes. Depuis la version 1.2, la version standard de Java est dénommée J2SE (*Java 2 Standard Edition*) et la technologie Java s'est décomposée en trois éditions différentes :

- J2SE (*Java 2 Standard Edition*) est destinée au marché des ordinateurs de bureau (*desktop*).
- J2EE (*Java 2 Enterprise Edition*) a une bibliothèque de classes plus riche et est destinée au marché des serveurs d'entreprises prenant en charge les EJB (*Enterprise JavaBeans*).
- J2ME (*Java 2 Micro Edition*) est une version allégée de Java qui n'est pas compatible avec J2SE et est dédiée au marché des téléphones portables, PDA, cartes de crédit...

Finalement, depuis Java 6, ces appellations ont été remplacées par Java SE, Java EE et Java ME.

Voici les instructions qu'il faut suivre pour installer le JDK fourni par Oracle.

1 Téléchargez la version la plus récente du JDK. Ce fichier de plus de 60 Mo a un nom de la forme `jdk-VERSION-OS.ext`, où *VERSION* représente une suite de chiffres séparés par des points (par exemple `7u4`) et *OS* le système de destination du JDK (par exemple `windows-i586` pour Windows 32 bits).
2 Installez le JDK et ajoutez au PATH de votre système le chemin d'accès au sous-dossier `bin` du JDK contenant les commandes Java comme cela est précisé ci-après.

Installation sous Windows

1 Exécutez le fichier d'installation `jdk-VERSION-OS.exe` et installez le JDK dans le dossier proposé `C:\Program Files\Java\jdkVERSION`.
2 Cliquez sur le bouton *Démarrer* de Windows, choisissez *Panneau de configuration* et assurez-vous que toutes les icônes du panneau sont affichées.
3 Double-cliquez sur l'icône *Système*.
4 Sous Windows XP, choisissez l'onglet *Avancé* dans la boîte de dialogue des *Propriétés système* et sous Windows Vista/7, cliquez sur le lien *Paramètres système avancés*.
5 Cliquez sur le bouton *Variables d'environnement*.
6 Ajoutez une nouvelle variable d'environnement PATH avec la valeur :

```
%PATH%;C:\Program Files\Java\jdkVERSION\bin
```

Si la variable PATH existe déjà, modifiez-la en ajoutant à la fin de sa valeur :

```
;C:\Program Files\Java\jdkVERSION\bin
```

7 Confirmez votre saisie et fermez les boîtes de dialogue.

ATTENTION Mise à jour du PATH

Si le système vous indique que la commande `javac` est inconnue, vérifiez que le PATH a été correctement modifié en exécutant la commande :
- sous Windows : `PATH` ;
- sous Linux : `echo $PATH`.

Le texte affiché doit refléter les modifications opérées sur le PATH dans le point précédent.
Pour que toute modification du PATH soit prise en compte dans une fenêtre de commande, il vous faut :
- sous Windows, ouvrir une nouvelle fenêtre de commande ;
- sous Linux, exécuter la commande : `source ~/.bashrc`.

VERSIONS Java 8

Comme les versions 5 et 7 du Java SE ont enrichi le langage Java de nouveaux éléments syntaxiques détaillés dans cet ouvrage, la version 8 de Java SE apportera aussi son lot de nouveautés syntaxiques, comme les expressions Lambda. Prévu pour la fin 2013, vous pouvez suivre l'avancement de cette version sur le site suivant :

▸ http://openjdk.java.net/projects/jdk8/

B.A.-BA PATH

Bien qu'il ne soit pas obligatoire de modifier le PATH pour faire fonctionner Java, il vous est conseillé de respecter les instructions ci-contre pour simplifier l'utilisation des commandes Java dédiées au développement. En effet, la variable d'environnement PATH décrit la liste des dossiers parmi lesquels votre système va chercher un programme pour l'exécuter en ligne de commande quand vous ne donnez pas le chemin pour accéder à ce programme. Ceci vous permettra par exemple de lancer le compilateur Java avec la commande `javac` au lieu de `C:\Program Files\Java\jdkVERSION\bin\javac`.

ASTUCE Copier un chemin

Pour être sûr de ne pas vous tromper en recopiant le chemin des commandes Java, ouvrez un *Explorateur* Windows, cherchez le dossier `bin` du JDK et copiez son chemin indiqué dans la barre d'adresse de l'explorateur.

ASTUCE DOSKEY et history

Cette fonctionnalité, disponible d'office sous Windows, Linux et Mac OS X, permet au système de mémoriser les commandes récentes. Dans une fenêtre de commandes, vous pouvez faire défiler ces commandes avec les flèches haut et bas.

Installation sous Linux

1 Ouvrez une fenêtre de terminal.
2 Déplacez-vous avec la commande `cd` dans le dossier où vous voulez installer le JDK.
3 Rendez le fichier `jdk-VERSION-OS.bin` exécutable avec la commande :

```
chmod +x jdk-VERSION-OS.bin
```

4 Exécutez le fichier d'installation `jdk-VERSION-OS.bin`.
5 Éditez le fichier `~/.bashrc` et ajoutez-y :

```
export PATH=$PATH:/chemin/vers/jdkVERSION/bin
```

6 Redémarrez votre session.

Installation sous Mac OS X

1 Exécutez le fichier d'installation `jdk-VERSION-OS.pkg` contenu dans l'archive que vous avez téléchargée et installez le JDK.
2 Lancez l'application *Préférences Java* située dans le dossier *Applications/Utilitaires*.
3 Assurez-vous que la version que vous venez d'installer apparaît bien en premier dans la liste des versions Java disponibles affichées dans les préférences.
4 Quittez l'application *Préférences Java*.

Pour les autres systèmes, consultez les sites de leurs éditeurs respectifs.

VERSIONS Java 6 sous Mac OS X

Sous Mac OS X 10.4 à 10.6, Java 5 ou 6 est installé d'office avec le système. Sous les versions ultérieures de Mac OS X, Java n'est pas installé avec le système, mais aussitôt que vous faites appel à une commande Java ou une applet, Java 6 est téléchargé et installé automatiquement. Dans les deux cas, ces versions sont maintenues par Apple et toute mise à jour éventuelle de celles-ci s'installe avec le module *Mise à jour de logiciels...* du menu *Pomme*.

B.A.-BA Environnements de développement intégrés (IDE) Java

Dédiés au développement d'un programme Java, les IDE (*Integrated Development Environment*) Java simplifient grandement l'édition et la gestion d'un programme. Ils intègrent pour la plupart les fonctionnalités suivantes :

- Éditeur de textes avec mise en couleur des mots-clés Java, des commentaires, des valeurs littérales...
- Complétion automatique (menus contextuels proposant la liste des méthodes d'un objet).
- Génération automatique des dossiers nécessaires à l'organisation d'un programme et des packages des classes.
- Intégration des commandes Java et de leurs options dans des menus et des boîtes de dialogue appropriés.
- Débogueur pour exécuter pas à pas un programme en phase de mise au point.
- Gestion de versions avec CVS, SVN ou d'autres outils.

Les IDE les plus importants du marché et fonctionnant sur tous les systèmes d'exploitation :

- Eclipse http://www.eclipse.org/
- NetBeans http://www.netbeans.org/
- IntelliJ IDEA http://www.intellij.com/idea/

Voir aussi en annexe une description d'Eclipse fournis sur le CD-Rom qui accompagne cet ouvrage.

Télécharger les démos et la documentation

La page de téléchargement du JDK propose aussi de télécharger une archive compressée des démos Java (*Demos and Samples*) et de la documentation du JDK qui décrit notamment l'API (*Application Programming Interface*) des classes de la bibliothèque Java. Cette documentation se présente sous forme de fichiers HTML dont l'organisation permet de retrouver rapidement la description d'une classe et de ses méthodes grâce à de nombreux liens hypertextes. Cette documentation indispensable peut être consultée aussi en ligne à l'adresse :

http://docs.oracle.com/javase/7/docs/api

POUR ALLER PLUS LOIN Autres documentations

Parmi les nombreuses documentations en anglais fournies par Oracle sur son site, notez bien les deux suivantes à ne pas manquer :

- *Java Tutorial* : cours sur Java très complet et régulièrement mis à jour.
- *Java Language Specification* : spécifications détaillées du langage.

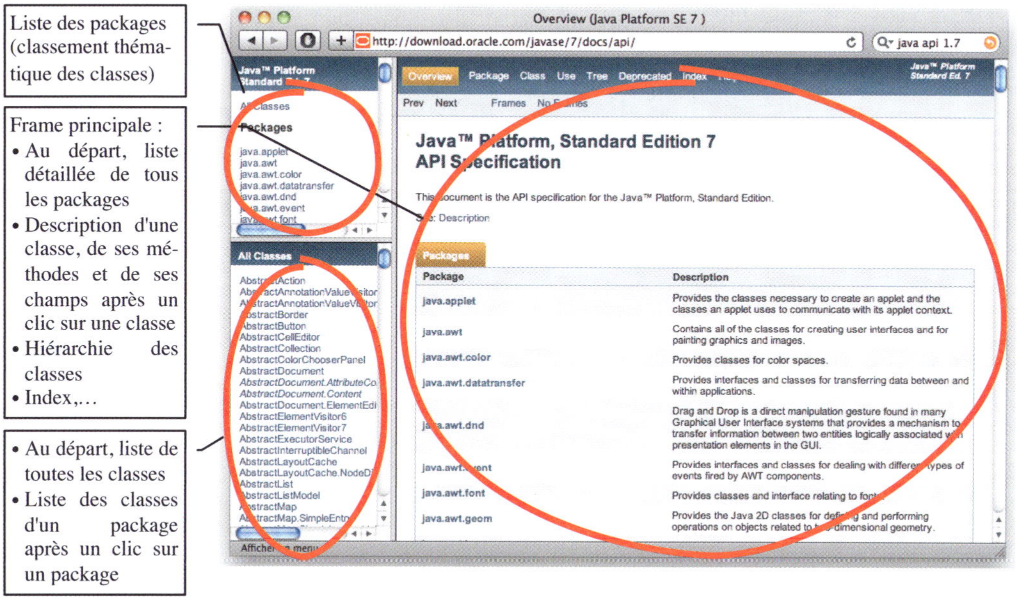

Figure 2–10 Documentation des API Java

REGARD DU DÉVELOPPEUR Ne vous laissez pas impressionner !

Ne vous inquiétez pas devant la quantité d'informations que vous présente la documentation des API Java. Utilisez-la surtout comme outil de référence sur les classes Java et leurs méthodes.

La documentation des API montrée par la capture d'écran de la figure 2-10 s'obtient en cliquant successivement sur les liens *API & Language Documentation* puis *Java 2 Platform API Specification* de la page `index.html` du dossier d'installation de la documentation du J2SE. Ajoutez la page des API Java tout de suite à vos favoris/signets/*bookmarks* et apprenez à vous en servir car vous en aurez souvent besoin.

JAVA Commandes du JDK les plus utilisées

Voici un aperçu des commandes du JDK qui sont le plus utilisées. Ces commandes se lancent dans une fenêtre de commandes ou un terminal Unix :

- **`javac`** : le compilateur Java vérifie la syntaxe du (des) fichier(s) `.java` passé(s) en paramètres et crée un fichier `.class` pour chacune des classes qu'il(s) contien(nen)t.
- **`java`** : cette commande lance la machine virtuelle Java qui charge la classe passée en paramètre puis appelle sa méthode `main`.
- **`appletviewer`** : cette commande lit le fichier HTML passé en paramètre puis affiche dans une fenêtre l'applet de chaque balise `<applet>` de ce fichier.
- **`jar`** : cette commande crée et lit des archives au format ZIP.
- **`javadoc`** : cette commande fournit la documentation au format HTML d'un ensemble de classes à partir de leurs commentaires au format javadoc. C'est avec cet outil que la documentation des API Java est créée.

Chaque commande Java propose un ensemble d'options repérables au tiret (-) qui les précède. La liste de ces options s'obtient en tapant une commande Java seule dans une fenêtre de commandes ou en cliquant sur le lien *Tool Docs* de la documentation du Java SE. Par exemple, la version de la JVM est obtenue en tapant la commande :

```
java -version
```

Bien sûr, ces commandes et le paramétrage de leurs options sont intégrées dans les IDE Java disponibles sur le marché.

Tester l'installation : votre première application Java

Recopiez le programme suivant dans un fichier texte dénommé `Bienvenue.java`. Respectez la casse des caractères du fichier et son extension `.java`.

JAVA
Espace, retour à la ligne et casse Java

Les espaces, retours à la ligne, tabulations, ne sont pas significatifs en Java sauf pour séparer un mot d'un autre. En revanche, vous devez faire attention à la *casse* des lettres dans un programme, car Java traite différemment une lettre selon qu'elle est écrite en minuscules ou en majuscules.

EXEMPLE Bienvenue.java

```
class Bienvenue
{
  public static void main(java.lang.String [] args) ❶
  {
    javax.swing.JOptionPane.showMessageDialog(null, "Bienvenue"); ❷
  }
}
```

Cette application ❶ affiche dans une boîte de dialogue le texte *Bienvenue* ❷.

SOUS WINDOWS Ouverture d'une fenêtre de commandes

L'un des moyens les plus simples pour ouvrir une fenêtre de commandes consiste sous Windows Vista/7 à taper `cmd` dans le champ de saisie de recherche du menu *Démarrer*, et sous Windows XP à sélectionner l'élément *Exécuter* dans le menu *Démarrer*, puis à taper `cmd`.

sous Windows

sous Mac OS X

Figure 2–11
Icônes de la fenêtre de commande

JAVA **main et showMessageDialog**

Les termes qui accompagnent les méthodes `main` et `showMessageDialog` seront expliqués au fur et à mesure de cet ouvrage. Il s'agit là des seuls termes qu'il vous soit demandé d'admettre dans un premier temps, la démarche de cet ouvrage étant de décrire systématiquement chaque élément de la syntaxe de Java avant sa première utilisation dans un programme.

C# **Différences sur le main**

Pour être utilisable comme point d'entrée d'une application Java, la méthode `main` d'une classe doit toujours être écrite tout en minuscules et être précédée de `public static void`. Elle doit aussi déclarer en paramètre un tableau de chaînes de caractères, même s'il ne sert pas dans l'application.

C++ **Différences sur le main**

Le point d'entrée d'une application porte les mêmes noms en Java et en C++, mais c'est bien là leur seule ressemblance ! En effet, comme il est interdit de définir une fonction globale en Java, le point d'entrée d'une application doit être une méthode `main` définie dans une classe et cette méthode doit être déclarée comme dans la classe `Bienvenue`. C'est la raison pour laquelle les applications de cet ouvrage sont définies dans des classes utilisées uniquement comme contenant de leur `main`.
Cette architecture permet de créer et de faire cohabiter n'importe quel nombre de classes définissant une méthode `main`. La classe dont le `main` est utilisée comme point d'entrée est alors déterminée au lancement de la JVM avec la commande `java`.

Compilation de l'application

Pour compiler le fichier `Bienvenue.java` :

1. Ouvrez une fenêtre de commandes (sous Mac OS X, démarrez l'application *Terminal* du dossier *Applications/Utilitaires*).
2. Déplacez-vous avec la commande `cd` dans le dossier où se trouve le fichier `Bienvenue.java`.
3. Exécutez la commande suivante :

```
javac Bienvenue.java
```

Si votre programme est correctement compilé, la commande `javac` n'affiche aucun message et crée le fichier `Bienvenue.class` dans le dossier du fichier `Bienvenue.java`. Si le compilateur détecte une erreur, un texte décrivant l'erreur apparaît à l'écran. Remontez toujours à la première erreur du texte renvoyé par `javac`, car les dernières erreurs sont souvent liées aux premières de la liste.

B.A.-BA **Commandes système les plus utiles**

Comme cet ouvrage prône l'utilisation de la ligne de commande pour débuter en Java, voici une liste des commandes les plus utiles sous Windows comme sous Unix (ce qui comprend Linux et Mac OS X). Toute manipulation des fichiers et des dossiers (création, copie, renommage, suppression) via le bureau de votre système, l'Explorateur Windows ou le Finder Mac OS X, est immédiatement disponible dans toute fenêtre de commandes ou tout terminal ouvert.

Effet	Sous Windows	Sous Unix
Lister les fichiers du dossier courant	`dir`	`ls`
Lister les fichiers d'extension `.java`	`dir *.java`	`ls *.java`
Lister les fichiers d'un dossier	`dir` *dossier*	`ls` *dossier*
Changer de dossier	`cd` *dossier*	`cd` *dossier*
Copier un fichier	`copy` *fichier1 fichier2*	`cp` *fichier1 fichier2*
Renommer un fichier ou un dossier	`ren` *fichier1 fichier2*	`mv` *fichier1 fichier2*
Supprimer un fichier	`del` *fichier*	`rm` *fichier*
Créer un dossier	`md` *dossier*	`mkdir` *dossier*
Supprimer un dossier vide	`rd` *dossier*	`rmdir` *dossier*

Les cinq erreurs de compilation les plus fréquentes

1 Commande inconnue

Sous Windows :

Commande `javac` inconnue

```
'javac' n'est pas reconnu en tant que commande interne
ou externe, un programme exécutable ou un fichier de commandes.
```

Sous Linux :

Commande `javac` inconnue

```
javac: command not found
```

La modification que vous avez apportée au `PATH` est incorrecte, ce qui empêche le système de retrouver la commande `javac`. Vérifiez le `PATH` et modifiez-le comme indiqué précédemment.

2 Fichier absent

Impossible de lire le fichier `Bienvenue.java`.

```
error: cannot read: Bienvenue.java
```

Vérifiez que le dossier courant contienne bien le fichier `Bienvenue.java`. Renommez le fichier exactement comme cela en cas de besoin, ou changez de dossier courant pour aller dans celui où se trouve le fichier.

3 Argument inconnu

`javac` ne connaît pas l'argument `Bienvenue`.

```
javac: invalid argument: Bienvenue
Usage: javac <options> <source files>
...
```

N'oubliez pas l'extension `.java` des fichiers.

4 Syntaxe : symbole oublié

`javac` s'attend à trouver le caractère cité (ici ;) mais ne l'a pas trouvé.

```
Bienvenue.java:5: ';' expected
(recopie de la ligne 5)
```

Il vous faut certainement vérifier que vous ayez bien écrit le caractère attendu.

5 Symbole introuvable

`javac` ne retrouve pas le symbole cité, ici `string`. Cette erreur peut survenir dans de nombreux cas : mauvais nom de package, de classe, de champ, de méthode, de variable, mauvais paramètres d'une méthode, casse incorrecte...

```
Bienvenue.java:3: cannot resolve symbol
symbol : class string
location: package lang
(recopie de la ligne 3)
```

Vérifiez l'orthographe du symbole cité, ici `string` qui doit s'écrire `String`.

Autres erreurs de compilation

Voir aussi en annexe une liste plus complète des erreurs de compilation les plus fréquentes.

Exécution de l'application

Exécutez ce programme avec la commande suivante.

```
java Bienvenue
```

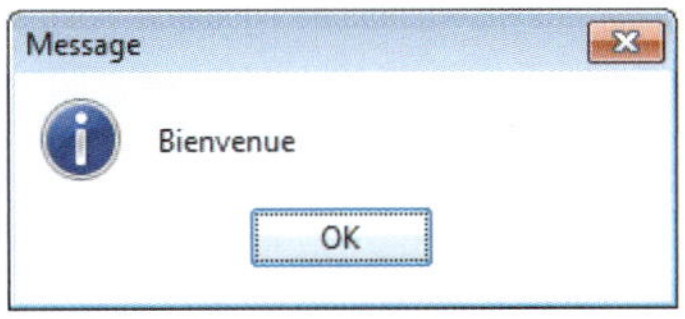

Figure 2–12
Application Bienvenue

Une fois que la fenêtre affichant *Bienvenue* est à l'écran, cliquez sur Ok et le programme s'arrêtera ensuite de lui-même après quelques secondes.

Les trois erreurs d'exécution les plus fréquentes

Si une erreur survient lors de l'exécution du programme, une exception est déclenchée empêchant généralement la JVM de poursuivre son exécution.

1. Définition de classe non trouvée (1)

   ```
   Exception in thread "main" java.lang.NoClassDefFoundError:
   Bienvenue/class
   ```

   ◂ La JVM n'a pas trouvé la définition de la classe `Bienvenue`.

   Vous avez dû taper la commande `java Bienvenue.class` (la commande `java` demande en paramètre une classe, pas un fichier).

2. Définition de classe non trouvée (2)

   ```
   Exception in thread "main" java.lang.NoClassDefFoundError:
   Bienvenue
   ```

   ◂ La JVM n'a pas trouvé la définition de la classe `Bienvenue`.

   Vérifiez que le dossier courant contienne bien un fichier `Bienvenue.class`. Si le problème persiste, assurez-vous que la variable d'environnement `CLASSPATH` soit égale à rien.

3. Méthode `main` non trouvée

   ```
   Exception in thread "main" java.lang.NoSuchMethodError: main
   ```

   ◂ La JVM n'a pas trouvé la méthode `main`.

   Vérifiez la déclaration de la méthode `main` puis recompilez le programme.

> **ASTUCES Simplifiez-vous la vie avec les raccourcis !**
>
> Tous les systèmes d'exploitation reproduisent le nom d'un fichier avec son chemin dans une fenêtre de commandes si vous glissez-déposez (*drag and drop*) l'icône de ce fichier dans la fenêtre. Très pratique aussi, vous pouvez utiliser le copier/coller dans une fenêtre de commandes via son menu contextuel. Finalement, Windows et Unix proposent la *complétion* automatique sur les fichiers et les dossiers dans une fenêtre de commandes pour vous éviter d'écrire entièrement leur nom : après avoir tapé les premières lettres d'un fichier, laissez le système compléter son nom en appuyant sur la touche de tabulation.

Regard du développeur Quel éditeur utiliser pour débuter ?

Bien que cet ouvrage présente en annexe les fonctionnalités d'Eclipse, un des IDE les plus puissants, il vous est conseillé dans un premier temps d'apprendre Java en vous servant d'un éditeur de textes et de la ligne de commande. Cette approche vous évitera de vous laisser noyer par toutes les possibilités de ces IDE, tout en vous permettant de mieux comprendre comment s'organisent les fichiers d'un programme et comment s'utilisent les options des commandes Java que l'on retrouve dans les boîtes de dialogue des IDE.

Toutefois, si le *Bloc-notes* Windows (`notepad.exe`) ou *TextEdit* sous Mac OS X conviennent pour éditer quelques lignes de code, rien que l'absence de numéros de lignes dans ces éditeurs risque de vous pénaliser pour corriger les erreurs de compilation qui y font référence. Utilisez plutôt un éditeur de textes plus élaboré comme ceux de la liste suivante, gratuits et peu consommateurs de mémoire :

- *ConTEXT* sous Windows (si l'anglais vous gêne, les options de cet éditeur permettent de choisir un affichage en français), disponible à http://www.contexteditor.org/ ;
- *KEdit* sous Linux (ou *vi* si vous le préférez) ;
- *Xcode* sous Mac OS X (fourni avec les outils de développement du système).

Regard du développeur Performances de la JVM, portabilité

Les performances de Java, langage principalement interprété, dépendent essentiellement de la machine virtuelle Java (JVM). Elles ont souvent été décriées par rapport à des langages objet compilés tel que C++. Ce reproche est de moins en moins fondé :

- Les performances de la JVM dépendent étroitement des performances matérielles des machines (mémoire et processeur) et celles-ci ne cessent de progresser.
- Sun puis Oracle optimisent régulièrement le système de gestion automatique de la mémoire. Ainsi le ramasse-miettes a-t-il été revu plusieurs fois, ce qui a permis de bien meilleures performances.
- L'apparition de compilateurs « juste à temps » (JIT, *Just In Time compilers* en anglais) avec le JDK 1.1 a permis d'améliorer les performances. Une JVM classique interprète au fur et à mesure chaque instruction du bytecode Java en instructions du processeur de la machine, sans garder de trace de cette interprétation. En revanche, une JVM avec un compilateur JIT traduit à la volée (*on-the-fly*) le bytecode d'une méthode en instructions du processeur, garde en mémoire le résultat de cette traduction, puis exécute directement ces instructions chaque fois que nécessaire. Bien que cette *compilation* initiale ralentisse l'exécution d'une méthode à son premier appel, le gain en performances est d'autant plus grand qu'une méthode est exécutée plusieurs fois ou qu'elle contient des boucles d'instructions. Pour vous convaincre de l'efficacité du compilateur JIT, vous pouvez essayer vos applications Java en mode interprété pur grâce à l'option `-Xint` de la commande `java` pour voir la différence !
- Pour utiliser de façon optimale le compilateur JIT, la technologie HotSpot apparue avec J2SE 1.3 décide de façon intelligente s'il vaut mieux compiler une méthode avec le compilateur JIT ou bien l'interpréter car le temps perdu pour cette compilation n'en vaudrait pas la peine.
- Apparu avec Java 5, le partage de classe (*Class Data Sharing*) entre plusieurs JVM a pour but de réduire le temps de lancement des programmes Java (surtout pour les plus petits) et la quantité de mémoire nécessaire à leur fonctionnement. Pour ce faire, le programme d'installation de Java crée un fichier qui contient la représentation en mémoire des classes de la bibliothèque standard Java, ce qui accélère ensuite le temps de chargement de ces classes et permet de les partager entre différentes JVM fonctionnant simultanément.

Et qu'en est-il de la portabilité des programmes Java, l'un de ses atouts les plus mis en avant ?

Dans les faits, le passage d'un même programme Java d'un système d'exploitation à l'autre sans la moindre modification ne pose généralement aucun problème pour les programmes à base de servlets/JSP comme les serveurs web. Économiquement, cet argument est très intéressant pour les entreprises qui développent des serveurs pour Internet : ceci leur permet de mettre à disposition des développeurs de simples ordinateurs sous Windows, Linux ou Mac OS X au lieu de multiplier à grands frais les clones du serveur où sera déployé le programme final.

Du côté des programmes qui mettent en œuvre une interface utilisateur graphique avec les composants Swing ou AWT, les éventuels problèmes de portabilité se posent plus sous la forme d'une intégration correcte aux différents systèmes d'exploitation (et aux navigateurs pour les applets). Vous devez donc prendre le temps d'étudier les spécificités de chaque système et adapter si nécessaire votre programme pour respecter le plus possible leurs différences, tout en gardant le même code Java.

En résumé...

Après avoir passé en revue les concepts de base de la programmation orientée objet, ce chapitre vous a montré comment ils se traduisent dans l'architecture Java. Les outils de développement Java étant installés, on peut maintenant étudier comment créer des classes et manipuler des objets...

chapitre 3

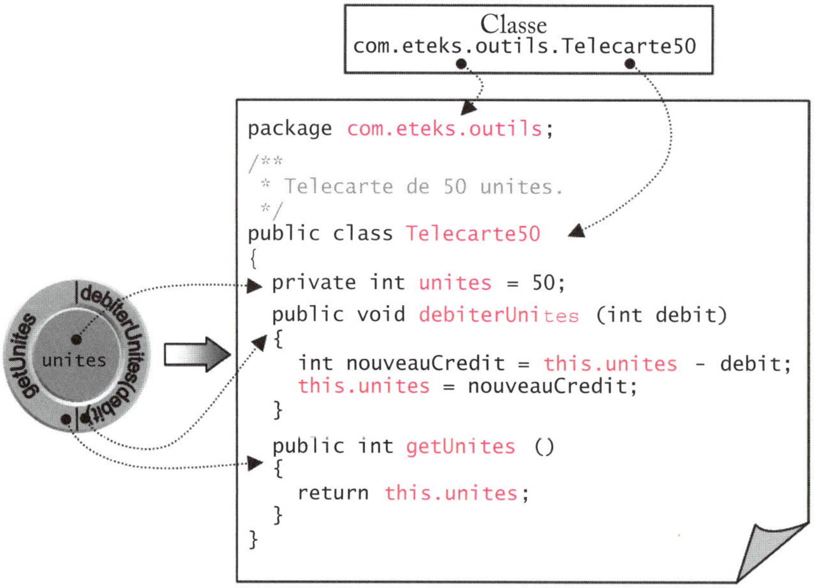

Classe
com.eteks.outils.Telecarte50
package com.eteks.outils;
/**
* Telecarte de 50 unites.
*/
public class Telecarte50
{
private int unites = 50;
public void debiterUnites (int debit)
{
int nouveauCredit = this.unites - debit;
this.unites = nouveauCredit;
}
public int getUnites ()
{
return this.unites;
}
}
unites
getUnites
debiterUnites(debit)

Création de classes

Java permet de créer des classes robustes grâce à un typage fort et au procédé de l'encapsulation. À partir des classes et des objets créés dans ce chapitre, nous allons voir comment il convient de mettre en œuvre ces principes et d'organiser les fichiers d'un programme.

SOMMAIRE

MOTS-CLÉS

- Type
- Encapsulation
- class
- this
- Constructeur
- javac
- import

Typer : pourquoi et comment ?

Il y a quatre catégories de données Java : les valeurs littérales (pour manipuler une valeur fixe comme `1 3.4 'a'`), les variables locales (pour stocker des valeurs temporaires utilisées dans les calculs d'une méthode), les paramètres de méthode (pour paramétrer une méthode) et les champs (pour stocker les valeurs décrivant l'état d'un objet).

Chacune de ces données Java est dotée d'un type, soit primitif (numérique, caractère, booléen), soit objet. Le type d'une donnée est utilisé d'une part pour calculer la taille de son espace de stockage, et d'autre part pour déterminer les opérations qu'il est possible de lui appliquer avec les opérateurs Java, sans provoquer d'erreur de compilation ni d'exécution.

Tableau 3–1 Types primitifs de Java

Type	Description
`byte`	entier signé sur 8 bits (valeurs de –128 à 127)
`short`	entier signé sur 16 bits (valeurs de –32 768 à 32 767)
`int`	entier signé sur 32 bits (valeurs de –2 147 483 648 à 2 147 483 647)
`long`	entier signé sur 64 bits (valeurs de –9 223 372 036 854 775 808 à 9 223 372 036 854 775 807)
`float`	décimal à virgule flottante sur 32 bits (valeurs de $\pm 10^{-45}$ à $\pm 10^{38}$ environ)
`double`	décimal à virgule flottante sur 64 bits (valeurs de $\pm 10^{-323}$ à $\pm 10^{308}$ environ)
`char`	code Unicode sur 16 bits (peut être utilisé aussi comme entier non signé)
`boolean`	valeur booléenne (vrai ou fausse)

Dans le cas des variables, il faut les déclarer avant leur première utilisation, en écrivant le type de la variable suivi de son nom ou *identificateur*.

```
type identificateurVariable
```

C++ Pas de unsigned, typedef et sizeof en Java

Le seul type entier non signé Java est le type `char`. Pour éviter toute confusion sur le type d'une variable, il n'existe aucun équivalent en Java des synonymes de type avec `typedef`. Comme tous les types primitifs ont une taille fixe en Java, l'opérateur `sizeof` n'existe pas.

C++ Le type char Java est sur 16 bits

L'équivalent du type `wchar_t` du C++ est `char` en Java.

B.A.-BA Identificateur

En Java, un identificateur ne peut ni commencer par un chiffre ni être un mot-clé Java. Cela mis à part, il peut s'agir de n'importe quelle suite alphanumérique (lettres ou chiffres Unicode) associée à des caractères _ ou $.
Exemples : `nom nombre $Nombre reseau_1 appeler getId`

À RETENIR Mots-clés Java

Chaque mot-clé Java a un sens prédéterminé et s'utilise avec une syntaxe particulière. Il est interdit de s'en servir comme identificateur pour éviter toute confusion de sens.

* `assert` est un mot-clé introduit avec Java 1.4. `enum` est un mot-clé introduit avec Java 5. `goto` et `const` sont des mots-clés réservés mais qui ne sont pas utilisés par Java.

abstract	continue	for	new	switch
assert*	default	goto*	package	synchronized
boolean	do	if	private	this
break	double	implements	protected	throw
byte	else	import	public	throws
case	enum*	instanceof	return	transient
catch	extends	int	short	try
char	final	interface	static	void
class	finally	long	strictfp	volatile
const*	float	native	super	while

Types de données objet et références

Les données de type objet relèvent d'une classe de la bibliothèque standard Java (par exemple `java.lang.String`, `java.lang.Object`...), d'une autre bibliothèque ou de votre propre programme.

Une variable de type objet est appelée une référence. Soit une référence désigne un objet, soit elle est égale à `null`. Un objet peut être référencé par plusieurs variables.

Exemple

`java.lang.String mot` déclare la référence `mot` de type `java.lang.String`.

C++ null Java ≈ NULL C++

L'équivalent du pointeur NULL du C++ est la référence `null` en Java.

C++ Référence ≈ pointeur≈ adresse ≠ objet

La notion de pointeur ou d'adresse sur un objet du C++ est remplacée par la notion de référence en Java, proche de celle du C++, mais limitée aux variables qui désignent des objets alloués dynamiquement. Observez bien au passage que l'instruction `java.lang.String mot;` ne crée aucun objet en Java mais une référence sur un objet de classe `java.lang.String`.

Écrire une valeur littérale

Une valeur littérale représente une valeur fixe et se note différemment d'un type à un autre.

Type	Notation valeur littérale	Exemples
`byte` `short` `int` `long`	Les valeurs littérales entières peuvent se noter de 3 façons (faire suivre le nombre d'un `L` pour une valeur de type `long`).	
	Suite de chiffres décimaux	`3443 -1234567 10000000000L`
	Suite de chiffres hexadécimaux (base 16) précédée de `0x`	`0x2F 0X12ab 0xFFFFFFFFFFL`
	Suite de chiffres octaux (base 8) précédée de `0`. Rarement utilisée, cette notation est signalée pour éviter que l'on ajoute `0` devant un entier par simple effet de style (ajouter plutôt des espaces).	`0123 056`
	Depuis Java 7, suite de chiffres binaires (base 2) précédée de `0b`	`0b1110`
`float` `double`	Les valeurs littérales décimales se notent avec un point pour le séparateur décimal et la lettre `E` pour séparer la mantisse de l'exposant : `3.14E-5` = $3{,}14\ 10^{-5}$	`10. 0.34 .4e12 3.14E-5 12.3f`
	Par défaut, toute valeur littérale numérique avec un point étant de type `double`, faire suivre le nombre d'un `f` pour indiquer qu'une valeur est de type `float`. Depuis Java 7, il est possible d'utiliser un caractère de soulignement _ comme séparateur dans une valeur littérale entière ou décimale pour en améliorer la lisibilité : 10_000.	`3.141_593 10_000_000`
`char`	Les valeurs littérales de type caractère se notent entre apostrophes (').	
	Caractère du code ASCII	`'a' '@' '9' '?'`
	Caractère du code Unicode : `\u` suivi des 4 chiffres hexadécimaux du code du caractère	`'\u00e9' '\u20ac'`

Type	Notation valeur littérale	Exemples
	Caractères spéciaux les plus courants : `'\n'` pour un retour à la ligne `'\t'` pour une tabulation `'\"'` pour le caractère " `'\''` pour le caractère ' `'\\'` pour le caractère \	`'\n' '\t' '\"' '\'' '\\'`
`boolean`	Les valeurs littérales booléennes sont `true` et `false`.	`true false`
`java.lang.String`	Les valeurs littérales de type texte ou chaîne de caractères se notent avec des caractères entre guillemets (").	`"Bonjour" "\u00e9l\u00e9ment"`
Autre type objet	La seule valeur littérale des références d'un autre type objet est `null`. Elle est utilisée pour les références qui ne désignent aucun objet.	`null`

ATTENTION Chaînes spéciales

La chaîne de caractères littérale vide notée `""`. (avec aucun caractère), la chaîne de caractères littérale `"null"` et la référence `null` sont trois choses différentes : `""` ≠ `"null"` ≠ `null`.

Affectation de variable

Exemple

L'instruction `x = 2;` affecte la valeur `2` à `x`.

Pour affecter une valeur à une variable, on utilise l'opérateur d'affectation `=`. Cet opérateur copie dans une variable une valeur littérale, la valeur d'une autre variable ou le résultat d'un calcul.

Le type de la valeur et celui de la variable affectée doivent être les mêmes. Une variable locale n'ayant pas de valeur initiale, il est obligatoire de lui affecter une valeur avant de l'utiliser, dès sa déclaration ou dans une instruction indépendante.

B.A.-BA Codes ASCII /Unicode

Le code ASCII (*American Standard Code for Information Interchange*) regroupe 128 caractères et symboles de la langue anglaise qui ne comportent aucune lettre accentuée. L'Unicode permet de coder 65 536 caractères différents, dont les 128 premiers sont ceux du code ASCII. Les autres codes sont utilisés pour les caractères, les chiffres et les symboles des nombreuses langues. Le tableau présenté ci-contre donne pour mémoire les codes Unicode francophones et les codes HTML les plus utilisés.

▸ http://www.unicode.org

Lettre	Unicode	HTML
à	`\u00e0`	`à`
â	`\u00e2`	`â`
ä	`\u00e4`	`ä`
ç	`\u00e7`	`ç`
è	`\u00e8`	`è`
é	`\u00e9`	`é`
ê	`\u00ea`	`ê`
ë	`\u00eb`	`ë`
î	`\u00ee`	`î`

Lettre	Unicode	HTML
ï	`\u00ef`	`ï`
ô	`\u00f4`	`ô`
ö	`\u00f6`	`ö`
œ	`\u0153`	`œ`
ù	`\u00f9`	`ù`
û	`\u00fb`	`û`
ü	`\u00fc`	`ü`
€	`\u20ac`	`€`

Par l'exemple : déclarer et utiliser quelques variables

L'application de classe `TestTypes` montre comment déclarer des variables de type `int` et de classe `java.lang.String` et comment leur affecter une valeur.

La méthode `main` de cette classe déclare les quatre variables locales `année` (1), `annéeProchaine` (2), `prénom` (4) et `autrePrénom` (7). Dès leur déclaration, `année`, `autrePrénom` sont initialisés respectivement à *2003* (1) et avec le texte *Sophie* (7).

L'instruction `annéeProchaine = année + 1;` (3) copie (affecte) la valeur de `année + 1` dans `annéeProchaine`.

EXEMPLE TestTypes.java

```
class TestTypes
{
  public static void main(java.lang.String [] args)
  {
    int année = 2003; ①

    int annéeProchaine; ②
    annéeProchaine = année + 1; ③

    java.lang.String prénom; ④
    prénom = "Thomas"; ⑤

    javax.swing.JOptionPane.showMessageDialog(null, prénom); ⑥

    java.lang.String autrePrénom = "Sophie"; ⑦
    prénom = autrePrénom; ⑧

    javax.swing.JOptionPane.showMessageDialog(null, prénom); ⑨
    prénom = null; ⑩

    javax.swing.JOptionPane.showMessageDialog
                            (null, "1 \u20ac = 6.55957 FF"); ⑪
  }
}
```

- ① Déclaration de la variable locale entière `année`.
- ② Déclaration de la variable entière `annéeProchaine`.
- ④ Déclaration de la référence `prénom`.
- ⑥ Affichage du texte *Thomas*.
- ⑦ Déclaration de la référence `autrePrénom`.
- ⑨ Affichage du texte *Sophie*.
- ⑪ Affichage du texte *1 € = 6.55957 FF*.

DANS LA VRAIE VIE

Utilisation des lettres accentuées

Comme dans le cas des variables `année`, `annéeProchaine`, `prénom` et `autrePrénom` de cet exemple, les identificateurs Java peuvent utiliser des lettres accentuées mais celles-ci sont déconseillées. Comme les éditeurs de texte et les systèmes d'exploitation n'utilisent généralement pas l'Unicode pour les caractères accentués, cela complique la maintenance en contraignant à utiliser un éditeur particulier.

Si vous décidez d'écrire les valeurs littérales de type texte avec des lettres accentuées au lieu de leur code Unicode, faites mention de l'encodage de caractères utilisé (*encoding* en anglais) dans l'en-tête de votre fichier, pour que les relecteurs éventuels de votre programme sachent quel encodage choisir dans leur éditeur de textes et dans l'option `-encoding` de la commande `javac`. Vous pouvez aussi avoir recours à la commande `native2ascii` du JDK, capable de convertir tous les caractères non ASCII d'un fichier en leur code Unicode.

B.A.-BA Indentation

L'indentation consiste à décaler vers la droite les instructions comprises entre les accolades `{ }` afin de visualiser facilement le début et la fin d'un bloc. Tous les éditeurs dédiés à la programmation sont capables d'indenter automatiquement le point d'insertion du texte à chaque retour à la ligne et vous n'aurez qu'à choisir le décalage qui vous convient (on utilise le plus souvent 2, 4 ou 8 espaces). Comme la largeur d'une tabulation n'est pas toujours la même d'un éditeur à l'autre, préférez les espaces aux caractères de tabulation et configurez les options de votre éditeur dans ce sens.

JAVA Séparateurs

Le point-virgule à la fin de chaque instruction est obligatoire et la virgule permet de séparer les paramètres multiples passés à une méthode.

`java.lang.String prénom;` ④ déclare la référence `prénom` de classe `java.lang.String` mais ne crée aucun objet de classe `java.lang.String`. `"Thomas"` est une valeur littérale de classe `java.lang.String`. La référence qui désigne cet objet chaîne de caractères est affectée à `prénom` ⑤.

`null` et la valeur de la référence `prénom` sont ensuite passés en paramètres à la méthode `showMessageDialog` pour afficher la chaîne de caractères *Thomas* ⑥.

L'instruction `prénom = autrePrénom;` affecte la référence `autrePrénom` à `prénom` ⑧. `autrePrénom` et `prénom` désignent alors le même objet `"Sophie"`. La référence `prénom` est à nouveau passée en paramètre à la méthode `showMessageDialog` qui affiche cette fois-ci la chaîne de caractères *Sophie* ⑨.

Une fois exécutée l'instruction `prénom = null;` ⑩, la référence `prénom` ne désigne plus aucun objet, mais la référence `autrePrénom` désigne toujours `"Sophie"`. Une valeur littérale peut aussi être utilisée directement pour donner la valeur d'un paramètre, ce que fait la dernière ligne du programme, qui affiche le texte *1 € = 6.55957 FF* ⑪.

Encapsuler pour protéger les données des objets

C++/C# package ≈ namespace

Les packages Java correspondent à peu de choses près aux espaces de noms du C++ et de C#.

B.A.-BA Une classe = un fichier source

Comme vous le verrez tout au long de cet ouvrage, à chaque classe d'un programme Java correspond généralement un seul fichier source `.java`. Il faut donc vous habituer à manipuler plusieurs fichiers pour une application même modeste. Dans le monde de l'entreprise, la répartition du code source d'un programme sur plusieurs fichiers facilite l'organisation des tâches d'une équipe de programmeurs en permettant à chacun d'eux de travailler sur un fichier source différent à un moment donné.

L'approche de la programmation modulaire consiste à décomposer un problème en un ensemble de sous-systèmes ou modules. Proposé par la plupart des langages, ce mode de programmation facilite la maintenance d'un programme pour peu que chaque module soit cohérent et le plus indépendant possible des autres. La programmation orientée objet est l'aboutissement de ce principe où chaque objet susceptible d'être manipulé par son interface est un module. En Java, cette décomposition modulaire s'effectue non seulement sur les classes mais aussi à d'autres niveaux, imbriqués les uns dans les autres comme des poupées russes :

- Un package renferme les classes d'un même thème.
- Une classe contient des champs et des méthodes.
- Une méthode a des paramètres et un bloc d'instructions.
- Un bloc d'instructions contient des variables locales, des instructions et d'autres blocs.

Ce principe de modularité permet aussi de réutiliser dans des modules différents un même identificateur, que ce soit celui d'une classe, d'un champ, d'une méthode, d'un paramètre ou d'une variable locale. Il suffit que chaque identificateur soit unique dans son module et dans sa catégorie : ainsi, deux classes peuvent avoir le même identificateur si elles sont dans des packages différents, l'identificateur d'un champ peut être réutilisé dans une autre classe ou dans une méthode comme identificateur de variable locale...

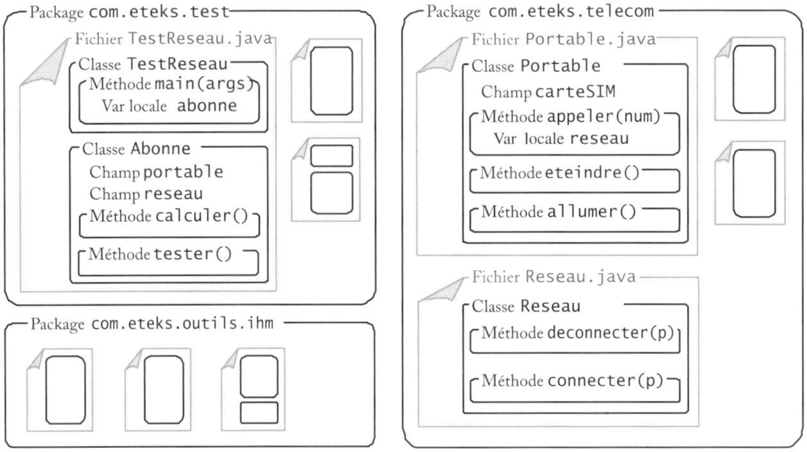

Figure 3–1
Imbrication des modules

CONVENTIONS **Choix des identificateurs**

Afin que vous puissiez tirer parti de la liberté de choix et de réutilisation des identificateurs, il vous est conseillé de respecter les quelques conventions de nommage habituellement admises en Java et décrites au fil de cet ouvrage. Une fois mémorisées, ces conventions vous aideront à reconnaître du premier coup d'œil la catégorie d'un identificateur.

Portée d'utilisation et durée de vie

Les variables locales, paramètres, champs, méthodes et classes déclarés dans les modules ont une portée et une durée de vie différentes, selon leur catégorie.

B.A.-BA **Portée d'un identificateur**

La portée d'un identificateur (*scope*) est la zone du programme où il peut être utilisé.

B.A.-BA **Encapsulation**

L'encapsulation réunit les deux concepts suivants :

- la notion de module, regroupant les champs et les méthodes qui forment une classe, ces champs et ces méthodes étant *encapsulés* dans leur classe ;
- la notion de portée, qui limite la zone d'utilisation des champs à la classe dans laquelle ils sont déclarés. Ces champs sont *encapsulés* pour exprimer qu'ils font partie exclusivement de l'implémentation de leur classe et pour empêcher de modifier intempestivement leur valeur en dehors de leur classe. C'est souvent ce second sens de l'encapsulation qui est retenu en Java.

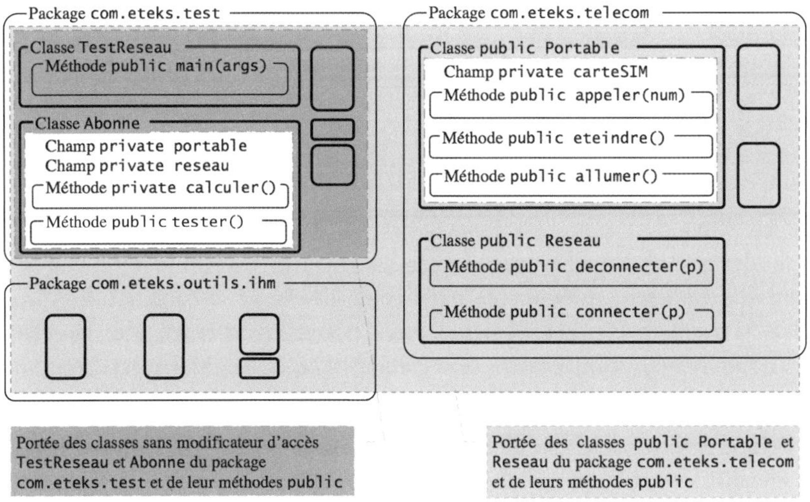

Figure 3–2 Portée des champs et méthodes d'une classe

Catégorie	Portée et durée de vie	Utilisation	Exemple
variable locale paramètre	S'étend de leur déclaration à la fin du bloc dans lequel ils sont déclarés.	Directement avec leur identificateur.	`annee = 2003;`
méthode	La portée d'une méthode dépend du modificateur d'accès qui est donné à sa déclaration : 1. `public` : méthode accessible à l'extérieur de sa classe. À utiliser pour les méthodes spécifiées dans l'interface des objets d'une classe. 2. `private` : méthode uniquement accessible à l'intérieur de sa classe. À utiliser pour les méthodes effectuant des traitements nécessaires à l'implémentation des objets d'une classe.	Pour appeler la méthode d'un objet, il faut écrire l'identificateur de l'objet suivi d'un point, suivi de l'identificateur de la méthode.	`prenom.length()` appelle la méthode `length()` de l'objet désigné par `prenom`. Cela correspond à l'envoi du message *renvoyer la longueur du prénom*.
champ	Comme les champs ne doivent faire partie que de l'implémentation des objets d'une classe, prenez l'habitude de les *encapsuler* pour protéger les données d'un objet. Pour encapsuler un champ, on utilise le modificateur d'accès `private` à sa déclaration, ce qui limite la portée du champ à sa classe. La durée de vie des champs est la même que celle de l'objet dont ils déclarent les données.	Un champ `private` s'utilise avec la référence `this` suivie d'un point et de l'identificateur du champ.	`this.count` Voir section « Implémenter les méthodes ».
classe	La portée d'une classe dépend du modificateur d'accès qui est donné à sa déclaration : 1. `public` : classe accessible dans toutes les autres classes, quel que soit leur package. 2. portée par défaut (sans modificateur d'accès) : classe accessible uniquement aux classes du même package. À utiliser pour les classes de test ou les classes qui n'ont pas à être utilisées en dehors de leur package. La durée de vie d'une classe s'étend de sa première utilisation à l'arrêt de la JVM.	Une classe s'utilise en faisant précéder son identificateur du package où est déclarée la classe et d'un point.	`java.lang.String` représente la classe `String` du package `java.lang`.

Manipuler des chaînes avec les méthodes de la classe java.lang.String

La classe `java.lang.String` est une classe `public`, ce qui permet de l'utiliser dans n'importe quelle classe. Elle contient un ensemble de méthodes `public` disponibles dans l'interface d'un objet de type chaîne de caractères et des champs `private` utilisés pour implémenter le stockage de ses caractères.

Sur un objet de classe `java.lang.String`, on peut notamment appeler les méthodes `public length`, `charAt` et `concat` : `length` renverra la longueur de la chaîne de caractères mémorisée par l'objet, et `charAt` le caractère à l'indice `index`. La méthode `concat` crée une nouvelle instance de la classe `java.lang.String` dont le texte sera celui de l'objet original suivi des caractères de l'objet passé en paramètre à `concat`.

Les champs `value` et `count` disposent du modificateur d'accès `private` pour les encapsuler à l'intérieur de la classe `java.lang.String`. En dehors de la classe `java.lang.String`, `value` et `count` sont en fait utilisés indirectement grâce notamment aux méthodes `charAt` et `length`.

ASTUCE N'hésitez pas à consulter les sources de la bibliothèque Java

Le JDK est fourni avec les fichiers sources des classes de la bibliothèque Java. Ces derniers sont regroupés dans un fichier compressé au format ZIP, nommé `src.zip`. Vous y trouverez notamment le fichier `String.java` qui définit la classe `java.lang.String` (voir figure 3-3).

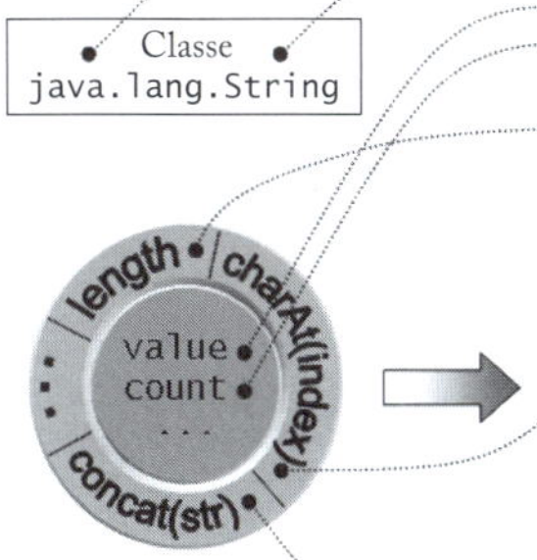


```
[Extraits du fichier java/lang/String.java]
package java.lang;
[...]
public final class String [...]
{
  private char value [];
  private int  count;
  [...]
  public int length()
  {
    return this.count;
  }
  [...]
  public char charAt(int index)
  {
    if ((index < 0) || (index >= this.count))
      throw new StringIndexOutOfBoundsException(index);
    return this.value[index + offset];
  }
  [...]
  public java.lang.String concat(java.lang.String str)
  {
    return [...]
  }
}
```

Figure 3–3
Quelques méthodes public et champs private de la classe java.lang.String

Regard du développeur Utiliser l'encapsulation pour bien répartir les rôles

La distinction entre l'interface présentée par un objet et son implémentation permet avec l'encapsulation de séparer clairement les rôles d'utilisateur et de concepteur d'une classe :

- Un utilisateur accède aux services d'un objet en utilisant les méthodes `public` proposées par l'interface de sa classe.
- Le concepteur de cette classe assure ces services en implémentant dans la classe les méthodes correspondantes avec des instructions opérant sur les champs `private` adéquats.

Le contrat liant un utilisateur avec le concepteur d'une classe s'exprime donc par la liste des méthodes `public` de cette classe. Cet engagement permet au concepteur d'une classe de faire évoluer son implémentation sans que l'utilisateur de cette classe n'ait à modifier son programme. Par exemple, la longueur d'une chaîne de caractères renvoyée par la méthode `public length` de la classe `java.lang.String` est implémentée en renvoyant la valeur du champ `private count`. Cependant, rien ne dit que cette implémentation n'évoluera pas dans les prochaines versions de Java. Ce qui compte pour vous, utilisateur de la classe `java.lang.String`, c'est qu'elle continue à renvoyer la longueur d'une chaîne.

Attention ! Ce n'est pas parce que les rôles de concepteur et d'utilisateur sont tenus par la même personne qu'il faut faire une entorse à cette bonne règle de conception. Dans l'entreprise, les rôles de chacun peuvent évoluer, certains abandonnant leur rôle à d'autres personnes pendant les phases de mise au point et de maintenance d'un programme. Alors, facilitez-leur la tâche en utilisant systématiquement l'encapsulation.

Pour vous aider à digérer la programmation objet...

Pour utiliser un langage imagé, imaginez-vous (*un utilisateur*) au restaurant en train de choisir un plat (*un service*) sur une carte (*l'interface qui décrit la liste des services proposés par son concepteur, le cuisinier*). Vous commandez une tarte au citron, (*vous envoyez au cuisinier le message « Donnez-moi une tarte au citron »*). La tarte est alors préparée (*implémentée*) en cuisine à l'abri des regards, la porte de la cuisine vous cachant les secrets de préparation : vous ne connaissez ni la liste exacte de ses ingrédients (*les données qui sont encapsulées dans la cuisine*), ni de quelle façon le cuisinier la prépare (*implémente les instructions pour réaliser ce service*). Ce qui vous importe, c'est d'avoir une bonne tarte au citron (*vous faites confiance au concepteur de la liste des services*).

C++ Opérateurs -> et ::

Les opérateurs `->` et `::` du C++ sont remplacés en Java par l'unique opérateur point (`.`), utilisé pour accéder aux membres d'un objet, d'une classe ou d'un package.

Par l'exemple : construire un texte avec plusieurs chaînes

L'application de classe `AfficherDeuxPrenoms` vous montre comment appeler les méthodes d'un objet de classe `java.lang.String`.

La méthode `main` de cette classe appelle la méthode `concat` sur des instances de `java.lang.String` pour construire et afficher les textes *ThomasSophie* ❶, puis *Thomas et Sophie* ❷ ❸. Notez que, comme `count` est un champ `private`, l'instruction :

```
longueurPrenom = premierPrenom.count;
```

est interdite et remplacée par :

```
longueurPrenom = premierPrenom.length();
```

EXEMPLE AfficherDeuxPrenoms.java

```
class AfficherDeuxPrenoms
{
  public static void main(java.lang.String[] args)
  {
    java.lang.String premierPrenom = "Thomas";
    int longueurPrenom = premierPrenom.length();
    java.lang.String deuxiemePrenom = "Sophie";
    java.lang.String deuxPrenoms;

    deuxPrenoms = premierPrenom.concat(deuxiemePrenom); ❶

    javax.swing.JOptionPane.showMessageDialog(null, deuxPrenoms);

    java.lang.String premierPrenomAvecEt;
    premierPrenomAvecEt = premierPrenom.concat(" et "); ❷

    deuxPrenoms = premierPrenomAvecEt.concat(deuxiemePrenom); ❸

    javax.swing.JOptionPane.showMessageDialog(null, deuxPrenoms);
  }
}
```

- Déclaration de la référence `premierPrenom`. Obtention du nombre de caractères de *Thomas*. Déclaration de la référence `deuxiemePrenom`. Déclaration de la référence `deuxPrenoms`.
- Affectation à `deuxPrenoms` du résultat de la concaténation des chaînes désignées par `premierPrenom` et `deuxiemePrenom`.
- Affichage du texte *ThomasSophie*.
- Déclaration de la référence `premierPrenomAvecEt`.
- Affectation à `deuxPrenoms` du résultat de la concaténation des chaînes désignées par `premierPrenomAvecEt` et `deuxiemePrenom`.
- Affichage du texte *Thomas et Sophie*.

Définir une nouvelle classe

Comme pour `java.lang.String`, vous devez définir vos classes dans des fichiers `.java` avec leurs champs et leurs méthodes.

C++/C# Package d'une classe

Toutes les classes d'un fichier `.java` appartiennent au même package. Notez aussi que le point-virgule à la fin d'une classe n'est pas obligatoire en Java et en C#.

Structure d'un fichier .java

Un fichier `.java` débute par la clause `package` suivie de la définition d'une classe (ou plusieurs) déclarée grâce au mot-clé `class` suivi de son identificateur.

```
/*
 * Fichier com/eteks/test/ClasseTest.java
 * Copyright (c) 2012 eTeks. All Rights Reserved.
 */
package com.eteks.test;

/**
 * Cette classe permet de tester l'application.
 */
public class ClasseTest
{
  // Champs et méthodes de la classe com.eteks.test.ClasseTest
}

class ClasseOutil
{
  // Champs et méthodes de la classe com.eteks.test.ClasseOutil
}
```

◄ Commentaire en en-tête de fichier : Nom du fichier (utile pour l'impression). Copyright.

◄ Déclaration du package des classes du fichier.

◄ Commentaire javadoc décrivant la classe.

◄ Déclaration de la classe `public ClasseTest` accessible depuis n'importe quel package.

◄ Déclaration de la classe `ClasseOutil` accessible uniquement dans le package `com.eteks.test`.

Un fichier `.java` peut contenir plusieurs classes mais ne peut en renfermer qu'une seule qui soit déclarée `public`. Si un fichier `.java` contient une classe `public`, il **doit** porter le même nom que cette classe (`ClasseTest.java` pour la classe `ClasseTest`). Le modificateur d'accès d'une classe est soit `public`, soit absent.

Une classe est définie en une seule fois dans un unique fichier. Chaque déclaration de classe est suivie d'un bloc entre accolades `{ }`, qui contient ses champs et ses méthodes. Les champs et les méthodes peuvent être cités et utilisés n'importe où dans la classe, quel que soit leur ordre de déclaration.

Toutes les classes d'un fichier appartiennent au même package.

C++/C# Structures et unions

Contrairement au C#, Java n'a pas repris la notion de structure (déclarée avec le mot-clé `struct`). La notion d'union n'existe pas non plus (comme en C#).

CONVENTIONS

Nommage des packages et des classes

Un package s'écrit en minuscules. Pour assurer l'unicité des packages, une entreprise se base sur son nom de domaine Internet, qu'elle inverse, par exemple `com.sun` ou `fr.bspp`. Le préfixe de package `com.eteks` a été choisi dans cet ouvrage car c'est le nom de domaine inversé de l'auteur.

L'identificateur d'une classe est une suite d'un ou plusieurs mots en minuscules, chaque lettre initiale de mot étant en majuscule.

Si le fichier ne contient aucune classe `public`, il porte généralement le nom de sa classe principale.

Commenter une classe

Différents types de commentaires peuvent être ajoutés à vos classes. Ils permettent de documenter leur utilisation et facilitent leur maintenance. Ils sont ignorés par le compilateur `javac`.

Les commentaires à part, sur une ou plusieurs lignes, sont généralement placés avant les instructions commentées.

Type de commentaire	Utilisation	Exemple
Fin de ligne	Tout ce qui suit // est ignoré jusqu'à la fin de la ligne. Utilisez d'abord les commentaires fin de ligne pour permettre d'imbriquer ce type de commentaire dans les commentaires multilignes /* */, s'il est nécessaire de commenter une portion de programme.	`int i; // indice de boucle`

Multiligne	Tout ce qui est compris entre /* et */ est ignoré. Ces commentaires peuvent incorporer des commentaires fin de ligne //, mais pas d'autres commentaires avec la syntaxe /* */.	`/* Commentaire imbriqué`
		`int i; // Indice de boucle`
		`*/`

javadoc	Les commentaires entre /** et */ sont utilisés par javadoc pour générer la documentation des classes. Ils doivent respecter une syntaxe spéciale et précéder la déclaration d'une classe, d'une méthode ou d'un champ (voir la section « Commentaires javadoc » en annexe).	`/**`
		`* Cette classe permet de tester`
		`* l'application.`
		`*/`

Déclarer les champs d'une classe

Chaque donnée d'un objet correspond à un champ qui doit être déclaré dans sa classe.

```
package com.eteks.test;

class ClasseAvecChamps
{
  private TypeChamp champ1;

  private TypeChamp champ2 = valeurOuExpression;
}
```

Déclaration du champ champ1 initialisé à sa valeur par défaut.

Déclaration du champ champ2 initialisé avec une valeur donnée.

TypeChamp peut être un type primitif ou une classe. Si TypeChamp est une classe, le champ est une référence.

Pour encapsuler un champ, n'oubliez pas le modificateur d'accès private, mais sachez que private peut être aussi remplacé par protected, public, ou être absent. Dans ce dernier cas, le champ a une portée par défaut qui le rend accessible uniquement dans les classes qui appartiennent au même package que celui de sa classe.

C++ Initialisation des champs Java

En Java, il est possible de donner la valeur initiale d'un champ à sa déclaration.

CONVENTIONS Nommage des champs

L'identificateur d'un champ est un mot écrit en minuscules, suivi éventuellement d'autres mots en minuscules, avec chaque lettre initiale de mot en majuscule. Par exemple :

adresseProfessionnelle

Évitez les abréviations qui peuvent semer la confusion sur le but de l'utilisation d'un champ. Par exemple, le champ const1 peut représenter une constellation ou une constante.

Déclarer les méthodes d'une classe

La déclaration d'une méthode est suivie de son implémentation qui est écrite dans un bloc entre accolades `{ }` contenant les instructions de son traitement. L'identificateur de la méthode est précédé de `void` ou d'un type *`TypeRetour`* :

- L'identificateur d'une méthode qui ne renvoie pas de valeur est toujours précédé de `void`.
- L'identificateur d'une méthode qui renvoie une valeur est précédé du type de la valeur retournée. *`TypeRetour`* peut être un type primitif ou une classe. Le résultat de la méthode est renvoyé au moyen de l'instruction `return` qui doit être suivie d'une valeur de type *`TypeRetour`*.

Le modificateur d'accès d'une méthode est généralement `private` ou `public`, mais peut aussi être `protected` ou absent.

JAVA Utilisation de la valeur de retour

Il n'est pas obligatoire de se servir de la valeur renvoyée par une méthode.

```
package com.eteks.test;

class ClasseAvecMethodes
{
  ModificateurAcces void test1()
  {
    // Instructions de test1
  }

  ModificateurAcces void test2(TypeParam1 param1,
                               TypeParam2 param2)
  {
    // Instructions de test2
  }

  ModificateurAcces TypeRetour test3()
  {
    // Instructions de test3
    return valeurOuExpression;
  }

  ModificateurAcces TypeRetour test4(TypeParam1 param1,
                                     TypeParam2 param2)
  {
    // Instructions de test4
    return valeurOuExpression;
  }
}
```

◄ Déclaration de la méthode `test1` qui ne prend pas de paramètre et ne renvoie pas de valeur.

◄ Déclaration de la méthode `test2` avec paramètres et qui ne renvoie pas de valeur.

◄ Déclaration de la méthode `test3` qui ne prend pas de paramètre et renvoie une valeur.

◄ Déclaration de la méthode `test4` avec paramètres et qui renvoie une valeur.

CONVENTIONS **Nommage des méthodes**

L'identificateur d'une méthode est un verbe d'action en minuscules suivi éventuellement d'autres mots en minuscules, la lettre initiale de ces mots figurant en majuscule (par exemple, `allumer`, `debiterUnites`).
Les méthodes utilisées pour modifier ou interroger les valeurs d'un champ, appelées aussi mutateur et accesseur d'un champ, sont préfixées par `set`ou `get`. Un accesseur renvoyant le type `boolean` peut aussi être préfixé par `is`. Par exemple, le mutateur du champ `prenom` se nomme `setPrenom` et son accesseur `getPrenom`.

B.A.-BA **Passage des paramètres par valeur**

Quand un paramètre passé par valeur est modifié dans une méthode, la valeur de la variable passée en paramètre n'est pas modifiée.

C++ **Identificateurs de champs et de méthodes**

Bien que ceci ne doive jamais arriver si vous respectez les conventions de nommage Java, il est possible d'utiliser en Java le même identificateur pour un champ et une méthode, contrairement au C++.

C++/C# **Passage des paramètres par valeur**

En Java, il n'est possible de passer les paramètres d'une méthode que par valeur : les opérateurs &, * et les mots-clés `ref` et `out` n'existent pas. Les modifications d'un paramètre dans une méthode n'affecteront pas la variable passée en paramètre, mais si ce paramètre est une référence qui désigne un objet, les champs de cet objet peuvent être modifiés.

Paramétrage d'une méthode

Une méthode peut prendre aucun, un ou plusieurs paramètres séparés par une virgule (,). Chaque paramètre a un identificateur différent, précédé de son type. Les valeurs passées à l'appel d'une méthode doivent être du même type que celui déclaré des paramètres. Chaque paramètre reçoit une copie de ces valeurs qu'elles soient de type primitif ou qu'il s'agisse d'une référence. Une méthode sans paramètre est toujours suivie de parenthèses ouvrante et fermante `()` à sa déclaration et à son appel.

Implémenter les méthodes

À RETENIR **Que représente this ?**

Pour implémenter la plupart des messages, on a besoin de connaître l'objet qui a reçu le message afin de manipuler les données de l'objet en question. En Java, *cet* objet est représenté par la référence `this`.

C++ **Différences d'utilisation de this**

Contrairement au C++, il n'est pas possible d'affecter un objet différent à `this`. Comme l'opérateur `->` n'existe pas en Java, l'accès à un champ s'effectue avec l'opérateur point (l'équivalent de `this->unites` en C++ est `this.unites` en Java).

Un message est envoyé à un objet pour effectuer des traitements sur les données de *cet* objet :

- Certains traitements comprennent des opérations visant à modifier les données de *cet* objet.
- D'autres renvoient une valeur calculée en fonction des données de *cet* objet.

Dans l'implémentation d'une méthode en Java, on distingue *cet* objet d'un autre de la même classe grâce au mot-clé `this` :

- `this` est une référence créée implicitement lors de l'appel d'une méthode et désigne l'objet qui a reçu le message.
- `this` est suivi d'un point et d'un champ pour obtenir ou modifier la valeur du champ mémorisé par *cet* objet.

Par l'exemple : une classe simulant une télécarte

Une télécarte de 50 unités peut être représentée sous forme d'un objet avec les messages suivants (voir figure 3-4).

Regard du développeur **Quand utiliser la référence à l'objet courant this ?**

`this` est souvent utilisé seul pour passer l'objet courant en paramètre à la méthode d'un autre objet. Cependant, il peut être nécessaire de répéter le nom de la classe de l'objet devant `this`, notamment dans une classe anonyme (par exemple `AppletEmprunt.this`).
Un champ ne doit être précédé de `this` qu'en cas de risque de confusion avec un paramètre ou une variable locale de même portée. Toutefois, on peut y recourir systématiquement pour améliorer la lisibilité d'une classe, pour montrer que c'est bien un champ qui est manipulé.
L'utilisation de `this` n'est pas non plus nécessaire pour appeler une autre méthode de sa propre classe, car un identificateur suivi de parenthèses représente toujours l'appel à une méthode sans risque de confusion avec un autre type d'identificateur.

- `debiterUnites(debit)` : ce message débite une télécarte d'un nombre variable d'unités `debit`.
- `getUnites` : ce message renvoie le nombre d'unités restantes d'une télécarte.

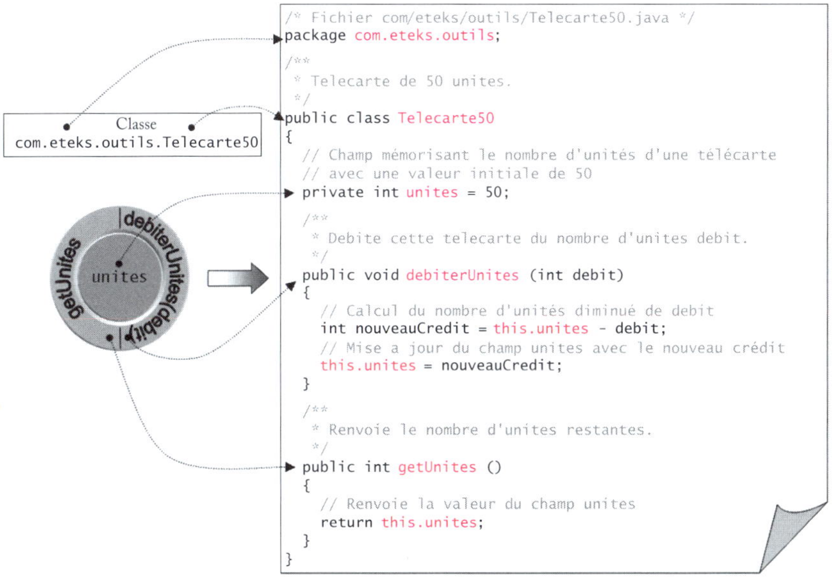

Figure 3–4
Implémentation des méthodes de la classe com.eteks.test.Telecarte50

Pour comprendre ce que représente `this` pendant l'appel à une méthode, considérons `uneTelecarte`, une référence de classe `com.eteks.outils.Telecarte50` désignant un objet existant de `com.eteks.outils.Telecarte50`.

L'exécution de l'instruction `uneTelecarte.debiterUnites(1);` appelle la méthode `debiterUnites` de la classe `com.eteks.outils.Telecarte50` sur l'objet désigné par `uneTelecarte` et affecte son paramètre `debit` de la valeur `1` : cela correspond à l'envoi du message *débiter d'une unité une télécarte.*

Dans la vraie vie
Représentation d'un objet en UML

En conception objet, les objets et les classes sont généralement représentés grâce aux différents diagrammes proposés par UML (*Unified Modeling Language*). Même si elle se rencontre moins souvent, la notation sous forme de cercles concentriques a été choisie dans la plupart des figures de cet ouvrage pour exprimer graphiquement l'encapsulation des données d'un objet qui ne sont pas accessibles à l'extérieur de l'objet et l'interface d'un objet qui donne la liste des messages qu'un objet peut recevoir. Pour information, la figure ci-dessous est la représentation UML de la classe `com.eteks.test.Telecarte50`.

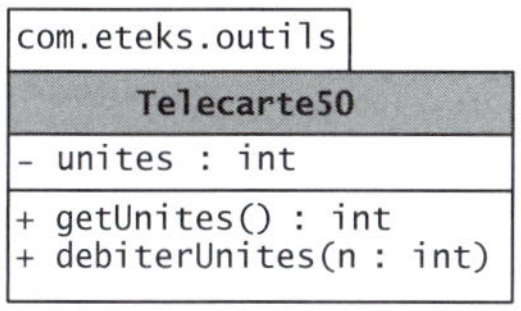

Figure 3–5
Représentation UML

Cahier du programmeur UML, Pascal Roques, Eyrolles 2008

C++ Répétition du modificateur d'accès

Le modificateur d'accès d'un champ ou d'une méthode doit être répété à la déclaration de chacun d'entre eux.

C++/C# Modificateur d'accès par défaut

Un peu comme le modificateur d'accès C# `internal` rend un membre accessible à toutes les classes d'une même *assembly*, un membre qui n'est précédé d'aucun modificateur d'accès est accessible dans toutes les classes qui appartiennent au même package.

1 À l'appel de `debiterUnites`, la référence temporaire `this` est créée avec la même valeur que `uneTelecarte`.

2 `this` et `uneTelecarte` désignant le même objet pendant l'appel de `debiterUnites`, la modification du champ `unites` avec la référence `this` a en fait pour effet de modifier le champ `unites` de l'objet désigné par `uneTelecarte`.

3 Après l'appel de `debiterUnites`, `this` n'existe plus et `uneTelecarte` désigne un télécarte dont le champ `unites` a diminué d'une unité.

C++ Une classe Java se définit en une seule fois

En Java, toutes les méthodes sont déclarées et implémentées à l'intérieur de la classe dont elles dépendent. Néanmoins, cela n'a pas pour conséquence de créer, comme en C++, toutes les méthodes `inline`, optimisation que ne peut contrôler le développeur Java. En outre, les classes Java peuvent s'utiliser mutuellement sans avoir à être déclarées avant utilisation, car le compilateur `javac` est capable de retrouver de lui-même la définition d'une classe si vous respectez l'organisation décrite dans la section « Organiser les fichiers des classes » de ce même chapitre. Ces caractéristiques évitent l'utilisation de fichiers `header` en Java et l'éparpillement sur plusieurs fichiers de la définition d'une classe.

Créer des objets

On programme la création d'un objet (ou instanciation d'une classe) avec le mot-clé `new` suivi de l'identificateur d'une classe précédé de son package, et suivi de parenthèses ouvrante et fermante.

Exemple

```
new com.eteks.outils.Telecarte50()
```

Quand un nouvel objet est créé, l'espace mémoire nécessaire pour stocker ses champs est réservé, puis ces derniers sont initialisés. L'objet renvoyé par `new` peut être affecté à une référence ou utilisé directement dans une expression.

JAVA Objets de classe java.lang.String

Seule la classe `java.lang.String` permet de créer des objets de sa classe sans utiliser le mot-clé `new`, grâce aux valeurs littérales de type chaîne de caractères.

Par l'exemple : une histoire de télécarte empruntée...

L'application de classe `com.eteks.test.TelecarteEmpruntee` crée plusieurs objets de classe `com.eteks.outils.Telecarte50` et appelle les méthodes de cette classe. Cette application a pour but de vous montrer la différence entre un objet et une référence en racontant une histoire d'échange de télécartes.

C++ Création d'objets

Il n'est pas possible en Java de créer des objets en pile, contrairement au C++. Toute création d'objet s'effectue dynamiquement avec l'opérateur `new`, qui par ailleurs doit être toujours suivi d'une classe et d'un couple de parenthèses.

EXEMPLE com/eteks/test/TelecarteEmpruntee.java

```
package com.eteks.test;

class TelecarteEmpruntee
{
  public static void main(java.lang.String [] args)
  {
```

```
    com.eteks.outils.Telecarte50 maTelecarte;
```

Déclaration de la variable locale maTelecarte référence de classe com.eteks.outils.Telecarte50.

```
    maTelecarte = new com.eteks.outils.Telecarte50(); ❶
```

Instanciation de la classe com.eteks.outils.Telecarte50 et affectation de la référence désignant le nouvel objet à maTelecarte.

```
    maTelecarte.debiterUnites(1); ❷
```

Appel de la méthode debiterUnites pour débiter d'une unité la télécarte désignée par maTelecarte.

```
    int unites = maTelecarte.getUnites();
```

Appel de la méthode getUnites pour interroger le nombre d'unités restant sur la télécarte et affectation de la valeur à la variable unites égale à 49.

```
    com.eteks.outils.Telecarte50 telecarteEmpruntee;
```

Déclaration de la référence telecarteEmpruntee.

```
    telecarteEmpruntee = maTelecarte; ❸
```

Affectation de la référence maTelecarte à la référence telecarteEmpruntee : telecarteEmpruntee et maTelecarte désignent le même objet.

```
    telecarteEmpruntee.debiterUnites(46); ❹
```

Débit de 46 unités sur la télécarte désignée par telecarteEmpruntee.

```
    unites = telecarteEmpruntee.getUnites();
    unites = maTelecarte.getUnites();
```

Les références telecarteEmpruntee et maTelecarte désignant le même objet, l'appel à getUnites sur ces références renvoie la même valeur : 3.

```
    // telecarteEmpruntee.unites = 48; ❺
```

Cette instruction est mise en commentaire car le compilateur la refuse : il n'est pas possible d'utiliser le champ private unites en dehors de la classe com.eteks.outils.Telecarte50, ce qui le protège des modifications intempestives.

```
    com.eteks.outils.Telecarte50 taTelecarte =
                               telecarteEmpruntee; ❻
```

Déclaration de la référence taTelecarte initialisée avec telecarteEmpruntee.

```
    maTelecarte = new com.eteks.outils.Telecarte50(); ❼
```

maTelecarte est réinitialisée avec une deuxième instance de la classe com.eteks.outils.Telecarte50.

```
    maTelecarte.debiterUnites(2); ❽
```

Débit de deux unités sur la télécarte désignée par maTelecarte.

```
    taTelecarte.debiterUnites(2); ❾
```

Débit de deux unités sur la télécarte désignée par taTelecarte.

```
    int unitesMaTelecarte = maTelecarte.getUnites();
    int unitesTaTelecarte = taTelecarte.getUnites();
```

Interrogation du nombre d'unités restant sur les deux télécartes : unitesMaTelecarte vaut 48, unitesTaTelecarte vaut 1.

```
    javax.swing.JOptionPane.showMessageDialog(null,
                  "Les bons comptes font les bons amis");
  }
}
```

Affichage d'une petite phrase de conclusion.

Dans la méthode `main`, un premier objet de classe `com.eteks.outils.Telecarte50` est créé et désigné par la référence `maTelecarte` ❶, puis par la référence `telecarteEmpruntee` ❸. Cette télécarte est débitée d'une unité ❷, puis de 46 unités ❹. Le nombre d'unités de la télécarte ne pouvant être modifié en dehors de la classe `com.eteks.outils.Telecarte50` ❺, `telecarteEmprunteeest` affectée à `taTelecarte` ❻ et une deuxième instance de `com.eteks.outils.Telecarte50` désignée par `maTelecarte` est créée ❼. Si on débite des unités sur ces deux télécartes ❽ ❾, leur nombre d'unités est différent car calculé et mémorisé dans deux objets différents (pour compiler et exécuter cette classe, voir la section « Organiser les fichiers des classes »).

Initialiser les champs d'un objet

Exemple

```
int unites = 50;
```

Chaque champ d'un nouvel objet est initialisé soit avec la valeur donnée dans la définition de sa classe, soit avec une valeur par défaut en fonction du type du champ : `0` pour un champ de type numérique ou caractère, `false` pour un champ de type `boolean` et `null` pour les références de type objet.

Initialiser un objet avec un constructeur

B.A.-BA Constructeur

Groupe d'instructions qui effectuent les initialisations nécessaires d'un objet à sa création.

Les champs d'un objet peuvent aussi être initialisés dans un constructeur appelé au moment de la création d'un objet.

Déclaration du constructeur sans paramètre de la classe `ClasseAvecConstructeur`.

Déclaration du constructeur avec paramètres de la classe `ClasseAvecConstructeur`.

```
package com.eteks.test;

class ClasseAvecConstructeur
{
  ModificateurAcces ClasseAvecConstructeur()
  {
    // Corps du constructeur
  }

  ModificateurAcces ClasseAvecConstructeur(TypeParam1 param1,
                                           TypeParam2 param2)
  {
    // Corps du constructeur
  }
}
```

C++ Valeur par défaut des champs Java

Tout champ d'une classe Java a une valeur par défaut si elle n'est pas précisée.

Un constructeur a le même identificateur que la classe où il est déclaré et n'est pas précédé d'un type de retour. Un constructeur peut prendre aucun, un ou plusieurs paramètres séparés par des virgules (,), comme pour une méthode.

`ModificateurAcces` est généralement `public`, mais peut être aussi `private`, `protected` ou absent.

La déclaration d'un constructeur est suivie d'un bloc entre `{ }` contenant des instructions pour initialiser l'objet. Ces instructions affectent des valeurs cohérentes aux champs de l'objet en cours d'initialisation avec éventuellement les valeurs reçues en paramètre. `this` peut être utilisé comme référence sur ce nouvel objet.

L'instanciation d'une classe ayant un constructeur avec des paramètres se programme avec `new` suivi de la classe et de la liste des paramètres entre parenthèses correspondant à ceux déclarés par le constructeur.

JAVA Constructeur par défaut

Toute classe qui ne définit aucun constructeur a un constructeur par défaut sans paramètre qui ne fait rien. Aussitôt qu'un constructeur avec ou sans paramètre est défini, ce constructeur par défaut n'existe plus.

C++ Constructeur par recopie

Comme un objet ne peut pas être créé en pile en Java, le constructeur par recopie et la surcharge de l'opérateur = utilisés en C++ pour initialiser les copies d'objets alloués en pile sont inutiles ☺.

C++ Que devient le destructeur ?

Vous n'avez pas à libérer la mémoire prise par les objets Java ☺. C'est le ramasse-miettes (*garbage collector* en anglais) de la JVM qui s'en charge : il détecte les objets qui ne sont plus référencés afin de récupérer la mémoire qu'ils occupent. Le ramasse-miettes est capable de libérer la mémoire de *tous* les objets inutilisables : ceux qui ne sont plus référencés par aucune variable locale et aussi les éventuels objets dont ils dépendent, même en cas de références croisées comme dans une liste doublement chaînée. L'opérateur `delete` du C++ n'existe donc pas en Java et la méthode `finalize` équivalant au destructeur du C++ n'est que très rarement définie dans une classe. Par ailleurs, comme vous ne détruisez pas explicitement les objets, une référence désigne un objet *forcément* valide ou elle est égale à `null` ; vous n'avez donc aucun risque de manipuler un objet qui n'existe plus.

Les classes de la bibliothèque standard Java ont très souvent un constructeur. Par exemple, la classe `java.lang.Float` (avec un `F` majuscule) permet de créer un objet qui mémorise une valeur de type primitif `float`. Cette classe contient un champ `private value` de type `float` et un constructeur prenant en paramètre une valeur de type `float` utilisée pour initialiser le champ `value` d'une instance de `java.lang.Float`.

L'exécution de `new java.lang.Float(0.5f)` respecte les étapes suivantes :

1. L'espace mémoire nécessaire pour stocker un objet de classe `java.lang.Float` est réservé.
2. Son champ `value` est initialisé à sa valeur par défaut.
3. Le constructeur prenant en paramètre une valeur de type `float` est appelé et reçoit en paramètre la valeur `0.5f`. Les instructions de ce constructeur recopient cette valeur dans le champ de l'objet.

Par l'exemple : une classe simulant un service

La classe suivante montre comment créer une classe représentant un service avec un constructeur qui initialise l'intitulé et le prix du service.

EXEMPLE com/eteks/outils/Service.java

```
package com.eteks.outils;

public class Service                                         // Service avec un intitule et un prix.
{
  private java.lang.String intitule; ❶
  private float prix; ❷

  public Service(java.lang.String intitule, float prix) ❸   // Initialise un Service avec son intitule.
  {
    this.intitule = intitule;                                // Modifie le champ intitule avec l'intitulé en paramètre.

    this.prix = prix;                                        // Modifie le champ prix avec le prix en paramètre.
  }

  public java.lang.String getIntitule() ❹                   // Renvoie l'intitulé de ce service.
  {
    return this.intitule;
  }

  public void setPrix(float prix) ❺                         // Modifie le prix de ce service.
  {
    this.prix = prix;
  }

  public float getPrix() ❻                                  // Renvoie le prix de ce service.
  {
    return this.prix;
  }
}
```

CONVENTIONS Nommage des paramètres

Les paramètres d'un constructeur et d'un mutateur utilisent les mêmes identificateurs que les champs qu'ils modifient pour suggérer lesquels sont modifiés. Exemple : le constructeur `Service(java.lang.Stringintitule, float prix)` et la méthode `void setPrix(float prix)` de la classe `com.eteks.outils.Service`.

La classe `com.eteks.outils.Service` mémorise l'intitulé ❶ et le prix ❷ d'un service. Ces données sont initialisées pour tout nouveau service avec un constructeur ❸ prenant en paramètre l'intitulé et le prix du service. Cette classe définit aussi les méthodes `getIntitule` ❹ et `getPrix` ❻ qui renvoient l'intitulé et le prix d'un service et la méthode `setPrix` ❺ qui permet de changer son prix.

L'application suivante calcule la somme des prix de deux services et montre comment créer des objets des classes `com.eteks.outils.Service` et `java.lang.Float` qui définissent toutes les deux un constructeur.

L'application de classe `com.eteks.test.PrixTotalServices` crée deux services ❶ ❷, instances de la classe `com.eteks.outils.Service`, puis calcule la somme de leur prix ❸.

EXEMPLE com/eteks/test/PrixTotalServices.java

```
package com.eteks.test;

class PrixTotalServices
{
  public static void main(java.lang.String [] args)
  {
    java.lang.String installation = "Installation";
    com.eteks.outils.Service serviceInstallation;
    serviceInstallation = new
        com.eteks.outils.Service(installation, 80.f); ❶

    com.eteks.outils.Service serviceFraisDeplacement = new
        com.eteks.outils.Service("Frais de d\u00e9placement",
                                 28.15f); ❷
    serviceFraisDeplacement.setPrix(29.55f);
    // Calcul de la somme des deux prix
    float prixInstallation = serviceInstallation.getPrix();
    float prixFrais = serviceFraisDeplacement.getPrix();
    float somme = prixInstallation + prixFrais; ❸
    java.lang.Float objetSomme = new java.lang.Float(somme); ❹


    java.lang.String texteSomme = objetSomme.toString(); ❺
    java.lang.String texteTotal = "Total : ".concat(texteSomme);
    java.lang.String message = texteTotal.concat(" \u20ac");
    javax.swing.JOptionPane.showMessageDialog(null, message); ❻
  }
}
```

❶ Instanciation d'un service de classe `com.eteks.outils.Service` initialisé avec l'intitulé Installation et le prix `80.f` puis affectation à `serviceInstallation`.

❷ Création d'une deuxième instance de `com.eteks.outils.Service`.

Appel de la méthode `setPrix` pour modifier le prix des frais de déplacement.

❹ Instanciation de la classe `java.lang.Float` mémorisant un nombre de type primitif `float` initialisé dans son constructeur avec la valeur en paramètre.

❺ Appel de la méthode `toString` qui renvoie un texte contenant le nombre pour construire le texte *Total : xxx.xx €*.

❻ Affichage du texte *Total : 109.55 €*.

Un objet de classe `java.lang.Float` mémorisant cette somme est ensuite créé ❹ et la méthode `toString` est appelée sur cet objet pour obtenir le texte correspondant à la valeur de la somme ❺.

Finalement, un texte est construit et affiché ❻ (pour compiler et exécuter cette classe, voir plus loin la section « Organiser les fichiers des classes »).

Surcharger les méthodes et les constructeurs

Une méthode est surchargée (*overloaded* en anglais) quand elle est définie plusieurs fois dans une classe, avec le même identificateur mais avec des paramètres de types différents, ou de même type mais dans un ordre différent.

Une classe peut aussi définir plusieurs constructeurs qui prennent des paramètres de types différents. En fait, ce sont les constructeurs qui sont le plus souvent surchargés. L'instruction `this();`, avec ou sans paramètres, peut être utilisée comme première instruction d'un constructeur pour passer des valeurs par défaut à un autre constructeur.

C++ Valeur par défaut des paramètres

Il est impossible de donner en Java une valeur par défaut aux paramètres. Cette caractéristique du C++ peut être aisément remplacée grâce à la surcharge des méthodes et des constructeurs. Pour vous simplifier la tâche, Java permet aux constructeurs de s'appeler entre eux grâce à l'instruction `this(params);`.

Attention La surcharge ne s'applique pas au type de retour seul

Il est interdit de créer deux méthodes avec les paramètres de même type et un type de valeur de retour différent. Par exemple, si les méthodes

```
public int convertir(java.lang.String s)
```

et

```
public float convertir(java.lang.String s)
```

sont déclarées dans une classe, le compilateur affichera cette erreur :

```
Test.java:9: convertir(java.lang.String) is already defined in Test
```

Par exemple, la classe `java.lang.Float` a trois constructeurs :

- un prenant un paramètre de type primitif `float` ;
- un prenant un paramètre de type primitif `double` ;
- un prenant un paramètre de classe `java.lang.String`. Ce dernier constructeur convertit la chaîne de caractères reçue en paramètre en une valeur de type primitif `float` avant de la stocker dans son champ.

Exemple

La classe `com.eteks.outils.Service` pourrait comporter un second constructeur qui ne prendrait pas en paramètre le prix, de façon à le fixer ultérieurement :

```
public Service(java.lang.String intitule)
{
  this(intitule, 0f);
}
```

Rappel du constructeur avec deux paramètres en lui passant un prix nul.

Attention Pas de type de retour devant un constructeur

Un constructeur ne peut être précédé par un type de retour (ce serait une méthode valide !).
Si `void` ou un autre type de retour est ajouté involontairement, cela peut provoquer une erreur de compilation inattendue, comme dans cet exemple où le compilateur affiche cette erreur :

```
TestIndividu.java:21: cannot resolve symbol
symbol : constructor Individu(java.lang.String)
location: class com.eteks.test.Individu
    com.eteks.test.Individu unIndividu = new
       com.eteks.test.Individu("Albert Dupond");
```

```
package com.eteks.test;
class Individu
{
  private java.lang.String nom;
  // Il s'agit d'une méthode valide,
  // pas d'un constructeur !
  public void Individu(java.lang.String nom)
  {
    this.nom = nom;
  }
}

class TestIndividu
{
  public static void main(java.lang.String [] args)
  {
    // Ne se compile pas car le constructeur
    // avec une chaîne en paramètre n'existe pas
    com.eteks.test.Individu unIndividu = new
      com.eteks.test.Individu("Albert Dupond");
  }
}
```

Organiser les fichiers des classes

L'organisation des fichiers d'un programme en cours de développement amène généralement à séparer les fichiers sources, les fichiers compilés et les fichiers exécutables dans plusieurs dossiers (ou répertoires).

L'arborescence d'un dossier de développement Java est souvent basée sur les sous-dossiers `src`, `classes`, `lib`, `doc` et `bin`.

Par ailleurs, la commande `java` requiert que chaque fichier `.class` d'une classe appartenant à un package soit rangé dans une hiérarchie de sous-dossiers correspondant à son package, ce qui donne, pour les classes créées jusqu'ici, l'arborescence représentée à la figure 3-6.

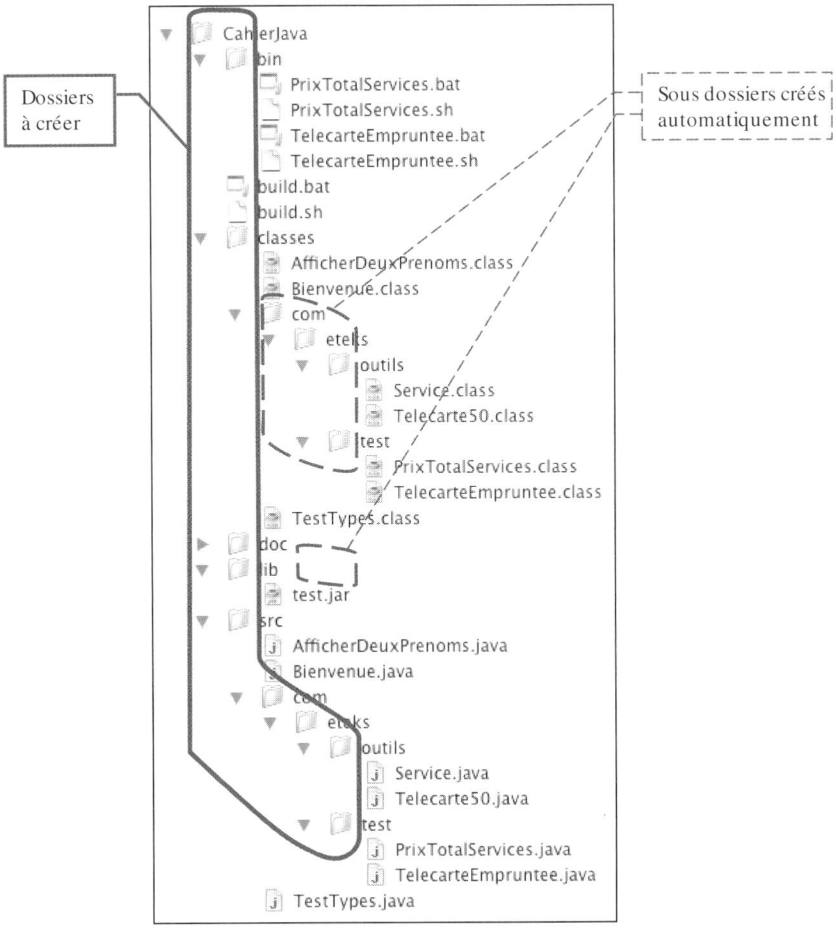

Figure 3–6
Organisation des dossiers de développement

ASTUCE Séparation des sources

Séparer les fichiers sources des fichiers compilés dans des dossiers différents simplifie la sauvegarde de votre travail sur un autre support : comme les fichiers `.class` peuvent être facilement recréés, la sauvegarde du dossier `classes` qui les contient est inutile.

C++/C#

Organisation des dossiers des classes

L'arborescence des dossiers où sont enregistrés les fichiers `.java` et `.class` de toute classe Java doit correspondre à leur package, équivalent des espaces de noms du C++ et de C#. Cette organisation associée au fait que toute classe `public` doit être enregistrée dans un fichier `.java` de même nom (aux majuscules/minuscules près), peut paraître quelque peu compliquée au premier abord, même si elle est en fait très logique. Comprenez bien que cette contrainte permet aux développeurs qui travaillent sur un même programme ou aux personnes qui en effectuent la maintenance de retrouver très facilement les fichiers des classes, sans avoir à lire aucune documentation. D'autres langages, comme le C++ ou C#, vous laissent une liberté totale pour organiser les fichiers sources, à charge alors aux développeurs de documenter cette organisation et sa logique...

Dossier	Type de fichiers
`src`	Fichiers sources (fichiers `.java`, images ou autres)
`classes`	Classes compilées (fichiers `.class`)
`lib`	Bibliothèques non standards et fichiers `.jar` des classes de votre programme
`doc`	Documentation créée avec `javadoc`
`bin`	Fichiers de commandes lançant votre programme

Par exemple, le chemin d'accès de la classe `com.eteks.outils.Telecarte50` doit être :

- `com\eteks\outils\Telecarte50.class` sous Windows,
- `com/eteks/outils/Telecarte50.class` sous Linux et Mac OS X.

De la même façon, la commande `javac` n'est capable de retrouver une classe citée dans un fichier `.java` (comme pour la classe `com.eteks.outils.Service` dans le fichier `PrixTotalServices.java`) que si le fichier `.java` ou le fichier `.class` de cette classe figure dans des sous-dossiers correspondant au package de cette classe.

Automatiser la compilation avec un fichier de commandes

Le fichier de commandes `build.sh` décrit ci-après compile les classes du dossier `CahierJava`, les rassemble dans le fichier d'archive `test.jar` et crée leur documentation *javadoc* (le fichier `build.bat` contient les mêmes commandes avec des caractères `\` à la place des caractères `/`) :

FICHIER `build.sh`

```
javac -sourcepath ./src -d ./classes
      ➥ ./src/*.java ./src/com/eteks/test/*.java
jar -cfM ./lib/test.jar -C ./classes .
javadoc -sourcepath ./src -d ./doc com.eteks.outils com.eteks.test
```

La commande **`javac`** compile tous les fichiers `.java` des sous-dossiers `src` et `src/com/eteks/test` avec les options suivantes :

- `-d ./classes` : crée les fichiers `.class` dans le sous-dossier de destination `classes` (en créant les sous-dossiers des packages si nécessaires).
- `-sourcepath ./src` : utilise le sous-dossier `src` comme racine des sources.

  Notez que les classes `com.eteks.outils.Telecarte50` et `com.eteks.outils. Service` sont retrouvées et compilées par `javac` grâce à cette option.

La commande **`jar`** crée dans le sous-dossier `lib` le fichier d'archive `test.jar` et y stocke tous les fichiers du dossier `classes` avec les options suivantes :

- `-cfM ./lib/test.jar` : crée le fichier `lib/test.jar` sans fichier Manifest.
- `-C ./classes .` : change le dossier courant pour `classes`, puis zippe dans le fichier d'archive tous les fichiers de ce dossier en sauvegardant leur chemin d'accès (ne pas oublier le point à la fin de la commande).

La commande **`javadoc`** crée la documentation au format HTML des classes `public` des packages `com.eteks.outils` et `com.eteks.test` avec les options suivantes :

- `-d ./doc` : crée la documentation dans le sous-dossier de destination `doc`.
- `-sourcepath ./src` : utilise le sous-dossier `src` comme racine des sources.

B.A.-BA Fichier de commandes

Un fichier de commandes regroupe un ensemble de commandes à exécuter les unes après les autres. Il vous est conseillé ici d'en créer un pour éviter de taper la ou les commande(s) qu'il contient à chaque fois que vous en avez besoin. Sous Windows, un fichier de commandes doit porter l'extension `.bat` et peut être lancé en double-cliquant sur celui-ci. Pour éviter que la fenêtre de commandes ne se ferme immédiatement après l'exécution d'un fichier `.bat` lancé par un double-clic, ajoutez-lui la commande `pause`. Sous Unix, un fichier texte est rendu exécutable en exécutant la commande `chmod +x` *`fichier`*

**ASTUCE Séparateur de dossier / et **

Sous Windows, les commandes Java acceptent d'utiliser comme séparateur de dossiers le symbole `/` à la place du symbole `\`. De ce fait, le fichier `build.sh` décrit ci-contre fonctionne aussi sous Windows si vous le renommez `build.bat`.

OUTILS IDE

Toutes les options des commandes Java décrites dans ces pages se retrouvent dans les options des IDE Java, ce qui vous simplifie la tâche mais ne vous dispense pas d'en comprendre l'effet...

Les commandes `jar` et `javadoc` sont citées ici pour information. Comme elles ne sont pas nécessaires pour exécuter une application, vous pouvez les omettre ou les placer en commentaire en ajoutant, avant ces commandes, `REM` sous Windows et `#` sous Linux et Mac OS X.

Utilisez de préférence des chemins relatifs : ici les dossiers `src`, `classes`, `lib` et `doc` sont exprimés relativement au dossier courant où le fichier de commandes `build.sh` est exécuté (`./` aurait pu d'ailleurs être omis). Ceci permet de déplacer le dossier racine `CahierJava` sans avoir à changer les commandes de ce fichier.

B.A.-BA **Dossiers . et ..**

Sous Windows comme sous Unix, il existe deux dossiers particuliers symbolisés par un point (`.`) et un double point (`..`). Le dossier `.` représente le dossier *courant*, c'est-à-dire le dossier dans lequel vous vous situez à un moment donné, et le dossier `..` représente le dossier parent, c'est-à-dire le dossier dans lequel se situe le dossier courant. Voici dans une fenêtre de commande Windows quelques exemples de commandes utilisant ces dossiers et leur commandes équivalentes :

- **C:\Test>**`dir.`
  ⇔ **C:\Test>**`dir C:\Test\.`
  ⇔ **C:\Test>**`dir C:\Test`
  ⇔ **C:\Test>**`dir`
- **C:\Test>**`dir..`
  ⇔ **C:\Test>**`dir C:\Test\..`
  ⇔ **C:\Test>**`dir C:\`
- **C:\Test>**`javac -sourcepath .\src`
  ➥ `-d .\classes .\src\*.java`
  ⇔ **C:\Test>**`javac -sourcepath C:\Test\src`
  ➥ `-d C:\Test\classes C:\Test\src\*.java`
  ⇔ **C:\Test>**`javac -sourcepath src`
  ➥ `-d classes src\*.java`
  ⇔ **C:\Test\src>**`javac -sourcepath .`
  ➥ `-d ..\classes *.java`
  ⇔ **C:\Test\src>**`javac -d ..\classes *.java`
  ⇔ **C:\Test\classes>**`javac -sourcepath ..\src`
  ➥ `-d . ..\src\*.java`

En observant les six commandes équivalentes `javac`, remarquez que le dossier racine des sources spécifié par l'option `-sourcepath` est égal par défaut au dossier courant. Si l'option `-d` n'est pas utilisée, les fichiers `.class` sont enregistrés dans les mêmes dossiers que ceux des fichiers sources auxquels ils correspondent. Notez aussi qu'il faut toujours donner à `javac` le chemin des fichiers sources à compiler, car le dossier spécifié par l'option `-sourcepath` ne sert au compilateur que pour retrouver les classes qui s'utilisent mutuellement.

OUTILS **Ant, le make de Java**

Ant est l'outil de construction d'applications de la fondation Apache qui propose de nombreux autres produits Java Open Source comme Tomcat ou Struts. Cet outil a pour but de gérer les différentes opérations liées au développement d'un programme (compilation, tests, mise en production...) sous forme de cibles ou d'objectifs (*targets* en anglais) liés les uns aux autres. La description de ces cibles s'effectue dans un fichier XML nommé par défaut `build.xml` et dont la syntaxe est bien plus simple que celle de leurs lointains cousins, les fichiers `makefile`.
Par exemple, le fichier Ant suivant correspond à la commande `javac` du fichier `build.sh` décrit précédemment :

```
<?xml version="1.0"?>
<project name="CahierJava" basedir="."
         default="compile">
  <target name="compile" description="Compilation">
    <javac srcdir="src" destdir="classes" />
  </target>
</project>
```

Voir

▸ http://ant.apache.org

et

📖 *Cahier du programmeur J2EE*, Jérôme Molière, Eyrolles 2005

Pour lancer la construction :

- Sous Windows, ouvrez une fenêtre de commandes, déplacez-vous avec la commande `cd` dans le dossier de `build.bat` puis exécutez la commande `build.bat` ou plus simplement `build`.
- Sous Linux et Mac OS X, ouvrez une fenêtre de terminal, déplacez-vous avec la commande `cd` dans le dossier de `build.sh` puis exécutez la commande `./build.sh`.

ASTUCE **Ne créez pas les sous-dossiers classes et doc**

Comme l'option `-d` des commandes `javac` et `javadoc` crée si nécessaire les sous-dossiers des packages dans le dossier de destination, ne créez vous-même que les dossiers à la racine du dossier de développement et les sous-dossiers de `src`.

Exécuter une application

Les fichiers `TelecarteEmpruntee.sh` et `PrixTotalServices.sh` du dossier `bin` de lancement des applications Java précédentes peuvent se servir de la commande `java` de deux manières différentes (les fichiers `TelecarteEmpruntee.bat` et `PrixTotalServices.bat` contiennent les mêmes commandes avec des caractères \ à la place des caractères /) :

B.A.-BA classpath le chemin des classes

L'option `-classpath` peut être utilisée avec les commandes `javac`, `javadoc` et `java`. Utilisez cette option pour citer les fichiers d'archive de bibliothèques non standards, en les séparant par ; sous Windows et : sous Linux et Mac OS X.

FICHIER bin/PrixTotalServices.sh

```
   java -classpath ../classes com.eteks.test.PrixTotalServices
ou java -classpath ../lib/test.jar com.eteks.test.PrixTotalServices
```

La commande `java` appelle la méthode `main` de la *classe* passée en paramètre, précédée de son package. L'option `-classpath` est suivie du sous-dossier `../classes` racine des classes ou du fichier d'archive `../lib/test.jar` utilisé comme l'équivalent d'un dossier racine. L'option `-classpath` est égale par défaut au contenu de la variable d'environnement `CLASSPATH`, ou au dossier courant si cette variable n'est pas définie.

JAVA Livrable final

Le fichier `.jar` contient tous les fichiers nécessaires à l'application. Il est intéressant car c'est un livrable plus simple à installer et à désinstaller qu'un ensemble de fichier `.class`.

Simplifier l'écriture des classes avec import

Avec les clauses `import`, on peut éviter de citer le package des classes devant leur identificateur (par exemple, `Telecarte50` au lieu de `com.eteks.outils.Telecarte50`). Ces clauses se placent avant la déclaration de la première classe d'un fichier source et obéissent à la syntaxe suivante :

Import de la classe `com.eteks.outils.Telecarte50`.

```
import com.eteks.outils.Telecarte50;
```

Import de classes du package `com.eteks.outils`.

```
import com.eteks.outils.*;
```

La clause `import java.lang.*;` est implicite dans tous les fichiers `.java`. Toutes les classes `public` ou non d'un même package peuvent faire appel les unes aux autres sans clause `import`. Dans le cas de la clause `import` d'une classe, le compilateur Java vérifie l'existence de la classe importée et la compile. Pour chaque clause `import` d'un package, le compilateur Java vérifie si le dossier correspondant existe. Les clauses `import` superflues ou redondantes ne sont pas signalées par le compilateur.

C++/C# import ≈ using ≠ #include

L'équivalent de la clause Java `import` est `using` en C++ et C#. Ne confondez pas `import` avec la directive `#include` du C++, même si le compilateur `javac` effectue des vérifications sur les packages et les classes importées.

Par l'exemple : afficher les unités restantes d'une télécarte

L'application suivante affiche le nombre d'unités restant sur une télécarte débitée de 3 unités et montre comment utiliser `import` pour alléger le code Java d'un programme.

EXEMPLE com/eteks/test/AfficherUnitesTelecarte.java

```
package com.eteks.test;

import com.eteks.outils.Telecarte50;
import javax.swing.*;

// import java.lang.*;
// import com.eteks.test.*;

class AfficherUnitesTelecarte
{
  public static void main(String [] args)
  {
    Telecarte50 telecarte = new Telecarte50();

    telecarte.debiterUnites(3);
    int unitesRestantes = telecarte.getUnites();
    Integer objetUnites = new Integer(unitesRestantes);
    String texteUnites = objetUnites.toString();

    String texteReste = "Il vous reste ".concat(texteUnites);
    String message = texteReste.concat(" unit\u00e9s");
    JOptionPane.showMessageDialog(null, message);
  }
}
```

Import de la classe `com.eteks.outils.Telecarte50` et de classes du package `javax.swing`.

Clauses en remarque car implicites.

Création d'une instance de `Telecarte50`.

La télécarte est débitée de 3 unités.

Similairement à la classe `java.lang.Float`, la classe `java.lang.Integer` a un champ de type `int` et une méthode `toString` capable de convertir cet entier en son texte.

Construction du texte *Il vous reste xx unités*.

Affichage du texte *Il vous reste 47 unités*.

Pour vous servir de la classe `Telecarte50` du package `com.eteks.outils`, vous pouvez :

- utiliser `import com.eteks.outils.Telecarte50;` au début du fichier et écrire ensuite `Telecarte50`
- ou bien utiliser `import com.eteks.outils.*;` au début du fichier et écrire ensuite `Telecarte50`
- ou encore écrire `com.eteks.outils.Telecarte50` à chaque fois que vous voulez utiliser la classe `Telecarte50`.

B.A.-BA Classe pleinement qualifiée

Une classe précédée de son package est dite pleinement qualifiée.

Il faut toujours écrire une classe en la faisant précéder de son package partout où il y a risque de confusion avec une autre classe utilisée dans le même fichier `.java`.

S'il y a risque de confusion, le compilateur affiche une erreur de ce type si vous ne précisez pas le package :

```
Test.java:10: reference to Date is ambiguous, both class java.sql.Date
in java.sql and class java.util.Date in java.util match
    Date d;
```

Exemples

- `java.util.Date` et `java.sql.Date`
- `java.lang.Object` et `org.omg.CORBA.Object`

En résumé...

Ce chapitre vous a expliqué comment définir des classes Java avec leurs champs, leurs méthodes et leurs constructeurs. Les applications ont mis en pratique ces classes pour créer des objets et appeler leurs méthodes.

chapitre 4

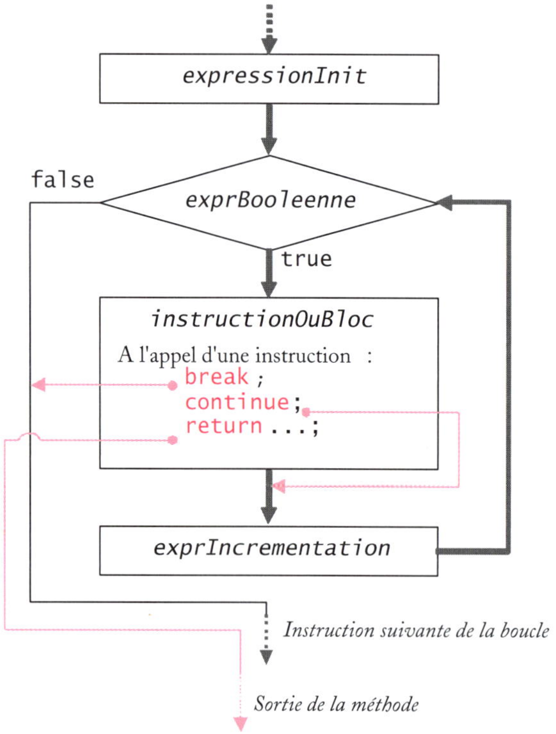

expressionInit
false
exprBooleenne
true
instructionOuBloc
A l'appel d'une instruction :
break ;
continue;
return ...;
exprIncrementation
Instruction suivante de la boucle
Sortie de la méthode

Contrôle des traitements avec les opérateurs, boucles et branchements

Après avoir étudié comment organiser ses informations sous forme d'objets, ce chapitre expose comment programmer un traitement avec quelques applications de calcul. La syntaxe des opérateurs et des instructions de contrôle de Java étant très proche de celle du langage C, les programmeurs C, C++ et C# s'y sentiront particulièrement à l'aise...

SOMMAIRE

MOTS-CLÉS

- Cast
- Concaténation
- if
- switch
- while
- for

Opérateurs à connaître

B.A.-BA Mais pourquoi de tels symboles ?

Les opérateurs et les instructions Java ont été repris du C pour faciliter l'apprentissage de Java aux programmeurs C/C++. Ce choix explique les symboles inhabituels de certains opérateurs (%&| !...) et la complexité de la syntaxe de certaines instructions (`for`).

Les opérateurs Java se répartissent en trois catégories :

- les opérateurs arithmétiques utilisés pour calculer des expressions ;
- les opérateurs de comparaison et les opérateurs logiques programmés dans les conditions des instructions de branchement ;
- les opérateurs d'affectation utilisés pour modifier la valeur d'une variable.

Tableau 4–1 Opérateurs arithmétiques

Opérateur	Expression	Description
`+`	`expr1 + expr2`	renvoie l'addition de *expr1* et de *expr2*.
`-`	`expr1 - expr2` `-expression`	renvoie la soustraction de *expr1* et de *expr2*. renvoie la valeur opposée de *expression*.
`*`	`expr1 * expr2`	renvoie la multiplication de *expr1* par *expr2*.
`/`	`expr1 / expr2`	renvoie la division de *expr1* par *expr2*, ou déclenche une exception de classe `java.lang.ArithmeticException`, si *expr2* est nulle et la division s'opère sur des expressions entières. Si les expressions sont entières, la division est entière (`8 / 3` donne `2`).
`%`	`expr1 % expr2`	renvoie le reste de la division de *expr1* par *expr2*, ou déclenche une exception de classe `java.lang.ArithmeticException`, si *expr2* est nulle, et les expressions sont entières.

Tableau 4–2 Opérateurs de comparaison

Opérateur	Expression	Description
`<`	`expr1 < expr2`	renvoie `true` si *expr1* est strictement inférieure à *expr2*.
`>`	`expr1 > expr2`	renvoie `true` si *expr1* est strictement supérieure à *expr2*.
`<=`	`expr1 <= expr2`	renvoie `true` si *expr1* est inférieure ou égale à *expr2*.
`>=`	`expr1 >= expr2`	renvoie `true` si *expr1* est supérieure ou égale à *expr2*.
`==`	`expr1 == expr2`	renvoie `true` si *expr1* est égale à *expr2*. Si *expr1* et *expr2* sont des références sur des objets, le résultat est `true` si les 2 références désignent le même objet, ou si elles sont égales à `null`.
`!=`	`expr1 != expr2`	renvoie `true` si *expr1* est différente de *expr2*. `expr1 != expr2`⇔`!(expr1 == expr2)`
`instanceof`	`objet instanceof Type`	renvoie `true` si *objet* désigne une instance de la classe *Type* ou des classes dérivées de *Type*. Si *objet* est égal à `null`, le résultat est toujours `false`. Si *Type* est une interface, `objet instanceof Type` renvoie `true` si la classe d'*objet* implémente *Type*.

Tableau 4–3 Opérateurs logiques

Opérateur	Expression	Description
!	!*exprBool*	renvoie le complément logique de *exprBool*, c'est-à-dire false si *exprBool* est égale à true, et inversement.
&&	*exprBool1* && *exprBool2*	renvoie le résultat d'un ET logique entre les opérandes. Si *exprBool1* est false alors *exprBool2* n'est pas évaluée, et false est renvoyé immédiatement.
||	*exprBool1* || *exprBool2*	renvoie le résultat d'un OU logique entre les opérandes (le caractère | s'obtient en activant AltGr + 6 sur PC et Alt + Shift + L sous Mac OS). Si *exprBool1* est true alors *exprBool2* n'est pas évaluée, et true est renvoyé immédiatement.

Table de vérité de l'opérateur ET		
&&	true	false
true	true	false
false	false	false

Table de vérité de l'opérateur OU		
||	true	false
true	true	true
false	true	false

Tableau 4–4 Opérateurs d'affectation

Opérateur	Expression	Description
=	variable = *expression*	affecte à variable la valeur d'*expression* et renvoie cette valeur, ce qui permet d'enchaîner des affectations par exemple var1 = var2 = 0;
+=	variable += *expression*	⇔ variable = variable + *expression*
-=	variable -= *expression*	⇔ variable = variable - *expression*
*=	variable *= *expression*	⇔ variable = variable * *expression*
/=	variable /= *expression*	⇔ variable = variable / *expression*
%=	variable %= *expression*	⇔ variable = variable % *expression*
++	++variable variable++	Opérateurs de pré ou post-incrémentation : 1. ajoute 1 à variable, et renvoie la nouvelle valeur de variable. ++variable ⇔ variable = variable + 1 ⇔ variable += 1 2. ajoute 1 à variable, et renvoie la valeur de variable avant que celle-ci ne soit incrémentée.
--	--variable variable--	Opérateurs de pré ou post-décrémentation : 1. retire 1 à variable, et renvoie la nouvelle valeur de variable. --variable ⇔ variable = variable - 1 ⇔ variable -= 1 2. retire 1 à variable, et renvoie la valeur de variable avant que celle-ci ne soit décrémentée.

JAVA **Opérateurs bit à bit**

Il existe aussi les opérateurs ~ & | ^ << >> et >>> qui sont utilisés (rarement) pour effectuer des opérations sur les bits d'un entier. Ne confondez pas les opérateurs bit à bit & et | avec les opérateurs logiques && et || car les deux opérandes des expressions *expr1* & *expr2* ou *expr1* | *expr2* sont systématiquement évalués.

- http://www.commentcamarche.net/java/javaop.php3

JAVA Bloc d'instructions et expressions

Noté entre accolades `{ }`, un bloc est un ensemble de déclarations de variables locales, d'instructions (*statements* en anglais) et/ou d'autres blocs.
Une instruction peut consister en :

- l'appel à une méthode, la création d'un objet, ou une expression utilisant un opérateur d'affectation, suivis d'un point-virgule (`;`) ;
- une instruction de contrôle (`if`, `switch`, `while`, `for`, `return`).

Une expression peut consister en :

- l'accès à une donnée (valeur littérale, variable locale, paramètre ou champ) ;
- l'appel à une méthode ;
- la création d'objet avec l'opérateur `new` ;
- une opération utilisant un opérateur sur d'autres expressions.

C++ Instructions sans effet de bord

Seule une expression Java avec effet de bord, comme l'appel à une méthode, la création d'un objet ou une opération d'affectation, peut être utilisée isolément comme instruction. Ceci permet de repérer certaines erreurs d'écriture issues de copier-coller trop rapides comme l'instruction `i==0;` qui n'a aucun effet.

Conversions numériques avec l'opérateur de cast

Partout où une donnée est recopiée dans une autre, le compilateur vérifie que le type de la donnée copiée est le même que celui de la donnée qui en reçoit la valeur. Cela peut survenir :

- dans une affectation `variable = expression`, où la valeur d'*`expression`* est recopiée dans `variable` ;
- lors du passage d'une expression en paramètre à une méthode `test(expression)`, où la valeur d'*`expression`* est recopiée dans le paramètre de `test` ;
- à l'appel `return expression` où la valeur d'*`expression`* est recopiée dans la valeur de retour.

Si les types des deux données sont différents, une conversion (ou transtypage) est nécessaire pour les rendre identiques. Pour les valeurs de type primitif numérique, on effectue cette conversion avec l'opérateur de cast :

```
(type)expression
```

convertit la valeur de *`expression`* dans le *`type`* donné.

C++ Casts automatiques

Les conversions automatiques entre types primitifs sont moins nombreux en Java. Dès qu'il y a risque de perte en précision (`float` en `int`, `long` en `byte`, par exemple), il vous faut programmer un `cast` explicite.

ATTENTION Les conversions ont un coût

Les conversions numériques calculent la représentation binaire d'une donnée dans un type différent. Par exemple, l'expression `(float)1` convertit la valeur de type `int` s'écrivant `0x00000001` en son équivalent de type `float` s'écrivant `0x3f800000` en mémoire.

ATTENTION Une conversion numérique s'applique aux nombres

Une conversion numérique ne peut s'appliquer que d'un type primitif numérique ou caractère (`byte short int long char float double`), vers un autre.

JAVA Conversion avec gain ou perte de précision

Quand la conversion entraîne un gain de précision, c'est-à-dire que le nouveau type de la donnée est capable de stocker plus de nombres que son type initial, il n'y pas de risque qu'un nombre soit tronqué. Il n'est alors pas obligatoire de citer l'opérateur de cast `(type)`, car le compilateur programme la conversion nécessaire automatiquement. C'est le cas par exemple pour la conversion d'un nombre de type `byte`, capable de stocker un entier compris entre –128 et 127, en type `int`, lui-même capable de stocker un entier compris entre –2 147 483 648 et 2 147 483 647.
Seules les conversions entraînant une perte possible de précision doivent être obligatoirement programmées avec l'opérateur de cast `(type)`, sinon le compilateur affiche une erreur de ce type :

```
TestCast.java:xxx: possible loss of precision
found : double
required: float
```

De même, dans une expression *expr1 op expr2* utilisant un opérateur binaire numérique, le compilateur vérifie que le type des deux expressions est bien le même, car la JVM n'a à sa disposition que des opérateurs utilisant des opérandes de même type (`int` et `int`, `long` et `long`, `float` et `float` ou `double` et `double`). Si les deux types sont différents, le compilateur convertit automatiquement l'opérande de moindre capacité pour effectuer le calcul.

Par l'exemple : conversion euro/franc français

Dans la classe suivante, on voit comment utiliser les opérateurs arithmétiques et l'opérateur de cast pour programmer une conversion euro/franc français.

EXEMPLE com/eteks/outils/ConvertisseurEuro.java

```
package com.eteks.outils;
/**
 * Classe de conversion monétaire euro/franc francais.
 */
public class ConvertisseurEuro
{
  private float montantEnEuro;
  public ConvertisseurEuro(float montantEnEuro)
  {
    this.montantEnEuro = montantEnEuro;
  }
  /**
   * Renvoie le montant en euros.
   */
  public float getMontantEnEuro()
  {
    return this.montantEnEuro;
  }
  /**
   * Renvoie le montant en francs francais.
   */
  public float getMontantEnFranc()
  {
    float montantFrancNonArrondi = this.montantEnEuro * 6.55957f;
    float montantCentimeFrancNonArrondi = montantFrancNonArrondi
                                          * 100f + 0.5f;
    long montantCentimeFrancSansDecimale =
              (long)montantCentimeFrancNonArrondi; ❶
    float montantCentimeFrancAvecDecimale =
                  montantCentimeFrancSansDecimale; ❷
   float montantCentimeFrancArrondi = montantCentimeFrancAvecDecimale
                                      / 100f;
    return montantCentimeFrancArrondi;
  }
}
```

◀ Calcul de l'arrondi en centime de franc (`0.5f` est utilisé pour l'arrondi).

◀ Suppression des décimales en convertissant dans un type entier.

◀ Conversion en `float` pour avoir un nombre décimal puis division par `100`.

C# Directives checked/unchecked

Comme les directives checked et unchecked de C# n'existent pas en Java, la vérification de dépassement de capacité sur des entiers doit être programmée avec des tests équivalents.

La méthode getMontantEnFranc de la classe com.eteks.outils.ConvertisseurEuro convertit en franc français un montant exprimé en euros, grâce aux opérateurs arithmétiques et aux opérateurs de conversion. Notez que la conversion du type float en type long ❶ doit être explicite car elle peut entraîner une perte de précision tandis que la conversion du type long en type float ❷ peut être implicite car elle entraîne un gain de précision.

L'application de classe com.eteks.test.ConversionEuro convertit un montant en franc français et teste différentes conversions numériques.

```
package com.eteks.test;

import com.eteks.outils.ConvertisseurEuro;

class ConversionEuro
{
  public static void main(String [] args)
  {
    short montant1 = 40;
    short montant2 = 300;
    int montantTotal = montant1 + montant2;
```

Tous les opérateurs portant sur des entiers byte, short, char ou int renvoient un résultat de type int.

```
    byte montantOctet = (byte)montantTotal;
    ConvertisseurEuro convertisseur;
```

La conversion en type byte est acceptée mais montantByte, trop petit pour stocker 340 (= 0x0154 = 101010100), contient en fait 84 (= 0x54 = 01010100 partie basse de 0x0154).

```
    convertisseur = new ConvertisseurEuro((float)montantTotal);
    float montantEnFranc = convertisseur.getMontantEnFranc();
    String texteMontantEnFranc;
    String texteMontantTotal;
    // texteMontantEnFranc = (java.lang.String)montantEnFranc;
    // texteMontantTotal = (java.lang.String)montantTotal;

    Float objetMontantEnFranc = new Float(montantEnFranc);
    texteMontantEnFranc = objetMontantEnFranc.toString();
```

Une valeur passée en paramètre ou une valeur de retour peut être aussi convertie.

```
    Integer objetMontantTotal = new Integer(montantTotal);
    texteMontantTotal = objetMontantTotal.toString();
    String messageEuro = texteMontantTotal.concat(" \u20ac = ");
    String messageFranc = texteMontantEnFranc.concat(" FF");
    String message = messageEuro.concat(messageFranc);
```

De façon similaire à la classe java.lang.Float, la classe java.lang.Integer a un champ de type int et une méthode toString capable de convertir cet entier en son texte.

```
    javax.swing.JOptionPane.showMessageDialog(null, message);
  }
}
```

Affiche *340€ = 2230.25 FF*

Priorité des opérateurs

La priorité d'un opérateur sur un autre et son associativité déterminent dans quel ordre seront appliqués les opérateurs. Comme en mathématiques, une opération est rendue prioritaire grâce à l'usage de parenthèses.

Opérateur	Associativité	Description
`. ( ) [ ] new`	de gauche à droite	Opérateurs primaires
`! - ++ -- (cast)`	de droite à gauche	Opérateurs unaires
`* / %`	de gauche à droite	Multiplication, division, reste
`+ -`	de gauche à droite	Addition, soustraction
`< <= > >= instanceof`	de gauche à droite	Comparaisons
`== !=`	de gauche à droite	Égalité, différence
`&&`	de gauche à droite	Opérateur ET
`||`	de gauche à droite	Opérateur OU
`? :`	de gauche à droite	Condition
`= *= /= %= += -=`	de droite à gauche	Affectation

Les opérateurs figurant sur une même ligne ont la même priorité ; ils sont rangés ligne par ligne du plus prioritaire au moins prioritaire.

ASTUCE Concaténation avec l'opérateur +

L'opérateur + peut être utilisé à la place de la méthode `concat` pour concaténer deux chaînes de caractères. Si l'un des opérandes de l'opérateur + est une chaîne de caractères de type `java.lang.String`, une concaténation est implicitement effectuée en transformant l'opérande qui n'est pas de type `java.lang.String` en chaîne de caractères. Ce raccourci de programmation peut être utilisé, que l'opérande à convertir soit situé à droite ou à gauche du +.

chaîne + chaîne
opérande + chaîne
chaîne + opérande

⇒ Concaténation implicite entre les deux opérandes

C++/C# Surcharge des opérateurs

Pour éviter toute confusion à la lecture d'un programme, la surcharge des opérateurs n'existe pas en Java, mais l'opérateur + est autorisé pour simplifier les opérations de concaténation de chaînes de caractères.

Par l'exemple : comparer la somme de montants convertis

L'application suivante réutilise la classe `com.eteks.outils.ConvertisseurEuro` pour vous montrer quelques cas d'utilisation de la priorité des opérateurs et de l'opérateur + appliqué aux chaînes de caractères. L'opérateur + de concaténation simplifiant grandement la construction des textes, il sera utilisé systématiquement dans la suite.

EXEMPLE com/eteks/test/ConversionSommeMontantsEuro.java

```
package com.eteks.test;

import com.eteks.outils.ConvertisseurEuro;

class ConversionEuro {
  public static void main(String [] args)
  {
    short montant1 = 40;
    short montant2 = 300;
```

L'opérateur de conversion est prioritaire sur les opérateurs arithmétiques.

```
    float montantTotal = (float)(montant1 + montant2);
```

L'opérateur `new` a la même priorité que l'opérateur `.`, ce qui permet d'appeler une méthode sur un nouvel objet sans utiliser de parenthèses.

```
    float montant1Franc = new ConvertisseurEuro((float)montant1)
                               .getMontantEnFranc();
    float montant2Franc = new ConvertisseurEuro((float)montant2)
                               .getMontantEnFranc();
    float montantTotalFranc = new
            ConvertisseurEuro(montantTotal).getMontantEnFranc();
```

L'opérateur `+` permet de concaténer plus facilement des chaînes de caractères.

```
    String message =
      "La somme de deux montants convertis en \u20ac peut "
      + "\u00eatre différente de leur somme convertie "
```

`\n` est le code du retour à la ligne.

```
      + "en \u20ac :\n";
```

La référence `message` peut être réutilisée pour récupérer le message concaténé.

```
              + montant2 + " \u20ac est \u00e9gal \u00e0 "
              + montantTotal + " \u20ac\n";
    message = message + montant1Franc + " FF + "
              + montant2Franc + " FF est diff\u00e9rent de "
              + montantTotalFranc + " FF";
    javax.swing.JOptionPane.showMessageDialog(null, message);
  }
}
```

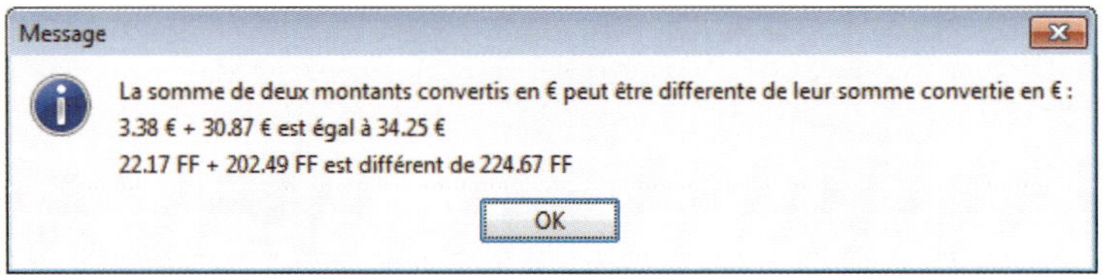

Figure 4–1
Application com.eteks.test.
ConversionSommeMontantsEuro

C++ Priorité de l'opérateur new

En Java, l'opérateur `new` a la même priorité que l'opérateur `.`, ce qui permet d'écrire directement `new Classe().methode()`. En C++, il faudrait écrire `(new Classe())->methode()`, ce qui normalement ne se fait pas, car contrairement à Java, il faut garder trace de tout objet C++ créé dynamiquement pour le supprimer ensuite.

Piloter le programme avec les instructions de contrôle : boucles et branchements

Les instructions de contrôle s'utilisent pour programmer des tests conditionnels et des boucles d'instructions à répéter plusieurs fois.

Tester et décider sur condition avec if et switch

Les instructions de branchement `if` et `switch` déterminent le traitement à effectuer quand une condition est vérifiée ou non.

Syntaxe des instructions if et if else

```
if (exprBooleenne)
  instructionOuBlocSiVrai
```

Si l'expression *exprBooleenne* est vraie, *instructionOuBlocSiVrai* est exécuté.

```
if (exprBooleenne)
  instructionOuBlocSiVrai
else
  instructionOuBlocSiFaux
```

Si l'expression *exprBooleenne* est vraie, *instructionOuBlocSiVrai* est exécuté sinon, *instructionOuBlocSiFaux* est exécuté.

Le résultat de l'expression testée *exprBooleenne* doit être `true` ou `false`. *instructionOuBloc*... peut être une instruction unique ou un bloc de plusieurs instructions si nécessaire.

Syntaxe de l'instruction switch

```
switch (exprEntiereOuChaine)
{
  case constante1 : ❶
    instructionsCas1
    break;
  case constante2 : ❷
    instructionsCas2
    break;
  // Autres case si nécessaire
  default : ❸
    instructionsParDefaut
    break;
} ❹
```

Test de l'expression *exprEntiereOuChaine*.

Si *exprEntiereOuChaine* est égale à `constante1`, *instructionsCas1* est exécuté.

Si *exprEntiereOuChaine* est égale à `constante2`, *instructionsCas2* est exécuté.

Si aucun cas ne correspond, *instructionsParDefaut* est exécuté.

JAVA Expression conditionnelle sans if

L'opérateur ternaire `? :` peut éventuellement remplacer une instruction `if else`.

exprBool ? expr1 : expr2

renvoie la valeur de *expr1* si *exprBool* est `true`, sinon la valeur de *expr2*.

```
x = exprBool      ⇔   if (exprBool)
  ? expr1                x = expr1;
  : expr2;             else
                         x = expr2;
```

C++ Condition de l'instruction if

En Java, la condition de l'instruction `if` doit être obligatoirement une expression de type `boolean`. Une condition comme `if (var = 0)` où un signe = a été oublié provoque donc une erreur de compilation alors qu'en C++, vous obtiendriez au mieux un *warning*.

ATTENTION switch est limité aux entiers, aux chaînes et aux énumérations

L'instruction `switch` ne teste que des valeurs numériques entières, des caractères, des énumérations, ainsi que des chaînes de caractères depuis Java 7, mais pas des valeurs décimales ou des objets d'un autre type. La valeur qui suit chaque `case` doit être une constante ou une expression constante n'utilisant pas de variable. Si l'expression d'un des `case` n'est pas une constante, vous devez utiliser l'instruction `if else`.

C# Différences d'utilisation de switch

En Java, tout `case` avec au moins une instruction ne doit pas forcément se terminer par une instruction `break` ou `return` avant le `case` suivant.

`switch` branche le programme sur l'instruction `case` dont la constante est égale à la valeur de l'expression *`exprEntiereOuChaine`* ❶ ❷. Si ce cas n'existe pas, elle branche le programme sur `default` ❸ lorsque ce cas par défaut est cité.

L'instruction `break;` branche le programme sur l'instruction qui suit l'accolade fermante du `switch` ❹. Elle peut être remplacée par l'instruction `return;` ou `return` *`valeur`*`;` pour sortir de la méthode courante, ou être absente pour passer au `case` suivant (pratique pour tester un ensemble de valeurs).

CONVENTIONS case sans break ou return

Si vous ne terminez pas un `case` par une instruction `break` ou `return`, signalez-le avec un commentaire `// pas de break` ou `// falls through` pour que les relecteurs de votre programme comprennent que vous avez omis cette instruction sciemment.

```
switch (expr)
{
  case cas1 : // pas de break
  case cas2 : instructionsCas1ou2
              break;
  // Autres case ...
}
```

Par l'exemple : convertir un nombre en toutes lettres

La classe suivante met en œuvre les deux instructions `if` et `switch` pour réaliser la conversion en toutes lettres d'un nombre compris entre 0 et 99. On y découvre que les nombreuses exceptions de la langue française se traduisent en Java par de nombreuses conditions à vérifier.

La classe `com.eteks.outils.NombreEntier` mémorise un entier initialisé dans le constructeur de la classe.

EXEMPLE com/eteks/outils/NombreEntier.java

```
package com.eteks.outils;

public class NombreEntier
{
  private int nombre; ❶
  public NombreEntier(int n)
  {
    this.nombre = n;
  }
  public int getNombre()
  {
    return this.nombre;
  }
  /**
   * Renvoie ce nombre converti en toutes lettres s'il est
   * compris entre 0 et 99.
   */
  public String convertirEnLettres()
  {
    if (this.nombre >= 0 && this.nombre < 100) ❷
      switch (this.nombre)
```

```
{
  case 0 : return "z\u00e9ro";
  case 1 : return "un";
  case 2 : return "deux";
  case 3 : return "trois";
  case 4 : return "quatre";
  case 5 : return "cinq";
  case 6 : return "six";
  case 7 : return "sept";
  case 8 : return "huit";
  case 9 : return "neuf";
  case 10 : return "dix";
  case 11 : return "onze";
  case 12 : return "douze";
  case 13 : return "treize";
  case 14 : return "quatorze";
  case 15 : return "quinze";
  case 16 : return "seize";
  case 20 : return "vingt";
  case 30 : return "trente";
  case 40 : return "quarante";
  case 50 : return "cinquante";
  case 60 : return "soixante";
  default :
    {
      // Recherche de la dizaine et des unités
      int dizaine = (this.nombre / 10) * 10; ❸
      int unites = this.nombre % 10; ❹
      if (dizaine == 70 || dizaine == 90)
      {
        dizaine -= 10;
        unites += 10;
      }
      if (dizaine == 80)
      {
        if (unites == 0)
          return "quatre vingts";
        else
          return "quatre vingt " +
                 new NombreEntier(unites).convertirEnLettres();
      }
      String dizaineEnLettres =
          new NombreEntier(dizaine).convertirEnLettres(); ❺
      String unitesEnLettres =
          new NombreEntier(unites).convertirEnLettres();
      if (unites == 1 || unites == 11)
        return dizaineEnLettres
              + " et " + unitesEnLettres; ❻
      else
        return dizaineEnLettres + " " + unitesEnLettres; ❼
```

Les `case` testent les cas remarquables pour renvoyer directement le texte correspondant au nombre.

Le cas par défaut concatène les dizaines et les unités en toutes lettres.

La division entière supprime les unités.

Les unités sont égales au reste de la division par 10.

Si la dizaine du nombre est 70 ou 90, on retire 10 à la `dizaine` et on ajoute 10 aux `unites`.

Équivalent à `dizaine = dizaine - 10`.

Équivalent à `unites = unites + 10`.

Les nombres avec une dizaine égale à 80 (ou 90) sont traités à part car ils comportent plusieurs exceptions : il faut mettre un *s* pour 80 mais pas pour les autres nombres, et contrairement aux autres nombres avec une unité (21, 31...), 81 et 91 ne s'écrivent pas avec la conjonction *et* pour séparer les dizaines de l'unité.

Si les unités sont égales à un ou onze, il faut ajouter le texte *et* entre la dizaine et les unités.

Cette méthode se limite aux nombres positifs inférieurs à 100.

```
      }
    }
    else
      return this.nombre + " n\u00e9gatif ou trop grand";
  }
}
```

La classe `com.eteks.outils.NombreEntier` mémorise un entier ❶ convertible en toutes lettres avec la méthode `convertirEnLettres` s'il est plus petit que 100 ❷. Si l'entier n'est pas un cas remarquable dont le texte peut être renvoyé directement, il est converti en toutes lettres en calculant sa dizaine ❸ et ses unités ❹. Le résultat est alors la concaténation du texte en toutes lettres de ces deux nombres ❻ ❼ obtenus en réutilisant les cas remarquables de la même classe ❺.

L'application de classe `com.eteks.test.NombresEnToutesLettres` convertit un ensemble de nombres avec la classe `com.eteks.outils.NombreEntier` et affiche le résultat (figure 4-2).

EXEMPLE com/eteks/test/NombresEnToutesLettres.java

```
package com.eteks.test;

import com.eteks.outils.NombreEntier;

class NombresEnToutesLettres
{
  public static void main(String[] args)
  {
    String message = "Quelques nombres en toutes lettres :";
    message += "\n" + n15.getNombre() + " : "
                    + n15.convertirEnLettres();
    NombreEntier n23 = new NombreEntier(23);
    message += "\n" + n23.getNombre() + " : "
                    + n23.convertirEnLettres();
    NombreEntier n71 = new NombreEntier(71);
    message += "\n" + n71.getNombre() + " : "
                    + n71.convertirEnLettres();
    NombreEntier n80 = new NombreEntier(80);
    message +- "\n" + n80.getNombre() + " : "
                    + n80.convertirEnLettres();
    NombreEntier n98 = new NombreEntier(98);
    message += "\n" + n98.getNombre() + " : "
                    + n98.convertirEnLettres();
    javax.swing.JOptionPane.showMessageDialog(null, message);
  }
}
```

`message += texte;` est équivalent à `message = message + texte;`

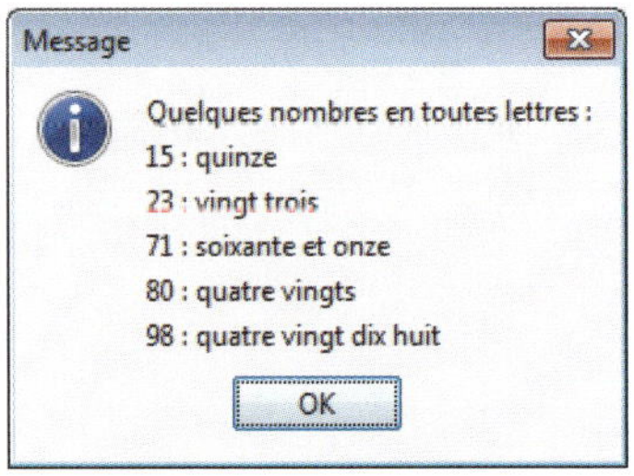

Figure 4–2 Application com.eteks.test.NombresEnToutesLettres

Répéter un traitement avec les boucles while, do et for

Les instructions de contrôle `while`, `do` et `for` permettent de répéter un traitement un certain nombre de fois. Elles sont utilisées pour effectuer des calculs par itérations et pour énumérer des ensembles de valeurs ou d'objets.

JAVA N'oubliez pas les parenthèses

La parenthèse ouvrante qui suit les mots-clés `if`, `switch`, `while` et `for` est obligatoire (et bien sûr la parenthèse fermante correspondante).

```
while (exprBooleenne)        ◄ Tant que l'expression exprBooleenne est vraie,
  instructionOuBloc          ◄ instructionOuBloc est exécuté.
```

À la différence d'une boucle `while`, l'instruction ou le bloc d'instructions *`instructionOuBloc`* d'une boucle `do while` est exécuté(e) au moins une fois, puisque *`expressionBooleenne`* est vérifiée après la première exécution de *`instructionOuBloc`* .

```
do
  instructionOuBloc          ◄ instructionOuBloc est exécuté,
while (exprBooleenne);       ◄ tant que l'expression exprBooleenne est vraie.
```

ATTENTION while n'est pas toujours suivi d'un point-virgule

Autant vous prévenir, car tout débutant en C, C++, C# ou Java se laisse piéger un jour ou l'autre par le problème suivant : mettons que vous ayez écrit une instruction `do while` du type :

```
do ❶
  instructionOuBloc ❷
while (exprBooleenne); ❸
```

Après mûre réflexion, vous pensez qu'il n'y a pas de raison que les instructions *`instructionOuBloc`* de cette boucle soient exécutées au moins une fois et vous décidez de transformer l'instruction `do while` en instruction `while` simple. Vous effacez la ligne ❶ et coupez/collez la ligne ❷ sous la ligne ❸ pour obtenir :

```
while (exprBooleenne);
  instructionOuBloc
```

Si dans la précipitation, vous n'avez pas éliminé le point-virgule à la suite du `while`, votre programme sera quand même accepté par le compilateur car l'instruction vide notée `;` existe en Java ! Vous obtiendrez alors une boucle qui ne fera rien tant que *`exprBooleenne`* sera vraie *puis* les instructions *`instructionOuBloc`* seront exécutées de toute façon, si bien sûr la condition d'arrêt du `while` permet à la boucle de se terminer malgré cette erreur d'inattention... En conclusion, faites attention à bien éliminer le point-virgule dans le cas présent. De manière générale, si vous voulez utiliser sciemment l'instruction vide avec les boucles `while` ou `for`, isolez-la sur une ligne seule pour que les relecteurs de votre programme ne pensent pas que vous ayez pu faire ce type d'erreur.

```
for (expressionInit;
     exprBooleenne;
     exprIncrementation)
  instructionOuBloc
```

expressionInit est exécuté puis, tant que l'expression *exprBooleenne* est vraie,

instructionOuBloc et *exprIncrementation* sont exécutés (dans cet ordre).

Pour ces trois instructions, le résultat de l'expression testée `exprBooleenne` doit être `true` ou `false`. Le corps de la boucle `instructionOuBloc` peut être une instruction unique ou un bloc si plus d'une instruction sont nécessaires et peut éventuellement contenir les instructions suivantes :

Instruction	Effet
break;	Sortie de la boucle courante.
continue;	Retour à l'évaluation de la condition du `while` ou de l'instruction `exprIncrementation` du `for` courant sans terminer `instructionOuBloc`.
return; ou **return** *valeur*;	Sortie de la boucle courante et de la méthode courante.

Les possibilités d'utilisation de l'instruction `for` sont résumées par le diagramme 4-3.

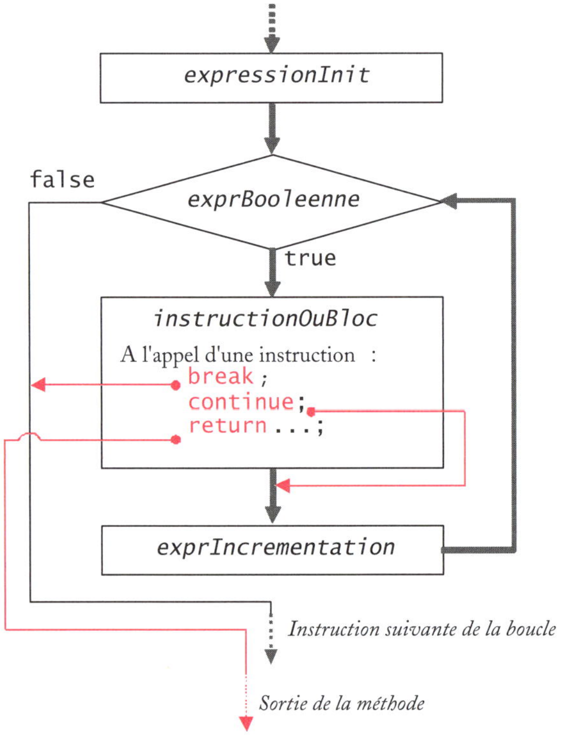

Figure 4–3 Diagramme d'exécution d'une boucle for

JAVA
Limiter la portée de l'indice de boucle

La première instruction du `for` *expressionInit* peut comporter la déclaration d'une ou plusieurs variables locales du même type, séparées par des virgules (`,`) ; la portée de ces variables est limitée aux expressions de l'instruction `for` et à *instructionOuBloc*. La troisième instruction *expressionIncrementation* peut, elle aussi, être un ensemble d'instructions séparées par des virgules (`,`). À l'opposé, si vous avez besoin de la valeur finale d'une variable déclarée dans le `for` pour la suite, il faut la déclarer avant l'instruction `for`.

C++ Variables déclarées par une instruction for

En Java, toutes les variables déclarées dans la première expression *expressionInit* de l'instruction `for` doivent être du même type. Notez au passage que l'opérateur virgule (`,`) du C++ n'existe pas en Java, excepté pour la première et la troisième expression du `for`, et pour séparer la déclaration de plusieurs variables de même type, comme `int x, y;`.

C++
Condition des instructions while et for

Comme pour l'instruction `if`, la condition d'arrêt des instructions `while` et `for` doit être obligatoirement une expression de type `boolean` en Java.

POUR ALLER PLUS LOIN Boucles itératives

Depuis Java 5, l'instruction `for` existe sous une seconde forme utilisée pour énumérer les éléments d'un ensemble, syntaxe abordée dans le chapitre 6, « Les classes de base de la bibliothèque Java ».

```
for (TypeElement element : ensemble)
  instructionOuBloc
```

JAVA Expressions vides d'une instruction for

Il n'est pas obligatoire de renseigner chacune des expressions *expressionInit*, *exprBooleenne* ou *exprIncrementation* d'une instruction `for`. Si *exprBooleenne* est vide, cela correspond à une condition toujours vraie. Par conséquent, l'instruction `for` suivante :

```
for (;;)
  instructionOuBloc
```

est équivalente à l'instruction `while` suivante :

```
while (true)
  instructionOuBloc
```

Par l'exemple : quelques calculs de probabilité classiques

Les calculs de probabilité sont utilisés dans de nombreuses applications professionnelles : économie, statistiques... La classe suivante vous montre comment programmer les quatre calculs combinatoires les plus connus avec les trois instructions de boucle Java.

CONVENTION Identificateurs des indices de boucle

L'identificateur d'une variable locale utilisée comme indice de boucle est généralement `i`, `j`, `k`, `l` ou `m`.

EXEMPLE com/eteks/outils/Probabilite.java

```
package com.eteks.outils;
public class Probabilite
{
  /**
   * Renvoie le nombre d'arrangements possibles sans répétition
   * avec p éléments pris parmi n éléments.
   * Anp = n x (n - 1) x ... x (n - p + 2) x (n - p + 1)
   */
  public long arrangementsSansRepetition(long n, long p)
  {
    long resultat = n - p + 1;
    long i = resultat + 1;
    while (i <= n)
    {
      resultat = resultat * i;
      i = i + 1;
    }
    return resultat;
  }
  /**
   * Renvoie le nombre d'arrangements possibles avec répétition
   * avec p éléments pris parmi n éléments (n puissance p)
   */
  public long arrangementsAvecRepetition(long n, long p)
  {
    long resultat = 1;
    long i = 1;
    do
      resultat *= n;
    while (++i <= p);
    return resultat;
  }
```

`i` indice de la boucle `while`.
Tant que `i` est inférieur ou égal à `n`,

multiplier `resultat` par `i`
puis augmenter `i` de 1.

`i` indice de la boucle `do while`.
Multiplier `resultat` par `n`,

tant que `i` incrémenté de `1` est inférieur ou égal à `p`.

```
  /**
   * Renvoie le nombre de permutations possibles
   * entre les éléments d'un ensemble de n éléments.
   * Pn = n! = n x (n - 1) x (n - 2) x ... x 3 x 2 x 1
   */
  public long permutations(long n)
  {
    long resultat = 1;
    for (long i = 2; i <= n; i++)
      resultat *= i;
    return resultat;
  }

  /**
   * Renvoie le nombre de combinaisons possibles
   * entre les éléments avec p éléments pris parmi n éléments.
   * Cnp = Anp / p! = n x (n - 1) x ... x (n - p + 1) / p!
   */
  public long combinaisons(long n, long p)
  {
    return arrangementsSansRepetition(n, p) / permutations(p);
  }
}
```

Pour `i` compris entre `2` et `n`, multiplier `resultat` par `i`.

L'application ci-dessous utilise la classe `com.eteks.outils.Probabilite` précédente pour calculer et afficher quelques probabilités classiques.

EXEMPLE com/eteks/test/CalculProbabilites.java

```
package com.eteks.test;

import com.eteks.outils.Probabilite;

class CalculProbabilites
{
  public static void main(String[] args)
  {
    Probabilite probabilite = new Probabilite();
    long nombreCombinaisons32bits =
          probabilite.arrangementsAvecRepetition(2, 32);
    long nombreTiercesAvecOrdre =
          probabilite.arrangementsSansRepetition(20, 3);
    long nombreArrivees100m = probabilite.permutations(10);
    long nombreGrillesLoto = probabilite.combinaisons(49, 6);
    String message =
      "Nombre de combinaisons possibles avec 32 bits : "
      + nombreCombinaisons32bits
      + "\nNombre de tierc\u00e9s dans l'ordre"
      + " avec 20 chevaux au d\u00e9part : "
      + nombreTiercesAvecOrdre
      + "\nNombre d'arriv\u00e9es"
      + " avec 10 coureurs au d\u00e9part : "
```

Création d'une instance de la classe `com.eteks.test.Probabilite` pour appeler les méthodes de calcul de probabilité.

Construction d'un message décrivant les valeurs calculées.

```
      + nombreArrivees100m
      + "\nNombre de tirages possibles du loto : "
      + nombreGrillesLoto;
    javax.swing.JOptionPane.showMessageDialog(null, message);
  }
}
```

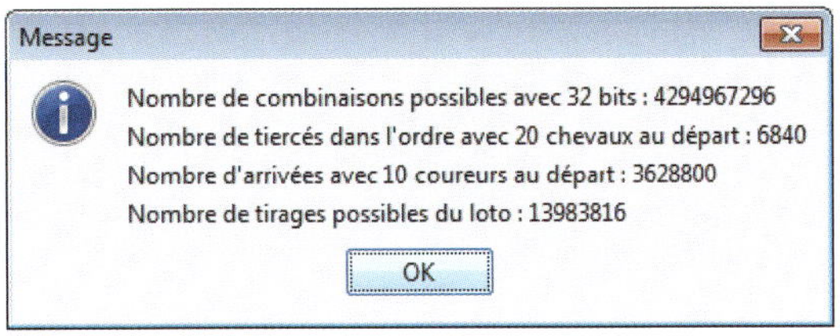

Figure 4–4 Application `com.eteks.test.CalculProbabilites`

Portée des variables locales et des paramètres

Une variable locale ne peut pas utiliser le même identificateur qu'un paramètre ou qu'une autre variable locale de même portée. Par exemple :

```
package com.eteks.test;

class CalculPuissance
{
  public int puissanceDe10(int n)
  {
    int puissanceDe10;

    if (n < 0)
      return 0;
    else
    {
      int puissanceDe10 = 1;

      for (int i = n; i > 0; i--)
        puissanceDe10 *= 10;

      return puissanceDe10;
    }
  }
}
```

- Déclaration de `puissanceDe10`.
- Si la valeur est négative, on renvoie zéro.
- Erreur ! `puissanceDe10` est déjà déclarée.
- Calcul de la puissance en multipliant `n` fois par 10.
  Multiplication de `puissanceDe10` par 10.
- Après `for`, `i` n'existe plus et pourrait être redéclarée.

Même si les déclarations des deux variables locales `puissanceDe10` figurent dans des blocs imbriqués, ce programme provoque l'erreur de compilation suivante :

```
src/com/eteks/test/CalculPuissance.java:16: puissanceDe10 is already
defined in
puissanceDe10(int)
      int puissanceDe10 = 1;
```

C++ Utilisation des variables locales

En Java, une variable locale peut cacher un champ, mais pas un paramètre ou une autre variable locale déclarée à l'extérieur de son bloc. Par ailleurs, il est rappelé qu'une variable locale Java doit être initialisée avant d'être utilisée dans une expression.

CONVENTIONS

Bonnes pratiques d'écriture autour des opérateurs et des instructions

Voici une liste de quelques conventions de programmation, qui complète celles données sur les identificateurs :

- Aérez l'écriture de vos formules avec un espace avant et après chaque opérateur.
- Utilisez une indentation constante en évitant les tabulations.
- Ne jamais écrire plusieurs instructions sur la même ligne, du type :

```
if (i > 0) { x = formuleCompliquee; }
```

ou pire :

```
if (i > 0) { x = formuleCompliquee; }
  else { x = autreFormuleCompliquee; }
```

Non seulement ce n'est pas clair mais cela ne peut être utilisé sous les débogueurs qui fonctionnent ligne par ligne.

- Créez des variables locales pour les calculs coûteux et répétitifs, notamment avec des multiplications ou divisions sur les types `float` et `double`.
- Une variable utilisée par une méthode pour stocker une valeur temporaire de calcul doit être déclarée comme variable locale et non pas en tant que champ supplémentaire d'une classe.

Les conventions suivantes, bien que prônées par Oracle, ne sont pas appliquées dans cet ouvrage (et aussi quelquefois en entreprise) :

- Déclarez toute variable locale au début d'un bloc (et pas juste avant d'en avoir besoin, méthode préférée ici).
- Toute instruction `if`, `while`, `do` ou `for` doit être suivie d'un bloc, même si ce bloc ne contient qu'une seule instruction.
- L'accolade ouvrante d'un bloc ne doit pas être isolée sur une ligne en respectant le modèle suivant :

```
if (exprBooleenne) {
instructionsSiVrai
}
```

▸ http://www.oracle.com/technetwork/java/codeconv-138413.html

En résumé...

Ce chapitre vous a montré comment programmer des calculs et des traitements plus ou moins complexes dans les méthodes. Si votre traitement devient long ou trop complexe n'hésitez pas à le décomposer en plusieurs méthodes, il sera plus facile à comprendre...

chapitre 5

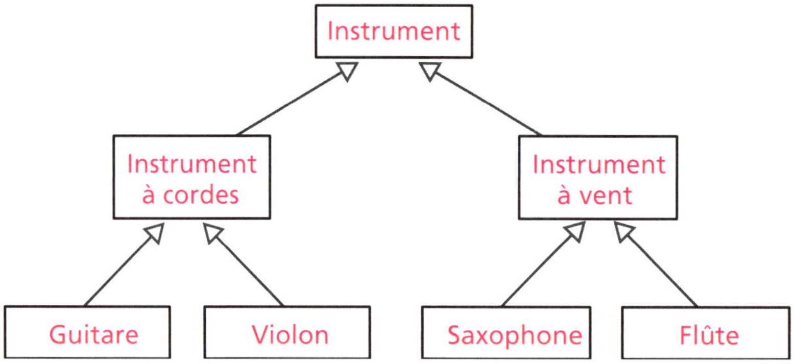
Instrument
Instrument
à cordes
Instrument
à vent
Guitare
Violon
Saxophone
Flûte

Réutilisation des classes

Si le concept sur lequel repose une classe est clair et homogène, pourquoi ne pas le réutiliser comme brique de base pour concevoir d'autres classes ?
Ce chapitre présente les différentes façons de réutiliser une classe, de l'enrichir, voire d'en altérer l'implémentation sans la modifier.

SOMMAIRE

- Composition
- Héritage
- Polymorphisme
- Conversion de référence
- Redéfinition de méthode
- Méthode de classe
- Énumération

MOTS-CLÉS

- extends
- super
- static
- final
- enum

Réutiliser des classes existantes, qu'elles fassent partie de la bibliothèque Java ou qu'elles aient été créées par vous, est indispensable pour pouvoir développer de manière productive. La réutilisation s'exprime de plusieurs manières : une classe peut en référencer une autre grâce à la composition, reprendre les caractéristiques d'une autre grâce à l'héritage, ou modifier l'implémentation des méthodes d'une autre grâce au polymorphisme.

Réutiliser en composant : la relation « a un »

DANS LA VRAIE VIE Composition avec la classe java.lang.String

La classe `java.lang.String` est la classe le plus souvent utilisée en composition et permet de stocker une information textuelle d'un objet, par exemple le champ `intitule` de la classe `com.eteks.outils.Service`.

La composition associe un objet à un autre objet, définissant une relation *a un* entre ces deux objets : un objet de la classe `Personne` peut par exemple « avoir » un objet de la classe `Adresse`.

En Java, cette relation s'utilise simplement en déclarant un champ de type classe :

```
private ClasseReutilisee champ;
```

Par l'exemple : une même adresse pour deux personnes

Cet exemple montre comment programmer les classes représentant l'adresse d'une personne avec une relation de composition. La troisième classe met ensuite en œuvre les deux premières dans une application.

EXEMPLE com/eteks/outils/Adresse.java

Champ mémorisant la rue et son numéro.
Champ mémorisant le code postal.
Champ mémorisant la ville d'une adresse.

Constructeur initialisant les champs d'une nouvelle adresse.

Renvoie la rue de cette adresse.

```
package com.eteks.outils;

public class Adresse
{
  private String rue;
  private int codePostal;
  private String ville;

  public Adresse(String rue, int codePostal, String ville)
  {
    this.rue = rue;
    this.codePostal = codePostal;
    this.ville = ville;
  }

  public String getRue()
  {
    return this.rue;
  }
```

```
  public int getCodePostal()
  {
    return this.codePostal;
  }

  public String getVille()
  {
    return this.ville;
  }
}
```

Renvoie le code postal de cette adresse.

Renvoie la ville de cette adresse.

La classe précédente, `com.eteks.outils.Adresse`, est réutilisée par la classe `com.eteks.outils.Personne` avec une relation de composition pour mémoriser l'adresse d'une personne (une personne *a une* adresse) :

EXEMPLE com/eteks/outils/Personne.java

```
package com.eteks.outils;

public class Personne
{
  private String nom;
  private String prenom;
  private Adresse adresse;

  public Personne(String nom, String prenom)
  {
    this.nom = nom;
    this.prenom = prenom;
  }

  public String getNom()
  {
    return this.nom;
  }

  public String getPrenom()
  {
    return this.prenom;
  }

  public void setAdresse(Adresse adresse)
  {
    this.adresse = adresse;
  }

  public Adresse getAdresse()
  {
    return this.adresse;
  }
}
```

Champ mémorisant le nom d'une personne.
Champ mémorisant le prénom d'une personne.
Champ mémorisant l'adresse d'une personne.

Constructeur initialisant le nom et le prénom d'une nouvelle personne.

Renvoie le nom de cette personne.

Renvoie le prénom de cette personne.

Modifie l'adresse de cette personne.

Renvoie l'adresse de cette personne.

L'application de classe `com.eteks.test.DeuxPersonnesUneAdresse` utilise les deux classes précédentes et montre qu'il est possible de partager une même instance de la classe `com.eteks.outils.Adresse` pour deux personnes.

EXEMPLE com/eteks/test/DeuxPersonnesUneAdresse.java

```
package com.eteks.test;

import com.eteks.outils.*;

class DeuxPersonnesUneAdresse
{
  public static void main(String[] args)
  {
    Personne personne1;
    personne1 = new Personne("Durand", "Thomas");
    Adresse adresse1;
    adresse1 = new Adresse("5, rue de Rennes", 75006, "PARIS");

    personne1.setAdresse(adresse1);

    Personne personne2 = new Personne("Martin", "Sophie");

    personne2.setAdresse(new Adresse("3, pl. de la Gare",
                                     95300, "PONTOISE"));

    personne2.setAdresse(personne1.getAdresse());

    Adresse adresseCommune =
              new Adresse("8, rue de Rennes", 75006, "PARIS");
    personne1.setAdresse(adresseCommune);
    personne2.setAdresse(adresseCommune);
    String adresse = personne1.getAdresse().getRue() + " \u00e0 "
                   + personne2.getAdresse().getVille();
    String nouvelle =
       personne1.getPrenom() + " et " + personne2.getPrenom()
       + " habitent maintenant au " + adresse;
    javax.swing.JOptionPane.showMessageDialog(null, nouvelle);
  }
}
```

Notes en marge :

- Création d'une instance de `com.eteks.outils.Personne` pour Thomas Durand.
- Création d'une instance de `com.eteks.outils.Adresse`.
- Affectation de son adresse à Thomas.
- Création d'une autre instance de `com.eteks.outils.Personne` pour Sophie Martin.
- Affectation directe de l'autre adresse avec une nouvelle instance.
- Plus tard... Sophie déménage chez Thomas et partage donc son adresse.
- Plus tard... ils voient plus grand et déménagent tous les deux.
- Et vous annoncent la nouvelle. Les références renvoyées par `personne1.getAdresse()` et `personne2.getAdresse()` sont égales et désignent le même objet.
- Affiche *Thomas et Sophie habitent maintenant au 8, rue de Rennes, à PARIS.*

B.A.-BA Héritage

Le vocabulaire lié à l'héritage en programmation objet fourmille de synonymes :

- hériter = étendre = dériver = sous-classer
- super-classe = classe de base = classe mère
- sous-classe = classe dérivée = classe fille

Réutiliser en héritant : la relation « est un »

Basés sur les classes et l'encapsulation, l'héritage et le polymorphisme sont les deux autres concepts introduits par la programmation objet. Les classes de la programmation objet formalisent des catégories d'objets. Une catégorie donne parfois lieu à des sous-catégories, qui comptent une ou plusieurs caractéristiques supplémentaires. Ces relations entre catégories et sous-catégories forment une hiérarchie, reproduite en programmation objet grâce à l'héritage. À la différence de la relation *a un* de la composition, l'héritage définit une relation *est un* entre deux classes, une sous-classe héritant de sa super-classe. Par exemple, une guitare pourrait être représentée sous forme d'un objet de classe `Guitare`, sous-classe de la classe `InstrumentACordes`, qui hériterait elle-même de la classe `Instrument`.

Définir une sous-classe

Pour qu'une classe hérite d'une autre, on utilise le mot-clé `extends` suivi de l'identificateur de la super-classe dont hérite une sous-classe. La super-classe ne se trouve pas nécessairement dans le même package que la sous-classe.

Ne créez un lien d'héritage entre deux classes que si une instance de la sous-classe peut être considérée aussi comme une instance de sa super-classe par la relation *est un*. Parfois les relations de composition et d'héritage s'utilisent dans la même classe. Par exemple, un camion transporteur de voitures *est un* véhicule et *a des* véhicules.

```
package com.eteks.test;

class SuperClasse
{
  // Champs et méthodes
}

class SousClasse extends SuperClasse
{
  // Champs et méthodes supplémentaires
}
```

Une sous-classe peut définir des champs ou des méthodes qui viennent alors s'ajouter à la liste de ceux de sa super-classe. Les champs et les méthodes accessibles hérités de la super-classe peuvent être utilisés comme s'ils avaient été déclarés par la sous-classe elle-même. Une référence de la sous-classe peut donc être suivie des membres accessibles de sa classe ou des membres hérités de sa super-classe.

JAVA Restrictions d'accès aux membres hérités depuis une sous-classe

Un objet d'une sous-classe mémorise les champs de sa super-classe et ceux de sa classe. Même si une sous-classe reprend les caractéristiques de sa super-classe, des restrictions d'accès aux champs et méthodes peuvent toujours s'appliquer entre elles. La sous-classe n'a pas forcément accès à certains des champs et méthodes dont elle hérite :

- Les membres `private` d'une super-classe restent inaccessibles depuis ses sous-classes.
- Les membres d'une super-classe qui ont une portée par défaut (sans modificateur d'accès) sont accessibles depuis les sous-classes qui appartiennent au même package que la super-classe.
- Les membres `protected` d'une super-classe sont accessibles depuis n'importe quelle sous-classe, quel que soit le package de ces classes. Les membres `protected` sont accessibles aussi depuis toutes les classes d'un même package, comme pour les membres qui ont une portée par défaut (d'où le terme *package protected* utilisé parfois pour la portée par défaut).
- Les membres `public` d'une super-classe sont bien sûr accessibles depuis ses sous-classes.

Initialisation en deux temps pour les objets d'une sous-classe

Lors de la création d'un objet, la partie qui dépend de sa super-classe est initialisée en premier, avant celle qui dépend de sa propre classe. Si l'initialisation de la super-classe requiert l'appel d'un constructeur avec paramètres, le passage des valeurs à ce constructeur s'effectue dans le constructeur de la classe dérivée avec comme première instruction `super(params);`.

Par l'exemple : alcoolisée ou non, choisissez votre boisson

Cet exemple montre comment programmer une classe qui représente une boisson alcoolisée qui hérite d'une super-classe de boisson en y ajoutant un degré d'alcool.

EXEMPLE com/eteks/test/Boissons.java

Champ mémorisant le nom d'une boisson.
Champ mémorisant le prix d'une boisson.

Champ mémorisant le degré d'alcool d'une boisson alcoolisée.

Initialisation de l'objet `Boisson`.

Initialisation de l'objet `BoissonAlcoolisee`.

```
package com.eteks.test;

class Boisson
{
  private String nom;
  private float prix;

  public Boisson(String nom, float prix)
  {
    this.nom = nom;
    this.prix = prix;
  }
  public String getNom()
  {
    return this.nom;
  }
  public float getPrix()
  {
    return this.prix;
  }
}

class BoissonAlcoolisee extends Boisson ①
{
  private int degreAlcool;

  public BoissonAlcoolisee(String nom, float prix, int degreAlcool)
  {
    super(nom, prix); ②
    this.degreAlcool = degreAlcool;
  }
```

```
  public int getDegreAlcool()
  {
    return this.degreAlcool;
  }
}

class Boissons
{
  public static void main(String [] args)
  {
    Boisson jus = new Boisson("Jus d'orange", 3.f);
    String message = jus.getNom() + " \u00e0 "
                   + jus.getPrix() + " \u20ac";
    javax.swing.JOptionPane.showMessageDialog(null, message); ③

    BoissonAlcoolisee porto;
    porto = new BoissonAlcoolisee("Porto", 9.5f, 18);
    message = porto.getNom() + " " + porto.getDegreAlcool()
            + "\u00b0 \u00e0 " + porto.getPrix() + " \u20ac"; ④
    javax.swing.JOptionPane.showMessageDialog(null, message); ⑤
  }
}
```

◄ Création d'un objet de la super-classe com.eteks.test.Boisson.

◄ Affiche *Jus d'orange à 3,0 €*.

◄ Création d'un objet de la sous-classe com.eteks.test.BoissonAlcoolisee.

◄ Affiche *Porto 18° à 9,5 €*.

L'application de classe `com.eteks.test.Boissons` affiche les caractéristiques d'une boisson ③ et d'une boisson alcoolisée ⑤. Comme la classe `com.eteks.test.BoissonAlcoolisee` de l'objet `porto` hérite ① de la classe `com.eteks.test.Boisson`, il est possible de faire appel sur cet objet aux méthodes `getNom` et `getPrix` de la classe `Boisson`, et à la méthode `getDegreAlcool` de la classe `BoissonAlcoolisee` ④.

C# extends = : et super = base

Mis à part le symbole deux points (`:`) remplacé par le mot-clé `extends` et le mot-clé `base` remplacé par `super`, Java et C# utilisent la même syntaxe pour l'héritage.

C++ Héritage et chaînage des constructeurs

En Java, la super-classe d'une classe est précédée du mot-clé `extends` qui remplace le symbole deux points (`:`) du C++. Comme l'héritage multiple n'existe pas en Java et qu'il n'est pas possible d'initialiser les champs à la déclaration d'un constructeur, la syntaxe utilisée pour chaîner les constructeurs est différente en Java et en C++. Pour information, voici l'équivalent en C++ du constructeur de la classe `BoissonAlcoolisee` décrit page précédente :

```
BoissonAlcoolisee::BoissonAlcoolisee(string nom,
                                     float prix,
                                     int degreAlcool)
  : Boisson(nom, prix), degreAlcool(degreAlcool)
{
}
```

L'héritage se fait systématiquement de manière `public` en Java. L'héritage multiple du C++ peut être remplacé par la possibilité d'implémenter plusieurs interfaces dans une classe (notion abordée au chapitre 7 « Abstraction et interface »).

ATTENTION **N'oubliez pas d'appeler super si nécessaire**

Si aucun constructeur n'est défini dans la classe `com.eteks.test.BoissonAlcoolisee` ou si vous oubliez l'appel au constructeur de la super-classe `super(nom, prix);` ❷, le compilateur affiche cette erreur :

```
src/com/eteks/test/Boissons.java:32: cannot
resolve symbol
symbol : constructor Boisson()
location: class com.eteks.test.Boisson
```

(avec recopie de la ligne 32)

Le compilateur croit en fait que le constructeur de la sous-classe contient l'appel par défaut `super();` qui appelle le constructeur sans paramètre de la super-classe `com.eteks.test.Boisson`, lequel n'existe pas.
Selon qu'une super-classe a ou non un constructeur avec ou sans paramètre, ses sous-classes peuvent donc être obligées de définir un constructeur qui utilise l'instruction `super`, ce que résume le tableau ci-contre.

Notez au passage qu'une classe n'hérite pas des constructeurs de sa super-classe : vous êtes donc obligé d'ajouter un constructeur à une classe si sa super-classe n'a pas de constructeur sans paramètre, même si c'est pour passer au constructeur de sa super-classe des valeurs par défaut ou lui repasser les mêmes valeurs.

Super-classe ▸ Sous-classe	Constructeur par défaut ou constructeur sans paramètre	Constructeur(s) avec paramètre(s)
Constructeur par défaut	Ok	Interdit
Constructeur sans paramètre ou avec paramètre(s)	Ok (appel implicite à `super();`)	Appel à `super(params);`

Réutiliser en implémentant différemment : le polymorphisme

À RETENIR **Les dessous du polymorphisme**

Le polymorphisme est rendu possible grâce à l'héritage, la conversion de référence et la redéfinition des méthodes.

Le polymorphisme est la faculté d'une classe à prendre plusieurs formes. Si une classe et ses sous-classes implémentent différemment un même message, les objets des sous-classes prennent des formes différentes pour ce message du point de vue de leur super-classe.

Relation « est un » et conversionde référence

ASTUCE
Conversion implicite, relation est un

La possibilité de désigner un objet d'une sous-classe par une référence relevant de sa super-classe est la traduction Java de la relation *est un* (le whisky, boisson alcoolisée, *est une* boisson). Cette relation est si logique que Java ne vous oblige pas à noter la classe de conversion entre parenthèses dans le sens sous-classe vers super-classe :

```
boisson = whisky; ⇔
boisson = (Boisson)whisky;
```

De façon similaire aux conversions numériques, les conversions opérant sur une référence utilisent la syntaxe `(Classe)reference`. Une conversion de référence change la classe d'une référence sans transformer ni la valeur de cette référence ni l'objet qu'elle désigne. Une conversion est autorisée à la compilation si la classe de conversion et la classe de la référence ont un lien d'héritage entre elles. Lors de l'exécution, la JVM vérifie que la classe de conversion est effectivement celle de l'objet référencé ou une des super-classes de cet objet.

REGARD DU DÉVELOPPEUR À quoi sert la conversion de références ?

Quel est l'intérêt d'utiliser une référence de classe `com.eteks.test.Boisson` pour désigner une instance de sa sous-classe alors que vous aurez moins de méthodes à disposition avec une telle référence ? Voici les deux cas principaux d'utilisation :

- Accepter en paramètre un objet appartenant à une hiérarchie de classes donnée – Par exemple, si vous créez une méthode `payer` dans une classe pour gérer le paiement d'une boisson, vous n'aurez besoin que de la méthode `getPrix` de la classe `Boisson`. En déclarant la méthode `payer` avec un paramètre de classe `Boisson`, `void payer(Boisson b)`, vous pourrez passer en paramètre un objet de classe `Boisson`, de classe `BoissonAlcoolisee` voire d'une autre sous-classe de `Boisson` qui n'existe pas encore.
- Créer un ensemble de références capable de stocker des objets d'une hiérarchie de classes donnée – Par exemple, un tableau de références de classe `Boisson` vous permet de programmer un casier à bouteilles capable de mémoriser des objets de classe `Boisson` ou de classe `BoissonAlcoolisee`. Le prix du casier peut alors être calculé en additionnant le prix de chaque boisson du tableau grâce à la méthode `getPrix`, ce que vous verrez au prochain chapitre.

Par l'exemple : boisson et boisson alcoolisée, ne mélangez pas les genres...

La classe `com.eteks.test.BoissonAlcoolisee` dérivant de la classe `com.eteks.test.Boisson`, le programme qui suit met en pratique les conversions qu'il est possible d'effectuer sur des références de ces classes.

EXEMPLE com/eteks/test/ConversionsReferencesBoisson.java

```
package com.eteks.test;

import javax.swing.JOptionPane;

class ConversionsReferencesBoisson
{
  public static void main(String [] args)
  {
    Boisson eau = new Boisson("Eau min\u00e9rale", 1f);
    BoissonAlcoolisee whisky
              = new BoissonAlcoolisee("Whisky", 7.4f, 45);

    Boisson boisson;
    BoissonAlcoolisee boissonForte;
    Boisson boissonInconnue = null;
    com.eteks.outils.Service service;

    boisson = (Boisson)whisky; ❶

    JOptionPane.showMessageDialog(null, boisson.getNom()); ❷
```

◂ Création d'objets.

◂ Déclaration de références pour tester le possibilités des conversions.

◂ Compilation OK et exécution OK.

◂ Affiche *Whisky*.

Compilation OK et exécution OK.

Compilation OK et exécution OK.

Compilation OK mais erreur à l'exécution provoquant une exception java.lang.ClassCastException.

Cette instruction est mise en commentaire car elle est refusée par le compilateur qui provoque l'erreur inconvertible types.

```
    boissonForte = (BoissonAlcoolisee)boisson; ❸

    boissonForte = (BoissonAlcoolisee)boissonInconnue; ❹

    boissonForte = (BoissonAlcoolisee)eau; ❺
    String message = boissonForte.getNom() + " "
                   + boissonForte.getDegreAlcool() + "\u00b0"; ❻
    JOptionPane.showMessageDialog(null, message);

    // service = (com.eteks.outils.Service)eau; ❼
  }
}
```

À RETENIR Méthodes accessibles avec une référence

La classe d'une référence détermine les méthodes qu'il est possible d'appeler sur cette référence, même quand l'objet désigné est d'une sous-classe et compte en fait plus de méthodes.

C++/C# Limitations de l'opérateur de cast

En Java, l'opérateur de cast est limité aux types numériques et aux références. Contrairement au C++ et à C#, aucune conversion d'un objet en un autre objet ou en une valeur de type primitif n'est possible par application d'un opérateur de cast.

C++ (Classe)obj ≈ dynamic_cast<Classe &>(obj)

Du fait que le compilateur et la JVM effectuent des vérifications sur le bien-fondé d'une conversion de référence, l'opérateur de cast de Java ressemble plus à l'opérateur `dynamic_cast` du C++ qu'à son (trop) tolérant opérateur de cast simple.

On peut donc :

❶ Convertir une référence d'une classe vers sa super-classe (le whisky *est une* boisson) et ❷ appeler avec la référence `boisson` toutes les méthodes de la classe `com.eteks.test.Boisson` (mais pas les méthodes supplémentaires de la `BoissonAlcoolisee`, classe effective de l'objet désigné).

❸ Convertir une référence d'une classe vers sa sous-classe, si l'objet référencé est effectivement une instance de la sous-classe. Ici, l'objet désigné par `boisson` est bien un objet de classe `com.eteks.test.BoissonAlcoolisee`.

❹ Convertir une référence d'une classe vers sa sous-classe si l'objet référencé est inconnu.

En revanche, il n'est pas possible de :

❺ Convertir une référence d'une classe vers sa sous-classe, si l'objet référencé n'est pas effectivement une instance de la sous-classe. Comme la plupart du temps le compilateur ne peut pas déduire du contexte la classe effective d'un objet à partir de sa référence, la vérification de la classe de l'objet est toujours reportée à l'exécution. Ici, l'objet désigné par `eau` n'étant pas un objet de classe `com.eteks.test.BoissonAlcoolisee`, la JVM déclenche une exception `java.lang.ClassCastException` qui interrompt le cours du programme. Cette vérification évite au programme d'avoir un comportement imprévisible à l'appel de la méthode `getDegreAlcool` avec la référence `boissonForte` ❻, du type : quel serait le degré d'alcool de l'eau ?

❼ Convertir une référence d'une classe vers une autre classe si les deux classes n'ont aucun lien d'héritage entre elles.

Modifier l'implémentation d'une méthode avec la redéfinition

Une méthode non `private` d'une classe est redéfinie (*overridden* en anglais) quand elle est définie dans une classe et une sous-classe avec la même signature, c'est-à-dire avec le même identificateur, le même type de retour, le même nombre de paramètres et le même type pour chacun des paramètres.

Par l'exemple : changer de message

La méthode `afficher` de la classe `com.eteks.test.MessageSimple` ❶ est redéfinie dans la classe `com.eteks.test.MessageRiche` ❸. Lors de l'exécution de l'application, la méthode `afficher` appelée ❺ ❻ ❼ est celle définie dans la classe de l'objet qui reçoit le message et pas celle définie dans la classe de la référence qui précède `afficher`.

ASTUCE Affichage de texte mis en forme

Si le texte du paramètre de `showMessageDialog` commence par la balise `<html>` ❹, le texte est affiché en utilisant le format HTML. Ici, le texte compris entre les balises `<b>` et `</b>` (b comme *bold*) est donc affiché en gras, suivi d'un retour à la ligne (balise `<br>`) et du texte en italique compris entre les balises `<i>` et `</i>`.

Figure 5–1 Texte mis en forme

EXEMPLE com/eteks/test/AfficherMessages.java

```
package com.eteks.test;

import javax.swing.JOptionPane;

class MessageSimple
{
  public void afficher() ❶
  {
    JOptionPane.showMessageDialog(null, "Bonjour !");
  }
}
class MessageRiche extends MessageSimple
{
  @Override ❷
  public void afficher() ❸
  {
    JOptionPane.showMessageDialog(null,"<html><b>Vive Java !</b>"
       + "<br><i>Le programmeur masqu&eacute;</i></html>"); ❹
  }
}

class AfficherMessages
{
  public static void main(String [] args)
  {
    MessageSimple message = new MessageSimple();
    MessageRiche messageRiche = new MessageRiche();
    message.afficher(); ❺
    messageRiche.afficher(); ❻
    message = messageRiche;
    message.afficher(); ❼
  }
}
```

- `class MessageRiche extends MessageSimple` : Sous-classe de `com.eteks.test.MessageSimple`.
- ❷ : Annotation de redéfinition facultative signalant la redéfinition de la méthode `afficher`.
- ❹ : Affiche un message différent de celui de sa super-classe.
- Instanciation des deux classes.
- ❺ : Affiche *Bonjour*.
- ❻ : Affiche *Vive Java ! Le programmeur masqué*.
- `message = messageRiche;` : Conversion de `messageRiche` dans une référence de sa super-classe (`messageRiche` est converti implicitement dans le type `com.eteks.test.MessageSimple`).
- ❼ : Affiche *Vive Java ! Le programmeur masqué*.

B.A.-BA Annotations

Les annotations apparues avec Java 5 débutent par le symbole `@` et servent à ajouter des informations déclaratives avant la déclaration d'une classe, d'un champ, d'une méthode ou d'un constructeur. Certaines annotations comme `@Override` ou `@SuppressWarnings` donnent des indications supplémentaires au compilateur, tandis que d'autres comme `@WebServlet`, `@XmlElement` ou `@Entity` sont utilisées par des outils comme les serveurs de servlet, les générateurs de fichiers XML et les gestionnaires de bases de données.

▸ http://adiguba.developpez.com/tutoriels/java/tiger/annotations/

ATTENTION Ne confondez pas surcharge et redéfinition

La surcharge n'est pas la redéfinition (les mots anglais *overload* et *override* portent quelquefois à confusion). La surcharge permet dans une classe ou une sous-classe d'utiliser le même identificateur pour une méthode si elle a des paramètres de types différents tandis que la redéfinition permet de changer l'implémentation d'une méthode d'une classe en la déclarant avec le même identificateur et des paramètres de même type dans une sous-classe.

Respectez donc bien l'orthographe de l'identificateur des méthodes que vous redéfinissez ainsi que l'ordre et le type de leurs paramètres. En revanche, les identificateurs des paramètres n'ont pas d'importance et peuvent être différents de ceux de la méthode redéfinie. Pour que le compilateur vous signale qu'une méthode est incorrectement redéfinie, il est fortement conseillé de précéder sa déclaration de l'annotation `@Override` ❷. Si par exemple vous nommez la méthode `aficher` au lieu de `afficher` ❸, le compilateur affiche cette erreur :

```
src/com/eteks/test/AfficherMessages.java:36: error: method does not
override or implement a method from a supertype
```

Sans cette annotation, aucune erreur de compilation ne sera signalée, la méthode `aficher` ne redéfinira pas la méthode `afficher` de la super-classe, et finalement, la méthode appelée ❻ ❼ sera celle de la super-classe au lieu de celle que vous avez déclarée.

redéfinir = *to override* = outrepasser = spécialiser = supplanter ≠ surcharger

C++/C# Toute méthode Java est virtuelle

Toutes les classes Java utilisent d'office le polymorphisme et l'appel aux méthodes s'effectue systématiquement avec la ligature dynamique. Le mots–clé `virtual` du C++ n'existe pas en Java, et contrairement au mot–clé `override` du C#, l'annotation `@override` n'est une information facultative utilisée par le compilateur que pour vérifier la signature d'une méthode redéfinie.

L'appel à une méthode non `private` sur un objet s'effectue en Java au moyen de la ligature dynamique, c'est-à-dire que la méthode effectivement appelée n'est pas déterminée statiquement à la compilation, mais dynamiquement à l'exécution en fonction de la classe effective de l'objet désigné (la classe qui suit l'opérateur `new` au moment de la création de l'objet). Même si l'utilité de la ligature dynamique paraît limitée aux méthodes redéfinies d'un programme, Java l'utilise systématiquement pour « préparer le terrain » au cas où une sous-classe redéfinissant des méthodes serait développée plus tard...

De ce fait, la redéfinition est souvent utilisée dans une sous-classe pour modifier le comportement d'une méthode héritée d'une super-classe d'une bibliothèque. Par exemple, une classe d'applet hérite de la classe `javax.swing.JApplet` et redéfinit la méthode `init` pour spécifier les instructions à effectuer lors de l'initialisation d'une applet.

C++ Appel à une méthode redéfinie

À la notation *`SuperClasse::methode()`* utilisée en C++ pour appeler la méthode redéfinie d'une super-classe correspond `super.`*`methode()`* en Java.

Modifier l'implémentation sans oublier la méthode redéfinie

Il arrive quelquefois que pour implémenter une méthode d'une sous-classe, il faille appeler la méthode redéfinie de la super-classe. `this.test()` comme `test()` appelant la méthode `test` de sa propre classe, il faut alors utiliser `super.test()` pour appeler la méthode `test` de la super-classe.

C# super = base

Le mot–clé `base` utilisé aussi en C# pour appeler la méthode redéfinie d'une super-classe est remplacé par `super` en Java.

Par l'exemple : calculer les intérêts d'un compte épargne

La classe `com.eteks.test.Compte` qui suit permet de créer un compte en banque avec son identificateur et son solde. Sa sous-classe `com.eteks.test.CompteEpargne` redéfinit la méthode `getSolde` ❶ de la classe `com.eteks.test.Compte` pour renvoyer le solde original ❷ auquel sont ajoutés des intérêts. L'application `com.eteks.test.CalculInterets` crée des objets de ces deux classes ❸ ❹ et affiche leur solde.

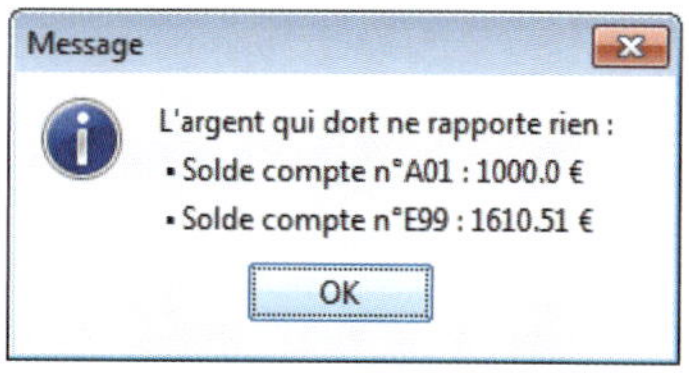

Figure 5–2 Application `com.eteks.test.CalculInterets`

EXEMPLE com/eteks/test/CalculInterets.java

```
package com.eteks.test;

class Compte
{
  private String identifiant;
  private float solde;

  public Compte(String identifiant, float depot)
  {
    this.identifiant = identifiant;
    this.solde = depot;
  }

  public String getIdentifiant()
  {
    return this.identifiant;
  }

  public float getSolde()
  {
    return this.solde;
  }
}

class CompteEpargne extends Compte
{
  private float taux;
  private int annees;

  public CompteEpargne(String identifiant, float depot,
                       float taux)
  {
    super(identifiant, depot);
    this.taux = taux;
  }

  public void setAnnees(int annees)
  {
    if (annees >= 0)
      this.annees = annees;
  }
```

◂ Champ mémorisant l'identifiant d'un compte. Champ mémorisant le solde d'un compte.

◂ Annotation de redéfinition facultative signalant la redéfinition de la méthode `afficher`.

◂ `CompteEpargne` hérite des champs `private` `identifiant` et `solde`.

◂ Champ mémorisant le taux d'intérêt applicable. Champ mémorisant le nombre d'années d'épargne.

◂ Modification du champ `annees` si le paramètre est positif ou nul.

```java
  public int getAnnees()
  {
    return this.annees;
  }

  public double getTaux()
  {
    return this.taux;
  }

  @Override
  public float getSolde() ❶
  {
    float solde = super.getSolde(); ❷

    for (int i = 0; i < this.annees; i++)
      solde *= 1f + this.taux;
    return solde;
  }
}

class CalculInterets
{
  public static void main(String [] args)
  {
    Compte compte1 = new Compte("A01", 1000f); ❸

    CompteEpargne compte2;
    compte2 = new CompteEpargne("E99", 1000f, 0.1f); ❹
    compte2.setAnnees(5);

    Compte c;

    String message = "L'argent qui dort ne rapporte rien :";
    c = compte1;
    message += "\n \u25aa Solde compte n\u00b0"
             + c.getIdentifiant() + " : "
             + c.getSolde() + " \u20ac";
    c = compte2;
    message += "\n \u25aa Solde compte n\u00b0"
             + c.getIdentifiant() + " : "
             + c.getSolde() + " \u20ac";
    javax.swing.JOptionPane.showMessageDialog(null, message);
  }
}
```

Récupération du solde initial.

Multiplication, autant de fois qu'il y a d'années, par `(1 + taux)`

Création d'une instance de `com.eteks.test.Compte`.

Création d'une instance de `com.eteks.test.CompteEpargne`.

Déclaration de la référence `c` de classe `com.eteks.test.Compte`. `c` peut désigner des objets de classe `com.eteks.test.Compte` ou `com.eteks.test.CompteEpargne`.

Affectation de la référence `compte1` à `c` pour afficher le solde du 1er compte.

Affectation de la référence `compte2` à `c` pour afficher le solde du 2e compte (`compte2` est converti implicitement dans le type `com.eteks.test.Compte`).

Réutiliser sans créer d'objet avec les méthodes de classe

Le mot-clé `static` est utilisé comme modificateur d'une méthode ou d'un champ pour indiquer, précisément, qu'il s'agit d'un champ ou d'une méthode de classe. Contrairement aux champs et méthodes *d'instance* décrits jusqu'ici, les champs et les méthodes *de classe* sont uniques pour une classe et partagés entre toutes les instances de cette classe.

On utilise un champ de classe en le faisant précéder de l'identificateur de sa classe suivi d'un point ; de façon similaire, on appelle une méthode de classe en la faisant précéder de l'identificateur de sa classe suivi d'un point.

Comme l'implémentation des méthodes de classe n'utilise pas l'état d'un objet, il n'est pas utile d'instancier une classe pour appeler une de ses méthodes de classe.

Par exemple, la méthode `showMessageDialog` de la classe `javax.swing.JOptionPane` est une méthode de classe que l'on peut appeler sans créer d'instance de cette classe :

```
javax.swing.JOptionPane.showMessageDialog(null, "Bienvenue");
```

La portée des champs et des méthodes de classe est déterminée par les mêmes modificateurs d'accès que pour les champs et méthodes d'instance (`public`, `protected`, `private` ou absent). La durée de vie des champs de classe s'étend de la première utilisation de leur classe à l'arrêt de la JVM.

À RETENIR Appel de méthode de classe

L'appel d'une méthode de classe respecte la syntaxe suivante :

`Classe.methode(param)`

Bien que ce ne soit pas conseillé pour des raisons de clarté, une méthode de classe peut aussi être appelée sur une référence. Notez qu'à l'intérieur de sa propre classe, un champ ou une méthode de classe peut être utilisé sans que ne soit répété l'identificateur de sa classe.

C++ Membres static

Les membres `static` d'une classe ont les même propriétés en Java et en C++, mais s'utilisent différemment : en Java, un champ `static` est déclaré **et** initialisé dans sa classe, et l'opérateur point (`.`) remplace l'opérateur `::` du C++.
En revanche, les variables locales `static` n'existent pas en Java.

JAVA Suggestion

Les méthodes d'instance de la classe `com.eteks.outils.Probabilite` (voir dans le chapitre précédent la section « Répéter un traitement ») auraient pu être déclarées comme méthodes de classe avec le mot-clé `static`. Ceci éviterait dans l'application de calcul de probabilités d'avoir à instancier cette classe pour appeler ses méthodes.

Par l'exemple : afficher l'état d'un compte

L'application suivante affiche les textes qui décrivent un compte de classe `com.eteks.test.Compte`, puis un de classe `com.eteks.test.CompteEpargne`, classes reprises de la section précédente.

EXEMPLE com/eteks/test/AfficherComptes.java

```
package com.eteks.test;

import javax.swing.JOptionPane; ①

class AfficherComptes
{
  public static void afficherCompte(Compte c) ②
  {
    String message = "Solde du compte n\u00b0" + c.getIdentifiant()
                   + " : " + c.getSolde() + " \u20ac";
    JOptionPane.showMessageDialog(null, message); ③
  }
```

◄ Affichage d'un texte qui décrit le compte construit avec les méthodes `getIdentifiant` et `getSolde`.

```
public static void main(String [] args)
{
  Compte compte1 = new Compte("A01", 1000f);

  CompteEpargne compte2 = new CompteEpargne("E99", 1000f, 0.1f);
  compte2.setAnnees(5);
  afficherCompte(compte1); ❹

  afficherCompte(compte2); ❺
}
}
```

Création d'une instance de `com.eteks.test.Compte`.

Création d'une instance de `com.eteks.test.CompteEpargne`.

Appel de la méthode `afficherCompte` avec `compte1` (équivalent à `AfficherComptes.afficherCompte(compte1);`).

Appel de la méthode `afficherCompte` avec `compte2` (la référence `compte2` est convertie implicitement dans le type `com.eteks.test.Compte`).

Au lieu de construire, comme dans l'application précédente, le texte qui décrit un compte en répétant pour chaque compte les mêmes instructions, la classe `com.eteks.test.AfficherComptes` définit la méthode de classe `afficherCompte`, dont le rôle est de construire ce texte puis de l'afficher. Le type du paramètre de cette méthode est de classe `com.eteks.test.Compte` ❷, ce qui permet de lui passer des objets de classe `com.eteks.test.Compte` ❹ ou `com.eteks.test.CompteEpargne` ❺. Notez que si la méthode `afficherCompte` n'était pas déclarée `static`, il ne serait pas possible de l'appeler à partir de la méthode `main`, elle aussi `static`, sans créer une instance de la classe `AfficherComptes`. Si vous omettez `static` à la déclaration de la méthode `afficherCompte`, le compilateur vous signalera l'erreur suivante :

```
src/com/eteks/test/AfficherComptes.java:19: non-static method
afficherCompte(com.eteks.test.Compte) cannot be referenced from a
static context
```

(avec recopie de la ligne 19 `afficherCompte(compte1);`)

POUR ALLER PLUS LOIN Initialisateur static

Un initialisateur `static` est un bloc défini au niveau d'une classe et précédé du mot-clé `static`. Ce bloc d'instructions est exécuté au moment du chargement d'une classe par la JVM.

```
class ClasseTest
{
  static // Initialisateur static
  {
    // Instructions du bloc
  }
  // ...
}
```

C# Constructeur static

Un constructeur `static` sans paramètre en C# est l'équivalent d'un initialisateur `static` Java.

JAVA import static

La clause `import static` introduite dans Java 5 permet d'importer les membres `static` d'une classe. Cette fonctionnalité a pour but de simplifier l'écriture d'un programme Java en évitant de citer l'identificateur de la classe d'un membre `static` pour y faire appel. Voici les modifications à apporter au fichier `AfficherComptes.java`, si vous utilisez la clause `import static` dans ce fichier :

La clause ❶ devient :

```
import static javax.swing.JOptionPane.*;
```

ou

```
import static javax.swing.JOptionPane.showMessageDialog;
```

et l'instruction ❸ devient :

```
showMessageDialog(null, message);
```

ATTENTION Les méthodes de classes ne sont pas des méthodes d'instance

Les méthodes de classe se différencient clairement des méthodes d'instance :

- Une méthode de classe ne peut pas utiliser les champs et les méthodes d'instance de sa classe, seules ou en les précédant de `this` (la référence `this` n'existe pas dans une méthode de classe).
- Une méthode de classe est précédée obligatoirement du mot–clé `static` devant la définition de la méthode, autrement elle devient une méthode d'instance.
- Une méthode de classe n'utilise pas le mécanisme de la redéfinition : si une méthode de classe est définie avec le même identificateur et les mêmes types de paramètres dans une classe et sa sous-classe, la méthode appelée sera celle de la classe qui préfixe la méthode.
- Une méthode de classe peut être appelée directement sans avoir à créer une instance de cette classe.

Limitez l'usage de ces méthodes car leur usage n'exploite pas les avantages du polymorphisme et regroupez-les si possible dans des classes utilitaires. Notez qu'il serait tout à fait possible de créer un programme de type procédural fondé essentiellement sur le recours à des méthodes de classes.

Limiter la réutilisation avec final

Le mot-clé `final` est utilisé comme modificateur d'une classe, d'une méthode, d'un champ, d'un paramètre ou d'une variable locale pour empêcher sa modification.

C++ Différences entre final et const

En étudiant le tableau ci-contre, remarquez que les différentes subtilités d'utilisation du mot-clé `const` en C++ n'ont pas toutes leur équivalent en Java avec `final`. Le C++ n'a en revanche pas l'équivalent des classes et des méthodes `final` de Java.

Catégorie	Effet du modificateur final
classe	Une classe `final` ne peut être dérivée. Cette caractéristique est surtout utilisée pour les classes immuables, comme la classe `java.lang.String`, dont les instances ne peuvent pas être modifiées.
méthode	Une méthode `final` ne peut être déclarée à nouveau dans une sous-classe, c'est-à-dire qu'une sous-classe ne peut redéfinir cette méthode. Toutes les méthodes d'une classe `final` sont implicitement `final`.
champ, variable locale	Une fois initialisés, un champ et une variable locale `final` ne peuvent être modifiés.
paramètre	Un paramètre `final` ne peut être modifié.

C# final = sealed ou readonly

Voici une liste des mots–clés équivalant à `final` en C# (dans les cas où ils existent) :

- Une classe `sealed` ne peut être dérivée.
- Un champ `readonly` ne peut être modifié une fois initialisé.

Par exemple, la classe `com.eteks.outils.NombreEntier` étudiée au chapitre précédent ainsi que son champ `nombre` peuvent être déclarés `final` ainsi :

```
package com.eteks.outils;

final class NombreEntier
{
  private final int nombre;

  // ...
}
```

◂ Le champ `final` est initialisé une seule fois dans le constructeur.

◂ Le reste est inchangé...

Si une référence est déclarée `final`, elle ne peut être modifiée mais les champs non `final` de l'objet qu'elle désigne peuvent changer de valeur, par exemple :

La variable `serviceFraisDeplacement` est final et ne peut être modifiée mais l'objet désigné par `serviceFraisDeplacement` peut être modifié !

L'objet désigné par `serviceFraisDeplacement` a un prix de 29,55 euros.

```
package com.eteks.test;

import com.eteks.outils.Service;

class TestServiceFinal
{
  public static void main(String [] args)
  {
    final Service serviceFraisDeplacement =
                 new Service("Frais de d\u00e9placement", 28.15f);
    serviceFraisDeplacement.setPrix(29.55f);
  }
}
```

Déclarer des constantes

C# static final = const ou static readonly

Selon qu'un champ constant a une valeur connue à l'avance ou non, C# propose les deux options suivantes équivalant aux mots-clés `static final` en Java :

- Un champ `const` est une constante et doit être initialisé à sa déclaration avec une expression évaluable dès la compilation.
- Un champ `static readonly` laisse plus de liberté, car il peut être initialisé avec le résultat de l'appel à une méthode.

CONVENTIONS Nommage des constantes

L'identificateur des constantes est une suite d'un ou plusieurs mots en majuscules, séparés par le caractère _ (par exemple : `PRIORITE_MAX`).

Un champ déclaré à la fois `static` et `final` est une constante avec une valeur unique dans toute la JVM. Généralement, les constantes sont les seuls champs déclarés `public` d'une classe.

Par exemple, la classe `com.eteks.test.ConstantesPriorites` définit trois constantes entières dont la valeur de la dernière est calculée à partir des deux premières :

```
package com.eteks.test;

class ConstantesPriorites
{
  // Déclaration de constantes
  public static final int PRIORITE_MAX = 10;
  public static final int PRIORITE_MIN = 0;
  public static final int PRIORITE_PAR_DEFAUT =
                          (PRIORITE_MAX + PRIORITE_MIN) / 2;
}
```

Typer des constantes avec une énumération

Le mot-clé `enum` introduit dans Java 5 permet d'énumérer une liste homogène de constantes séparées par des virgules.

```
package com.eteks.test;

enum TestEnumeration
{
  CONSTANTE_1, CONSTANTE_2;
}
```

Une énumération Java est une sorte de classe qui définit un ensemble de constantes `public` dont le type est l'énumération elle-même. L'identificateur d'une énumération est utilisé pour accéder à ces constantes et pour typer une variable stockant l'une de ces constantes :

```
TestEnumeration variable = TestEnumeration.CONSTANTE_1;
```

Par ailleurs, ces constantes peuvent être utilisées pour tester les valeurs d'une variable de type énumération dans une instruction `switch`.

Par l'exemple : tester le titre d'un contact

Les deux applications qui suivent, testent ❹ ❾ puis affichent ❺ ⓫ le titre d'un contact choisi parmi un ensemble de constantes, déclarées sous forme textuelle ❶ ❷ ❸ d'une part, et sous forme d'une énumération d'autre part ❼.

EXEMPLE com/eteks/test/AfficherTitre.java

```
package com.eteks.test;
class Titre
{
  public static final String MONSIEUR = "MONSIEUR"; ❶
  public static final String MADAME = "MADAME"; ❷
  public static final String MADEMOISELLE
                               = "MADEMOISELLE"; ❸
}
class AfficherTitre
{
  public static void main(String[] args)
  {
    String titreContact = Titre.MONSIEUR;
    String message =
      "Titre " + titreContact + " = ";
    switch (titreContact) ❹
    {
      case Titre.MONSIEUR :
        message += "M.";
        break;
      case Titre.MADAME :
        message += "Mme";
        break;
      case Titre.MADEMOISELLE :
        message += "Melle";
        break;
    }
    // Affiche Titre MONSIEUR = M.
    javax.swing.JOptionPane.
        showMessageDialog(null, message); ❺
  }
}
```

```
package com.eteks.test;
enum Titre ❻
{
  MONSIEUR,
  MADAME,
  MADEMOISELLE

}
class EnumerationTitre
{
  public static void main(String[] args)
  {
    Titre titreContact = Titre.MONSIEUR; ❼
    String message =
      "Titre " + titreContact + " = "; ❽
    switch (titreContact) ❾
    {
      case MONSIEUR : ❿
        message += "M.";
        break;
      case MADAME :
        message += "Mme";
        break;
      case MADEMOISELLE :
        message += "Melle";
        break;
    }
    // Affiche Titre MONSIEUR = M.
    javax.swing.JOptionPane.
      showMessageDialog(null, message); ⓫
  }
}
```

D'après cet exemple, remarquez les principaux avantages de l'énumération qui sont :

- la brièveté de sa déclaration ❻ ;
- le typage de ses contantes ❼ égal à l'identificateur de l'énumération ;
- leur représentation textuelle égale à la constante elle-même ❽ ;
- la possibilité de tester une variable de type énumération avec l'instruction `switch` ❾ sans répéter l'identificateur de l'énumération à chaque `case` ❿.

C++/C#

Une énumération Java est une classe

À la différence du C++ et du C# où une énumération permet de déclarer une liste homogène de constantes entières, l'énumération Java définit une sorte de classe dont les constantes sont du type de l'énumération elle-même.

ATTENTION **Une énumération n'est pas dérivable**

Une énumération est `final`. S'il est possible d'y définir des champs et des méthodes après la liste des constantes de l'énumération (par exemple pour gérer l'abréviation du titre d'une personne dans l'exemple qui suit), il n'est pas autorisé de créer de sous-type d'une énumération.

En résumé...

Ce chapitre a passé en revue les différentes manières de réutiliser et d'architecturer l'ensemble des classes d'une application. Maintenant que vous connaissez les principes généraux de la programmation objet et leur mise en œuvre en Java, passons à la deuxième partie, qui explique comment utiliser les classes fondamentales de la bibliothèque Java.

Regard du développeur **Architecture des classes**

Écrivez un code lisible !

- *N'écrivez pas votre programme pour vous mais pour les autres* : comme un programme passe plus de temps en maintenance qu'en phase de développement, les personnes chargées d'en corriger les bogues et de le faire évoluer doivent vous comprendre. Même si vous maintenez vous-même vos classes, votre mémoire n'est pas infaillible et vous aurez tôt fait d'oublier les subtilités de votre programme ! Ce principe doit vous guider tant en matière d'architecture que dans les choix d'identificateurs clairs et respectant les conventions Java, et dans les commentaires censés expliquer les parties de code complexes.
- Ayez bien à l'esprit l'adage *Pourquoi faire compliqué quand on peut faire simple ?* (KISS, *Keep It Simple Stupid*)... Pour garder une architecture simple, faites le moins possible d'interdépendances entre classes et ne multipliez pas à l'avance les classes en prévision d'extension future.

Composition ou héritage, que choisir ?

- Utilisez le sens littéral des relations *a un* et *est un* pour orienter votre choix entre la composition et l'héritage.
- Ne créez un lien d'héritage entre deux classes que si une instance de la sous-classe peut être considérée aussi comme une instance de sa super-classe par la relation *est un*. Par exemple, un monocycle *n'est pas* une roue, mais *a une* roue. Parfois, les relations de composition et d'héritage s'utilisent dans la même classe. Par exemple, un camion qui transporte des voitures *est un* véhicule et *a des* véhicules.
- Ne vous précipitez pas sur l'héritage : dans la pratique, la composition est plus souvent mise en œuvre que l'héritage.

Respectez les règles imposées par les frameworks !

- Une classe d'applet Swing doit hériter de la classe `javax.swing.JApplet`, et une classe de servlet de la classe `javax.servlet.http.HttpServlet`. N'importe quelle classe peut être utilisée comme application si elle définit la méthode `public static void main(java.lang.String [] args)`.

Pensez d'abord objet !

- Une méthode de classe n'étant pas objet et ne pouvant être redéfinie, limitez l'usage de ce type de méthodes au minimum et regroupez-les si possible dans des classes utilitaires.

Inspirez-vous des design patterns !

- Les *design patterns* regroupent un ensemble de *modèles de conception* de classes pour répondre aux problèmes les plus courants rencontrés en programmation objet. Ils ont été identifiés initialement dans l'ouvrage *Design patterns - Elements of Reusable Object-Oriented Software* écrit par Erich Gamma, Richard Helm, Ralph Johnson et John Vlissides, surnommés depuis la bande des quatre (*gang of four*). Parmi les plus connus et utilisés par les classes de la bibliothèque Java, on peut citer les *design patterns singleton*, *factory*, *iterator*, *observer*.

Ne touchez pas au code des autres

- Si vous disposez du code source d'une classe (celle de la bibliothèque standard Java par exemple), ne la modifiez pas pour y ajouter des fonctionnalités si vous n'en êtes pas l'auteur. Créez plutôt une sous-classe et ajoutez-y les méthodes nécessaires à ces nouvelles fonctionnalités, en redéfinissant si nécessaire les méthodes dont vous voulez modifier l'implémentation.
- S'il vous faut ajouter des méthodes à une classe `final` (comme la classe `java.lang.String` dont vous ne pouvez pas hériter), créez une nouvelle classe utilisant la composition avec la classe `final` en question ou définissant des méthodes de classe qui prennent en paramètre un objet de la classe `final`.

chapitre 6

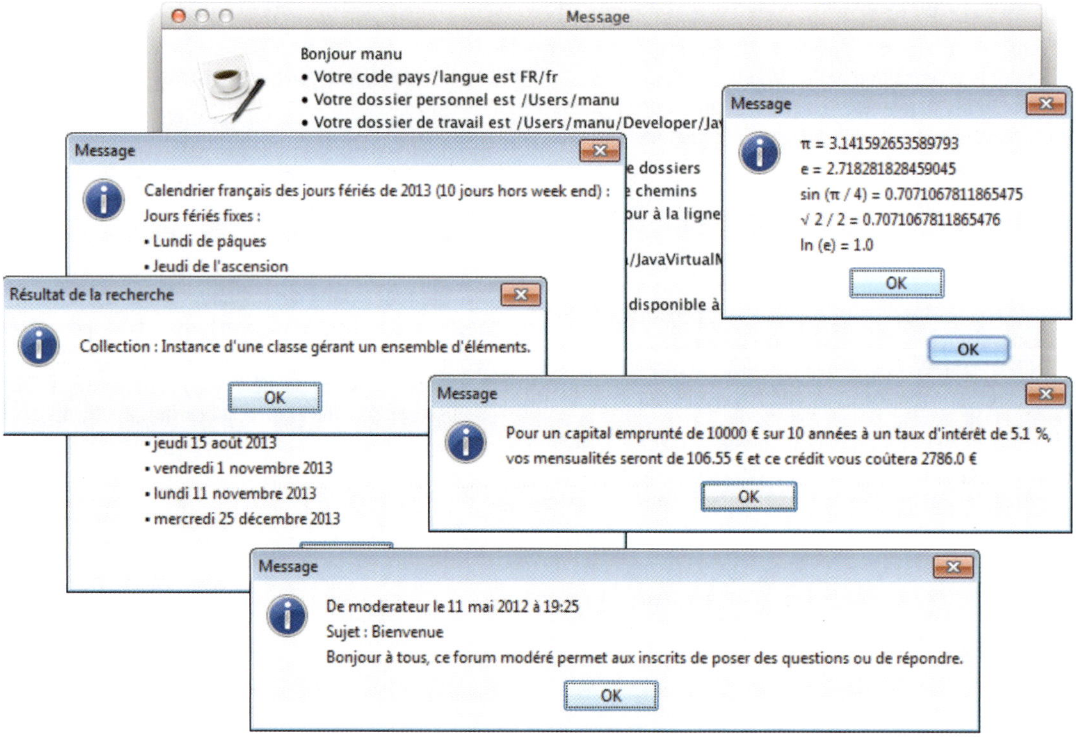
Message
Bonjour manu
• Votre code pays/langue est FR/fr
• Votre dossier personnel est /Users/manu
• Votre dossier de travail est /Users/manu/Developer/Ja
e dossiers
e chemins
our à la ligne
/JavaVirtualM
disponible à
OK
Message
π = 3.141592653589793
e = 2.718281828459045
sin (π / 4) = 0.7071067811865475
√ 2 / 2 = 0.7071067811865476
ln (e) = 1.0
OK
Message
Calendrier français des jours fériés de 2013 (10 jours hors week end) :
Jours fériés fixes :
• Lundi de pâques
• Jeudi de l'ascension
• jeudi 15 août 2013
• vendredi 1 novembre 2013
• lundi 11 novembre 2013
• mercredi 25 décembre 2013
Résultat de la recherche
Collection : Instance d'une classe gérant un ensemble d'éléments.
OK
Message
Pour un capital emprunté de 10000 € sur 10 années à un taux d'intérêt de 5.1 %,
vos mensualités seront de 106.55 € et ce crédit vous coûtera 2786.0 €
OK
Message
De moderateur le 11 mai 2012 à 19:25
Sujet : Bienvenue
Bonjour à tous, ce forum modéré permet aux inscrits de poser des questions ou de répondre.
OK

Les classes de base de la bibliothèque Java

Manipulation des textes, des dates, calcul mathématique, gestion d'ensemble d'objets : les classes présentées dans ce chapitre illustrent les choix de modélisation objet proposés par les inventeurs de Java pour ces concepts fondamentaux. Ce sera aussi l'occasion de définir les classes de base utiles à la mise en œuvre du forum de discussion développé dans les chapitres suivants.

SOMMAIRE

- Hiérarchie de classes depuis Object
- Chaînes de caractères
- JVM et système
- Dates et heures
- Tableaux
- Collections

MOTS-CLÉS

- Object
- String
- System
- Classe d'emballage
- deprecated
- GregorianCalendar
- ArrayList
- TreeSet
- HashMap

La bibliothèque Java contient des classes qu'il faut absolument connaître, telles `java.lang.Object` sur laquelle repose toute la hiérarchie des classes Java, `java.lang.String` pour représenter des chaînes de caractères, ou `java.lang.System` utilisée pour communiquer avec la JVM. Outre ces classes incontournables, les classes utilitaires pour gérer la date, l'heure et les ensembles d'objets s'avèrent indispensables pour programmer des applications.

La super-classe de toutes les classes : java.lang.Object

Java utilise une hiérarchie unique pour toutes les classes et dont la classe `java.lang.Object` est la super-classe. Une classe simple hérite donc nécessairement de la classe `java.lang.Object` et de toutes ses méthodes, la relation d'héritage étant implicite : `class ClasseTest` équivaut à écrire `class ClasseTest extends java.lang.Object`. Les méthodes de la classe `java.lang.Object` le plus souvent utilisées et redéfinies sont les méthodes `equals`, `hashCode` et `toString` pour modifier l'implémentation proposée par la classe `java.lang.Object`.

C# java.lang.Object = System.Object = object

La classe `java.lang.Object` ou plus simplement `Object` (attention au O majuscule) est l'équivalent en Java de la classe `object` de C#.

La méthode equals

Cette méthode est souvent redéfinie dans une classe pour renvoyer `true` si deux objets distincts sont égaux en comparant les valeurs de leurs champs. La relation d'égalité définie entre deux objets doit alors être réflexive, commutative et transitive (voir la javadoc de la méthode `equals` dans la classe `java.lang.Object` pour une description détaillée de ces relations). Par exemple, la classe `java.lang.String` redéfinit cette méthode pour déterminer si deux chaînes sont égales en comparant un à un leurs caractères.

```
public boolean equals
       (java.lang.Object obj)
```

`objetA.equals(objetB)` renvoie `true` si `objetA == objetB` et inversement.

La méthode hashCode

Elle renvoie un code entier utilisé pour le stockage des objets dans les tables de hash (`java.util.HashSet`, `java.util.HashMap`...).

```
public int hashCode()
```

Pour deux références `obj1` et `obj2` désignant deux objets quelconques, la relation suivante doit être vérifiée :

Si `obj1.equals(obj2)` renvoie `true` alors `obj1.hashCode() == obj2.hashCode()` est vrai.

ATTENTION Redéfinition des méthodes equals et hashCode

Une classe qui redéfinit la méthode `equals` doit aussi redéfinir la méthode `hashCode` et renvoyer le même code pour deux objets égaux par la méthode `equals`. La condition inverse n'est pas obligatoire : deux objets peuvent renvoyer un même code de hash tout en étant différents par la méthode `equals`.

> B.A.-BA **Code de hash**
>
> Le code de hash renvoyé par la méthode `hashCode` est utilisé par certaines classes de collection comme `java.util.HashSet` et `java.util.HashMap` pour classer un ensemble d'objets et optimiser les recherches dans cet ensemble (voir la section « Les collections pour gérer des ensembles d'objets » de ce chapitre). Une recherche dans ce type d'ensemble est comparable à la démarche effectuée pour consulter un dictionnaire pourvu d'onglets pour chaque lettre de l'alphabet. Si vous cherchez le mot « Java », vous saisirez alors directement l'onglet « J » pour tomber sur le premier mot commençant par cette lettre. Pour assurer une efficacité maximale à ce système de classement, les codes de hash des objets doivent être répartis sur l'ensemble des entiers `int`.

La méthode toString

Elle renvoie une chaîne de caractères décrivant la classe de l'objet courant suivi du caractère `@` et de la valeur en hexadécimal renvoyée par `hashCode` (par exemple, `com.eteks.outils.Telecarte50@6a55fa`).

```
public java.lang.String toString()
```

Cette méthode est souvent redéfinie dans une classe pour renvoyer un texte décrivant l'objet avec la valeur de ses champs. Quand l'un des opérandes d'une concaténation avec l'opérateur `+` est un objet, c'est cette méthode qui est appelée pour obtenir la forme textuelle de cet objet.

> JAVA **Autres méthodes de java.lang.Object**
>
> La classe `java.lang.Object` définit aussi les méthodes suivantes moins souvent utilisées :
> - `getClass` renvoie une instance de la classe `java.lang.Class` qui décrit la classe d'un objet.
> - `wait` et `notify` sont utilisées pour la synchronisation des *threads* abordée au dernier chapitre.
> - `clone` crée une copie d'un objet.
> - `finalize` est redéfinie dans une classe pour décrire les traitements spécifiques à effectuer à la destruction d'un objet par le ramasse-miettes.

> REGARD DU DÉVELOPPEUR
> **Quand redéfinir les méthodes equals, hashCode et toString ?**
>
> Ces méthodes sont souvent redéfinies dans les classes de la bibliothèque Java comme `java.lang.String`, `java.lang.Float`... et c'est en les utilisant que vous percevrez mieux pourquoi les concepteurs de Java ont choisi de déclarer ces méthodes dans la classe `java.lang.Object`.
> La plupart du temps, les méthodes `equals` et `hashCode` sont redéfinies dans une classe pour comparer ses objets ou les retrouver dans un ensemble (voir la classe `com.eteks.forum.Utilisateur` qui suit et l'application d'agenda au chapitre 7, « Abstraction et interface »).
> La méthode `toString` renvoyant la forme textuelle d'un objet, la redéfinition de cette méthode dans une classe est un des moyens les plus simples quand vous avez besoin d'afficher la valeur de ses objets (voir les classes `com.eteks.forum.Utilisateur` et `com.eteks.forum.Message` de ce chapitre).

Forum : utilisateur du forum de discussion

La première classe du forum de discussion abordée dans cet ouvrage décrit un utilisateur du forum. Représenté par une instance de la classe `com.eteks.forum.Utilisateur`, chaque utilisateur a :

- un pseudonyme et un mot de passe personnel qui lui permettent de s'identifier pour participer au forum ;
- une autorisation qui lui accorde les droits d'utilisateur ou de modérateur. Un utilisateur identifié a le droit de poster des messages et de modifier ses messages. Un modérateur a en outre le droit de modifier n'importe quel message, qu'il en soit l'auteur ou non.

Ces informations correspondent aux champs `pseudonyme`, `motDePasse` et `autorisation` de la classe `Utilisateur`. Les valeurs de ces champs peuvent être modifiées ou interrogées grâce à leurs accesseurs `get...`et mutateurs `set...` correspondants.

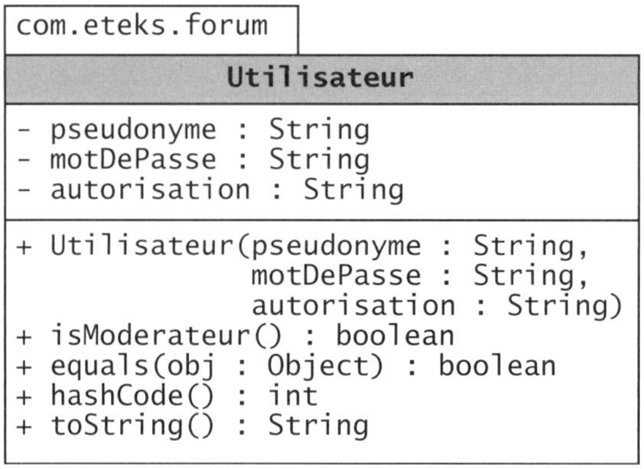

Figure 6–1
Diagramme UML de la classe com.eteks.forum.Utilisateur

FORUM com/eteks/forum/Utilisateur.java

```
package com.eteks.forum;

/**
 * Utilisateur du forum avec son pseudonyme, son mot de passe
 * et les droits sur le forum qui lui sont accordés.
 */
public class Utilisateur
{
```

Déclaration des champs mémorisant les informations d'un utilisateur. ▶

```
  private String pseudonyme;
  private String motDePasse;
  private Autorisation autorisation;
```

Constructeur. ▶

```
  public Utilisateur(String pseudonyme, String motDePasse,
                     Autorisation autorisation)
  {
    this.pseudonyme = pseudonyme;
    this.motDePasse = motDePasse;
    this.autorisation = autorisation;
  }
```

```
public String getPseudonyme()
{
  return this.pseudonyme;
}

public void setPseudonyme(String pseudonyme)
{
  this.pseudonyme = pseudonyme;
}

public String getMotDePasse()
{
  return this.motDePasse;
}

public void setMotDePasse(String motDePasse)
{
  this.motDePasse = motDePasse;
}

public Autorisation getAutorisation()
{
  return this.autorisation;
}

public boolean isModerateur()
{
  return this.autorisation == Autorisation.MODERATEUR; ❶
}

public void setAutorisation(Autorisation autorisation)
{
  this.autorisation = autorisation;
}

@Override
public boolean equals(Object obj) ❷
{
  if (this.pseudonyme != null)
    if (obj instanceof Utilisateur) ❸
    {
      Utilisateur utilisateur = (Utilisateur)obj;
      return this.pseudonyme.equals(utilisateur.pseudonyme); ❹
    }
  return false;
}

@Override
public int hashCode() ❺
{
```

◂ Méthode vérifiant si *cet* utilisateur est un modérateur.

◂ Redéfinition de la méthode `equals` de la classe `java.lang.Object` pour renvoyer `true` si cet utilisateur et `obj` ont le même pseudonyme.

◂ Si l'objet en paramètre est *une instance de* la classe `com.eteks.forum.Utilisateur`.

◂ Conversion de `obj` en une référence de `com.eteks.forum.Utilisateur` puis comparaison de leur pseudonyme.

◂ Redéfinition de la méthode `hashCode` de la classe `java.lang.Object`.

Réutilisation du code de hash de la classe java.lang.String.

Si pseudonyme n'est pas défini, le code de hash par défaut est renvoyé.

Redéfinition de la méthode toString de la classe java.lang.Object.

```
    if (this.pseudonyme != null)
      return this.pseudonyme.hashCode(); ❻
    else
      return super.hashCode();
  }

  @Override
  public String toString() ❼
  {
    if (isModerateur())
      return this.pseudonyme + " (Mod\u00e9rateur)";
    else if (this.pseudonyme != null)
      return this.pseudonyme + " (Utilisateur)";
    else
      return "Utilisateur inconnnu";
  }
}
```

Le type de l'autorisation de l'utilisateur est l'énumération com.eteks.forum.Autorisation qui déclare les deux constantes MODERATEUR et UTILISATEUR.

FORUM com/eteks/forum/Autorisation.java

Déclaration des constantes représentant les droits possibles accordés à un utilisateur.

```
package com.eteks.forum;

/**
 * Autorisation d'un utilisateur.
 */
public enum Autorisation
{
  MODERATEUR, UTILISATEUR
}
```

Chaque utilisateur ayant un pseudonyme unique, deux objets de classe com.eteks.forum.Utilisateur sont considérés comme identiques s'ils ont le même pseudonyme. Cette caractéristique programmée ici dans la méthode equals ❷ est utile pour vérifier l'unicité du pseudonyme d'un utilisateur. Cette méthode redéfinit la méthode equals de la classe java.lang.Object dont hérite implicitement la classe Utilisateur. Son implémentation vérifie que l'objet en paramètre est bien une instance de la classe Utilisateur ❸ avant de déterminer si deux utilisateurs sont égaux en comparant leur pseudonyme ❹.

La méthode equals étant redéfinie, la classe Utilisateur doit redéfinir aussi la méthode hashCode ❺ pour vérifier que deux utilisateurs égaux ont le même code de hash si jamais cette classe est utilisée avec une table de hash. La méthode toString ❼ est finalement redéfinie et renvoie un texte décrivant le type d'utilisateur et son pseudonyme.

À RETENIR Comparaison avec une constante d'une énumération

L'opérateur == peut être utilisé pour comparer une variable de type énumération avec une des constantes de l'énumération ❶.

JAVA Appel d'equals dans equals

Ne soyez pas troublé par l'appel à equals ❹ dans l'implémentation de la méthode equals de la classe Utilisateur. La méthode equals appelée n'est pas celle de la classe Utilisateur, mais celle de la classe de l'objet désigné par le champ pseudonyme, c'est-à-dire ici java.lang. String. La même remarque s'applique à l'appel à hashCode ❻.

ATTENTION Type du paramètre d'equals

Si vous redéfinissez la méthode `equals`, faites attention à bien déclarer un paramètre de classe `java.lang.Object` même si vous savez pertinemment que seuls deux objets de la même classe sont réellement comparables. Le type `Object` du paramètre vous oblige du coup à utiliser l'opérateur `instanceof` pour vérifier par sécurité sa classe avant de comparer effectivement les champs des objets. Si le paramètre d'`equals` est déclaré comme étant d'une autre classe que `java.lang.Object`, la méthode ne redéfinit pas la méthode `equals` de la classe `Object` mais la surcharge. Ça n'est pas interdit mais vous ne pourrez pas profiter des fonctionnalités de recherche proposé par les classes de collection.

L'application de classe `com.eteks.test.ComparaisonUtilisateurs` montre comment utiliser les méthodes `equals` et `toString`.

EXEMPLE com/eteks/test/ComparaisonUtilisateurs.java

```
package com.eteks.test;

import com.eteks.forum.*;

class ComparaisonUtilisateurs
{
  public static void main(String [] args)
  {
    Utilisateur moderateur = new Utilisateur(
          "moderateur", "azerty", Autorisation.MODERATEUR);
    Utilisateur utilisateur1 = new Utilisateur(
          "thomas", "tomtom", Autorisation.UTILISATEUR);
    Utilisateur utilisateur2 = new Utilisateur(
          "thomas", "sophie", Autorisation.UTILISATEUR);

    String message = "Bonjour " + moderateur;

    if (!moderateur.equals(utilisateur1)) ❶
      message += "\n" + moderateur + " et " + utilisateur1
                 + " sont des utilisateurs diff\u00e9rents";
    Object objetA = utilisateur1; ❷
    Object objetB = utilisateur2;

    if (objetA.equals(objetB)) ❸
      message += "\n" + objetA + " et " + objetB
                 + " sont \u00e9gaux";

    objetA = new Boisson("Jus d'orange", 3.f); ❹
    objetB = new Boisson("Jus d'orange", 3.f);

    if (!objetA.equals(objetB)) ❺
      message += "\nLes deux objets " + objetA + " et "+ objetB
                 + " ne sont pas \u00e9gaux";

    javax.swing.JOptionPane.showMessageDialog(null, message);
  }
}
```

◂ Création de trois utilisateurs.

◂ Équivalent à `"Bonjour ".concat (moderateur.toString())`.

◂ ❶ Si `moderateur` et `utilisateur1` ne sont pas égaux (notez le symbole `!` du non logique)...

◂ ❷ Déclaration de deux références de classe `java.lang.Object` désignant les utilisateurs égaux

◂ ❸ Si `objetA` et `objetB` sont égaux (`equals` utilisant la redéfinition, c'est la méthode de `Utilisateur` qui est effectivement appelée)...

◂ ❹ Création de deux boissons désignées par les références de classe `java.lang.Object`.

◂ ❺ Si `objetA` et `objetB` ne sont pas égaux...

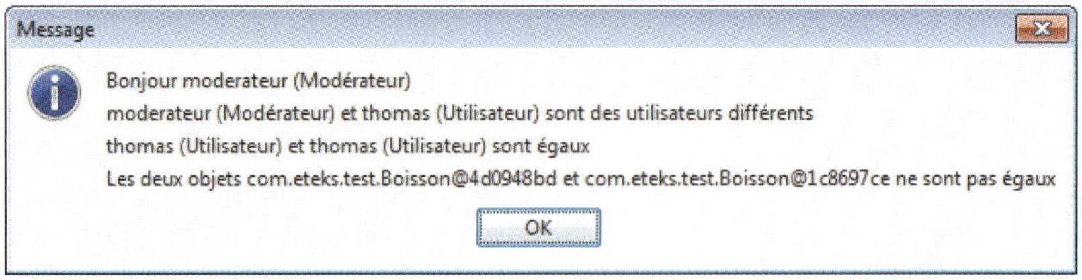

Figure 6–2 Application `com.eteks.test.ComparaisonUtilisateurs`

> À RETENIR **Tout objet Java est un objet de classe Object**
>
> Toute classe héritant de `java.lang.Object`, il est possible de convertir implicitement une référence de n'importe quelle classe en une référence de type `java.lang.Object` ❷ ❹.

Cette application crée trois utilisateurs qui sont comparés entre eux en utilisant la méthode `equals` avec deux objets différents ❶ puis avec des objets égaux ❸. Finalement, deux objets de classe `com.eteks.test.Boisson` sont créés ❹ avec des valeurs identiques (voir la section « Réutiliser en héritant : la relation *est un* » du chapitre précédent). Ils sont comparés l'un à l'autre avec la méthode `equals` ❺ mais cette fois-ci ce sont deux objets différents pour la méthode `equals` même si les deux boissons mémorisent les mêmes valeurs. La méthode `equals` ❺ n'ayant pas été redéfinie dans la classe `Boisson`, c'est la méthode `equals` de `java.lang.Object` qui est appelée. La méthode `equals` de la classe `Object` ne fait que comparer `objetA` et `objetB` à l'aide de l'opérateur `==`.

Manipuler les chaînes de caractères (java.lang.String)

Une instance de `java.lang.String` est une chaîne de caractères de type `char` dont le premier caractère a un indice égal à `0`. Cette classe `final` contient différentes catégories de méthodes d'instance et de classe pour manipuler les chaînes de caractères constantes.

> POUR ALLER PLUS LOIN **Classe java.lang.StringBuilder**
>
> Contrairement à un objet de classe `String`, le texte mémorisé par un objet de classe `java.lang.StringBuilder` peut être modifié. Il est conseillé d'utiliser cette classe et ses méthodes `append`, `insert`, `delete`... pour optimiser la construction d'une chaîne de caractères complexe et éviter la création d'objets intermédiaires de classe `String`. Si cet objet doit être partagé entre plusieurs threads, utilisez plutôt la classe `java.lang.StringBuffer` pour éviter tout conflit en cas de modification simultanée.

> ATTENTION **Utilisez equals pour comparer deux chaînes**
>
> La comparaison caractère à caractère de deux textes s'effectue avec la méthode `equals`, pas avec l'opérateur `==` qui compare uniquement l'égalité entre deux références.

Forum : outils de traitement pour les textes du forum

La classe `com.eteks.outils.OutilsChaine` définit les quatre méthodes `limiterLongueur`, `convertirEnEntites`, `convertirEnHTML` et `remplacer`.

Ces méthodes de classe créent un nouveau texte à partir de la chaîne en paramètre :

- `limiterLongueur` renvoie un texte dont le nombre de caractères est limité au paramètre `max`. Si la chaîne en paramètre est trop longue, cette

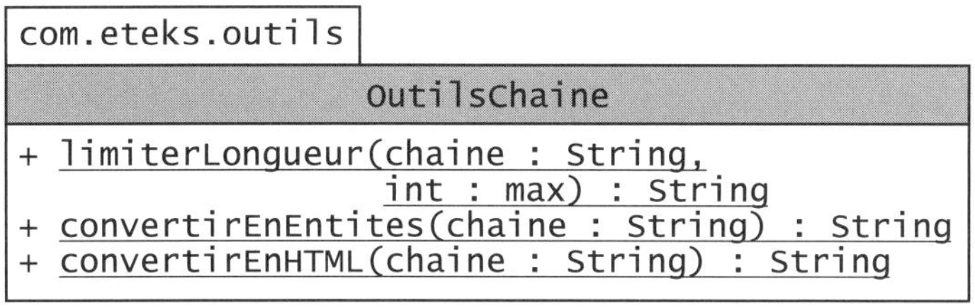

Figure 6–3
Diagramme UML de la classe `com.eteks.forum.OutilsChaine`

méthode tronque son texte et lui ajoute les caractères de suite `[...]`. L'interface utilisateur du forum utilise cette méthode pour limiter la longueur des titres des fenêtres qui citent le sujet d'un message.

- `convertirEnEntites` renvoie une chaîne de caractères où tous les symboles `& < ' et "` du texte en paramètre sont remplacés par leur entité HTML. Ces transformations sont nécessaires pour afficher correctement dans un navigateur un texte comportant ces caractères.
- `convertirEnHTML` renvoie une chaîne de caractères où tous les symboles `& < ' et "` ont été remplacés par leur entité HTML et les retours à la ligne par la balise de retour à la ligne HTML `<br>`.

REGARD DU DÉVELOPPEUR Sous-classer java.lang.String

Notez qu'il aurait été plus logique de déclarer les méthodes de la classe `com.eteks.outils.OutilsChaine` dans une sous-classe de `java.lang.String`. Ce n'est pas possible car cette classe est `final`.

C++/C# substring

Le second paramètre des méthodes `substr` de la classe C++ `std::string` et `Substring` de la classe C# `string` représente un nombre de caractères, tandis que le second paramètre de la méthode `substring` de la classe `java.lang.String` est un indice.

API JAVA Méthodes les plus utiles de la classe java.lang.String

Description	Méthode
Interrogation du nombre de caractères de la chaîne et du caractère à un indice donné	`public int length()` `public char charAt(int index)`

Comparaison avec d'autres chaînes	`public boolean equals(java.lang.Object obj)`
	`public boolean equalsIgnoreCase(java.lang.String anotherString)`
	`public boolean startsWith(java.lang.String prefix)`
	`public boolean endsWith(java.lang.String suffix)`
	`public boolean matches(String regularExpr)`

Recherche de caractères ou de sous-chaînes (la valeur renvoyée est l'indice du texte recherché dans cette chaîne ou -1 si la recherche a échoué)	`public int indexOf(int ch)`
	`public int indexOf(int ch, int fromIndex)`
	`public int indexOf(java.lang.String subString)`
	`public int indexOf(java.lang.String subString, int fromIndex)`
	`public int lastIndexOf(int ch)`
	`public int lastIndexOf(java.lang.String subString)`

Description	Méthode

Construction d'autres chaînes (sans modification de cette chaîne)	`public java.lang.String toLowerCase()`
	`public java.lang.String toUpperCase()`
	`public java.lang.String concat(String str)`
	`public java.lang.String substring(int beginIndex)`
	`public java.lang.String substring(int beginIndex, int endIndex)`
	`public java.lang.String replace(char oldChar, char newChar)`
	`public java.lang.String replace(String oldStr, String newStr)`
	`public java.lang.String trim()`

Conversion de données d'un type primitif ou d'objet en chaîne de caractères (ce sont ces méthodes de classes qui sont en fait appelées par l'opérateur + de concaténation pour convertir un opérande en chaîne de caractères)	`public static java.lang.String valueOf(boolean b)`
	`public static java.lang.String valueOf(char c)`
	`public static java.lang.String valueOf(int i)`
	`public static java.lang.String valueOf(long l)`
	`public static java.lang.String valueOf(float f)`
	`public static java.lang.String valueOf(double d)`
	`public static java.lang.String valueOf(java.lang.Object obj)`

FORUM com/eteks/outils/OutilsChaine.java

- Déclaration d'une constante pour les caractères de suite.
- Renvoie la chaîne limitée à `max` caractères.
- Si la longueur de `chaine` est inférieure à `max`, `chaine` est renvoyée telle quelle.
- Recherche du dernier blanc typographique dans `chaine`, avant `max`.
- S'il n'y a pas d'espace avant `max`, `chaine` est limitée à `max` caractères.
- Sinon `chaine` est coupée à l'indice de l'espace.
- Convertit les caractères & < ' et " de `chaine` en leur entité équivalente.
- Remplacement des caractères & < ' " par leur entité `&<'"` .

```
package com.eteks.outils;
public class OutilsChaine
{
  public static final String CHAINE_SUITE = " [...]";

  public static String limiterLongueur(String chaine, int max)
  {
    if (chaine.length() <= max)
      return chaine;
    else
    {
      int indiceEspace = chaine.lastIndexOf(' ',
                           max - CHAINE_SUITE.length());
      if (indiceEspace == -1)
        return chaine.substring(0, max - CHAINE_SUITE.length())
               + CHAINE_SUITE;
      else
        return chaine.substring(0, indiceEspace) + CHAINE_SUITE;
    }
  }
  public static String convertirEnEntites(String chaine)
  {
    if (chaine != null)
    {
      chaine = chaine.replace("&", "&amp;");
      chaine = chaine.replace("<", "&lt;");
      chaine = chaine.replace("'", "&apos;");
      chaine = chaine.replace("\"", "&quot;");
    }
    return chaine;
  }
```

```
  public static String convertirEnHTML(String chaine)
  {
    if (chaine != null)
    {
      chaine = convertirEnEntites(chaine);
      chaine = chaine.replace("\n", "<br>");
    }
    return chaine;
  }
}
```

Convertit les caractères & < ' " et retour à la ligne de `chaine` en leur équivalent HTML.

Remplacement des retours à la ligne par des balises <br>.

Communiquer avec la machine virtuelle (java.lang.System)

La classe `java.lang.System` permet d'accéder aux fonctionnalités de la machine virtuelle Java au moyen de différents champs et méthodes de classe.

API JAVA Champs et méthodes les plus utiles de la classe java.lang.System

Description	Champ
Le champ `out` est utilisé pour afficher un texte sur la sortie standard (fenêtre de commandes ou terminal). Les méthodes `println` et `print` de la classe `java.io.PrintStream` affichent le texte passé en paramètre, l'une avec retour à la ligne, l'autre sans.	`public static final java.io.PrintStream out`
Description	**Méthode**
Arrêt de la JVM. La méthode `exit` doit être appelée pour quitter une application Java aussitôt qu'elle fait appel à une classe Swing telle que `javax.swing.JOptionPane`.	`public static void exit(int status)`
Temps écoulé depuis le 1er janvier 1970 exprimé en milliseconde.	`public static long currentTimeMillis()`
Interrogation de la valeur d'une propriété de la JVM.	`public static java.lang.String getProperty(java.lang.String property)`

API JAVA Propriétés les plus utiles

Catégorie	Propriétés

Propriétés utilisateur	`user.name`
	`user.home`
	`user.dir`
	`user.country`
	`user.language`

Propriétés JVM	`java.version`
	`java.home`
	`java.class.path`
	`java.vendor`
	`java.vendor.url`

Propriétés système	`os.name`
	`os.version`
	`os.arch`

Propriétés fichiers	`file.separator`
	`path.separator`
	`line.separator`

API JAVA Les autres classes en relation avec la JVM

Outre la classe `java.lang.Sytem`, le package `java.lang` compte plusieurs classes qui sont en relation étroite avec la JVM :

- la classe `java.lang.Class`, dont chaque instance représente une classe chargée par la JVM (cette classe est abordée plus en détail à la fin du chapitre 8 sur les exceptions) ;
- la classe `java.lang.ClassLoader`, utilisée par la JVM pour charger les classes d'une application ;
- la classe `java.lang.Runtime`, dont l'unique instance représente la JVM elle-même (la classe `System` y fait d'ailleurs appel pour plusieurs de ses méthodes) ;
- la classe `java.lang.SecurityManager`, utilisée par la JVM pour déterminer les actions autorisées pour une application.

ATTENTION Affichage des lettres accentuées avec out

Les caractères Unicode accentués n'étant pas affichés correctement sur la sortie standard, `out` est surtout pratique pour imprimer des textes au moment de la mise au point des applications Java.
Ce type de texte appelé aussi *log* est souvent utilisé pour suivre les différents points par lesquels passe un programme à l'exécution. Pour y recourir systématiquement, utilisez de préférence les classes du package `java.util.logging` dédié à la gestion des logs.

Par l'exemple : ce que connaît la JVM de votre système...

L'application de classe `com.eteks.test.ProprietesJVM` construit un texte à partir des principales propriétés renvoyées par la méthode `getProperty` de la classe `java.lang.System`.

EXEMPLE com/eteks/test/ProprietesJVM.java

```
package com.eteks.test;

class ProprietesJVM
{
  public static void main(String[] args)
  {
    String texte = "Bonjour " + System.getProperty("user.name");


    texte += "\n\u25cf Votre code pays/langue est "
            + System.getProperty("user.country")
            + "/" + System.getProperty("user.language");
    texte += "\n\u25cf Votre dossier personnel est "
            + System.getProperty("user.home");
    texte += "\n\u25cf Votre dossier de travail est "
            + System.getProperty("user.dir");
    texte += "\n\u25cf Votre syst\u00e8me ("
            + System.getProperty("os.name")
            + " " + System.getProperty("os.version") + ") :";
    texte += "\n \u25aa Utilise le caract\u00e8re "
            + System.getProperty("file.separator")
            + " comme s\u00e9parateur de dossiers";
    texte += "\n \u25aa Utilise le caract\u00e8re "
            + System.getProperty("path.separator")
            + " comme s\u00e9parateur de chemins";
    String separateurLigne = System.getProperty("line.separator");
    if (separateurLigne.length() > 1)
      texte += "\n \u25aa Utilise les caract\u00e8res de code ";
    else
      texte += "\n \u25aa Utilise le caract\u00e8re de code ";
    for (int i = 0; i < separateurLigne.length(); i++)
      switch (separateurLigne.charAt(i))
      {
```

Construction d'un texte avec les propriétés de la JVM.

Le caractère `\u25cf` affiche un rond plein.

Le caractère `\u25aa` affiche un carré plein.

Construction d'un texte en fonction du nombre de caractères de `separateurLigne`.

Transformation des caractères en leur code Java correspondant.

```
        case '\r' : texte += "\r ";
                    break;
        case '\n' : texte += "\n ";
                    break;
      }
    texte += "pour le retour \u00e0 la ligne";
    texte += "\n\u25cf Votre JVM de version "
           + System.getProperty("java.version") + " : ";
    texte += "\n \u25aa Est install\u00e9e dans le dossier "
           + System.getProperty("java.home");
    texte += "\n \u25aa Utilise le classpath "
           + System.getProperty("java.class.path");
    texte += "\n \u25aa Est d\u00e9velopp\u00e9e par "
           + System.getProperty("java.vendor");
    texte += " et disponible \u00e0 "
           + System.getProperty("java.vendor.url");
    System.out.println(texte);
    javax.swing.JOptionPane.showMessageDialog(null, texte);
    System.exit(0);
  }
}
```

Affichage dans la fenêtre de commande et dans une boîte de dialogue.

Comme le montrent les deux captures d'écran suivantes, les valeurs des propriétés varient d'un système d'exploitation à l'autre et d'un utilisateur à l'autre ; elles sont très utiles pour personnaliser l'installation d'un programme Java.

ASTUCE Modifier une propriété

La valeur par défaut d'une propriété de la JVM peut être modifiée sans modification du programme grâce à l'option `-Dpropriété=valeur` de la commande `java`. Par exemple :

```
java -Duser.name=tom
   com.eteks.test.ProprietesJVM
```

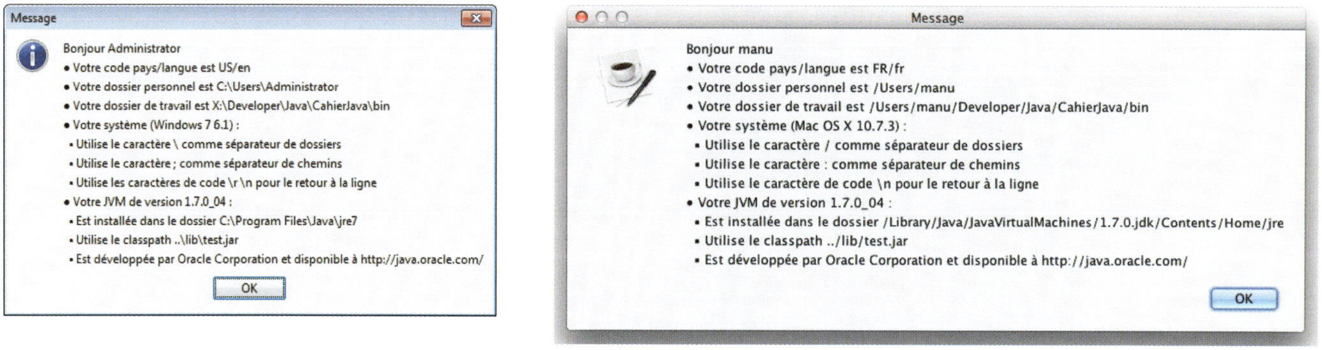

Figure 6–4 Application com.eteks.test.ProprietesJVM sous Windows XP & Mac OS X

Effectuer des calculs mathématiques (java.lang.Math)

La classe `java.lang.Math` contient les constantes `PI` et `E`, et des méthodes de classe utilisées pour le calcul scientifique.

API JAVA Méthodes de la classe java.lang.Math

Catégorie	Méthodes
Calcul trigonométrique	`sin cos tan asin acos atan atan2 toDegrees toRadians`
Calcul logarithmique	`log log10 exp cosh sinh tanh`
Calcul mathématique	`min max abs floor ceil rint round signum pow sqrt cbrt hypot`
Calcul aléatoire	`random`

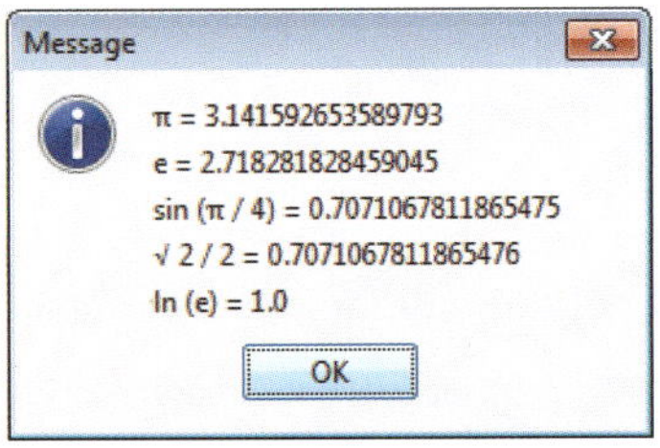

Figure 6–5 Application com.eteks.test.ValeursMathematiques

Par l'exemple : quelques valeurs mathématiques remarquables

Cette application utilise les constantes et les méthodes de la classe `java.lang.Math` pour calculer et afficher le résultat de quelques formules mathématiques connues.

EXEMPLE com/eteks/test/ValeursMathematiques.java

```
package com.eteks.test;

class ValeursMathematiques
{
  public static void main(String[] args)
  {
    String texte = "\u03c0 = " + Math.PI + "\n";
    texte += "e = " + Math.E + "\n";
    double sinPiSur4 = Math.sin(Math.PI / 4.);
    texte += "sin (\u03c0 / 4) = " + sinPiSur4 + "\n";
    double racineDe2Sur2 = Math.sqrt(2.) / 2.;
    texte += "\u221a 2 / 2 = " + racineDe2Sur2 + "\n";
    double logNeperienDeE = Math.log(Math.E);
    texte += "ln (e) = " + logNeperienDeE;
    javax.swing.JOptionPane.showMessageDialog(null, texte);
  }
}
```

Le caractère Unicode de la lettre grecque pi est `\u03c0`.

Le caractère Unicode du symbole de la racine carrée est `\u221a`.

Utiliser un type primitif sous forme d'objet avec les classes d'emballage

La bibliothèque Java a une classe d'emballage (*wrapping class* en anglais) pour chaque type primitif, qui sert à mémoriser et manipuler une donnée d'un type primitif sous forme d'objet :

- La classe `java.lang.Boolean` pour les objets booléens.
- La classe `java.lang.Character` pour les objets caractères : cette classe contient aussi un ensemble de méthodes de classe préfixées par `is` pour tester le type d'un caractère (`isLetter`, `isDigit`, `isWhiteSpace`...).
- Les classes d'emballage des types primitifs numériques qui dérivent de la classe `java.lang.Number` : `java.lang.Byte`, `java.lang.Short`, `java.lang.Integer`, `java.lang.Long`, `java.lang.Float`, `java.lang.Double`.

Chacune des classes d'emballage numérique définit les constantes `MIN_VALUE` et `MAX_VALUE`, décrivant les valeurs minimale et maximale du type primitif leur correspondant ; les classes `Float` et `Double` définissent aussi les constantes `NEGATIVE_INFINITY`, `POSITIVE_INFINITY` et `NaN` (*Not a Number*), qui décrivent l'infini négatif, l'infini positif et une valeur inconnue, par exemple le résultat de `0./0.`.

Par ailleurs, chacune des classes d'emballage numérique contient une méthode de classe préfixée par `parse` souvent utilisée pour convertir le nombre d'une chaîne de caractères dans son type primitif numérique sans qu'il faille créer un objet de sa classe. Par exemple, la méthode de classe `parseLong` de la classe `java.lang.Long` renvoie la valeur de type `long` correspondant au nombre du texte qui lui est passé en paramètre.

ATTENTION Les classes d'emballage sont immuables

Toutes les classes d'emballage étant immuables et `final`, il faut créer d'autres classes si vous voulez stocker dans un objet une donnée d'un type primitif dont la valeur peut être modifiée par la suite.

À RETENIR Utilisation des classes d'emballage

Les classes d'emballage sont utilisées principalement dans les circonstances suivantes :

- les conversions de chaînes de caractères en une valeur de type primitif numérique ;
- les tests de valeurs particulières d'un type primitif ;
- la gestion d'ensembles d'objets numériques, comme pour les boules de Loto, gérées dans la classe `com.eteks.outils.Loto` (voir à la fin du chapitre 7, « Abstraction et interface »).

API JAVA Méthodes de la classe java.lang.Number

La classe `java.lang.Number`, super-classe de toutes les classes d'emballage numérique, contient les six méthodes `byteValue`, `shortValue`, `intValue`, `longValue`, `floatValue` et `doubleValue`. Chacune d'elles renvoie la valeur mémorisée par l'objet dans le type primitif correspondant.

JAVA Autoboxing et auto-unboxing

La création d'une instance d'une classe d'emballage à partir d'une valeur du type primitif peut s'effectuer aussi grâce à l'*autoboxing* (littéralement *mise en boîte automatique*). Cette fonctionnalité évite d'écrire explicitement l'appel à `new` *`ClasseEmballage`* pour créer un objet d'une classe d'emballage. Par exemple, l'instruction :

```
Integer zero = 0;
```

est, pour le compilateur, l'équivalent de l'instruction :

```
Integer zero = new Integer(0);
```

Symétriquement, l'*auto-unboxing* évite de faire appel explicitement à la méthode d'une classe d'emballage qui renvoie la valeur de type primitif stockée par un objet de ce type. Par exemple, l'instruction :

```
int x = zero;
```

sera automatiquement traduite par le compilateur en l'instruction :

```
int x = zero.intValue();
```

Par l'exemple : calculer les mensualités d'un emprunt

Cet exemple montre comment convertir avec les méthodes préfixées par `parse` des classes d'emballage des valeurs numériques saisies sous forme de texte. Ces valeurs sont utilisées pour calculer les mensualités d'un emprunt grâce à la formule mathématique suivante :

$$\mathtt{mensualite} = \frac{\mathtt{capital} * \mathtt{taux}}{1 - (1 + \mathtt{taux})^{-\mathtt{nbMensualite}}}$$

appliquée dans la méthode de classe `calculerMensualite` de la classe `com.eteks.outils.Emprunt` qui suit.

EXEMPLE com/eteks/outils/Emprunt.java

```
package com.eteks.outils;
public class Emprunt
{
  public static double calculerMensualite(double taux,
                          int nbMensualite, double capital)
  {
    double mensualite = capital * taux
                          / (1 - Math.pow(1 + taux, -nbMensualite));
    return Math.rint(mensualite * 100) / 100.;
  }
}
```

La méthode `calculerMensualite` de la classe `com.eteks.outils.Emprunt` est appelée ⑦ dans l'application suivante, qui calcule les mensualités et les intérêts d'un emprunt à partir d'un capital, d'un taux d'intérêt et d'une durée saisis par l'utilisateur.

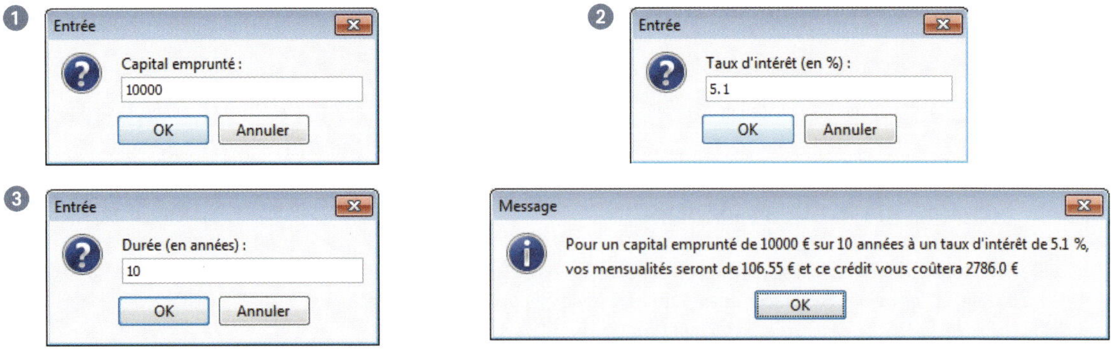

Figure 6–6 Application com.eteks.test.CalculateurEmprunt

La saisie de chacune des valeurs ❶ ❷ ❸ est effectuée avec la méthode de classe `showInputDialog` de la classe `javax.swing.JOptionPane` : cette méthode affiche une boîte de dialogue de saisie textuelle avec le texte passé en paramètre comme commentaire puis renvoie le texte saisi.

Chaque chaîne de caractères est ensuite convertie en valeur numérique grâce aux méthodes de classe `parseDouble` ❹, `parseFloat` ❺ et `parseInt` ❻ afin de pouvoir calculer les mensualités ❼ et les intérêts ❽.

EXEMPLE com/eteks/test/CalculateurEmprunt.java

```
package com.eteks.test;
import javax.swing.JOptionPane;
import com.eteks.outils.Emprunt;
class CalculateurEmprunt
{
  public static void main(String[] args)
  {
    String texteCapital = JOptionPane.showInputDialog( ❶
                            "Capital emprunt\u00e9 :");
    String texteTaux = JOptionPane.showInputDialog( ❷
                         "Taux d'int\u00e9r\u00eat (en %) :");
    String texteNbAnnees = JOptionPane.showInputDialog( ❸
                             "Dur\u00e9e (en ann\u00e9es) :");
    double capital = Double.parseDouble(texteCapital); ❹
    float taux = Float.parseFloat(texteTaux) / 100.f / 12f; ❺
    int nbMensualite = Integer.parseInt(texteNbAnnees) * 12; ❻
    double mensualite = Emprunt.calculerMensualite(taux, ❼
                                    nbMensualite, capital);
    double interets = mensualite * nbMensualite - capital; ❽
    String message = "Pour un capital emprunt\u00e9 de "
                   + texteCapital + " \u20ac"
                   + " sur " + texteNbAnnees + " ann\u00e9es"
                   + " \u00e0 un taux d'int\u00e9r\u00eat de "
                   + texteTaux + " %, "
                   + "\nvos mensualit\u00e9s seront de "
                   + mensualite + " \u20ac"
                   + " et ce cr\u00e9dit vous co\u00fbtera "
                   + interets + " \u20ac";
    JOptionPane.showMessageDialog(null, message);
  }
}
```

◂ Saisie du capital emprunté, du taux d'intérêt et de la durée de l'emprunt.

◂ Appel des méthodes `parse...` qui convertissent les valeurs saisies.

◂ Calcul des mensualités et des intérêts.

◂ Construction d'un message d'information.

REGARD DU DÉVELOPPEUR Limitations des types float et double

Les types primitifs `float` et `double` sont ceux qui permettent d'effectuer de façon optimale des calculs sur des nombres décimaux, mais dans certaines limites qu'il faut connaître. Comme un microprocesseur manipule des informations binaires, il effectue tous les calculs sur des nombres en base 2 plutôt qu'en base 10. Pour les nombres entiers, ceci ne pose aucun problème : comme tout entier en base 10 a son équivalent exact en base 2 et inversement, les nombres entiers sont toujours traités sans erreur par le microprocesseur, dans la limite du nombre de bits fixés par chaque type entier (32 bits pour le type `int`, ce qui permet de stocker des nombres compris entre -2^{31} et $2^{31}-1$).
La représentation en mémoire d'un nombre décimal de type `float` (sur 32 bits) ou `double` (sur 64 bits) est quant à elle décomposée en trois parties selon la norme IEEE 754 : 1 bit pour son signe, 8 ou 11 bits pour son exposant et 23 ou 52 bits pour ses chiffres significatifs appelés aussi mantisse. L'exposant est un nombre entier tandis que la mantisse est un nombre décimal en base 2, ce qui veut dire que chaque bit de la mantisse représente un multiplicateur d'une puissance inverse de 2. Par exemple, 0,625 se décompose en 0,5+0,125 ou $1x2^{-1}+ 0x2^{-2}+ 1x2^{-3}$.
À la différence des nombres entiers, tout nombre décimal en base 10 n'a pas toujours son équivalent exact en base 2 sur un nombre fini de bits. Par exemple, 0,8 se décompose en 0,5+0,25+0,03125+0,015625+... ou $1x2^{-1}+ 1x2^{-2}+ 0x2^{-3}+ 0x2^{-4}+1x2^{-5}+1x2^{-6}+$... et ainsi de suite avec une décomposition infinie. 0,8 n'a donc pas d'équivalent exact en binaire, autant dans le type `float` que dans le type `double`, même si ce dernier est plus précis. Si vous faites de nombreux calculs avec de tels nombres, les erreurs d'approximation risquent de s'accumuler, ce qui rend le résultat du calcul partiellement faux. Par exemple, si dans l'application de classe `com.eteks.test.CalculateurEmprunt`, vous choisissez des valeurs de 1 000 € pour le capital, d'un an pour la durée et de 5 % pour le taux, vous obtiendrez des mensualités de 85,61 € et un coût de crédit de 27,319999999999936 € au lieu de la valeur exacte 85,61x12–1 000=27,32 €.

C# java.math.BigDecimal ≈ decimal

La classe `java.math.BigDecimal` correspond au type C# `decimal` et à sa classe d'emballage `System.Decimal`, mais ce type de nombre n'a aucune limite en Java.

POUR ALLER PLUS LOIN java.math.BigDecimal

Bien que les erreurs de calcul avec les types `float` et `double` soient souvent infimes, il y a certains domaines, comme celui de la finance, où aucune erreur n'est tolérée, la précision primant sur la vitesse de calcul.
Pour ce type d'application, il vaut mieux manipuler les nombres décimaux grâce à la classe `java.math.BigDecimal` sous-classe de `java.lang.Number` ; à la différence du type `double`, une instance de cette classe représente un nombre décimal de façon exacte sans aucune limite en taille ; les opérations mathématiques se font alors grâce aux méthodes `add`, `subtract`, `multiply`, `divide`... de cette classe.
Par exemple, le calcul des intérêts (8) dans l'application de classe `com.eteks.test.CalculateurEmprunt` pourrait être réalisé ainsi avec la classe `java.math.BigDecimal` (attention au package `java.math` de cette classe).
Remarquez d'après cet exemple que le nombre de décimales peut être limité si nécessaire grâce au paramètre `scale` disponible dans certaines méthodes, et que la création d'un objet `BigDecimal` s'effectue souvent à partir du texte du nombre pour éviter les approximations des types `float` et `double`.

Gérer la date et l'heure

La gestion des dates est indispensable dans la plupart des applications, par exemple pour mémoriser une date de naissance ou garder trace du moment où une opération a été effectuée.

Mémoriser la date et l'heure (java.util.Date)

Une instance de la classe `java.util.Date` représente un instant exprimé en milliseconde, dont la valeur 0 correspond au 1er janvier 1970. On utilise surtout le constructeur sans paramètre de cette classe, qui initialise la date au moment présent.

API JAVA Méthodes de la classe java.util.Date

Les méthodes de cette classe appartiennent à deux catégories :

- Les méthodes `getYear`, `setYear`, `getMonth`, `setMonth`..., pour interroger et modifier l'année, le mois, le jour, les heures, les minutes et les secondes d'une instance de `java.util.Date`.
- Les méthodes `getTime` et `setTime` pour interroger et modifier l'instant stocké par un objet de cette classe.
- Les méthodes pour comparer des dates entre elles :

```
public boolean before(java.util.Date when)
public boolean after(java.util.Date when)
public int compareTo(java.lang.Object obj)
public boolean equals(java.lang.Object obj)
```

B.A.-BA deprecated

La bibliothèque standard Java compte 25 classes et quelques centaines de méthodes désapprouvées pour des raisons diverses : elles sont signalées dans la documentation sur les API Java par le mot *deprecated* suivi d'une suggestion de remplacement. Le fait qu'une classe ou une méthode soit notée `deprecated` n'empêche pas de l'utiliser dans un programme mais entraîne l'affichage du message suivant lors de la compilation avertissant qu'une API désapprouvée a été utilisée :

```
Note: src/com/eteks/test/
ClasseXxx.java uses or overrides a
deprecated API.
```

Quand un tel message s'affiche, il est conseillé de remplacer l'API désapprouvée par la solution suggérée. Toutefois, comme la compatibilité ascendante des classes Java a été assurée jusqu'à maintenant, vous pouvez ne pas tenir compte de l'avertissement dans certains cas.

La classe `java.util.Date`, disponible depuis le JDK 1.0, n'a pas été initialement conçue pour gérer les conversions internationales des dates. Pendant le développement du JDK 1.1, Sun a décidé de « désapprouver » (*to deprecate* en anglais) les méthodes `getYear`, `setYear`... de cette classe (au lieu de la modifier) et a créé les classes `java.text.SimpleDateFormat` et `java.util.GregorianCalendar` pour y ajouter les fonctionnalités manquantes.

Afficher la date et l'heure (java.text.DateFormat)

La classe `java.text.DateFormat` et sa sous-classe `java.text.SimpleDateFormat` permettent de convertir une date au format texte utilisé dans la langue de l'utilisateur pour afficher cette date. La procédure de conversion se déroule en deux étapes :

1. Obtention d'une instance de `java.text.DateFormat` en appelant l'une des méthodes de classe suivantes :
   - `getDateInstance` pour utiliser le format jour, mois et année,
   - `getTimeInstance` pour utiliser le format heures, minutes et secondes,
   - `getDateTimeInstance` pour utiliser le format jour, mois, année, heures, minutes et secondes.

   Ces méthodes prennent en paramètres les constantes `FULL`, `LONG`, `MEDIUM` ou `SHORT` de la classe `java.text.DateFormat` pour spécifier le style de la conversion.

POUR ALLER PLUS LOIN Changer de langue et de fuseau horaire

La langue utilisée pour les conversions de dates peut être modifiée par programme de deux façons :

- soit en spécifiant une langue avec le paramètre de classe `java.util.Locale` des méthodes `get...Instance` de la classe `java.text.DateFormat`, les langues les plus communes étant représentées sous forme de constantes de la classe `Locale` (par exemple `Locale.ENGLISH`) ;
- soit avec la méthode de classe `setDefault` de la classe `java.util.Locale`, pour modifier la langue utilisée par défaut pour toutes les conversions de date ou de nombre.

Le fuseau horaire utilisé pour les conversions de dates peut être modifié en appelant la méthode `setTimeZone` sur un objet de classe `java.text.DateFormat` ou grâce à la méthode de classe `setDefault` de la classe `java.util.TimeZone`.

2 Appel de la méthode `format` avec l'instance de `java.text.DateFormat` obtenue en lui passant en paramètre une instance de `java.util.Date` à convertir.

Forum : message du forum

L'autre classe primordiale pour le forum de discussion décrit un message posté dans le forum. Représenté par une instance de la classe `com.eteks.forum.Message`, chaque message mémorise les informations suivantes :

- le pseudonyme de son auteur ;
- la date et l'heure de création du message ;
- le sujet du message (le forum est organisé sous forme d'un ensemble de sujets que peuvent créer les utilisateurs identifiés) ;
- le texte du message.

B.A.-BA Sujet d'un message

Un sujet est un texte court représentant un thème ou une question sous lequel sont regroupés un message et ses réponses.

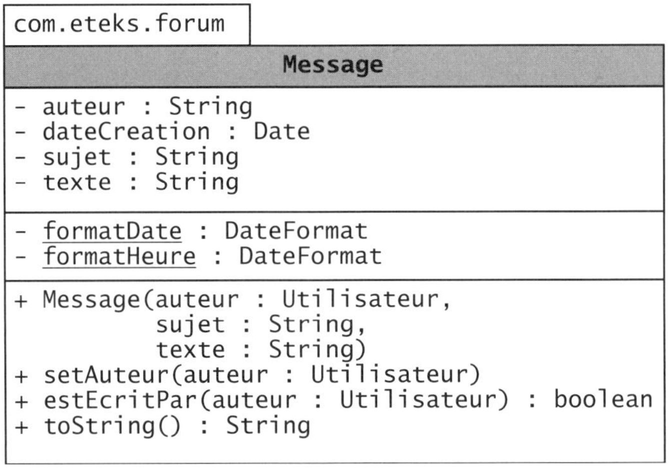

Figure 6–7
Diagramme UML de la classe com.eteks.forum.Message

Ces informations correspondent aux champs `auteur`, `dateCreation`, `sujet` et `texte` de la classe `Message`. La valeur de ces champs peut être modifiée ou interrogée grâce à leurs accesseurs `get...` et mutateurs `set...` respectifs.

FORUM com/eteks/forum/Message.java

```
package com.eteks.forum;

import java.util.Date;
import java.text.DateFormat;

/**
 * Message du forum avec son auteur, son sujet, son texte
 * et sa date de creation.
 */
```

```
public class Message
{
  private String auteur; ❶
  private Date dateCreation = new Date(); ❷
  private String sujet;
  private String texte;

  public Message(Utilisateur auteur, String sujet,
                 String texte)
  {
    if (auteur != null)
      this.auteur = auteur.getPseudonyme();
    this.sujet = sujet;
    this.texte = texte;
  }

  public String getAuteur()
  {
    return this.auteur;
  }

  public void setAuteur(String auteur)
  {
    this.auteur = auteur;
  }

  public void setAuteur(Utilisateur auteur)
  {
    this.auteur = auteur.getPseudonyme();
  }

  public boolean estEcritPar(Utilisateur auteur) ❸
  {
    return this.auteur.equals(auteur.getPseudonyme());
  }

  public void setDateCreation(Date date)
  {
    this.dateCreation = date;
  }

  public Date getDateCreation()
  {
    return this.dateCreation;
  }

  public void setSujet(String sujet)
  {
    if (sujet == null)
      this.sujet = null;
    else
```

◄ Déclaration des champs mémorisant les informations d'un message.

◄ Constructeur.

◄ Seul le pseudonyme de l'utilisateur est mémorisé.

◄ Méthode vérifiant si un utilisateur est l'auteur de ce message.

Suppression des espaces superflus au début et à la fin du sujet.

Suppression des espaces superflus au début et à la fin du texte.

Champs de classe utilisés pour mettre en forme les dates.

La méthode `toString` est redéfinie pour renvoyer une description textuelle d'un message.

```
      this.sujet = sujet.trim();
  }

  public String getSujet()
  {
    return this.sujet;
  }

  public void setTexte(String texte)
  {
    if (texte == null)
      this.texte = null;
    else
      this.texte = texte.trim();
  }

  public String getTexte()
  {
    return this.texte;
  }

  private static DateFormat formatDate =
          DateFormat.getDateInstance(DateFormat.MEDIUM); ❹
  private static DateFormat formatHeure =
          DateFormat.getTimeInstance(DateFormat.SHORT);

  @Override
  public String toString()
  {
    return "De " + this.auteur + " le "
          + formatDate.format(this.dateCreation) ❺
          + " \u00e0 " + formatHeure.format(this.dateCreation)
          + "\nSujet : " + this.sujet
          + "\n" + this.texte;
  }
}
```

POUR ALLER PLUS LOIN
Format personnalisé de dates

La classe `java.text.SimpleDateFormat`, sous-classe de `java.text.DateFormat`, permet de spécifier des formats personnalisés pour convertir une date en texte, grâce à des codes qui représentent les minutes, les heures, le jour, le mois, l'année... Par exemple, l'objet renvoyé par `new SimpleDateFormat("dd-MM-yyyy")` permet de formater une date sous la forme du texte `"31-12-2005"`.

La date de création d'un message correspond au moment où une instance de `com.eteks.forum.Message` est créée. Le champ `dateCreation` est donc initialisé avec un nouvel objet de la classe `java.util.Date` ❷. Ce champ est utilisé avec la classe `java.text.DateFormat` ❹ pour créer la description textuelle d'un message renvoyée par la méthode `toString` ❺. Notez aussi que seul le pseudonyme de l'auteur ❶ est mémorisé par la classe `Message` ; chaque utilisateur du forum ayant un pseudonyme, cette information est suffisante pour identifier l'auteur d'un message ❸ et simplifie la gestion des messages dans la base de données (voir le chapitre 11, « Connexion à la base de données avec JDBC »).

L'application de classe `com.eteks.test.AfficherMessageForum` affiche un message en appelant implicitement sa méthode `toString`.

EXEMPLE com/eteks/test/AfficherMessageForum.java

```
package com.eteks.test;

import com.eteks.forum.*;

class AfficherMessageForum
{
  public static void main(String[] args)
  {
    Utilisateur moderateur = new Utilisateur(
      "moderateur", "azerty", Autorisation.MODERATEUR);
    Message message = new Message(moderateur, "Bienvenue",
      "Bonjour \u00e0 tous, ce forum mod\u00e9r\u00e9 permet aux"
      + " inscrits de poser des questions ou de r\u00e9pondre.");
    javax.swing.JOptionPane.showMessageDialog(null, message);
  }
}
```

◂ Création d'un utilisateur.

◂ Création d'un message.

◂ Affichage du message.

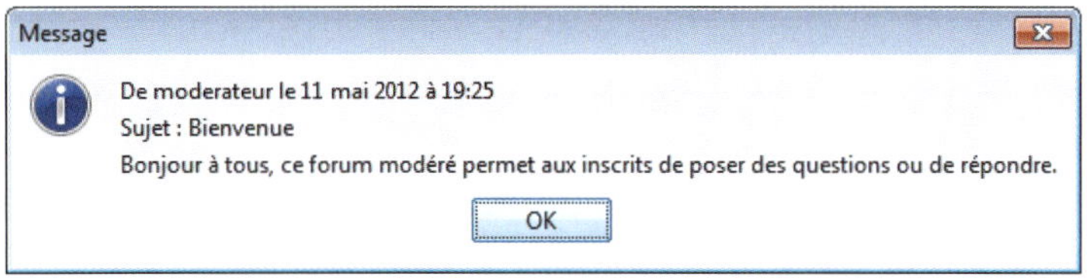

Figure 6–8
Application com.eteks.test.AfficherMessageForum

Fixer et manipuler la date et l'heure (java.util.GregorianCalendar)

La classe `java.util.GregorianCalendar`, sous-classe de `java.util.Calendar`, représente une date et une heure du calendrier grégorien (calendrier occidental). Cette classe dispose de plusieurs constructeurs pour initialiser une instance soit au moment présent, soit à une date et une heure données.

API JAVA Méthodes de la classe java.util.GregorianCalendar

Les méthodes de `java.util.GregorianCalendar` sont similaires à celles de la classe `java.util.Date`.

- Les méthodes `get` et `set` de la classe `java.util.GregorianCalendar` remplacent les méthodes deprecated `getYear`, `setYear`, `getMonth`, `setMonth`..., de la classe `java.util.Date` :

  ```
  public final int get(int field)
  public final void set(int field, int value)
  ```

  Leur paramètre `field` est l'une des constantes :

  `ERA, YEAR, MONTH, DATE, WEEK_OF_YEAR, WEEK_OF_MONTH, DAY_OF_YEAR, DAY_OF_MONTH, DAY_OF_WEEK, DAY_OF_WEEK_IN_MONTH, HOUR_OF_DAY, HOUR, AM_PM, ZONE_OFFSET, DST_OFFSET, MINUTE, SECOND, MILLISECOND`

  de la classe `java.util.Calendar`.

  Chacune de ces constantes est utilisée pour interroger ou modifier l'information correspondante d'une instance de `java.util.GregorianCalendar`.
- La méthode `getTime` renvoie une instance de la classe `java.util.Date` qui peut être utilisée avec la classe `java.text.DateFormat` pour convertir une date en texte :

  ```
  public final java.util.Date getTime()
  ```
- Méthodes pour comparer des dates entre elles :

  ```
  public boolean before(java.lang.Object when)
  public boolean after(java.lang.Object when)
  public boolean equals(java.lang.Object obj)
  ```

Figure 6–9
Application com.eteks.test.BonAnniversaire

Par l'exemple : bon anniversaire !

L'application de classe `com.eteks.test.BonAnniversaire` montre comment utiliser les méthodes `get` et `set` de la classe `java.util.GregorianCalendar` pour calculer des durées.

Une fois que vous avez saisi votre date d'anniversaire ❶, cette application affiche :

- soit un message vous souhaitant *Bon anniversaire* si votre anniversaire est aujourd'hui ❷,
- soit un message affichant le nombre de jours d'ici votre prochain anniversaire, le calcul prenant en compte les années bissextiles.

EXEMPLE com/eteks/test/BonAnniversaire.java

```
package com.eteks.test;
import java.text.DateFormat;
import java.util.GregorianCalendar;
import java.util.Date;
import javax.swing.JOptionPane;

class BonAnniversaire
{
  public static void main(String[] args)
  {
```

Saisie de la date d'anniversaire.

```
   String date = JOptionPane.showInputDialog(
                    "Date d'anniversaire (jj/mm) :"); ❶
```

Extraction du jour et du mois.

```
    int indiceSlash = date.indexOf('/');
    String jourDate = date.substring(0, indiceSlash);
    String moisDate = date.substring(indiceSlash + 1);
```

Création d'un objet `java.util.GregorianCalendar` à la date d'aujourd'hui.

```
    GregorianCalendar aujourdhui = new GregorianCalendar();
```

Création d'un objet `java.util.GregorianCalendar` à la date d'anniversaire. Attention ! L'indice du mois débute à 0 (0 pour janvier, 1 pour février...).

```
    GregorianCalendar anniversaire;
    anniversaire = new GregorianCalendar(
                         aujourdhui.get(GregorianCalendar.YEAR),
                         Integer.parseInt(moisDate) - 1,
                         Integer.parseInt(jourDate));
    String message;
```

Calcul de la différence de jours entre les deux dates.

```
    long joursRestant =
             anniversaire.get(GregorianCalendar.DAY_OF_YEAR)
           - aujourdhui.get(GregorianCalendar.DAY_OF_YEAR);
    if (joursRestant == 0)
      message = "Bon anniversaire !"; ❷
    else
    {
```

```
      if (anniversaire.before(aujourdhui))
      {
        anniversaire.set(GregorianCalendar.YEAR,
            aujourdhui.get(GregorianCalendar.YEAR) + 1);
        GregorianCalendar prochain31Decembre =
            new GregorianCalendar(
              aujourdhui.get(GregorianCalendar.YEAR),
              GregorianCalendar.DECEMBER, 31);
        joursRestant =
        anniversaire.get(GregorianCalendar.DAY_OF_YEAR)
        + (prochain31Decembre.get(GregorianCalendar.DAY_OF_YEAR)
        - aujourdhui.get(GregorianCalendar.DAY_OF_YEAR));
      }
      DateFormat formatJour =
                  DateFormat.getDateInstance(DateFormat.FULL);
      Date dateAnniversaire = anniversaire.getTime();
      String texteDateAnniversaire =
                  formatJour.format(dateAnniversaire);
      message = "Votre anniversaire est dans "
                + joursRestant + " jours"
                + "\nle " + texteDateAnniversaire;
    }
    JOptionPane.showMessageDialog(null, message);
  }
}
```

Si l'anniversaire est déjà passé, la date du prochain anniversaire est l'an prochain. Pour prendre en compte les années bissextiles, le nombre de jours qui restent avant cette date est calculé en additionnant le nombre de jours jusqu'au prochain 31 décembre de cette année avec le numéro d'ordre du jour de l'anniversaire l'année prochaine.

Mise en forme de la date au format complet (par exemple, samedi 12 mai 2012).

Testez vos connaissances linguistiques !

Java est capable de convertir une date dans un grand nombre de langues. Sans modifier le programme, vous pouvez choisir la langue par défaut de l'utilisateur grâce à l'option `-Duser.language=`*`codeLangue`* de la commande `java` ; *`codeLangue`* représente une langue codée sur deux lettres selon la norme ISO 639. Par exemple, la commande suivante affichera la date d'anniversaire en allemand :

```
java -Duser.language=de com.eteks.test.BonAnniversaire
```

Voici quelques-uns des codes ISO 639 reconnus par Java : `fr`, `en`, `es`, `it`, `de`, `el`, `ar`, `he`, `ru`, `th`, `vi`, `zh`, `ja`. Amusez-vous à les tester !

Les tableaux pour gérer des ensembles d'éléments

Un tableau (*array* en anglais) est le type d'objet le plus simple à programmer pour gérer un ensemble d'éléments :

- Les éléments d'un tableau sont tous du même type.
- Ces éléments peuvent être des données de type primitif ou des références d'une classe donnée.

À RETENIR Tableau Java

Un tableau Java est un objet qui mémorise un ensemble de valeurs contiguës en mémoire, auxquelles on accède grâce à un indice entier compris entre 0 et le nombre d'éléments moins un. Un tableau qui contient des valeurs de type primitif, comme le tableau `nombresPremiers`, stocke directement ses valeurs les unes après les autres, tandis que celui qui contient des objets, comme le tableau `smileys`, stocke les références sur ses objets.

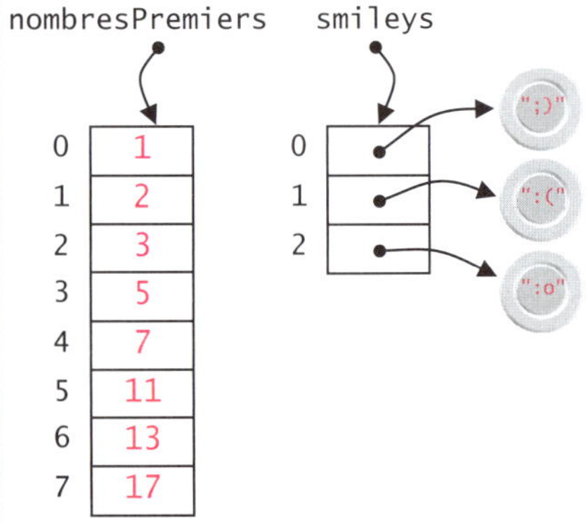

Figure 6–10
Organisation en mémoire des tableaux

C# Position des crochets

Java laisse la liberté de placer les crochets `[]` avant ou après l'identificateur du tableau, contrairement à C# où les crochets `[]` doivent précéder l'identificateur du tableau.

ATTENTION Tableau de références

La création d'un tableau de type objet ne crée pas d'objet pour chaque élément du tableau, mais uniquement des références initialisées à `null` par défaut.

- La taille d'un tableau est déterminée lors de sa création et ne peut être modifiée par la suite. Chaque tableau a un champ `public length` contenant sa taille.
- La position d'un élément dans un tableau est déterminée avec un indice entier.
- L'indice du premier élément d'un tableau est toujours 0 et l'indice du dernier élément d'un tableau est le nombre d'éléments du tableau moins 1.
- La JVM vérifie à l'exécution que l'indice utilisé pour accéder à un élément figure bien dans l'intervalle autorisé et que le type d'un objet à stocker est compatible avec le type du tableau.

Déclarer et créer un tableau

Voici comment se déclare une référence `tableauElements` de type tableau :

```
TypeElement [] tableauElements
```

`TypeElement` peut être un type primitif ou une classe. *`TypeElement`* `[]` peut être utilisé aussi comme type de paramètre ou comme type de retour d'une méthode retournant un tableau. Comme toute référence, une référence de type tableau peut être égale à `null` ou désigner un objet tableau.

On peut effectuer la création et l'initialisation d'un objet tableau de trois façons.

1. Lors de la déclaration du tableau si les valeurs initiales des éléments à stocker sont connues. La liste de ces valeurs est citée entre accolades après l'opérateur `=`.

   Exemple

   ```
   int [] nombresPremiers = {1, 2, 3, 5, 7, 11, 13, 17};
   String [] smileys = {";)", ":(", ":o"};
   ```

2. À tout moment, en utilisant l'opérateur `new` et la taille voulue du tableau. Les éléments sont alors initialisés avec leur valeur par défaut (`0` pour les éléments de type numérique ou caractère, `false` pour les éléments de type `boolean` et `null` pour les éléments de type objet). Un tableau peut avoir une taille nulle, ce qui correspond à un ensemble vide.

   Exemple

   ```
   float [] tabNombres = new float [5];
   String [] textes;
   // ...
   int taille = 10;
   textes = new String [taille];
   ```

3 À tout moment, en utilisant l'opérateur `new` et une liste entre accolades de valeurs. Cette notation est très pratique pour passer un tableau en paramètre à une méthode sans qu'il faille créer une variable locale pour ce tableau.

Exemple

```
char lettreT = 't';
char lettreO = 'o';
String s = new String (
              new char [] {lettreT, lettreO, lettreT, lettreO});
```

Utiliser un tableau

Une fois que l'on a créé un objet tableau, pour consulter ou modifier un élément on utilise son indice dans le tableau cité entre `[ ]`.

Exemple

```
tabNombres [1] = 3.14f;

textes [0] = smileys [2];

int plusPetit = nombresPremiers [0];
int plusGrand = nombresPremiers [nombresPremiers.length - 1];
```

◄ Mémorise `3.14f` dans le deuxième élément de `tabNombres`.

◄ Mémorise le 3e smiley dans le premier texte.

◄ `plusPetit` vaut 1.
`plusGrand` vaut 17.

En tant qu'objet Java, un tableau hérite de la classe `java.lang.Object` et de toutes ses méthodes. La méthode `clone` est notamment redéfinie pour retourner une copie du tableau. En revanche, la méthode `equals` n'est pas redéfinie pour comparer le contenu de deux tableaux et la méthode `toString` n'est pas non plus redéfinie pour renvoyer la liste des valeurs.

Exemple

```
int [] tabValeurs = {0, 5, 10, 15, 20};
int [] copieTab = (int [])tabValeurs.clone();
boolean b = tabValeurs.equals(copieTab);
```

Ici, `b` est égal à `false`.

La JVM vérifie lors de l'exécution si les tableaux sont manipulés correctement :

- Si l'indice utilisé pour accéder à un élément d'un tableau n'est pas compris entre 0 et la taille du tableau moins 1, une exception de classe `java.lang.ArrayIndexOutOfBoundsException` est déclenchée.
- Si la taille requise pour un nouveau tableau est négative, une exception de classe `java.lang.NegativeArraySizeException` est déclenchée.
- Si vous tentez de stocker dans un tableau un objet dont le type est incompatible avec celui du tableau, une exception `java.lang.ArrayStoreException` est déclenchée.

À RETENIR Vérification des opérations autorisées sur un tableau

Les opérations auxquelles un tableau est soumis sont vérifiées lors de l'exécution par la machine virtuelle Java.

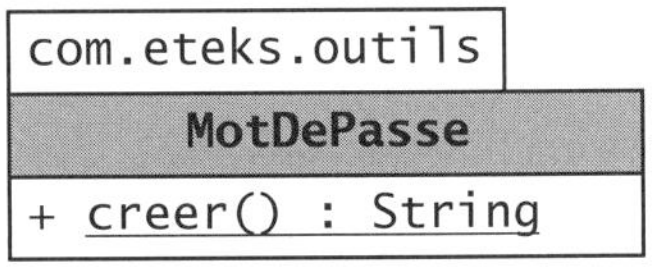

Figure 6–11
Diagramme UML de la classe com.eteks.forum.MotDePasse

Forum : créer le mot de passe d'un utilisateur

La méthode `creer` de la classe `com.eteks.outils.MotDePasse` renvoie un mot de passe de 6 caractères produit aléatoirement. Chacun de ces caractères est stocké dans un tableau de `char` ❶ et est choisi au hasard avec la méthode `random` de la classe `javalang.Math` ❸ parmi un ensemble de caractères autorisés ❹. Finalement, ce tableau est transformé en chaîne de caractères grâce au constructeur adéquat de la classe `java.lang.String` ❺. La méthode `creer` est utilisée pour attribuer un mot de passe aux utilisateurs du forum au moment de leur inscription.

FORUM com/eteks/outils/MotDePasse.java

```
package com.eteks.outils;
public class MotDePasse
{
  public static final int LONGUEUR_MIN = 6;
  public static final String CARACTERES_ACCEPTES =
                       "abcdefghijklmnopqrstuvwxyz0123456789";

  /**
   * Crée un nouveau mot de passe produit aléatoirement.
   */
  public static String creer()
  {
    char [] motDePasse = new char [LONGUEUR_MIN]; ❶

    for (int i = 0; i < motDePasse.length; i++) ❷
    {
      int nombreAleatoire =
            (int)(Math.random() * CARACTERES_ACCEPTES.length()); ❸
      motDePasse [i] =
            CARACTERES_ACCEPTES.charAt(nombreAleatoire); ❹
    }
    return new String(motDePasse); ❺
  }
}
```

Création d'un tableau de `LONGUEUR_MIN` caractères. ❶

Chaque caractère du tableau... ❷

... est choisi aléatoirement dans l'ensemble des caractères acceptés dans un mot de passe. ❸

Renvoi d'une chaîne élaborée à partir du tableau de caractères. ❺

Boucle itérative

L'énumération des éléments d'un tableau `tab` dans une boucle `for` peut se programmer de deux façons :

- soit avec une boucle `for (int i = 0; i < tab.length; i++)` où l'indice `i` permet d'accéder au i^{ème} élément, comme dans la classe `com.eteks.outils.MotDePasse` ❷ ;
- soit avec une boucle itérative `for (`*`TypeElement`*` element : tab)` où la variable `element` désigne tour à tour chaque élément du tableau.

Cette seconde syntaxe est plus simple mais ne permet ni de modifier le contenu du tableau, ni d'énumérer les éléments deux par deux ou en ordre inverse.

Par l'exemple : afficher les jours fériés de l'année

Dans l'exemple suivant, on crée un tableau mémorisant un ensemble d'instances de `java.util.GregorianCalendar` correspondant aux jours fériés mobiles français. Ce tableau est utilisé pour décompter le nombre de jours fériés hors week-end d'une année saisie par l'utilisateur.

EXEMPLE com/eteks/test/JoursFeries.java

```
package com.eteks.test;

import java.text.DateFormat;
import java.util.*;
import javax.swing.JOptionPane;

class JoursFeries
{
  public static void main(String[] args)
  {
    String texteAnnee = JOptionPane.showInputDialog(
                           "Ann\u00e9e recherch\u00e9e :");
    int annee = Integer.parseInt(texteAnnee);
    GregorianCalendar[] joursFeriesMobiles =
     {new GregorianCalendar(annee, Calendar.JANUARY, 1),
      new GregorianCalendar(annee, Calendar.MAY, 1),
      new GregorianCalendar(annee, Calendar.MAY, 8),
      new GregorianCalendar(annee, Calendar.JULY, 14),
      new GregorianCalendar(annee, Calendar.AUGUST, 15),
      new GregorianCalendar(annee, Calendar.NOVEMBER, 1),
      new GregorianCalendar(annee, Calendar.NOVEMBER, 11),
      new GregorianCalendar(annee, Calendar.DECEMBER, 25)};
    String joursFixes = "Jours f\u00e9ri\u00e9s fixes :"
                      + "\n\u25aa Lundi de p\u00e2ques"
                      + "\n\u25aa Jeudi de l'ascension"
                      + "\n\u25aa Lundi de pentec\u00f4te";
    String joursMobiles = "Jours f\u00e9ri\u00e9s mobiles :";
    for (GregorianCalendar jour : joursFeriesMobiles.length)
    {
      joursMobiles += "\n\u25aa "
                    + formatJour.format(jour.getTime());
```

◂ Tableau initialisé avec les jours fériés mobiles. Quand c'est possible, utilisez de préférence les constantes de la classe `GregorianCalendar` qui représentent les mois ; votre code sera d'autant plus clair que les valeurs entières auxquelles elles correspondent ont une base 0 (0 pour janvier, 1 pour février...).

◂ Texte des jours fériés fixes.

◂ Pour chaque jour férié mobile...

◂ Ajout du jour mis en forme à la liste des jours fériés mobiles.

Décompte des jours hors week-end.

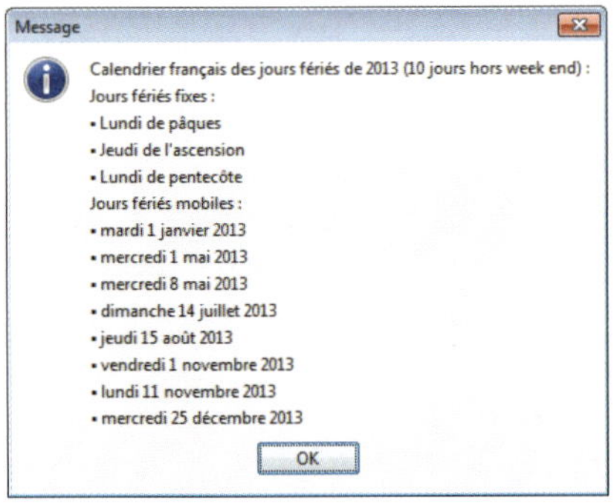

Figure 6–12 Application `com.eteks.test.JoursFeries` pour l'année 2003

```
        if (jour.get(Calendar.DAY_OF_WEEK) != Calendar.SATURDAY
            && jour.get(Calendar.DAY_OF_WEEK) != Calendar.SUNDAY)
          nombreJoursFeriesHorsWeekEnd++;
      }
      String message = " Calendrier fran\u00e7ais des jours"
                     + " f\u00e9ri\u00e9s de " + annee
                     + " (" + nombreJoursFeriesHorsWeekEnd
                     + " jours hors week end) :"
                     + "\n" + joursFixes
                     + "\n" + joursMobiles;
      JOptionPane.showMessageDialog(null, message);
    }
  }
```

Tableau multidimensionnel

On accède à un élément d'un tableau multidimensionnel par le biais de plusieurs indices. Les tableaux bidimensionnels sont par exemple utilisés pour mémoriser en informatique les matrices mathématiques. Java permet de créer un objet tableau multidimensionnel de trois façons :

1. Lors de la déclaration du tableau avec la liste des valeurs initiales citées entre accolades imbriquées.

Exemple

```
double [][] matriceIdentite = {{1, 0, 0}, {0, 1, 0}, {0, 0, 1}};
```

2. À tout moment, en utilisant l'opérateur `new` et la taille dans chaque dimension du tableau. Les éléments sont alors initialisés avec leur valeur par défaut.

Exemple

```
int [][][] tab3Dimensions;
tab3Dimensions = new int [3][3][3];
```

3. Par étapes, en créant le tableau principal puis ses sous-tableaux.

Exemple

```
int [][] trianglePascal = new int [50][];
for (int i = 0; i < trianglePascal.length; i++)
  // Création d'une ligne du tableau
  trianglePascal [i] = new int [i + 1];
```

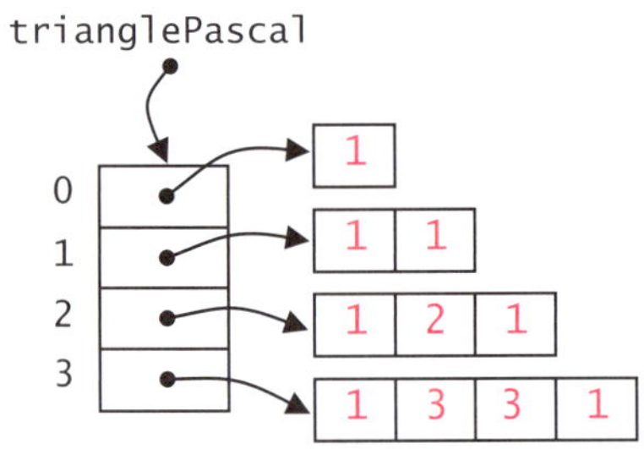

Figure 6–13 Organisation en mémoire d'un tableau multidimensionnel

C# Tableaux [,]

Il n'existe pas en Java l'équivalent des tableaux multidimensionnels C# déclarés avec `[,]` dont tous les éléments sont rangés dans une seule zone mémoire.

Manipuler les tableaux avec java.util.Arrays

La classe `java.util.Arrays` contient un ensemble de méthodes de classe qui permettent d'effectuer des traitements sur les tableaux de type primitif ou de type objet :

- `fill` remplit tout ou partie d'un tableau avec une valeur donnée ;
- `sort` trie les éléments d'un tableau dans l'ordre ascendant ;
- `binarySearch` renvoie l'indice du premier élément égal à une valeur dans un tableau trié ;
- `equals` et `deepEquals` comparent les éléments de deux tableaux ;
- `deepToString` renvoie une représentation textuelle de tous les éléments d'un tableau.

C# Manipulation des tableaux

La classe `System.Array` de C# correspond à la classe `java.util.Arrays` en Java et pas à la classe `java.lang.reflect.Array` utilisée pour les opérations de *réflexion* sur les tableaux (manipulation des tableaux avec des méthodes).

API JAVA Copie de tableaux

La méthode pour copier des éléments d'un tableau dans un autre est dans la classe `java.lang.System` :

```
public static void arraycopy(Object src, int srcPos,
                             Object dest, int destPos, int length)
```

JAVA Liste d'arguments variable

Une liste d'arguments variable permet à une méthode de recevoir en dernier paramètre un nombre variable de valeurs (zéro ou plus). Une telle liste est déclarée en précédant le dernier paramètre du symbole `...`, ce paramètre étant en fait un tableau. Exemple :

```
package com.eteks.test;
class AdditionnerArgumentsVariable
{
  public static int additionner(int x, int ... tab)
  {
    for (int i = 0; i < tab.length; i++)
      x += tab [i];
    return x;
  }

  public static void main(java.lang.String [] args)
  {
    System.out.println("1+2+3+4=" + additionner(1, 2, 3, 4));
  }
}
```

Par l'exemple : trier les paramètres d'une application

Avant de voir comment s'utilise le tableau de chaînes en paramètre de `main`, rappelons les termes de la déclaration de la méthode `main` d'une application.

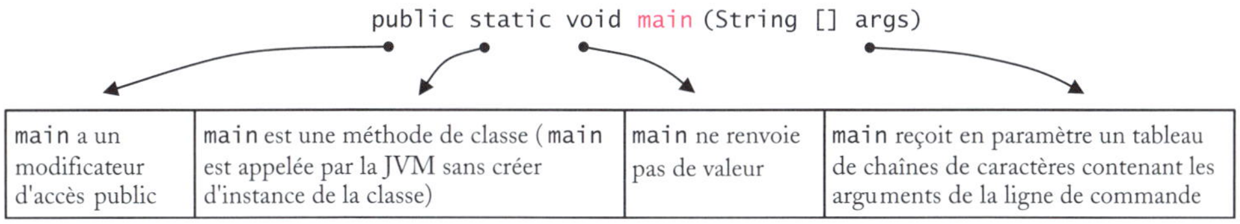

Figure 6–14
Signification de la déclaration de la méthode `main`

JAVA Tableaux de longueur nulle

Java permet de créer des tableaux vides comme `int [] tableauVide = {};`. Le champ `length` d'un tel tableau est égal à 0. Si aucun argument n'est passé à la méthode `main` d'une application, `args` est un tableau vide.

ASTUCE Tableau en paramètre de showMessageDialog

Si l'objet en paramètre de la méthode `showMessageDialog` est un tableau, cette méthode affiche les éléments du tableau les uns en dessous des autres.

C++ Arguments de main

En Java, le premier élément du tableau d'arguments de la méthode `main` est celui qui suit la classe exécutée dans la commande `java`.

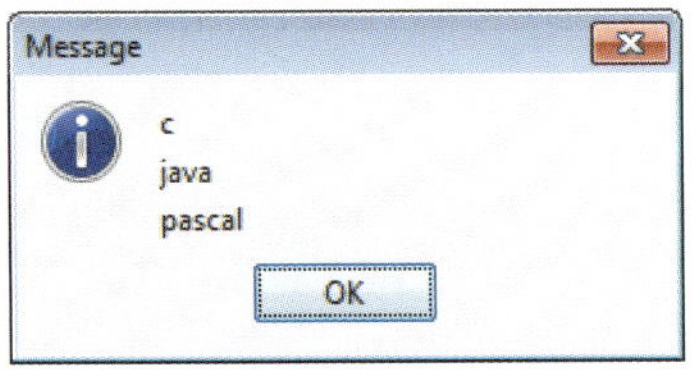

Figure 6–15
Application `com.eteks.test.TriMots`

L'application de classe `com.eteks.test.TriMots` trie les mots reçus en paramètres et affiche la liste de ces mots triés. Le tri du tableau `args` reçu par la méthode `main` est effectué par la méthode `sort(Object [] tab)` ❶ de la classe `java.util.Arrays`, et la référence `args` de type `String []` est convertie ici implicitement en une référence de type `Object []`. Plus généralement, la syntaxe `(`*`Classe`*` [])referenceTableau` convertit une référence de type tableau et cette conversion est acceptée si la classe des éléments du tableau peut être convertie dans la classe de conversion.

EXEMPLE com/eteks/test/TriMots.java

```
package com.eteks.test;
import java.util.Arrays;
import javax.swing.JOptionPane;
class TriMots
{
  /**
   * Trie les chaînes de caractères contenues dans args puis
   * affiche le résultat de ce tri. Utilisation :
   * java com.eteks.test.TriMots mot1 mot2 mot3 ...
   */
  public static void main(String [] args)
  {
    // Tri des mots du tableau
    Arrays.sort(args); ❶

    // Affichage des mots triés
    JOptionPane.showMessageDialog(null, args);
  }
}
```

La commande suivante exécutée dans le sous-dossier `bin` du dossier de développement affiche le résultat de la figure 6-15 :

```
java -classpath ../classes com.eteks.test.TriMots java pascal c
```

Les collections pour gérer des ensembles d'objets

Les tableaux sont inadéquats pour gérer des informations du même type dont la quantité n'est pas connue à l'avance. Par exemple, le nombre de messages postés dans un sujet du forum n'étant pas limité, il existe des solutions plus appropriées que les tableaux pour stocker ces messages dont le nombre va varier dans le temps.

Le package `java.util` contient plusieurs classes de collection utilisées pour gérer un ensemble d'éléments de type objet et résoudre les limita-

API JAVA Classes de collection Java 1.0

Les classes de collection décrites ici sont présentes depuis la version 1.2 de Java. Les classes `java.util.Vector` et `java.util.Hashtable` disponibles depuis la version 1.0 de Java ont des fonctionnalités équivalentes à celles des classes `java.util.ArrayList` et `java.util.HashMap`. Ces deux classes, comme leur sous-classe `java.util.Stack` (utilisée pour créer une pile d'objets) et `java.util.Properties` (utilisée pour créer une liste de propriétés avec leur valeur comme celles de la classe `java.lang.System`), sont toujours mises en œuvre dans de nombreux programmes et dans certaines classes de la bibliothèque standard. Contrairement aux classes décrites ici, elles permettent d'accéder d'office à l'ensemble d'objets qu'elles gèrent de façon synchronisée, une fonctionnalité qui a un prix en charge processeur alors qu'elle n'est requise que quand l'ensemble est partagé entre plusieurs threads.

tions inhérentes aux tableaux. Chaque classe est prévue pour gérer un ensemble avec des caractéristiques différentes :

- Les ensembles gérés par les classes `java.util.ArrayList` et `java.util.LinkedList` peuvent contenir des éléments égaux. Chaque élément mémorisé ayant une position déterminée, ces classes ressemblent aux tableaux Java mais ne sont pas limitées en taille.
- Les ensembles gérés par les classes `java.util.HashSet` et `java.util.TreeSet` ne peuvent pas contenir des éléments égaux. La classe `java.util.TreeSet` stocke les éléments de son ensemble dans l'ordre ascendant.
- Les ensembles gérés par les classes `java.util.HashMap` et `java.util.TreeMap` utilisent une clé pour accéder aux éléments au lieu d'un indice entier. La classe `java.util.TreeMap` stocke les éléments de son ensemble dans l'ordre ascendant des clés.

B.A.-BA Clés ou indices ?

Suivant l'ensemble d'objets, chaque élément est associé soit à un indice qui donne son numéro d'ordre, soit à une clé qui l'identifie de manière unique. Par exemple, la clé associée à un utilisateur du forum pourrait être son pseudonyme.

REGARD DU DÉVELOPPEUR Tableaux vs collections

Les tableaux Java sont simples d'utilisation mais ont certaines limitations gênantes dans certains cas :

- Les tableaux ne sont pas redimensionnables.
- L'insertion d'un élément au milieu d'un tableau oblige à déplacer tous les éléments qui suivent.
- La recherche d'un élément dans un grand tableau est longue s'il n'est pas trié.
- Les indices pour accéder aux éléments d'un tableau doivent être entiers.

Aucune des classes de collection n'est limitée en taille. Chacune résout de façon optimale certaines des autres limitations des tableaux :

- La classe `java.util.ArrayList` est idéale pour ajouter à la suite les uns des autres des éléments dans un ensemble ordonné.
- La classe `java.util.LinkedList` est idéale pour insérer de nombreux éléments au milieu d'un ensemble ordonné.
- La classe `java.util.HashSet` est idéale pour gérer un ensemble dont chaque élément doit être unique. Elle améliore aussi les performances de recherche d'un élément.
- La classe `java.util.TreeSet` est idéale pour gérer un ensemble trié d'objets uniques.
- La classe `java.util.HashMap` est idéale pour accéder aux éléments d'un ensemble grâce à une clé.
- La classe `java.util.TreeMap` est idéale pour gérer un ensemble d'éléments triés dans l'ordre de leur clé d'accès.

Les tableaux étant plus simples à programmer et moins gourmands en mémoire, ils sont néanmoins très souvent utilisés notamment pour les ensembles de taille fixe.

JAVA Définition d'une classe generique

Une classe est générique quand elle a recours à un type variable (indéterminé au moment de la conception de cette classe) pour un de ses champs, le type de retour d'une de ses méthodes, un paramètre ou une variable locale. Le ou les identificateurs de ces types variables sont alors déclarées entre < et > apres celui de la classe, et par convention, sont symbolises par une lettre majuscule T, U, V... Par exemple, une classe `ClasseGenerique` dont un des champs est de type variable se declare :

```
class ClasseGenerique<T>
{
  private T data;
  public T getData()
  {
    return this.data;
  }
}
```

Le type du champ est alors specifie a l'instanciation de la classe, comme dans la déclaration suivante où le type variable T sera la classe `java.lang.Integer` :

```
  ClasseGenerique<Integer> var =
      new ClasseGenerique<>();
```

C++ Généricité ≈ template

La généricité Java est équivalente au `template` C++ et utilise une notation entre < > très similaire.

C# Boucle itérative = foreach

Les boucles itératives apparues avec Java 5 sont l'équivalent des boucles `foreach` de C#, le mot-clé `in` étant remplacé en Java par le symbole `:`.

Typer les objets d'une collection avec la généricité

Comme pour le type placé devant les crochets de la déclaration d'un tableau d'objets, la déclaration d'une collection d'objets s'effectue en plaçant les symboles < et > après le nom de la classe avec le type des éléments de cette collection entre eux. Par exemple, `Integer []` représente un tableau capable de contenir des objets de classe `java.lang.Integer` et `ArrayList<Integer>` représente une collection de classe `java.util.ArrayList` dans laquelle seuls des objets de classe `java.lang.Integer` pourront être ajoutés. Cette notation est utilisée autant pour déclarer un ensemble que pour l'instancier, comme dans l'instruction suivante qui crée un ensemble d'utilisateurs :

```
HashSet<Utilisateur> intervenants = new HashSet<Utilisateur>();
```

Depuis Java 7, cette instruction peut même être simplifiée quand le type entre < et > est le même dans l'instanciation de la collection que celui de la variable qui reçoit l'ensemble créé. Il suffit alors d'écrire directement <> (appelé opérateur *diamond*) entre le nom de la classe de collection instanciée et les parenthèses d'appel à son constructeur :

```
HashSet<Utilisateur> intervenants = new HashSet<>();
```

Similairement aux tableaux, les éléments d'une collection peuvent aussi être énumérés un à un à l'aide d'une boucle `for` itérative comme dans l'exemple suivant qui compte le nombre de modérateurs :

```
int nombreModerateurs = 0;
for (Utilisateur utilisateur : intervenants)
  if (utilisateur.isModerateur())
    nombreModerateur++;
```

Cette boucle signifie ici « pour chaque `utilisateur` parmi les `intervenants` ».

Listes ordonnées d'objets (java.util.ArrayList et java.util.LinkedList)

Ces deux classes gèrent des ensembles ordonnés d'éléments accessibles par leur indice. La classe `java.util.ArrayList` mémorise ses éléments dans un tableau Java. Si ce tableau interne est trop petit lors de l'ajout d'un nouvel élément à la collection, il est automatiquement remplacé par un nouveau tableau, plus grand, initialisé avec les références de l'ancien tableau. La classe `java.util.LinkedList` mémorise ses éléments avec une liste doublement chaînée, ce qui permet d'insérer plus rapidement un élément dans la collection, mais ralentit l'accès à un élément par son indice.

B.A.-BA Liste chaînée

Comme le montre la figure 6-16, chaque élément d'une liste chaînée est mémorisé par un objet intermédiaire appelé *chaînon* et lié à ses chaînons précédent et suivant (d'où le nom de *liste doublement chaînée*). Comme une instance de `java.util.LinkedList` ne mémorise que la référence du chaînon de tête, l'accès aux autres éléments de la liste s'effectue séquentiellement grâce aux liens entre les chaînons. L'insertion d'un élément dans une liste chaînée s'effectue en créant un nouveau chaînon puis en affectant les valeurs de quatre liens précédents et suivants. Comme l'insertion d'un élément dans un tableau nécessite de décaler tous les éléments qui suivent, cette opération est plus rapide avec une liste chaînée si l'ensemble comporte beaucoup d'éléments.

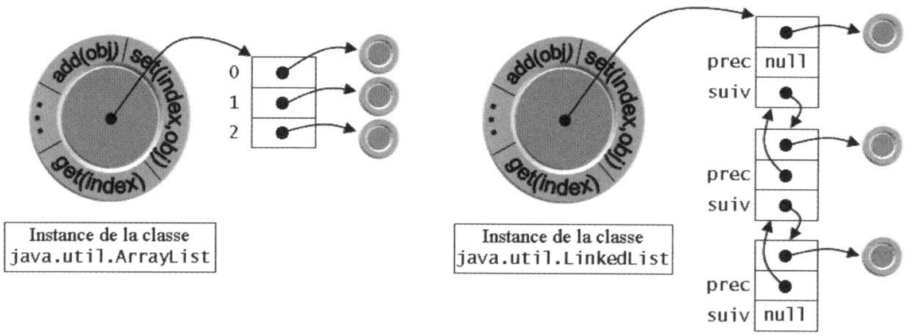

Figure 6–16 Organisation en mémoire d'instances des classes `java.util.ArrayListet` `java.util.LinkedList` mémorisant chacune 3 objets

API JAVA Principales méthodes des classes java.util.ArrayList et java.util.LinkedList

Les méthodes de ces classes effectuent des opérations similaires à celles qui peuvent être réalisées avec un tableau.

Description	Méthode
Ajout d'une référence à la collection soit à un indice donné, soit en fin de liste	`public void add(int index, E obj)` `public boolean add(E obj)`

Suppression de tout ou partie des éléments de la collection	`public void clear()`
	`public java.lang.Object remove(int index)`
	`public boolean remove(java.lang.Object obj)`

Interrogation et modification d'un élément de la collection à un indice donné	`public E get(int index)` `public java.lang.Object set(int index, E obj)`

Recherche d'un élément dans la collection, en utilisant la méthode `equals` pour comparer les objets	`boolean contains(java.lang.Object obj)`
	`public int indexOf(java.lang.Object obj)`
	`public int lastIndexOf(java.lang.Object obj)`

Taille de la collection	`public int size()`
Itérateur pour énumérer les éléments de la collection	`public java.util.Iterator iterator()`
Récupération des éléments de la collection dans un tableau	`public <E> E [] toArray(E [] a)`

Le type `E` en paramètre des méthodes `add` et `set` correspond au type générique donné entre < et > à la déclaration de la collection. Pour une collection de type `ArrayList<`**`String`**`>`, le type générique est donc la classe `java.lang.String`, ce qui implique que le compilateur n'acceptera qu'on passe en paramètre à la méthode `add` de cette collection que des chaînes de caractères.

Par l'exemple : casier à bouteilles ou cave à vin ?

Les applications suivantes calculent et affichent toutes les deux la valeur d'un même ensemble de boissons : la classe `com.eteks.test.CasierBouteilles` ❶ utilise un tableau de taille fixe représentant un casier à bouteilles, alors que la classe `com.eteks.test.CaveAVin` ❷ utilise une instance de `java.util.ArrayList` ❸ pour manipuler un ensemble d'objets de type `com.eteks.test.Boisson` capable de s'agrandir sans limite.

EXEMPLE com/eteks/test/CasierBouteilles.java

```
package com.eteks.test;

import javax.swing.JOptionPane;
class CasierBouteilles ❶
{
  public static void main(String[] args)
  {
    // Création d'instances de boisson
    Boisson soda = new Boisson("Soif !", 2);
    Boisson bordeaux =
      new BoissonAlcoolisee("Bordeaux", 4.5f, 12);
    // Création d'un casier de 9 boissons
    Boisson [] casier = new Boisson [9];

    // Affectation des boissons aux cases
    casier [0] = soda;
    casier [1] = soda;
    // La 3e et la 4e cases sont vides


    // Ajout de 4 bouteilles de Bordeaux
    for (int i = 4; i <= 7; i++)
      casier [i] = bordeaux;
    // Affectation de la 4e place
    casier [3] = new Boisson("Limonade", 2);
    // Calcul et affichage du prix du casier
    // et du nombre de cases libres
    float prix = 0;
    int casesLibres = 0;
    for (Boisson boisson : casier)
    {
      if (boisson != null)
        prix += boisson.getPrix();
      else
        casesLibres++;
    }
    JOptionPane.showMessageDialog(null,
      "Valeur du casier "+ prix +" \u20AC"
      +"\n"+ casesLibres + " cases libres");
  }
}
```

EXEMPLE com/eteks/test/CaveAVin.java

```
package com.eteks.test;
import java.util.ArrayList;
import javax.swing.JOptionPane;
class CaveAVin ❷
{
  public static void main(String[] args)
  {
    // Création d'instances de boisson
    Boisson soda = new Boisson("Soif !", 2);
    Boisson bordeaux =
      new BoissonAlcoolisee("Bordeaux", 4.5f, 12);
    // Création d'un ensemble illimité
    ArrayList<Boisson> caveAVin =
       new ArrayList<>(); ❸
    // Ajout des boissons dans la cave à vin
    caveAVin.add(soda);
    caveAVin.add(soda);
    // La 3e et la 4e places sont vides
    caveAVin.add(null);
    caveAVin.add(null);
    // Ajout de 4 bouteilles de Bordeaux
    for (int i = 4; i <= 7; i++)
      caveAVin.add(bordeaux);
    // Affectation de la 4e place
    caveAVin.set(3,new Boisson("Limonade", 2));
    // Calcul et affichage du prix du casier
    // et du nombre de places laissées vides
    float prix = 0;
    int placesVides = 0;
    for (Boisson boisson : caveAVin) ❹
    {
      if (boisson != null)
        prix += boisson.getPrix();
      else
        placesVides++;
    }
    JOptionPane.showMessageDialog(null,
      "Valeur de la cave : "+ prix +" \u20AC"
      + "\n" + placesVides + " place vide");
  }
}
```

> JAVA **Boucle avec indice**
>
> Si vous avez besoin de connaître le numéro d'ordre de l'élément en cours d'énumération, il vous faudra recourir à une boucle non itérative et aux méthodes `size` et `get`, comme dans l'instruction suivante équivalente à la boucle ❹ :

```
for (int i = 0; i < caveAVin.size(); i++)
{
  Boisson boisson = caveAVin.get(i);
  if (boisson != null)
    prix += boisson.getPrix();
  else
    placesVides++;
}
```

Ensembles d'objets uniques (java.util.HashSet et java.util.TreeSet)

Ces deux classes gèrent des ensembles d'éléments différents les uns des autres. La classe `java.util.HashSet` mémorise ses éléments dans un ordre quelconque avec une table de hash. La classe `java.util.TreeSet` mémorise ses éléments dans l'ordre ascendant avec un arbre, pour maintenir plus rapidement le tri des éléments stockés.

> ATTENTION **Classe java.util.HashSet et méthode hashCode**
>
> Si la classe des objets stockés par une instance de `java.util.HashSet` redéfinit la méthode `equals`, il **faut** redéfinir aussi la méthode `hashCode` dans cette classe pour que ce type de collection fonctionne correctement.

API JAVA **Principales méthodes des classes java.util.HashSet et java.util.TreeSet**

Description	Méthode
Ajout d'une référence à la collection si l'objet n'est pas déjà dans la collection	`public boolean add(E obj)`
Suppression de tout ou partie des éléments de la collection	`public void clear()` `public boolean remove(java.lang.Object obj)`
Recherche d'un élément dans la collection, en utilisant la méthode equals pour comparer les objets	`public boolean contains(java.lang.Object obj)`
Taille de la collection	`public int size()`
Itérateur pour énumérer les éléments de la collection	`public java.util.Iterator iterator()`

La classe `java.util.TreeSet` contient aussi les méthodes `first` et `last`, renvoyant le plus petit et le plus grand élément d'une collection.
L'accès aux éléments de ces classes s'effectue séquentiellement grâce à une boucle itérative ou avec un itérateur de type `java.util.Iterator` renvoyé par leur méthode `iterator` abordée au chapitre suivant « Abstraction et interface ».

Dictionnaires d'objets (java.util.HashMap et java.util.TreeMap)

Ces deux classes gèrent des ensembles d'éléments accessibles par une clé correspondant (*map* en anglais) à un élément. Ces classes mémorisent en fait un ensemble d'entrées (*entries*) associant une clé et son élément (*key-value*). L'accès par clé dans une collection est comparable à l'accès par indice dans un tableau :

Accès par indice	Accès par clé
Chaque indice du tableau est unique	Chaque clé de la collection est unique
Un élément peut être mémorisé plusieurs fois à des indices différents	Un élément peut être mémorisé plusieurs fois avec des clés différentes

Tableau *ensemble* **de type** `TypeElement []`	**Collection** *ensemble* **de classe** `ArrayList<TypeElement>` **ou** `LinkedList<TypeElement>`	**Collection** *ensemble* **de classe** `HashMap<TypeClef, TypeElement>` **ou** `TreeMap<TypeClef, TypeElement>`
ensemble`[i]` renvoie l'élément d'indice `i` dans *ensemble*	*ensemble*`.get(i)` renvoie l'élément d'indice `i` dans *ensemble*	*ensemble*`.get(key)` renvoie l'élément de clé `key` de *ensemble*
ensemble`[i] = val;` affecte `val` à l'élément d'indice `i`	*ensemble*`.set(i, val);` affecte `val` à l'élément d'indice `i`	*ensemble*`.put(key, val);` affecte `val` à l'élément de clé `key`

JAVA Unicité des clés

Comme les clés sont des objets, leur unicité est vérifiée par les classes `java.util.HashMap` grâce à la méthode `equals` sur les clés. Par ailleurs, la classe `java.util.HashMap` fait appel à la méthode `hashCode` des clés pour optimiser l'organisation des entrées de la collection.

Comme les clés peuvent être des chaînes de caractères, des instances des classes d'emballage ou d'autres classes, les classes `java.util.HashMap` et `java.util.TreeMap` permettent d'accéder à ces ensembles d'éléments de manière plus élaborée qu'avec un indice entier.

La classe `java.util.HashMap` mémorise ses entrées dans un ordre quelconque tandis que la classe `java.util.TreeMap` mémorise ses entrées dans l'ordre ascendant des clés avec un arbre, pour maintenir plus rapidement le tri des éléments stockés.

API JAVA Principales méthodes des classes java.util.HashMap et java.util.TreeMap

Description	Méthode
Interrogation et modification d'un élément donné de la collection avec une clé donnée	`public java.lang.Object get(java.lang.Object key)` `public java.lang.Object put(K key, V value)`
Suppression de tout ou partie des éléments de la collection	`public void clear()` `public java.lang.Object remove(java.lang.Object key)`
Recherche d'un élément dans la collection par sa clé ou sa valeur. Ces méthodes utilisent la méthode equals pour comparer key aux clés ou value aux valeurs de la collection.	`public boolean containsKey(java.lang.Object key)` `public boolean containsValue(java.lang.Object value)`
Taille de la collection	`public int size()`
Ensemble des clés et des éléments de la collection	`public java.util.Set<K> keySet()` `public java.util.Collection<V> values()`

Par l'exemple : organiser les définitions d'un glossaire

On utilise souvent les classes `java.util.HashMap` et `java.util.TreeMap` pour programmer des dictionnaires. Chaque définition est associée à un ou plusieurs termes (quand il y a des synonymes) qui sont utilisés comme clé de recherche. Comme pour les autres classes de collection, la genericite est utilisée pour specifier le type des cles et des elements de chaque entree du dictionnaire. `HashMap<String,String>` represente alors (1) un dictionnaire dont les cles et les valeurs sont de type `java.lang.String`.

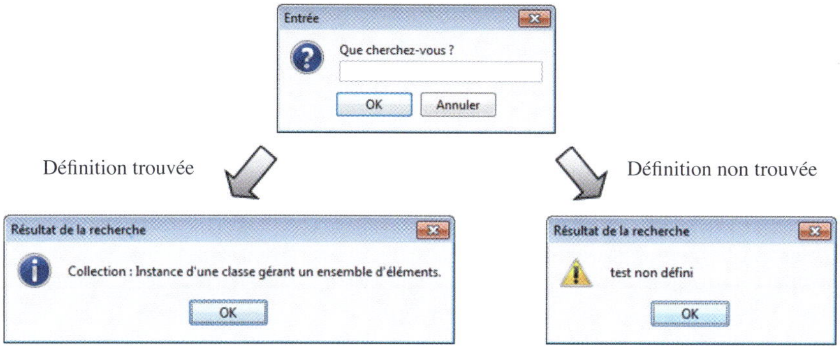

Figure 6–17
Application `com.eteks.test.Glossaire`

EXEMPLE com/eteks/test/Glossaire.java

```
package com.eteks.test;
import java.util.HashMap;
import javax.swing.JOptionPane;
class Glossaire
{
  public static void main(String[] args)
  {
```

Déclaration de quelques définitions.

```
    String definitionInstance =
       "Objet cr\u00e9\u00e9 \u00e0 partir d'une classe.";
    String definitionCollection =
       "Instance d'une classe g\u00e9rant "
       + "un ensemble d'\u00e9l\u00e9ments.";
    String definitionSousClasse =
       "Classe h\u00e9ritant d'une autre classe.";
```

Remplissage du glossaire.

```
    HashMap<String, String> glossaire = new HashMap<>(); (1)
    glossaire.put("instance", definitionInstance);
    glossaire.put("collection", definitionCollection);
```

`sous classe` et `classe dérivée` ont la même définition.

```
    glossaire.put("sous classe", definitionSousClasse);
    glossaire.put("classe d\u00e9riv\u00e9e",
                  definitionSousClasse);
    while (true)
    {
```

Saisie de la recherche.

```
      String recherche = JOptionPane.showInputDialog(
                               "Que cherchez-vous ?");
```

Si l'utilisateur choisit Annuler, la variable `recherche` est égal à `null`.

```
      if (recherche == null)
        System.exit(0);
```

Recherche de la définition sans tenir compte de la casse.

Affichage avec des icônes différentes selon le résultat de la recherche. Cette forme de la méthode showMessageDialog prend deux paramètres supplémentaires : un texte pour le titre de la boîte de dialogue et une des cinq constantes ERROR_MESSAGE, INFORMATION_MESSAGE, WARNING_MESSAGE, QUESTION_MESSAGE, PLAIN_MESSAGE de la classe JOptionPane pour l'icône visualisée.

```
      String definition =
          glossaire.get(recherche.toLowerCase());

      if (definition != null)
        JOptionPane.showMessageDialog(null,
               recherche + " : " + definition,
               "R\u00e9sultat de la recherche",
               JOptionPane.INFORMATION_MESSAGE);
      else
        JOptionPane.showMessageDialog(null,
               recherche + " non d\u00e9fini",
               "R\u00e9sultat de la recherche",
               JOptionPane.WARNING_MESSAGE);
    }
  }
}
```

ATTENTION **Warning généricité**

La généricité n'est disponible que depuis Java 5. Si vous ne voulez pas l'utiliser, il suffit d'écrire la classe de collection sans y ajouter le type de ses éléments entre < >, comme :

```
ArrayList caveAVin = new ArrayList();
```

Si cette notation est plus simple, vous perdrez avec elle le contrôle de type sur les éléments de la collection et serez obligé de convertir le type de la référence retournée par la méthode get pour appeler les méthodes des objets de la collection :

```
Boisson b = (Boisson)caveAVin.get(0);
float prix = b.getPrix();
```

Comme il est conseillé de recourir à la généricité pour vérifier la cohérence de vos ensembles, le compilateur signale par des avertissements (*warnings*) tout recours à une classe de collection sans généricité. Dans les faits, le seul intérêt d'ignorer la généricité est dans le cas où vous devez maintenir des classes compatibles avec Java 1.4.

En résumé...

Ce chapitre vous a présenté un ensemble d'applications mettant en œuvre les classes fondamentales de Java. Il est essentiel de les connaître car c'est à partir de ces classes Java que vous programmerez les classes qui formeront le cœur de vos applications dans le monde de l'entreprise.

chapitre 7

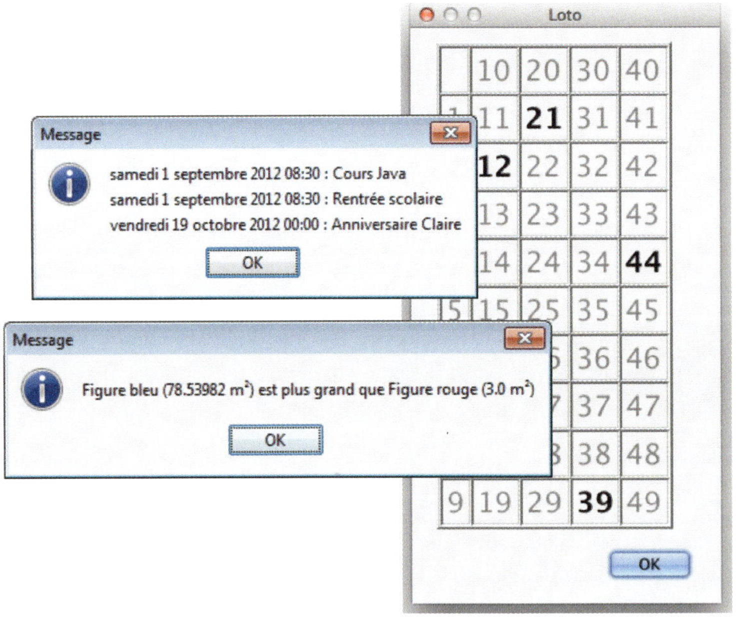
Loto
10 20 30 40
11 21 31 41
12 22 32 42
13 23 33 43
14 24 34 44
15 25 35 45
36 46
37 47
38 48
9 19 29 39 49
OK
Message
samedi 1 septembre 2012 08:30 : Cours Java
samedi 1 septembre 2012 08:30 : Rentrée scolaire
vendredi 19 octobre 2012 00:00 : Anniversaire Claire
OK
Message
Figure bleu (78.53982 m²) est plus grand que Figure rouge (3.0 m²)
OK

Abstraction et interface

Les classes abstraites et les interfaces sont l'aboutissement d'une bonne conception objet. Même s'il paraît difficile de bien cerner la portée d'utilisation de cette surcouche d'abstraction du langage Java, ce chapitre montre comment mettre en œuvre ces concepts largement utilisés par la bibliothèque Java.

SOMMAIRE

- Classes abstraites
- Interface
- Implémentation
- Tri d'objets
- Énumération
- Encapsulation

MOTS-CLÉS

- abstract
- implements
- iterator
- Collections
- Tri
- Comparable

JAVA Classe abstraite et polymorphisme

On utilise toujours une classe abstraite avec le polymorphisme : la relation *est un* permet à une référence d'une classe `abstract` de désigner une instance de ses sous-classes non `abstract`. L'appel d'une méthode `abstract` sur une telle référence provoquera lors de l'exécution l'appel de la méthode redéfinie dans la sous-classe.

DANS LA VRAIE VIE Classe abstraite squelette

Une classe abstraite peut faire office aussi de « squelette » : ce type de classe définit tous les champs et les méthodes communs dont ses sous-classes auront besoin. La classe `java.util.AbstractSet`, super-classe de `java.util.HashSet` et `java.util.TreeSet`, est un exemple de ce type de classe.

C++ Classes et méthodes abstraites

Les méthodes `abstract` Java sont l'équivalent des méthodes virtuelles pures du C++ (reconnaissables par la syntaxe = 0 placée en fin de déclaration d'une méthode). Notez qu'il est possible en Java de déclarer une classe `abstract` qui ne contient aucune méthode `abstract`.

Créer des classes abstraites pour les concepts abstraits

Dans la hiérarchie des classes, la super-classe représente souvent un concept abstrait, par exemple une figure, un véhicule ou une œuvre. Les objets de cette classe ne sont pas créés parce que leur existence n'aurait pas de sens ou parce que certaines méthodes de la classe ne peuvent pas être implémentées par manque d'informations. C'est pour répondre à ce cas de figure que l'on utilise le mot-clé `abstract` comme modificateur de classe et de méthodes d'instance.

Une classe déclarée `abstract` ne peut pas être instanciée. Elle définit souvent des méthodes `abstract` qui, n'ayant pas d'implémentation, sont suivies d'un point-virgule (`;`) à la place d'un bloc entre `{ }`. Une sous-classe d'une classe abstraite ne peut être instanciée que si elle redéfinit toutes les méthodes `abstract` de sa super-classe en les implémentant dans un bloc entre `{ }` à la place du `;`.

Par l'exemple : comparer les surfaces de différentes figures

La surface d'une figure géométrique se calcule différemment selon qu'il s'agit d'un rectangle, d'un cercle ou d'un triangle. La classe abstraite `com.eteks.outils.Figure` suivante permet néanmoins d'exprimer le concept de figure avec sa surface en y déclarant la méthode abstraite `getSurface`.

EXEMPLE com/eteks/outils/Figure.java

Champ mémorisant la couleur d'une figure, information commune à toutes les figures.

Une sous-classe de `Figure` doit redéfinir `getSurface` pour renvoyer sa surface selon le type de figure qu'elle représente.

```
package com.eteks.outils;
/**
 * Figure avec une couleur et une surface calculée
 * dans les sous-classes.
 */
public abstract class Figure
{
  private String couleur;

  public Figure(String couleur)
  {
    this.couleur = couleur;
  }

  /**
   * Renvoie la surface de cette figure.
   */
  public abstract float getSurface();
```

```
  /**
   * Renvoie la couleur et la surface de cette figure.
   */
  public String toString()
  {
    return "Figure " + this.couleur + " (" + getSurface()
           + " m\u00b2)";
  }
}
```

Le texte renvoyé dépend de l'implémentation de la méthode `getSurface` programmée dans les sous-classes de `Figure`.

Les deux classes `com.eteks.test.Rectangle` et `com.eteks.test.Cercle` dérivent de `com.eteks.outils.Figure` et comportent des champs supplémentaires caractéristiques du type de figure qu'elles représentent, ce qui permet d'implémenter leur méthode `getSurface`. L'application de la classe `com.eteks.test.ComparaisonFigures` instancie ces deux classes pour comparer deux à deux les surfaces de deux rectangles et d'un cercle, et afficher un message en conséquence.

EXEMPLE com/eteks/test/ComparaisonFigures.java

```
package com.eteks.test;
import com.eteks.outils.Figure;
class Rectangle extends Figure
{
  private float longueur;
  private float largeur;

  public Rectangle(String couleur, float longueur, float largeur)
  {
    super(couleur);
    this.longueur = longueur;
    this.largeur = largeur;
  }

  @Override
  public float getSurface()
  {
    return this.longueur * this.largeur;
  }
}

class Cercle extends Figure
{
  private float rayon;

  public Cercle(String couleur, float rayon)
  {
    super(couleur);
    this.rayon = rayon;
  }
```

Sous-classe non abstraite de `Figure`.

Champs mémorisant la longueur et la largeur d'un rectangle.

Implémentation de la méthode abstraite de la super-classe `Figure` avec le calcul de la surface d'un rectangle.

Autre sous-classe non abstraite de `Figure`.

Champ mémorisant le rayon d'un cercle.

Implémentation de la méthode abstraite de la super-classe Figure avec le calcul de la surface d'un cercle.

```
  @Override
  public float getSurface()
  {
    return (float)Math.PI * this.rayon * this.rayon;
  }
}
```

Application de test des classes de figure.

Instanciation de deux rectangles et d'un cercle.

Affichage des figures les plus grandes. Les références rectangleJaune, rectangleRouge et cercleBleu sont converties implicitement dans la classe com.eteks.test.Figure.

Affiche un message qui décrit quelle est la plus grande des deux figures f1 et f2.

Appel des méthodes getSurface implémentées dans les sous-classes. L'implémentation de cette méthode existe forcément car les références f1 et f2 ne peuvent désigner que des objets dont la classe est une sous-classe non abstraite de Figure.

```
class ComparaisonFigures
{
  public static void main(String[] args)
  {
    Rectangle rectangleJaune = new Rectangle("jaune", 20, 10);
    Rectangle rectangleRouge = new Rectangle("rouge", 2, 1.5f);
    Cercle cercleBleu = new Cercle("bleu", 5);
    afficherLaPlusGrande(rectangleJaune, rectangleRouge);
    afficherLaPlusGrande(rectangleRouge, cercleBleu);
  }

  public static void afficherLaPlusGrande(Figure f1, Figure f2)
  {
    String message;
    if (f1.getSurface() > f2.getSurface())
      message = f1 + " est plus grand que " + f2;
    else
      message = f2 + " est plus grand que " + f1;
    javax.swing.JOptionPane.showMessageDialog(null, message);
  }
}
```

Si la méthode getSurface() a été oubliée dans la classe com.eteks.test.Rectangle, le compilateur affiche une erreur exprimant qu'une sous-classe doit être déclarée abstract si elle n'implémente pas toutes les méthodes abstract dont elle hérite :

La méthode getSurface() de la classe com.eteks.outils.Figure n'est pas implémentée dans la classe com.eteks.test.Rectangle, ce qui rend cette classe abstract.

```
src/com/eteks/test/ComparaisonFigures.java:5:
com.eteks.test.Rectangle should be declared abstract; it does not
define getSurface() in com.eteks.outils.Figure (avec recopie de la
ligne 5)
```

Si une telle erreur survient, soit vous ajoutez abstract à la classe com.eteks.test.Rectangle et elle ne pourra pas être instanciée, soit vous implémentez la méthode getSurface() dans la classe com.eteks.test.Rectangle.

À RETENIR Héritage des méthodes abstraites

Une classe qui hérite d'une méthode abstract doit soit être déclarée abstract, soit implémenter cette méthode.

Séparer l'interface de l'implémentation

Une interface Java est une entité distincte d'une classe qui contient une liste de méthodes abstraites que doit implémenter une classe pour rendre un service. Très présentes dans la bibliothèque Java, les interfaces sont mises en œuvre principalement dans deux situations :

- pour spécifier la liste des méthodes que vous pouvez utiliser sur un objet de la bibliothèque Java ;
- pour spécifier les méthodes que vous devez implémenter dans vos classes pour utiliser une fonctionnalité de la bibliothèque Java.

B.A.-BA Interface

Pour vous aider à débuter avec le concept d'interface, imaginez qu'une interface est une sorte de classe `abstract` dont toutes les méthodes sont implicitement `abstract` et pour laquelle les mots-clés `interface` et `implements` remplacent `abstract class` et `extends`.

À RETENIR Interface Java vs Interface objet

Les interfaces Java appliquent le principe de distinction entre l'interface et l'implémentation d'un objet en les **séparant en deux entités distinctes**. Le tableau suivant fait le parallèle entre les concepts généraux de la programmation objet et leur mise en œuvre en Java avec les interfaces.

Programmation objet	Programmation Java avec interfaces
L'interface d'un objet spécifie la liste de ses messages.	Une interface Java définit un ensemble de déclarations de méthodes.
L'implémentation d'un objet est la programmation de ses messages avec ses données et ses traitements.	L'implémentation est la programmation des méthodes d'une classe qui implémente une interface, avec ses champs et ses instructions.
Un objet a une interface et une implémentation.	Un objet est une instance d'une classe qui implémente une interface.

Définir une interface

Une interface se déclare comme une classe en faisant précéder son identificateur du mot-clé `interface`.

```
package com.eteks.outils;

ModificateurAcces interface InterfaceTest
{
  // Déclaration des champs et des méthodes
  // de l'interface com.eteks.outils.InterfaceTest
}

ModificateurAcces interface InterfaceDerivee
                  extends InterfaceTest
{
  // Champs et méthodes supplémentaires
  // de l'interface com.eteks.outils.InterfaceDerivee
}
```

◄ Déclaration d'une interface.

◄ Déclaration d'une interface dérivant d'une super-interface.

Un fichier `.java` peut contenir plusieurs classes et plusieurs interfaces mais une seule classe ou une seule interface peut être déclarée `public` et

CONVENTIONS Nommage des interfaces

Comme pour les classes, l'identificateur d'une interface est une suite d'un ou plusieurs mots en minuscules, dont chaque lettre initiale est en majuscule ; il utilise souvent un adjectif qualificatif se terminant par `able` pour exprimer une capacité.

C++ Interface Java

Comme toutes les méthodes d'une interface Java sont implicitement abstraites, une interface peut être vue comme l'équivalent d'une classe C++ qui ne déclare que des méthodes virtuelles pures.

doit porter le même nom que le fichier. Comme pour les classes, le modificateur d'accès *`ModificateurAcces`* d'une interface est soit `public`, soit absent. Une interface peut dériver d'une ou plusieurs autres interfaces en utilisant le mot-clé `extends`.

Chaque déclaration d'interface est suivie d'un bloc entre accolades `{ }` où sont définis ses champs et méthodes :

- Tous les champs d'une interface sont des constantes dont les modificateurs sont implicitement `public static final`.
- Toutes les méthodes d'une interface utilisent implicitement des modificateurs `public abstract` et sont suivies d'un point-virgule (`;`).

Par l'exemple : donner un prix à un objet

L'interface `com.eteks.outils.Payant` montre comment représenter le fait qu'un objet payant a un prix. Ce prix est obtenu ici grâce à la méthode `getPrix`.

EXEMPLE com/eteks/outils/Payant.java

`getPrix` est implicitement `public` et `abstract`.

```
package com.eteks.outils;
public interface Payant
{
  float getPrix();
}
```

Implémenter une interface

C# implements = :

La liste des interfaces implémentées par une classe doit figurer après le mot–clé `implements`, qui remplace en Java le symbole : utilisé en C# pour spécifier la super-classe d'une classe et/ou les interfaces implémentées par cette classe.

Il est impossible d'instancier une interface mais en revanche, il est possible d'instancier une classe qui *implémente* une interface. Pour qu'une classe implémente une interface, il faut faire suivre la déclaration de cette classe du mot-clé `implements` et de l'identificateur de l'interface. Une telle classe peut être instanciée uniquement si elle implémente toutes les méthodes de l'interface en les définissant dans un bloc entre `{ }` à la place du point-virgule (`;`).

Classe implémentant une interface.

C++ Héritage multiple

L'implémentation de plusieurs interfaces par une classe en Java peut être une solution de remplacement de l'héritage multiple du C++.

```
package com.eteks.test;

class ClasseTest implements com.eteks.outils.InterfaceTest
{
  // Champs et méthodes de la classe ClasseTest
  // et implémentation des méthodesde l'interface InterfaceTest
}

class SuperClasse
{
  // Champs et méthodes de la classe com.eteks.test.SuperClasse
}
```

```
class SousClasse extends SuperClasse
                 implements com.eteks.outils.InterfaceTest
{
  // Champs et méthodes supplémentaires de la classe SousClasse
  // et implémentation des méthodes de l'interface InterfaceTest
}
```

Classe dérivant d'une autre et implémentant une interface.

JAVA Implémentation de plusieurs interfaces

Une classe peut implémenter plusieurs interfaces, qui doivent être séparées par des virgules, mais ne peut hériter que d'une super-classe.

Par l'exemple : implémenter le prix d'un objet

L'interface `com.eteks.outils.Payant` et sa méthode `getPrix` peuvent être implémentées par les classes `com.eteks.test.Boisson` et `com.eteks.outils.Service` définies dans les chapitres précédents en ajoutant à leur déclaration `implements`, suivi de cette interface.

EXEMPLE com/eteks/outils/Service.java (modifié)

```
package com.eteks.outils;

public class Service implements Payant
{
  // ...
  // Le reste est inchangé, cette classe
  // implémente déjà la méthode getPrix
}
```

EXEMPLE com/eteks/test/Boissons.java (modifié)

```
package com.eteks.test;
import com.eteks.outils.Payant;
class Boisson implements Payant
{
  // ...
  // Le reste est inchangé, cette classe
  // implémente déjà la méthode getPrix
}
```

ATTENTION Modificateur d'accès d'une méthode redéfinie

En cas de redéfinition, une méthode ne peut être précédée d'un modificateur plus restrictif que celui de la méthode redéfinie, l'ordre du plus restrictif au moins restrictif étant `private`, *`absent`*, `protected` et `public`. Comme cette règle s'applique aussi aux méthodes provenant d'une interface, n'oubliez pas d'écrire explicitement le modificateur d'accès `public` de ces méthodes au moment de les implémenter dans une classe.

REGARD DU DÉVELOPPEUR Interfaces de la bibliothèque Java

La bibliothèque standard Java compte plus de 1 900 interfaces qui sont utilisées pour remplir divers rôles :

- Spécifier la liste des méthodes que doit implémenter une classe pour être utilisable dans un contexte donné. Par exemple, une classe implémente l'interface `java.awt.event.ActionListener` et la méthode `actionPerformed` pour décrire les instructions à exécuter après avoir cliqué sur un bouton Swing.
- Utiliser les méthodes d'une référence de type interface sans se soucier des détails d'implémentation. Par exemple, la référence d'interface `java.util.Iterator` renvoyée par la méthode `iterator` des classes de collections permet d'énumérer les éléments d'une collection quelle que soit la classe de cette collection.
- Faciliter la création de plug-ins ou de drivers dont les services sont spécifiés grâce à une ou plusieurs interface(s). La séparation entre interfaces et classes laisse la possibilité à chaque éditeur d'implémenter les interfaces du driver dans des classes différentes pour assurer le service attendu. Par exemple, le package `java.sql` spécifie un ensemble d'interfaces que les classes d'un driver JDBC doivent implémenter. Chaque éditeur de bases de données fournit l'implémentation d'un driver JDBC qui ne s'interface qu'avec son produit. Si un programmeur n'utilise que le package `java.sql` sans se soucier des classes d'une implémentation particulière d'un driver JDBC, son application pourra alors être adaptée très facilement d'une base de données à une autre en changeant simplement de driver JDBC.
- Créer des catégories de classes sans lien d'héritage entre elles, grâce à des interfaces qui ne définissent aucune méthode. Par exemple, l'interface `java.lang.Cloneable` est implémentée par une classe pour indiquer qu'une instance de cette classe peut être clonée.

Utilisation des interfaces

Voyons maintenant ce qu'il est possible de faire avec une classe qui implémente une interface Java.

Conversion de référence, suite et fin

Java permet de déclarer des références de type interface (par exemple `Payant commande;`) et d'utiliser la relation *est un* entre une interface et les classes implémentant une interface (par exemple une `Boisson` *est un* objet `Payant`, un `Service` *est un* objet `Payant`).

Cette relation permet d'opérer des conversions sur une référence avec l'opérateur de cast pour passer d'un type classe à un type interface, ou inversement. Lors de l'exécution, la JVM vérifie :

- si l'interface de conversion est implémentée par la classe de l'objet référencé, quand une conversion de type interface est appliquée à une référence de type classe (par exemple `(Payant)jusOrange`) ;
- si la classe de conversion est effectivement la classe de l'objet référencé, quand une conversion de type classe est appliquée à une référence de type interface (par exemple `(Boisson)commande`).

Par l'exemple : boisson ou service, tout se paie

L'application de classe `com.eteks.test.ConversionsReferencesPayant` montre les conversions autorisées et interdites avec une référence de type interface `com.eteks.outils.Payant`.

EXEMPLE com/eteks/test/ConversionsReferencesPayant.java (modifié)

```
package com.eteks.test;
import com.eteks.outils.*;
import javax.swing.JOptionPane;

class ConversionsReferencesPayant
{
  public static void main(java.lang.String [] args)
  {
    Service repas = new Service("D\u00e9jeuner", 15.5f);
    Boisson jusOrange = new Boisson("Jus d'orange", 2);
    BoissonAlcoolisee whisky = new BoissonAlcoolisee(
                                     "Whisky", 7.4f, 45);

    // Conversions de références de type classe
    // vers le type interface
    Payant commande;
    commande = (Payant)repas; ❶
```

Déclaration d'une référence de type interface ▸ (`Payant commande;`)

Compilation OK et exécution OK. ▸ (`commande = (Payant)repas;`)

```
    commande = whisky; ❷
    JOptionPane.showMessageDialog(null, "Prix de la commande : "
                        + commande.getPrix() + " \u20ac"); ❸
    Object objet = commande;

    commande = (Payant)objet; ❹
    commande = (Payant)new Object(); ❺

    // Conversions de références de type interface
    // vers le type classe
    Payant commande2 = jusOrange;
    Boisson boisson = (Boisson)commande2; ❻
    Service service = (Service)commande2; ❼
  }
}
```

◂ Compilation OK et exécution OK.

◂ Affiche *Prix de la commande : 7.4€.*

◂ Toute référence peut être convertie vers la classe `java.lang.Object`.

◂ Compilation OK et exécution OK.

◂ Compilation OK mais erreur à l'exécution provoquant une exception `java.lang.ClassCastException`.

◂ Compilation OK et exécution OK.

◂ Compilation OK mais erreur à l'exécution provoquant une exception `java.lang.ClassCastException`.

Comme les classes `com.eteks.test.Boisson` et `com.eteks.outils.Service` implémentent l'interface `com.eteks.outils.Payant`, il est possible de :

- Convertir explicitement ❶ ou implicitement ❷ une référence de type classe vers le type interface si la classe de la référence ou une de ses super-classes implémente l'interface de conversion (le repas et le whisky *sont* payants). Avec la référence `commande`, on peut appeler la méthode de l'interface `com.eteks.outils.Payant` ❸ et les méthodes de la classe `java.lang.Object` (mais pas les méthodes de `com.eteks.test.BoissonAlcoolisee`, classe effective de l'objet).
- Convertir une référence de type classe vers le type interface ❹ si la classe de l'objet référencé implémente l'interface de conversion. Lors de l'exécution, la classe de l'objet référencé implémente bien l'interface `com.eteks.test.Payant`.
- Convertir une référence de type interface vers une référence de type classe ❻ si l'objet référencé est effectivement une instance de cette classe. Lors de l'exécution, l'objet désigné par `commande2` est bien un objet de classe `com.eteks.test.Boisson`.

À RETENIR Référence de type interface

Une référence de type `interface` désigne un objet dont la classe implémente cette interface ou est égale à `null`. Une telle référence peut être utilisée des façons suivantes :

- Elle permet d'appeler n'importe quelle méthode de son interface et de la classe `java.lang.Object`.
- L'objet qu'elle désigne peut être stocké dans un tableau du même type.
- Elle peut être convertie en une référence de classe `java.lang.Object` pour stocker l'objet qu'elle désigne dans une collection de la bibliothèque Java.
- Elle peut être convertie dans la classe de l'objet qu'elle désigne pour appeler n'importe quelle méthode de cette classe.

JAVA Opérateur instanceof

L'opérateur `instanceof` peut servir aussi à vérifier qu'un objet est une instance d'une classe qui implémente (directement ou par héritage) une interface donnée.
Par exemple, l'expression `jusOrange instanceof com.eteks.outils.Payant` est égale à `true`.
En fait, l'expression *`obj`* `instanceof` *`Type`* renvoie `true` si *`obj`* est différent de `null` et si la conversion `(`*`Type`*`)`*`obj`* est acceptée à l'exécution, que *`Type`* soit une classe ou une interface.

C# instanceof ≈ is

L'équivalent de l'opérateur `is` de C# est `instanceof` en Java, mais cet opérateur ne peut servir en Java qu'à tester le type d'un objet.

En revanche, il n'est pas possible de :

- Convertir une référence de type classe vers le type interface ❺ si la classe de l'objet référencé n'implémente pas l'interface de conversion. Lors de l'exécution, l'objet n'implémente pas l'interface `com.eteks.test.Payant`.
- Convertir une référence de type interface vers une référence de type classe ❼ si l'objet référencé n'est pas effectivement une instance de cette classe. Lors de l'exécution, l'objet désigné par `commande2` n'est pas un objet de classe `com.eteks.outils.Service`.

REGARD DU DÉVELOPPEUR **Interface de constantes**

Les constantes déclarées dans une interface sont plus pratiques à utiliser que si elles sont déclarées dans une classe : il suffit qu'une classe implémente une telle interface pour les utiliser directement sans les préfixer par leur interface (comme si elle héritait de ces constantes). Par exemple, les constantes de l'interface `com.eteks.outils.Temperature` suivante :

```
package com.eteks.outils;
public interface Temperatures
{
  // Déclaration de constantes
  int GLACE = -10;
  int CHAUD = 30;
}
```

sont utilisables directement dans la classe suivante :

```
package com.eteks.outils;
class Meteo implements Temperatures
{
  private int temperature = CHAUD;
  //...
}
```

Cette fonctionnalité des interfaces est utilisée par certaines interfaces de la bibliothèque Java : observez par exemple le nombre impressionnant de classes qui implémentent l'interface `javax.swing.SwingConstants` en consultant sa javadoc. Cependant, cette pratique est découragée car une interface a pour but essentiel de définir les méthodes du service qu'elle représente. Les possibilités dans Java 5 d'importer les champs `static` d'une classe ou d'utiliser des énumérations (voir la fin du chapitre 5) permettent d'obtenir la même simplification plus « proprement ».

Par l'exemple : l'addition s'il vous plaît !

Sachant qu'un produit payant a un prix, la classe `com.eteks.outils.TicketDeCaisse` montre qu'il est possible de mémoriser un ensemble d'objets payants dans une collection et d'en calculer le prix total.

EXEMPLE com/eteks/outils/TicketDeCaisse.java

```
package com.eteks.outils;
import java.util.ArrayList;
/**
 * Classe mémorisant un ensemble de commandes à payer.
 */
public class TicketDeCaisse
{
  private ArrayList<Payant> lignes = new ArrayList<Payant>();

  /**
   * Ajoute une ligne de commande à ce ticket.
   */
  public void ajouterLigne(Payant ligne)
  {
    this.lignes.add(ligne);
  }

  /**
   * Renvoie la somme des prix des commandes de ce ticket.
   */
  public float getPrixTotal()
  {
    float prix = 0;
    for (Payant ligne : this.lignes)
      prix += ligne.getPrix();
    return prix;
  }
}
```

Ajoute l'objet `ligne` à la collection `lignes`.

Boucle itérative sur chacune des lignes de la collection `lignes`.

La classe `com.eteks.outils.TicketDeCaisse` enregistre un ensemble d'objets commandés, ajoutés ligne après ligne. Comme chaque commande doit implémenter l'interface `com.eteks.outils.Payant`, il est possible d'obtenir le prix total de ces commandes en ajoutant leur prix.

L'application suivante crée un ticket de caisse ❶, y ajoute un ensemble de lignes de commandes ❷ et affiche le total du ticket ❸.

JAVA Généricité et interface

La généricité laisse le choix au programmeur de spécifier le type des éléments stockés dans une collection, et ce type peut très bien être une interface, ce qui permet de déclarer la variable `lignes` comme étant de type `ArrayList<Payant>`.

EXEMPLE com/eteks/test/CalculPrixTotal.java

```
package com.eteks.test;
import com.eteks.outils.*;
import javax.swing.JOptionPane;
class CalculPrixTotal
{
  public static void main(String[] args)
  {
    Boisson jusOrange = new Boisson("Jus d'orange", 2);
    Boisson whisky = new BoissonAlcoolisee("Whisky", 7.4f, 45);
    Service repas = new Service("D\u00eener", 22.5f);
```

Création d'objets payants.

Création d'une instance de com.eteks.outils.TicketDeCaisse pour calculer le total.

Interrogation du prix total du ticket calculé en fonction des lignes ajoutées.

Affiche *Total : 54.4 €*.

```
    TicketDeCaisse ticket = new TicketDeCaisse(); ❶
    ticket.ajouterLigne(jusOrange); ❷
    ticket.ajouterLigne(whisky);
    ticket.ajouterLigne(repas);
    ticket.ajouterLigne(repas);
    float prixTotal = ticket.getPrixTotal();

    JOptionPane.showMessageDialog(null,
      "Total : " + prixTotal + " \u20ac"); ❸
  }
}
```

Remarquez au passage que même si les classes Boisson et Service n'ont pas de lien d'héritage entre elles, l'interface Payant montre qu'elles ont une caractéristique commune – en l'occurrence la méthode getPrix. C'est l'un des avantages offerts par les interfaces Java : elles permettent de spécifier les méthodes disponibles dans une classe sans imposer de lien d'héritage avec une autre classe.

Implémenter l'interface java.lang.Comparable pour comparer deux objets

API JAVA Classes d'objets comparables

Les méthodes de tri de la bibliothèque Java trient dans l'ordre croissant un ensemble d'objets qui implémentent l'interface java.lang.Comparable en appelant la méthode compareTo implémentée par ces objets.
De nombreuses classes implémentent cette interface comme les classes d'emballage numériques java.lang.Integer, java.lang.Double... mais aussi les énumérations, les classes java.lang.String, java.util.Date, java.math.BigDecimal...
Par exemple, compareTo est appelée par la méthode sort de java.util.Arrays pour trier dans l'ordre alphabétique les arguments de l'application de classe com.eteks.test.TriMots, abordée au chapitre précédent.

Une classe implémente la méthode int compareTo(T obj) de l'interface java.lang.Comparable pour comparer un objet de cette classe avec un autre (T désigne le type de l'objet comparé et est généralement la classe elle-même). À la différence de la méthode equals, cette méthode doit renvoyer une valeur entière établissant un ordre entre l'objet courant désigné par this et l'objet en paramètre :

- Si l'objet courant et l'objet comparé sont égaux, la valeur renvoyée doit être 0.
- Si l'objet courant est plus petit, la valeur renvoyée doit être négative.
- Si l'objet courant est plus grand, la valeur renvoyée doit être positive.

Par l'exemple : gérer l'ordre chronologique d'événements

La classe com.eteks.outils.EvenementCalendrier mémorise la date et la description d'un événement de calendrier. Cette classe implémente l'interface java.lang.Comparable pour trier un ensemble d'événements dans l'ordre chronologique puis dans l'ordre alphabétique des descriptions pour des événements de même date.

EXEMPLE com/eteks/outils/EvenementCalendrier.java

```
package com.eteks.outils;
import java.util.Date;
import java.text.DateFormat;
/**
 * Classe d'evenement avec une date et une description.
 */
public class EvenementCalendrier
             implements Comparable<EvenementCalendrier> ❶
{
  private Date date;
  private String description;
  private static DateFormat format =
            DateFormat.getDateTimeInstance(DateFormat.FULL,
                                           DateFormat.SHORT);

  public EvenementCalendrier(Date date, String description)
  {
    this.date = date;
    this.description = description;
  }

  public Date getDate()
  {
    return this.date;
  }

  public String getDescription()
  {
    return this.description;
  }

  public int compareTo(EvenementCalendrier evenement) ❷
  {
    int ecartDate = this.date.compareTo(evenement.date);
    if (ecartDate != 0)
      return ecartDate;
    else
      return this.description.compareToIgnoreCase
                 (evenement.description);
  }

  @Override
  public boolean equals(Object obj) ❸
  {
    if (obj instanceof EvenementCalendrier)
    {
      EvenementCalendrier evenement = (EvenementCalendrier)obj;
      return this.date.equals(evenement.date) ❹
          && this.description.equalsIgnoreCase
              (evenement.description); ❺
```

❶ La classe `EvenementCalendrier` implémente l'interface `java.lang.Comparable`.

Instanciation d'un objet de classe `java.text.DateFormat` utilisé pour la mise en forme de dates.

❷ Utilisation de la comparaison de la classe `java.util.Date` pour procéder à une comparaison dans l'ordre chronologique.

Si les dates des événements sont égales, la comparaison s'effectue sur les descriptions sans tenir compte de la casse.

❸ Redéfinition de la méthode `equals` de la classe `java.lang.Object`. Deux événements sont égaux s'ils ont la même date et la même description.

```
    }
    else
      return false;
  }

  @Override
  public int hashCode() ❻
  {
    return this.date.hashCode() + this.description.hashCode();
  }

  @Override
  public String toString()
  {
    return format.format(this.date) + " : " + this.description;
  }
}
```

Redéfinition de la méthode `hashCode` de la classe `java.lang.Object`.

Redéfinition de la méthode `toString` de la classe `java.lang.Object`, pour renvoyer un texte de la forme *date hh:mm : description.*

Cette classe redéfinit la méthode `equals` ❸ en considérant que deux objets de classe `EvenementCalendrier` sont égaux s'ils ont la même date ❹ et la même description ❺. Pour tenir compte de cette relation d'égalité, la méthode `hashCode` ❻ est redéfinie en renvoyant le même code si deux événements de calendrier sont égaux. La méthode `compareTo` ❷ tient compte de l'ordre chronologique entre deux événements et de l'ordre alphabétique de leur description en faisant appel aux méthodes `compareTo` de la classe `java.util.Date`, puis `compareToIgnoreCase` de la classe `java.lang.String` pour obtenir cet ordre.

L'application de classe `com.eteks.test.Agenda` présentée dans la section suivante opère un tri chronologique sur des événements.

À RETENIR Type du paramètre de compareTo

À la différence de la méthode `equals` ❸, le paramètre de la méthode `compareTo` est une référence dont le type est spécifié entre < et > à la déclaration d'implémentation de l'interface `Comparable` ❶.

Énumérer les éléments d'une collection avec l'interface java.util.Iterator

Cette interface permet d'énumérer les éléments d'une collection. Une référence de ce type est renvoyée par la méthode `iterator` des classes `java.util.ArrayList`, `java.util.LinkedList`, `java.util.HashSet` et `java.util.TreeSet`. Elle compte les trois méthodes suivantes :

```
public boolean hasNext()
public java.lang.Object next()
public void remove()
```

API JAVA Interface java.util.Enumeration

L'interface `java.util.Iterator` décrite ici est apparue avec les classes de collection de Java 1.2. Vous pourrez rencontrer aussi l'interface `java.util.Enumeration` datant de Java 1.0, qui s'utilise avec les classes `java.util.Vector` et `java.util.Hashtable`. Ses méthodes `hasMoreElements` et `nextElement` ont exactement le même rôle que les méthodes `hasNext` et `next` de l'interface `Iterator`.

On utilise de façon typique les méthodes `hasNext` et `next` dans une boucle `while` ou `for` de la forme :

```
java.util.Iterator<TypeElement> it = collection.iterator();
while (it.hasNext())
{
  TypeElement obj = it.next();
  // Traitement avec l'objet obj
}
```

◂ Tant qu'il y a encore des éléments à énumérer...

◂ ... donne-moi le suivant dans l'énumération.

Cette boucle est équivalente à une boucle itérative sur une collection, dont la syntaxe est apparue avec Java 5 :

```
for (TypeElement obj : collection)
{
  // Traitement avec l'objet obj
}
```

◂ Pour chaque objet de la collection.

Comme une boucle itérative est plus simple à programmer, on se sert de moins en moins de l'interface `Iterator` sauf quand on a besoin de sa méthode `remove`.

Par l'exemple : trier les événements d'un agenda dans l'ordre chronologique

Voyons comment utiliser la classe `java.util.TreeSet` pour trier et énumérer des objets implémentant l'interface `java.lang.Comparable`.

L'application de classe `com.eteks.test.Agenda` affiche dans l'ordre chronologique les trois événements ❷ ❸ ❹ d'un agenda. Les événements de classe `com.eteks.outils.EvenementCalendrier` sont mémorisés dans cet ordre grâce à une collection de classe `java.util.TreeSet` ❶. La boucle `while` ❺ construit le texte affiché en concaténant ❻ ligne après ligne le texte renvoyé par la méthode `toString` de chaque événement.

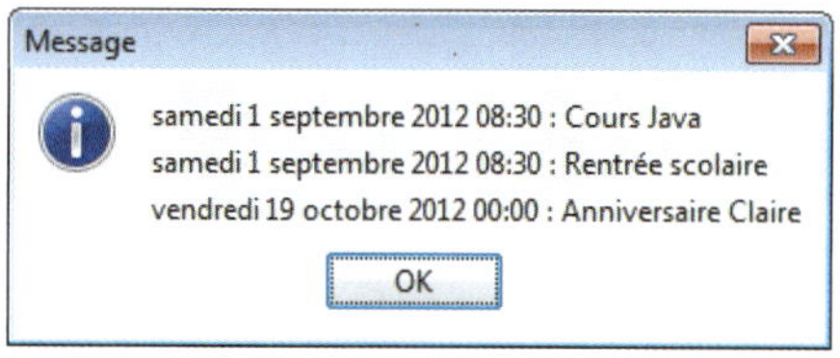

Figure 7–1
Application com.eteks.test.Agenda

EXEMPLE com/eteks/test/Agenda.java

```
package com.eteks.test;
import com.eteks.outils.EvenementCalendrier;
import java.util.*;

class Agenda
{
  public static void main(String[] args)
  {
    TreeSet<EvenementCalendrier> agenda = new TreeSet<>(); ❶
    agenda.add(new EvenementCalendrier(new GregorianCalendar(
        2012, Calendar.OCTOBER, 19).getTime(),
        "Anniversaire Claire")); ❷
    agenda.add(new EvenementCalendrier(new GregorianCalendar(
        2012, Calendar.SEPTEMBER, 1, 8, 30).getTime(),
        "Rentr\u00e9e scolaire")); ❸
```

◂ Création d'un agenda trié contenant trois événements, dont deux sont à la même date.

```
        agenda.add(new EvenementCalendrier(new GregorianCalendar(
            2012, Calendar.SEPTEMBER, 1, 8, 30).getTime(),
            "Cours Java")); ❹

        String evenements = "";

        Iterator<EvenementCalendrier> it = agenda.iterator();
        while (it.hasNext()) ❺
          evenements += it.next() + "\n"; ❻

        javax.swing.JOptionPane.showMessageDialog(null, evenements);
    }
}
```

Énumération des événements à l'aide d'un itérateur. ❺

Chaque événement est converti en texte avec sa méthode toString. ❻

JAVA Enumération avec for

L'instruction `for` est souvent utilisée à la place de l'instruction `while` pour programmer une énumération avec un itérateur. Ici, les instructions ❺ :

```
Iterator<EvenementCalendrier> it =
     agenda.iterator();
while (it.hasNext())
  evenements += it.next() + "\n";
```

peuvent s'écrire ainsi :

```
for (Iterator<EvenementCalendrier>
     it = agenda.iterator();
     it.hasNext(); )
  evenements += it.next() + "\n";
```

la troisième expression du `for` étant alors vide.

REGARD DU DÉVELOPPEUR Comparaison homogène des objets

La classe `java.util.TreeSet` fait appel à la méthode `compareTo` pour déterminer si un objet est déjà présent dans l'ensemble `agenda` **et** pour trier cet ensemble. L'application fonctionnera donc parfaitement si les méthodes `equals` et `hashCode` sont omises dans la classe `com.eteks.outils.EvenementCalendrier`. `equals` **et** `hashCode` ne sont utilisées ensemble que si l'ensemble `agenda` est de classe `java.util.HashSet` ; il est néanmoins conseillé de les implémenter pour qu'un autre programme, ayant recours à une classe de collection différente de `java.util.TreeSet` pour gérer des événements de calendrier, puisse fonctionner correctement sans avoir à modifier la classe `EvenementCalendrier`.

D'après cet exemple, vous pouvez vous apercevoir que la conception d'une classe n'est pas toujours aisée : faut-il systématiquement redéfinir `equals` et `hashCode` et/ou implémenter l'interface `Comparable` dans une classe, alors que vous n'aurez pas besoin de certaines des fonctionnalités des classes de collections qui y font appel ? Sans vous pousser à concevoir des classes réutilisables dans tous les domaines, voici quelques règles qui vous aideront à maintenir l'homogénéité de chacune de vos classes pour les opérations de comparaison :

- Si vous redéfinissez la méthode `equals` dans une classe, redéfinissez-y aussi la méthode `hashCode`.
- Si vous implémentez l'interface `java.lang.Comparable` dans une classe, redéfinissez-y en conséquence les méthodes `equals` et `hashCode`. Programmez les méthodes `equals` et `compareTo` de telle façon que deux objets comparés avec ces méthodes soient égaux dans les mêmes conditions. D'après la classe `EvenementCalendrier`, remarquez que la programmation qui en découle est assez différente dans ces méthodes.

Manipuler les collections avec la classe java.util.Collections

La classe `java.util.Collections` (à ne pas confondre avec l'interface `java.util.Collection`) contient un ensemble de méthodes de classe utiles pour les classes de collection.

- `min` et `max` renvoient respectivement l'élément le plus petit et le plus grand d'une collection.
- Les méthodes préfixées par `unmodifiable` renvoient une instance de la collection dont l'ensemble des éléments ne peut être modifié.
- Les méthodes préfixées par `synchronized` renvoient une instance de la collection dont l'accès aux éléments est synchronisé quand elle est utilisée dans plusieurs tâches ou *threads* simultanément.
- Les méthodes suivantes s'appliquent aux classes implémentant l'interface `java.util.List` telles que les classes `java.util.ArrayList` et `java.util.LinkedList` :
  - `fill` et `replaceAll` remplacent les éléments d'une collection par une référence donnée.
  - `copy` effectue une copie des éléments d'une collection dans une autre.
  - `shuffle` mélange les éléments d'une collection dans un ordre aléatoire.
  - `swap` permute les positions de deux éléments d'une collection.
  - `sort` trie les éléments d'une collection dans l'ordre ascendant.
  - `binarySearch` renvoie l'indice du premier élément égal à un objet dans une collection triée.

C++ java.util.Collections ≈ algorithm

Les méthodes `static` de la classe `java.util.Collections` correspondent aux fonctions du *header* C++ `algorithm`.

API JAVA Interfaces de collection

La hiérarchie des classes de collection du package `java.util` est basée sur un ensemble d'interfaces et de classes squelettes. Le diagramme de classes de la figure 7-2 présente les interfaces fondamentales implémentées par les classes de collection étudiées dans cet ouvrage (les lignes pleines y représentent un lien d'héritage et les lignes pointillées un lien d'implémentation entre une classe et une interface).
Comprendre cette organisation est fondamental pour utiliser la classe `java.util.Collections`. En effet, les paramètres et les valeurs de retour des méthodes de cette classe ont pour type l'une des interfaces `java.util.Collection`, `java.util.List`, `java.util.Set`, `java.util.Map`... La possibilité d'utiliser telle ou telle méthode de la classe `Collections` s'effectue donc en fonction des interfaces implémentées par chaque classe de collection. Par exemple, vous pouvez passer en paramètre à la méthode `fill` une instance de `ArrayList` ou de `LinkedList` puisque cette méthode requiert en paramètre une collection de type `java.util.List`.

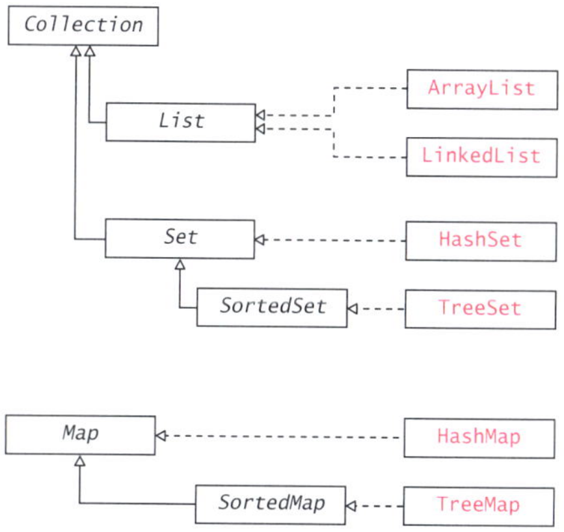

Figure 7–2 Hiérarchie des interfaces et des classes de collection

Par l'exemple : quels numéros mettre dans ma grille de loto aujourd'hui ?

La méthode de classe `creerTirage` de la classe `com.eteks.outils.Loto` qui suit simule le tirage du loto en mélangeant aléatoirement une collection d'entiers représentant les 49 boules du loto, dont les 6 premiers sont renvoyés. Comme il n'existe pas de moyen simple de mélanger les éléments d'un tableau d'entiers, on fait plutôt appel à la méthode `shuffle` ③ de la classe `java.util.Collections` pour mélanger une collection de classe `java.util.ArrayList` ① qui contient 49 instances de `java.lang.Integer` ②. Il est en effet possible de passer une instance de la classe `java.util.ArrayList` en paramètre à la méthode `shuffle`, car cette classe implémente l'interface `java.util.List` requise comme type de paramètre. Le tirage final s'obtient en créant une sous-liste des 6 premiers éléments de la collection grâce à sa méthode `subList` ④. Cette méthode a pour type de retour l'interface `java.util.List` indiquant qu'elle renvoie une collection dont la classe implémente cette interface. Les nombreuses méthodes de `java.util.List` sont suffisantes pour manipuler la sous-liste renvoyée, ce qui permet de choisir cette interface comme type de retour de la méthode `creerTirage`.

ASTUCE Optimisation de la classe java.util.ArrayList

Les instructions nécessaires à l'agrandissement du tableau interne d'une instance de `java.util.ArrayList` sont relativement coûteuses en temps. Pour éviter de faire appel à ces opérations chaque fois qu'un élément y est ajouté, cette classe utilise en fait un tableau d'une *capacité* au moins égale au nombre d'éléments effectivement stockés, ce qui permet de ne l'agrandir que lorsque c'est nécessaire. Les méthodes `ensureCapacity` et `trimToSize` de la classe `ArrayList` vous permettent d'utiliser de façon optimale cette capacité, ainsi que son constructeur prenant en paramètre la capacité initiale voulue. Comme on sait que la collection `boulesLoto` contiendra au moins 49 objets, la méthode `creerTirage` utilise ici cette optimisation à la création de la collection `boulesLoto` ①.

EXEMPLE com/eteks/outils/Loto.java

```
package com.eteks.outils;

import java.util.*;

public class Loto
{
  /**
   * Renvoie une liste de 6 nombres tires aleatoirement dans
   * un ensemble de nombres compris entre 1 et 49.
   */
  public static List<Integer> creerTirage()
  {
    ArrayList<Integer> boulesLoto = new ArrayList<>(49); ①
    for (int i = 1; i <= 49; i++)
      boulesLoto.add(i); ②
    Collections.shuffle(boulesLoto); ③

    return boulesLoto.subList(0, 6); ④
  }
}
```

① Création d'une collection des 49 entiers de 1 à 49.

③ Mélange aléatoire de la collection `boulesLoto`.

④ Extraction des 6 premiers entiers de la collection dans une sous-liste.

L'application suivante affiche dans une grille de loto les 6 numéros tirés aléatoirement par la méthode `creerTirage` ⑤ de la classe `com.eteks.outils.Loto`. La présentation sous forme de grille est obtenue en mettant à profit la mise en forme HTML utilisée par la méthode `showMessageDialog` ⑫, quand un texte débutant par la balise `<html>` ⑥ lui est passé en paramètre.

Cette grille est construite à l'aide d'un tableau HTML ⑥ de 10 lignes ⑦ par 5 colonnes ⑧ et le nombre de chaque cellule est affiché en gras ⑩ s'il appartient au tirage ou sinon, en gris ⑪.

B.A.-BA Tableau HTML

Un tableau HTML est construit avec les trois balises `<table>`, `<tr>` et `<td>` imbriquées les unes dans les autres pour décrire ligne par ligne le texte de chaque cellule. Par exemple, le tableau ci-contre est codé en HTML comme ceci :

A	B
1	2
3	4

```
<table border='1'>
  <tr> <td>A</td> <td>B</td> </tr>
  <tr> <td>1</td> <td>2</td> </tr>
  <tr> <td>3</td> <td>4</td> </tr>
<table>
```

Par défaut, les tableaux sont dessinés sans bord, d'où l'attribut `border` ajouté ici à la balise `<table>`.

Figure 7–3
Application com.eteks.test.GrilleLoto

EXEMPLE com/eteks/test/GrilleLoto.java

```
package com.eteks.test;

import com.eteks.outils.Loto;
import java.util.List;
import javax.swing.JOptionPane;

public class GrilleLoto
{
  public static void main(String[] args)
  {
    List<Integer> tirageLoto = Loto.creerTirage(); (5)
    String grilleLoto = "<html><table border='1'>"; (6)
    for (int ligne = 0; ligne < 10; ligne++) (7)
    {
      grilleLoto += "<tr>";
      for (int colonne = 0; colonne < 5; colonne++) (8)
      {
        int boule = ligne + (colonne * 10);
        grilleLoto += "<td><font size='+2'>";
        if (boule > 0)
          if (tirageLoto.contains(boule)) (9)
            grilleLoto += "<b>" + boule + "</b>"; (10)
          else
            grilleLoto += "<font color='gray'>" + boule
                       + "</font>"; (11)
        grilleLoto += "</font></td>";
      }
      grilleLoto += "</tr>";
    }
    grilleLoto += "</table></html>";
    JOptionPane.showMessageDialog(null, grilleLoto,
                 "Loto", JOptionPane.PLAIN_MESSAGE); (12)
  }
}
```

- Obtention d'un tirage de 6 nombres.
- Construction d'un tableau HTML (balise `<table>`) qui représente une grille de loto.
- Ajout d'une ligne au tableau HTML (balise `<tr>`).
- Ajout d'une cellule à la ligne (balise `<td>`), dont le texte est agrandi.
- Si la boule appartient au tirage, le nombre est affiché en gras.
- Sinon, le nombre est affiché en gris.
- Fin de la cellule (balise `</td>`).
- Fin de la ligne (balise `</tr>`).
- Fin du tableau (balise `</table>`).
- Affichage du tableau HTML dans une boîte de dialogue de titre *loto* et sans icône.

Java Autoboxing

Dans cet exemple, l'*autoboxing* simplifie la création d'objets de classe `java.lang.Integer` ❷ ❾, en évitant d'écrire explicitement l'appel à `new Integer`. Ainsi, l'instruction ❷ :

```
boulesLoto.add(i);
```

est équivalente à :

```
boulesLoto.add(new Integer(i));
```

La méthode `contains` ❾ est appelée ici sur la collection `tirageLoto` pour vérifier si un nombre appartient au tirage. Cette méthode compare l'objet passé en paramètre avec les objets d'une collection grâce à leur méthode `equals`, ce qui permet de lui passer un objet temporaire de classe `java.lang.Integer` (cette classe redéfinit `equals` en comparant l'entier mémorisé par une instance avec celui d'une autre instance de sa classe).

Regard du développeur C# versus Java

Globalement, on peut voir le langage C# comme une évolution du langage Java, qui apporte quelques nuances « esthétiques » sur certains mots-clés (comme pour `base` en C# équivalent de `super` en Java) et quelques différences de syntaxe décrites tout au long de cet ouvrage. Toutefois, la comparaison dans le détail de ces deux langages donne aussi l'impression que les concepteurs de C# ont fait beaucoup de concessions aux développeurs C++, au risque probable de rendre un programme C# plus complexe à maintenir et moins robuste. Voici quelques-unes des fonctionnalités de C# qui resteront longtemps sujettes à caution en Java :

- Dans le mode `unsafe` (*non sûr*) du C#, vous pouvez manipuler des pointeurs, avec tous les risques inhérents, et contrôler la gestion de la mémoire grâce à `fixed` et `stackalloc`.
- C# vous laisse le choix d'utiliser ou non le polymorphisme sur une méthode grâce aux mots-clés `virtual` et `override`.
- C# permet de surcharger les opérateurs `+ - ! ~ ++ -- * / % & | ^ << >>` et l'opérateur de cast. Même si cette fonctionnalité est intéressante pour simplifier la programmation des calculs sur les nombres complexes et du calcul matriciel, elle n'est pas apparue en Java pour éviter toute confusion que peut entraîner une mauvaise utilisation de cette fonctionnalité.
- Il est possible en C# de créer des synonymes d'une classe ou d'un espace de noms avec le mot-clé `using`.
- C# permet de passer des arguments par valeur ou par référence grâce aux mots-clés `ref` et `out`.
- C# vous laisse une liberté totale d'organisation des fichiers sources.

Pour un développeur Java, l'existence du « concurrent » C# a néanmoins un double intérêt : d'abord, elle prouve à ceux qui en douteraient encore que Sun Microsystems a fait les bons choix lors de la conception de Java puisque Microsoft a repris les grands principes de Java dans C# (machine virtuelle, ramasse-miettes, langage objet fortement typé proche du C++).
Ensuite, l'existence de C# a provoqué une réaction positive des concepteurs de Java puisque ceux-ci ont décidé d'intégrer certaines fonctionnalités très demandées et intégrées au C#, parmi lesquelles :

- les énumérations de constantes avec `enum` ;
- les listes d'arguments variables ;
- la généricité et les boucles itératives pour simplifier la gestion des éléments d'un tableau ou d'une collection ;
- la possibilité d'ajouter des annotations à une classe.

Finalement, n'oubliez pas que C# et Java ne se résument pas à des langages, car ils sont indissociables de leur très riche bibliothèque, indispensable pour le développement d'une application. À peu de choses près, vous retrouverez dans la bibliothèque .NET de C# comme dans la bibliothèque Java, des classes qui assurent les mêmes fonctionnalités, mais la plupart du temps sous des noms différents.

En résumé...

Ce chapitre vous a montré les possibilités des classes abstraites et des interfaces Java. Retenez avant tout l'attitude à adopter en présence d'une méthode de la bibliothèque Java qui manipule une interface Java :

- Si la méthode renvoie un objet de type interface (comme `iterator` qui renvoie un objet de type `java.util.Iterator` ou `subList` qui renvoie un objet de type `java.util.List`), utilisez les méthodes de cette interface comme si elles étaient celles d'une classe.
- Si la méthode prend en paramètre un objet de type interface (comme la méthode `addActionListener` abordée dans le chapitre 10 consacré à Swing), vous devez utiliser ou créer une classe qui implémente l'interface requise et ses méthodes puis lui passer en paramètre une instance de cette classe.

À mesure que vous utiliserez les classes abstraites et les interfaces de la bibliothèque Java, vous en comprendrez mieux l'intérêt et les mécanismes. Vous pourrez alors envisager de créer vos propres interfaces.

chapitre 8

```
package com.eteks.test;

import javax.swing.JOptionPane;

class CalculFactorielle
{
  public static void main (String [] args)
  {
    try
    {
      String s = JOptionPane.showInputDialog("Entrez un nombre :");
      long n = Long.parseLong (s);
      long factN = Calcul.factorielle (n);
      JOptionPane.showMessageDialog (null, n + "! = " + factN);
    }
    catch (NumberFormatException ex)
    {
      JOptionPane.showMessageDialog (null,
                      ex.getMessage () + " n'est pas un entier");
    }
    catch (IllegalArgumentException ex)
    {
      JOptionPane.showMessageDialog (null, ex.getMessage ());
    }
  }
}
```

Gestion des erreurs avec les exceptions

Les exceptions permettent de séparer la logique d'un traitement des erreurs qu'il peut provoquer. À l'usage, vous découvrirez que l'intégration des exceptions à Java facilite la mise au point de vos programmes, notamment grâce à leur diagnostic.

SOMMAIRE

- Pile d'exécution
- Intercepter une exception
- Déclencher une exception
- Exceptions contrôlées/non contrôlées
- Gérer une exception contrôlée

MOTS-CLÉS

- try
- catch
- throw
- finally
- throws
- Throwable
- RuntimeException
- Error
- Exception
- printStackTrace
- réflexion

La gestion des erreurs et leur détection sont gérées en Java avec des objets spéciaux appelés exceptions. Les exceptions sont utilisées systématiquement en Java autant par la JVM pour vous signaler clairement les erreurs et les bogues que vous avez oubliés de traiter, que pour créer des programmes de qualité prenant en compte les erreurs dues, par exemple, à des problèmes d'accès aux fichiers ou au réseau.

La pile d'exécution, organisation et fonctionnement

B.A.-BA Pile LIFO

Une pile LIFO (*Last In First Out* ou dernier entré - premier sorti) gère un ensemble de données où les dernières données qui lui sont ajoutées sont les premières à en ressortir, de façon comparable à l'utilisation normale d'une pile d'assiettes.

Dans un programme Java, l'organisation en mémoire des données manipulées varie selon la catégorie de données. Les objets et leurs champs sont stockés dans une zone dite tas (*heap* en anglais) symbolisant la zone mémoire où la mémoire est prise pour créer les objets. Les variables locales et les paramètres de méthode sont stockés dans une zone nommée pile d'exécution (*stack* en anglais) symbolisant une zone mémoire organisée comme une pile LIFO. Chaque tâche ou thread d'un programme a sa propre pile d'exécution.

La pile d'exécution mémorise non seulement les variables locales et les paramètres mais aussi d'autres informations utiles dans le contexte d'une méthode : valeur de `this`, valeur de retour et point de retour dans la méthode appelante. Le regroupement de ces informations dans une pile LIFO présente les avantages suivants :

- accélère l'exécution des programmes car les instructions pour empiler, désempiler et utiliser des éléments d'une pile sont généralement câblées dans les microprocesseurs ;
- simplifie l'encapsulation des informations de la méthode ;
- autorise les appels récursifs à une méthode, c'est-à-dire que la méthode peut s'appeler elle-même ;
- permet à la JVM de restituer l'enchaînement des appels de méthodes quand une exception est déclenchée.

B.A.-BA Factorielle et récursivité

La factorielle d'un nombre entier `n`, notée `n!`, est égale à la multiplication entre eux de tous les entiers compris entre `1` et `n`, c'est-à-dire :

```
n! = n x (n - 1) x ... x 2 x 1
```

D'après cette formule, la factorielle d'un nombre `n` supérieur à `1` est aussi égale à la multiplication de `n` par la factorielle de `(n - 1)`, soit :

```
n! = n x (n - 1)!
```

L'utilisation de la récursivité permet de programmer directement cette formule, comme le montre la méthode `factorielle` de la classe `com.eteks.test.Calcul`.

Par l'exemple : calculer une factorielle

L'application définie ci-contre calcule la factorielle d'un nombre saisi par l'utilisateur. Ce calcul est effectué par la méthode récursive `factorielle` de la classe `com.eteks.test.Calcul`, afin que vous puissiez observer le fonctionnement de la pile d'exécution au moment de son appel.

```java
package com.eteks.test;
import javax.swing.JOptionPane;

class CalculFactorielle
{
  public static void main(String [] args)
  {
    String s = null;
    do
    {
      s = JOptionPane.showInputDialog("Entrez un nombre :");
      if (s != null)
      {
        long n = Long.parseLong(s);
        long factN = Calcul.factorielle(n);
        JOptionPane.showMessageDialog(null,
                                      n + "! = " + factN);
      }
    }
    while (s != null);
  }
}

class Calcul
{
  /**
   * Renvoie la factorielle de n,
   * egale à n x (n - 1) x (n - 2) x ... x 2 x 1
   */
  public static long factorielle(long n)
  {
    if (n <= 1)
      return 1;
    else
      return n * factorielle(n - 1);
  }
}
```

◂ Saisie d'un texte avec une boîte de dialogue.

◂ `s` est égal à `null` si l'utilisateur choisit *Annuler*.

◂ Conversion du texte saisi en nombre.

◂ Calcul de la factorielle.

◂ Affichage du résultat.

◂ Condition d'arrêt.

◂ Appel récursif à `factorielle`.

Si l'utilisateur saisit la valeur 3 lors de l'exécution de cette application, l'appel de la méthode `factorielle` ligne 15 provoquera une évolution de la pile d'exécution qui peut être symbolisée de la façon suivante.

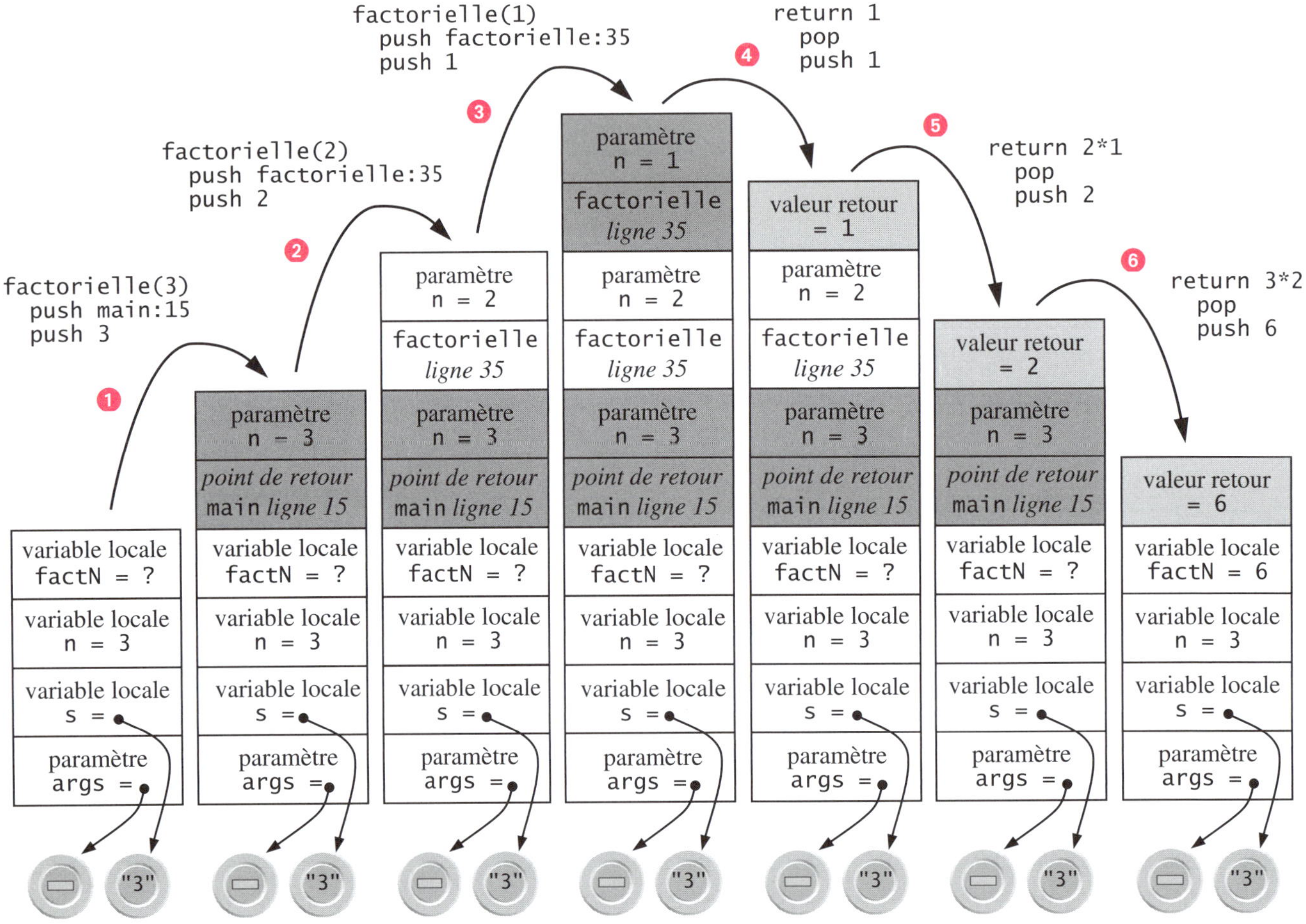

Figure 8–1 Évolution de la pile d'exécution

À chaque appel de la méthode `factorielle` ❶ ❷ ❸ sont empilés la valeur du paramètre `n` reçu par cette méthode et le point de retour où le programme devra reprendre son cours, une fois terminée l'exécution de cette méthode. Les appels récursifs à la méthode `factorielle` provoquent l'empilage (*push*) successif des différents états de cette méthode jusqu'à ce que la *condition d'arrêt* `n <= 1` soit atteinte. Les valeurs renvoyées par les appels à la méthode `factorielle` ❹ ❺ ❻ sont alors utilisées l'une après l'autre pour effectuer les multiplications avec les différentes valeurs de `n` en pile. Finalement, le résultat `6` est stocké dans la variable `factN`.

Gérer les exceptions

Quand une erreur imprévue survient lors de l'exécution d'un programme Java, la JVM crée une exception qui représente le diagnostic de cette erreur.

Par défaut, la JVM affiche dans la fenêtre de commandes un diagnostic tel que :

```
Exception in thread "main" ClasseException: MessageException
```

où *ClasseException* est la classe de l'exception déclenchée suite à l'erreur, et *MessageException* son message associé. Ce texte est suivi de la trace de la pile d'exécution qui décrit l'enchaînement des appels de méthodes dans la pile d'exécution au moment de l'erreur, du plus récent au plus ancien.

Quand l'information est disponible dans le fichier `.class` de la classe d'une méthode, chaque méthode de cette liste est suivie entre parenthèses du nom de son fichier source `.java` et de la ligne où la méthode précédente dans la liste a été appelée.

API JAVA Classes d'exception de la bibliothèque standard

Toutes les classes d'exception dérivent de la classe `java.lang.Throwable`. La bibliothèque standard Java définit à elle seule plus de 500 classes d'exceptions différentes, chacune d'elles correspondant à une catégorie d'erreur particulière !

Même un programme simple peut cacher des erreurs

En apparence sans erreur, l'exécution de l'application de classe `com.eteks.test.CalculFactorielle` peut en fait provoquer plusieurs erreurs.

1 Classe non trouvée

```
Exception in thread "main" java.lang.NoClassDefFoundError:
CalculFactorielle
```

Cette exception est déclenchée quand la JVM ne parvient pas à charger le fichier de la classe indiquée parce que la classe ne figure pas dans le dossier attendu (option `-classpath` incorrecte par exemple).

2 Conversion du texte en nombre impossible

```
Exception in thread "main" java.lang.NumberFormatException: For input
string: "10.0" ❶
  at java.lang.NumberFormatException.forInputString(
                           NumberFormatException.java:65)
  at java.lang.Long.parseLong(Long.java:441)
  at java.lang.Long.parseLong(Long.java:483) ❸
  at com.eteks.test.CalculFactorielle.main(CalculFactorielle.java:14) ❷
```

Cette exception est déclenchée suite à la saisie d'un texte qui ne peut pas être converti en nombre par la méthode `parseLong` de la classe `java.lang.Long` appelée ligne 14 (`10.0` n'est pas un nombre entier).

À RETENIR Utilisez le diagnostic d'exception pour trouver une erreur

La lecture de la trace de la pile d'exécution affichée par la JVM permet de localiser tant la méthode où est survenue une erreur, que l'enchaînement des méthodes qui l'ont provoquée. Afin de corriger plus rapidement les erreurs provoquées par votre programme, apprenez à décrypter le diagnostic d'exception que vous affiche la JVM en adoptant la démarche suivante :

- Repérez la classe de l'exception et son message pour déterminer la catégorie de l'erreur et sa raison ❶.
- Cherchez en partant du haut de la trace la première classe dont vous êtes l'auteur ❷.
- Repérez dans cette ligne le fichier source et le numéro de ligne où est survenue l'exception.
- Si cette ligne est précédée d'une autre ligne qui débute par `at`, repérez dans cette ligne la méthode qui a provoqué une exception et sa classe ❸.
- Lisez la documentation javadoc de cette méthode pour obtenir une description des cas où elle peut déclencher une exception de la classe indiquée.

Attention
Limitez l'utilisation de la récursivité

L'utilisation de la récursivité est le moyen le plus simple pour programmer certains algorithmes issus des suites et séries mathématiques. Toutefois, utilisez de préférence une boucle `while` ou `for` quand c'est possible car l'appel d'une méthode est moins rapide qu'un tour de boucle, et une boucle ne risque pas de provoquer de débordement de la pile d'exécution dans les cas limites.

Par exemple, la méthode factorielle pourrait être « dérécursivée » ainsi :

```
public static long
  factorielle(long n)
{
  long resultat = 1;
  for (long i = 2; i <= n; i++)
    resultat *= i;
  return resultat;
}
```

3 Débordement de la pile d'exécution

```
Exception in thread "main" java.lang.StackOverflowError
       at com.eteks.test.Calcul.factorielle(CalculFactorielle.java:35)
       at com.eteks.test.Calcul.factorielle(CalculFactorielle.java:35)
       at com.eteks.test.Calcul.factorielle(CalculFactorielle.java:35)
       ...
```

Cette exception est déclenchée suite au calcul de la factorielle d'un nombre trop grand, par exemple 100 000. À chaque appel de la méthode `factorielle`, la JVM prend dans la pile d'exécution un peu de mémoire qu'elle libère en quittant la méthode. L'appel récursif ligne 35 de la méthode `factorielle` provoque lors de l'exécution autant d'appels imbriqués que la valeur du paramètre de `factorielle`. La mémoire utilisée par ces appels récursifs ne commence à être libérée qu'au moment où la condition d'arrêt de la méthode `factorielle` est atteinte, c'est-à-dire quand son paramètre vaut 1. Si le paramètre initial est trop grand, la pile d'exécution provoque un débordement de pile (*stack overflow* en anglais) avant d'atteindre la condition d'arrêt parce qu'elle n'a plus de place pour stocker un énième appel.

Intercepter une exception avec try catch

C++ try catch

Les instructions `try catch` de Java et du C++ ont des syntaxes très proches à quelques nuances près : en Java, dans chaque `catch`, le type de l'exception déclarée doit être une classe d'exception et suivi de la déclaration d'une référence désignant l'exception, même si cette référence n'est pas utilisée.

Les erreurs d'exécution sont en général dues soit à une erreur de logique dans les instructions d'une méthode qui doivent alors être modifiées, soit à une programmation qui n'a pas traité certains cas exceptionnels. Pour ce qui est des cas exceptionnels non traités, le programmeur peut modifier son programme de deux façons.

La première consiste à ajouter des tests afin que le cas exceptionnel ne se présente plus. Dans la classe `com.eteks.test.CalculFactorielle`, on peut opérer les changements nécessaires au contrôle de la saisie soit en remplaçant `showInputDialog` par un appel à une autre méthode n'autorisant que la saisie de chiffres, soit en testant si les caractères saisis sont tous des chiffres avant l'appel à `parseLong`.

La seconde consiste à intercepter l'exception qu'une méthode déclenche avec une instruction `try catch` respectant la syntaxe suivante.

Essayer...

... d'exécuter *InstructionsTry*

Si une exception de classe *ClasseException* a été déclenchée lors de l'exécution de *InstructionsTry*,

InstructionsCatch est exécuté.

```
try
{
  InstructionsTry
}
catch (ClasseException ex)
{
  InstructionsCatch
}
```

Le bloc de l'instruction `try` encadre les instructions *`InstructionsTry`* à essayer. Ce bloc est suivi d'un ou plusieurs blocs `catch`, chacun spécifiant la classe d'exception *`ClasseException`* qu'il est capable d'intercepter. Quand une exception est déclenchée par une instruction du bloc `try`, la JVM recherche le bloc `catch` de même classe que celle de l'exception. Si ce bloc `catch` existe :

1 L'exception est interceptée par le bloc `catch`. La référence `ex` désigne l'exception.

2 Les instructions du bloc `catch` sont exécutées.

3 Les instructions suivant l'instruction `try catch` sont exécutées en oubliant celles qui suivent l'instruction qui a provoqué l'exception dans le bloc `try`.

La référence désignant l'exception (ici `ex`) peut être un quelconque identificateur dès lors qu'il diffère des variables locales et des paramètres de la méthode courante.

Regard du développeur Quel traitement programmer dans un bloc try ?

Comme le bloc qui suit `try` peut contenir une ou plusieurs instruction(s), la question portant sur ce qu'il faut programmer dans un tel bloc se pose souvent. Pour y répondre, basez-vous sur le fait que les instructions d'un bloc `try` doivent représenter un *essai* cohérent. Par exemple, la logique de l'application ci-contre permet à l'utilisateur de calculer la factorielle d'un nombre saisi par ses soins, et ceci autant de fois qu'il le désire. S'il *essaie* de calculer la factorielle d'autre chose qu'un nombre entier, l'application doit l'avertir de son erreur, mais n'a pas de raison de s'arrêter pour autant. Ainsi, les instructions du bloc `try` ci-dessous *essaient* de calculer la factorielle d'un nombre, et ce traitement est inclus dans une instruction `do while` répétant cet *essai*, qu'il ait réussi ou non.

Par l'exemple : vérifier les erreurs de saisie

L'application suivante reprend l'application de classe `com.eteks.test.CalculFactorielle` définie au début du chapitre pour éviter les erreurs au cas où l'utilisateur saisit un texte qui n'est pas un nombre entier.

Exemple com/eteks/test/CalculAvecTryCatch.java

```
package com.eteks.test;

import javax.swing.JOptionPane;

class CalculAvecTryCatch
{
  public static void main(String [] args)
  {
    String s = null;
    do
    try
      {
        s = JOptionPane.showInputDialog("Entrez un nombre :");
        if (s != null)
        {
          long n = Long.parseLong(s); ❶
          long factN = Calcul.factorielle(n);
          JOptionPane.showMessageDialog(null,
                                        n + "! = " + factN);
        }
      }
      catch (NumberFormatException ex) ❷
      {
```

◄ La conversion du texte saisi en nombre peut déclencher une exception de classe `java.lang.NumberFormatException`.

Affichage d'un message pour avertir l'utilisateur de son erreur de saisie.

```
        JOptionPane.showMessageDialog(null,
                  s + " n'est pas un entier"); ❸
      }
    while (s != null); ❹
  }
}
```

Si une exception est déclenchée dans la méthode `parseLong` ❶, l'application de classe `com.eteks.test.CalculAvecTryCatch` l'intercepte dans le bloc `catch(NumberFormatExceptionex)` ❷ pour afficher un message prévenant l'utilisateur que le nombre saisi n'est pas un entier ❸. L'exécution se poursuit ensuite sur l'instruction `while` ❹.

Déclencher une exception avec throw

C++/C# Différences d'utilisation de throw

En Java, l'instruction `throw` doit être obligatoirement suivie d'une référence qui désigne une instance d'une classe d'exception. L'instruction `throw;` du C++ et de C# utilisée pour déclencher à nouveau une exception interceptée dans un bloc `catch` est remplacée en Java par l'instruction `throw ex;`, *ex* étant la référence de l'exception déclarée dans le `catch`.

C'est l'instruction `throw` suivie d'une instance d'une classe d'exception qui permet de déclencher une exception. Cette instruction utilisée dans une méthode ou dans un constructeur provoque l'arrêt de la méthode ou du constructeur courant sans retourner de valeur. La JVM remonte alors dans la pile d'exécution à la recherche de la première méthode munie d'un bloc `catch` capable d'intercepter l'exception déclenchée. S'il n'existe aucune instruction `try catch` à même de traiter cette classe d'exception, la JVM arrête la tâche courante et affiche dans la fenêtre de commandes le diagnostic de l'exception.

Par l'exemple : surveiller les cas limites

L'erreur de débordement de pile qui peut survenir lors de l'exécution de l'application de classe `com.eteks.test.CalculFactorielle` (comme avec l'application de classe `com.eteks.test.CalculAvecTryCatch`) est plutôt une erreur de logique car la méthode `factorielle` ne doit pas provoquer d'erreur dans la JVM. Les exceptions de classe `java.lang.StackOverflowError`, comme toutes celles d'une classe dérivant de la classe `java.lang.Error`, sont rarement interceptées. Elles sont déclenchées suite à une grave erreur dans le fonctionnement de la JVM.

Par ailleurs, `factorielle` devrait refuser un nombre négatif en paramètre ou un nombre supérieur à 20, une donnée de type `long` ne pouvant stocker un nombre plus grand que `Long.MAX_VALUE` (= 9 223 372 036 854 775 807). La solution la plus élégante consiste à déclencher une exception dans la méthode `factorielle` pour chacun des cas limites.

La classe d'exception `java.lang.IllegalArgumentException` utilisée pour les paramètres incorrects d'une méthode convient pour les cas limites posés par la méthode `factorielle`, laquelle peut être modifiée de la façon suivante.

EXEMPLE com/eteks/test/CalculFactorielle.java (corrigé)

```
package com.eteks.test;

import javax.swing.JOptionPane;

class Calcul {
  /**
   * Renvoie la factorielle de n,
   * egale à n x (n - 1) x (n - 2) x ... x 2 x 1
   * @exception IllegalArgumentException si n < 0 ou n > 20
   */
  public static long factorielle(long n)
  {
    if (n < 0 || n > 20)
      throw new IllegalArgumentException(n + " invalide");
    if (n <= 1)
      return 1;
    else
      return n * factorielle(n - 1);
  }
}
```

◂ Balise javadoc signalant la classe d'exception que peut déclencher la méthode.

◂ Vérification des cas limites.

◂ Condition d'arrêt.

◂ Appel récursif à factorielle.

Bien qu'après changement, la méthode `factorielle` continue à déclencher une exception à l'exécution si `n < 0` ou `n > 20`, l'exception est maintenant plus claire pour l'utilisateur de cette méthode et la compatibilité ascendante a été maintenue :

```
Exception in thread "main" java.lang.IllegalArgumentException: 21 invalide
    at com.eteks.test.Calcul.factorielle(CalculFactorielle.java:33)
    at com.eteks.test.CalculAvecTryCatch.main(CalculAvecTryCatch.java:19)
```

POUR ALLER PLUS LOIN assert

Une assertion est une instruction qui teste la validité d'une condition, grâce à l'une des deux syntaxes suivantes :

```
assert exprBooleenne;
assert exprBooleenne : message;
```

Si le résultat de l'expression *exprBooleenne* est égal à `false`, cette instruction déclenche alors une exception de classe `java.lang.AssertionError`. À la différence d'une instruction `if (condition) throw ex;` une assertion n'est vérifiée que si l'option `-enableassertions` (ou `-ea`) est utilisée au lancement de la commande `java`. Les assertions sont utilisées généralement au moment de la mise au point d'un programme pour vérifier les conditions d'entrée et de sortie d'une méthode. Par exemple, l'instruction :

```
if (n < 0 || n > 20)
  throw new IllegalArgumentException(n + " invalide");
```

peut s'écrire ainsi avec l'assertion suivante :

```
assert n >= 0 && n <= 20 : n + " invalide";
```

▸ http://docs.oracle.com/javase/1.4/docs/guide/lang/assert.html

L'application de classe `com.eteks.test.CalculAvecTryCatchTouteException` traite enfin les exceptions `java.lang.NumberFormatException` et `java.lang.IllegalArgumentException`.

EXEMPLE com/eteks/test/CalculAvecTryCatchTouteException.java

```
package com.eteks.test;
import javax.swing.JOptionPane;
class CalculAvecTryCatchTouteException
{
  public static void main(String [] args)
  {
    String s = null;
    do
      try
      {
        s = JOptionPane.showInputDialog("Entrez un nombre :");
        if (s != null)
        {
          long n = Long.parseLong(s);
          long factN = Calcul.factorielle(n);
          JOptionPane.showMessageDialog(null,
                                        n + "! = " + factN);
        }
      }
      catch (NumberFormatException ex)
      {
        JOptionPane.showMessageDialog(null,
                                      s + " n'est pas un entier");
      }
      catch (IllegalArgumentException ex)
      {
        JOptionPane.showMessageDialog(null, ex.getMessage());
      }
    while (s != null);
  }
}
```

La conversion du texte saisi en nombre peut déclencher une exception de classe `java.lang.NumberFormatException`.

L'appel à `factorielle` peut déclencher une exception de classe `java.lang.IllegalArgumentException`.

Affichage d'un message pour avertir l'utilisateur de son erreur de saisie.

Affichage du message de l'exception.

Décrire un traitement final avec finally

Une instruction `try catch` peut être suivie d'un bloc `finally` contenant les instructions qu'il faut toujours exécuter, après qu'une partie ou toutes les instructions du bloc `try` ont été exécutées. Par exemple, un bloc `try` qui traite des accès à un fichier (ouverture, écriture) est généralement suivi d'un bloc `finally` fermant le fichier. Le fichier sera ainsi finalement fermé, qu'une exception ait été déclenchée ou non dans le bloc `try`.

C++ Pas de finally enC++

La notion de bloc `finally` qui définit les instructions à exécuter quelle que soit l'issue d'un bloc `try` n'existe pas en C++, mais a été reprise en C#.

JAVA Ordre des catch

Les blocs `catch` qui traitent les cas particuliers doivent être cités avant ceux qui s'occupent des cas généraux : concrètement, si les classes d'exceptions de deux blocs `catch` ont des relations d'héritage, le bloc `catch` spécifiant la sous-classe doit être cité avant le bloc `catch` spécifiant la super-classe.

Si, dans l'exemple précédent, vous intervertissez l'ordre des deux blocs `catch`, le compilateur affichera cette erreur :

```
src/com/eteks/test/CalculAvecTryCatchTouteException.java:26:
exception java.lang.NumberFormatException has already been caught
      catch (NumberFormatException ex)
```

Il est aussi possible de ne programmer qu'un seul `catch (IllegalArgumentException ex)`, car la classe `java.lang.IllegalArgumentException` est la super-classe de `java.lang.NumberFormatException`.

C++ Equivalent Java de catch (...)

Comme `java.lang.Throwable` est la super-classe de toutes les classes d'exception, l'équivalent du `catch (...)` du C++ est, en Java : **`catch (Throwable ex)`**

Par l'exemple : finally, demander confirmation pour continuer

Dans l'application suivante, quelles que soient les erreurs provoquées, ou pas, à chaque tentative de calcul, le bloc `finally` est exécuté pour demander à l'utilisateur confirmation pour continuer.

EXEMPLE com/eteks/test/CalculAvecTryCatchFinally.java

```
package com.eteks.test;
import javax.swing.JOptionPane;
class CalculAvecTryCatchFinally
{
  public static void main(String [] args)
  {
    String titre = "Calcul de factorielle";
    int reponse;
    String s = null;
    do
      try
      {
        s = JOptionPane.showInputDialog(null,
                      "Entrez un nombre :", titre,
                      JOptionPane.OK_CANCEL_OPTION);
        if (s != null)
        {
          long n = Long.parseLong(s);


          long factN = Calcul.factorielle(n);
          JOptionPane.showMessageDialog(null,
                                        n + "! = " + factN);
        }
      }
      catch (NumberFormatException ex)
      {
```

◄ Titre des boîtes de dialogue.

◄ La conversion du texte saisi en nombre peut déclencher une exception de classe `java.lang.NumberFormatException`.

◄ L'appel à factorielle peut déclencher une exception de classe `java.lang.IllegalArgumentException`.

Affichage d'un message d'erreur avec l'icône adéquate.

Affichage d'un message d'erreur avec l'icône adéquate.

Demande de confirmation pour quitter. La méthode showConfirmDialog prend en dernier paramètre une constante représentant les boutons qui doivent apparaître dans la boîte de dialogue (ici, YES_NO_OPTION pour Oui et Non) et renvoie une constante qui représente le choix de l'utilisateur (ici YES_OPTION ou NO_OPTION).

```
        JOptionPane.showMessageDialog(null,
                 s + " n'est pas un entier",
                 titre, JOptionPane.ERROR_MESSAGE);
      }
      catch (IllegalArgumentException ex)
      {
        JOptionPane.showMessageDialog(null, ex.getMessage(),
                             titre, JOptionPane.ERROR_MESSAGE);
      }
      finally
      {
        reponse = JOptionPane.showConfirmDialog(null,
                     "Voulez-vous quitter ?",
                     titre, JOptionPane.YES_NO_OPTION);
      }
    while (reponse == JOptionPane.NO_OPTION);
  }
}
```

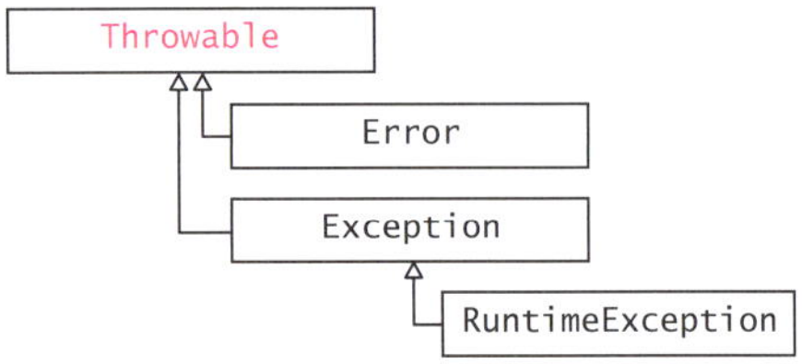

Figure 8–2
Hiérarchie des classes d'exceptions

Catégories d'exceptions Java

Les classes java.lang.Error, java.lang.Exception et java.lang.RuntimeException, sous-classes de java.lang.Throwable, définissent des catégories d'exceptions différentes.

Exceptions non contrôlées

Les sous-classes de java.lang.Error et de java.lang.RuntimeException ne sont pas contrôlées par le compilateur : si une exception de cette catégorie est déclenchée lors de l'exécution, soit vous l'avez prévue et traitée avec une instruction try catch, soit la JVM affiche le diagnostic correspondant et vous corrigez votre programme. Le compilateur ne vous oblige donc pas à traiter toutes les instructions de vos classes dans des instructions try catch en prévision de toutes les exceptions non contrôlées qui pourraient être déclenchées ; ce serait fastidieux et inutile dans la plupart des cas.

Le tableau 8-1 présente les sous-classes de java.lang.RuntimeException qui sont le plus fréquemment utilisées.

Tableau 8–1 Les sous-classes de java.lang.RuntimeException le plus fréquemment utilisées

Sous-classe	Description
`java.lang.ArithmeticException`	Division entière par zéro.
`java.lang.ClassCastException`	Conversion d'une référence dans un type incompatible.
`java.lang.IllegalArgumentException`	Valeur refusée en paramètre d'une méthode.
`java.lang.NumberFormatException`	Sous-classe de la précédente utilisée par les méthodes `parse...` des classes d'emballage numériques si une chaîne de caractères n'est pas convertible dans son type primitif correspondant.
`java.lang.IllegalStateException`	État d'un objet n'autorisant pas l'appel d'une méthode.
`java.lang.IndexOutOfBoundsException`	Valeur d'indice en dehors des limites autorisées.
`java.lang.ArrayIndexOutOfBoundsException`	Sous-classe utilisée pour les indices de tableaux.
`java.lang.StringIndexOutOfBoundsException`	Sous-classe utilisée pour les indices dans les chaînes de caractères.
`java.lang.NullPointerException`	Appel d'une méthode ou utilisation d'un champ avec une référence `null`.
`java.lang.SecurityException`	Violation de sécurité.
`java.lang.UnsupportedOperationException`	Opération non supportée par une méthode.

REGARD DU DÉVELOPPEUR **Comment traiter une erreur de lien ?**

Les exceptions dont la classe dérive de `java.lang.Error` sont généralement déclenchées par la JVM suite à un problème rencontré à l'utilisation d'une classe ou sur la JVM elle-même. Parmi celles-ci, toutes les sous-classes de `java.lang.LinkageError`, comme `java.lang.NoClassDefFoundError` ou `java.lang.NoSuchMethodError`, représentent les erreurs déclenchées quand le lien avec une classe est impossible (classe ou méthode inexistante, fichier `.class` corrompu...). Ces erreurs surviennent le plus souvent quand la JVM continue à utiliser un ancien fichier `.class` d'une classe qui a été modifiée entre-temps. Si une telle erreur survient, vérifiez les trois points suivants et recompilez la classe si nécessaire :

- Les dates du fichier `.class` et du fichier source `.java`.
- L'unicité du fichier `.class` : peut-être avez-vous changé votre arborescence de développement et laissé d'anciens fichiers `.class` utilisés par inadvertance ?
- Le dossier ou le fichier `.jar` de provenance du fichier `.class` en vérifiant l'ordre des dossiers et des fichiers `.jar` spécifiés dans l'option `-classpath` et/ou dans la variable d'environnement `CLASSPATH`.

Exceptions contrôlées

Les classes dérivées de `java.lang.Exception`, différentes de `java.lang.RuntimeException` et ses sous-classes, sont des classes d'exceptions contrôlées (*checked* en anglais). Une méthode ou un constructeur utilise le mot-clé `throws` pour déclarer la liste des classes d'exceptions contrôlées qu'elle est susceptible de déclencher :

```
package com.eteks.test;

class ClasseAvecMethodeExceptionsControlees
{
  public void test() throws ClasseExceptionControlee
  {
```

```
    // Instructions susceptibles de déclencher les exceptions
    // contrôlées de classe ClasseExceptionControlee
  }
}
```

Le compilateur vérifie que les exceptions contrôlées susceptibles d'être déclenchées dans vos classes sont bien prises en compte, vous laissant le choix soit d'intercepter une exception contrôlée dans un bloc `catch`, soit de laisser se propager une exception contrôlée dans la pile d'exécution en ajoutant la classe de l'exception à la clause `throws` d'une méthode.

Les classes d'exceptions contrôlées le plus fréquemment utilisées sont déclenchées par les méthodes d'entrée/sortie. Ces opérations provoquant quelquefois des erreurs, le compilateur vous contraint ainsi à tenir compte systématiquement de ces exceptions pour rendre vos classes plus robustes dès leur conception :

- `java.io.IOException` et ses sous-classes pour les erreurs d'entrée/sortie sur les fichiers et le réseau ;
- `java.sql.SQLException` et ses sous-classes pour les erreurs avec une base de données ;
- `javax.servlet.ServletException` pour les erreurs avec les servlets.

C++/C# Exceptions contrôlées

La notion d'exceptions contrôlées est propre à Java et n'existe ni en C++ ni en C#. La clause `throw (typeException)` utilisée en C++ pour spécifier les types d'exception déclenchés par une fonction ou une méthode ressemble à la clause `throws` de Java mais n'a pas le même rôle. En C++, la clause `throw` spécifie la liste des seuls types d'exception qu'une fonction peut déclencher ; en Java, la clause `throws` sert à spécifier les classes d'exceptions contrôlées que l'appelant à une méthode doit prendre en compte.

Manipuler une classe à l'exécution avec la réflexion

La classe `java.lang.Class` et celles du package `java.lang.reflect` sont des classes relatives à la *réflexion* : elles permettent d'utiliser dynamiquement une classe dont l'identificateur ou celui d'un de ses membres n'est déterminé qu'à l'exécution. Pour ne pas provoquer d'erreur dans la JVM, les méthodes des classes de réflexion contrôlent la validité des opérations demandées comme le ferait le compilateur `javac`, et déclenchent pour les opérations invalides des exceptions *contrôlées* qu'il vous faut donc prendre en compte au moment de l'écriture de votre programme.

La réflexion est le plus souvent utilisée pour créer un objet à partir d'une chaîne de caractères qui décrit sa classe. Comme l'opérateur `new` ne peut être suivi d'un objet de classe `java.lang.String`, il faut appeler à la place les deux méthodes suivantes de la classe `java.lang.Class` :

1. La méthode de classe `forName` en lui passant en paramètre une chaîne de caractères qui contient l'identificateur de la classe recherchée avec son package. `forName` provoque le chargement par la JVM de la classe en paramètre si elle n'a pas encore été utilisée et renvoie l'instance de la classe `java.lang.Class` qui représente cette classe.
2. La méthode `newInstance` sur l'instance de la classe `java.lang.Class` renvoyée par `forName`. Cette méthode crée puis renvoie un objet de la classe correspondante.

À RETENIR Classe java.lang.Class

Chaque classe ou interface Java chargée par la JVM est représentée en mémoire par une instance de `java.lang.Class`. La méthode d'instance `getClass` définie dans la classe `java.lang.Object` peut être aussi appelée sur tout objet *existant* pour obtenir l'instance de `java.lang.Class` qui représente la classe de cet objet.

Les deux méthodes forName et newInstance s'utilisent conjointement de la façon suivante.

```
String chaineClasse = "java.util.Date";
// Ne se compile pas : new doit être suivi de
// l'identificateur d'une classe, pas d'une
// chaîne qui contient cet identificateur
Object obj = new chaineClasse();
```

⇒

```
String chaineClasse = "java.util.Date";

Class classeObjet = Class.forName(chaineClasse);

Object obj = classeObjet.newInstance();
```

Comme l'objet désigné par chaineClasse contient a priori n'importe quel texte, les méthodes forName et newInstance doivent effectuer à l'exécution les mêmes vérifications que celles faites par javac à la compilation d'une instruction new. Pour ne pas provoquer d'erreur dans la JVM, ces deux méthodes vérifient :

1. si la classe donnée par chaineClasse existe ;
2. si elle est accessible (si elle est public, ou sans modificateur d'accès et de même package que celui de la classe en cours) ;
3. si elle n'est pas une classe abstract ou une interface ;
4. si elle a un constructeur accessible sans paramètre.

Si une des erreurs précédentes est détectée, les méthodes forName et newInstance déclenchent une exception d'une des classes suivantes pour vous laisser prendre les mesures appropriées à l'aide d'un bloc catch :

- java.lang.ClassNotFoundException : classe inexistante ou non trouvée dans le classpath ;
- java.lang.IllegalAccessException : classe inaccessible (pas public ou d'un autre package) ;
- java.lang.InstantiationException : classe non instantiable (classe abstract, interface ou classe sans constructeur accessible n'ayant aucun paramètre).

Comme ces trois classes sont des classes d'exceptions contrôlées, les méthodes forName et newInstance de la classe java.lang.Class sont déclarées ainsi :

```
public static java.lang.Class forName(java.lang.String className)
                              throws java.lang.ClassNotFoundException
public java.lang.Object newInstance()
                              throws java.lang.InstantiationException,
                                     java.lang.IllegalAccessException
```

et tout programme Java qui utilise ces deux méthodes doit prendre en compte ces exceptions, même quand vous savez pertinemment qu'aucune de ces exceptions ne sera jamais déclenchée.

Par l'exemple : créer un objet à partir d'une classe choisie à l'exécution

L'application suivante crée un objet à partir d'une chaîne de caractères saisie par l'utilisateur grâce aux méthodes `forName` et `newInstance` ❶. L'objet créé est ensuite affiché grâce à la méthode `showMessageDialog`.

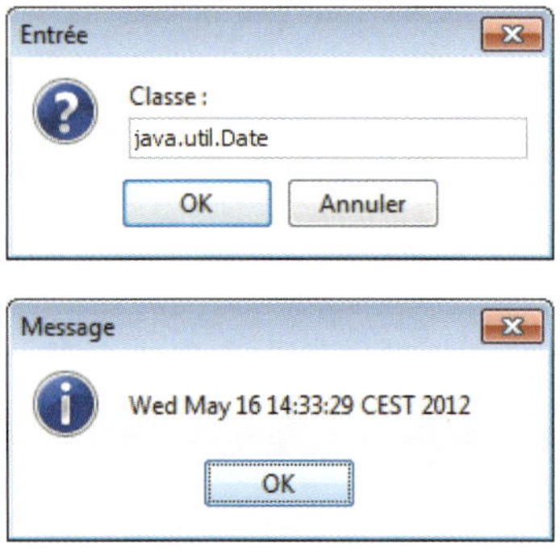

Figure 8–3 Application com.eteks.test.CreerObjetClasse

EXEMPLE com/eteks/test/CreerObjetClasse.java

```
package com.eteks.test;

import javax.swing.JOptionPane;

class CreerObjetClasse
{
  public static void main(String[] args)
  {
    String classe = JOptionPane.showInputDialog("Classe :");
    try
    {
      Object objet = Class.forName(classe).newInstance(); ❶
      JOptionPane.showMessageDialog(null, objet);
    }
    catch (ClassNotFoundException
           | IllegalAccessException
           | InstantiationException ex) ❷
    {
      JOptionPane.showMessageDialog(null,
        "Impossible d'accéder à ou d'instancier la classe " + classe);
    }
  }
}
```

- Saisie de la classe.
- Création d'un objet à partir de la classe saisie.
- Affichage de l'objet créé.
- Exceptions contrôlées déclenchées si la classe est introuvable, si elle n'est pas accessible , si elle est abstraite ou si elle n'a pas de constructeur accessible.

L'application utilise aussi une syntaxe apparue avec Java 7, qui permet de citer dans la déclaration d'un `catch` des classes d'exceptions sans lien d'héritage entre elles, en les séparant par le symbole `|` ❷. Bien sûr, cette syntaxe n'est intéressante que si les instructions du bloc `catch` sont les mêmes pour toutes les exceptions citées.

API JAVA showMessageDialog

La méthode `showMessageDialog` appelle la méthode `toString` sur l'objet qui lui est passé en paramètre pour l'afficher, sauf si cet objet est une instance d'une classe de composant Swing, comme `javax.swing.JButton` ; dans ce cas, cette méthode affiche directement le composant en question.

ATTENTION Une exception contrôlée doit être prise en compte

Si vous ne traitez pas une exception contrôlée en oubliant par exemple une classe d'exception dans le bloc `catch`, le compilateur affiche un message vous rappelant que la classe d'une exception contrôlée doit être interceptée (*caught* en anglais) ou déclarée avec `throws` dans la liste des exceptions de la méthode appelante comme étant susceptible d'être déclenchée (*thrown*) :

```
./src/com/eteks/test/CreerObjetClasse.java:14: unreported exception
java.lang.ClassNotFoundException; must be caught or declared to be
thrown
Object objet = Class.forName(classe).newInstance();
```

La classe `java.lang.Class` contient de nombreuses autres méthodes qui permettent d'interroger les différentes caractéristiques d'une classe ou d'une interface comme le résume le tableau suivant.

Description	Méthode

Interrogation de l'identificateur de cette classe avec son package, de sa super-classe et des interfaces qu'elle implémente	`public String getName()`
	`public Class getSuperclass()`
	`public Class [] getInterfaces()`

Interrogation des constructeurs, des champs et des méthodes disponibles et accessibles dans cette classe	`public java.lang.reflect.Constructor [] getConstructors()`
	`public java.lang.reflect.Field [] getFields()`
	`public java.lang.reflect.Method [] getMethods()`

Interrogation d'un constructeur particulier de cette classe	`public java.lang.reflect.Constructor getConstructor (java.lang.Class[] parameterTypes) throws java.lang.NoSuchMethodException`
Interrogation d'un champ particulier de cette classe	`public java.lang.reflect.Field getField(java.lang.String fieldName) throws java.lang.NoSuchFieldException`
Interrogation d'une méthode particulière de cette classe	`public java.lang.reflect.Method getMethod (java.lang.String methodName, java.lang.Class [] parameterTypes) throws java.lang.NoSuchMethodException`

Par l'exemple : trouver les constructeurs et les méthodes d'une classe

L'application suivante affiche les constructeurs et les méthodes accessibles d'une classe saisie par l'utilisateur.

API JAVA Autres méthodes de la classe java.lang.Class relatives à la réflexion

Les classes `java.lang.reflect.Constructor`, `java.lang.reflect.Field` et `java.lang.reflect.Method` contiennent toutes les méthodes nécessaires à la création d'un objet, la manipulation d'un champ et l'appel d'une méthode.

EXEMPLE com/eteks/test/AfficherConstructeursMethodesClasse.java

```
package com.eteks.test;

import javax.swing.JOptionPane;

class AfficherConstructeursMethodesClasse
{
  public static void main(String[] args)
  {
    String classe = JOptionPane.showInputDialog("Classe :");
    try
    {
      Class objetClasse = Class.forName(classe);

      JOptionPane.showMessageDialog(null,
         objetClasse.getConstructors(),
         "Constructeurs de " + classe, JOptionPane.PLAIN_MESSAGE);
      JOptionPane.showMessageDialog(null, objetClasse.getMethods(),
         "M\u00e9thodes de " + classe, JOptionPane.PLAIN_MESSAGE);
    }
    catch (ClassNotFoundException ex)
    {
```

◄ Saisie du nom de la classe.

◄ Obtention de l'objet représentant la classe saisie.

◄ Affichage des constructeurs `public` de la classe.

◄ Affichage des méthodes `public` de la classe.

◄ Exception contrôlée déclenchée si la classe n'existe pas ou si elle est introuvable.

```
        JOptionPane.showMessageDialog(null,
          "La classe " + classe + " n'existe pas");
      }
    }
  }
```

ATTENTION Ne laissez pas de bloc catch vide

Si vous ne savez pas comment traiter une exception ou si vous voulez programmer son traitement plus tard, appelez au moins la méthode `printStackTrace` sur l'exception interceptée, par exemple avec :

`ex.printStackTrace();`

Comme cette méthode affiche dans la fenêtre de commandes le diagnostic de l'exception, vous aurez au moins une trace à l'écran signalant l'exception en cas de comportement erratique de votre programme.

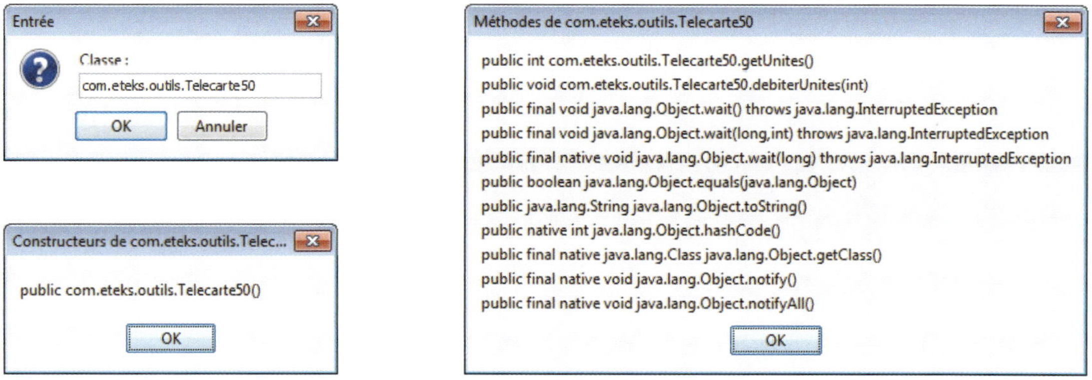

Figure 8–4 Application com.eteks.test.AfficherConstructeursMethodesClasse

C# Classe.class = typeof(Classe)

La classe C# `System.Type` est équivalente à la classe Java `java.lang.Class` et l'opérateur `typeof` a le même effet que `.class`.

ASTUCE Utilisation du mot-clé class

Le mot-clé `class` peut être aussi utilisé en Java à la suite d'une classe ou d'un type primitif pour obtenir l'objet de classe `java.lang.Class` qui représente une classe ou un type primitif. Ainsi, l'expression :

`com.eteks.outils.Service.class`

est équivalente à :

`Class.forName("com.eteks.outils.Service")`

Comme l'existence de la classe citée avant `.class` peut être vérifiée dès la compilation, cette syntaxe est pratique pour obtenir une instance de `java.lang.Class` sans l'encadrer avec une instruction `try catch`.

Créer une classe d'exception

Si aucune classe d'exception de la bibliothèque standard ne correspond aux exceptions que vous voulez déclencher dans une méthode, vous pouvez créer une nouvelle classe d'exception. Celle-ci doit dériver :

- soit de la classe `java.lang.Exception` pour créer une classe d'exception contrôlée ;
- soit de la classe `java.lang.RuntimeException` pour créer une classe d'exception non contrôlée ;
- soit d'une des sous-classes de `java.lang.Exception` ou `java.lang.RuntimeException`.

REGARD DU DÉVELOPPEUR Que choisir ?

Le choix entre déclencher une exception contrôlée ou non est fonction des circonstances d'utilisation de la méthode déclenchant l'exception. Ce choix n'obéit pas à une règle absolue mais tient compte généralement des critères suivants :

- Une exception contrôlée est déclenchée par une méthode dont le bon fonctionnement dépend d'une saisie correcte de l'utilisateur, ou qui a une potentialité de dysfonctionnement indépendante de la JVM, comme pour les entrées/sorties.
- Une exception non contrôlée est déclenchée par une méthode en réponse à la programmation d'un appel dans une situation incorrecte (mauvais paramètre, état incohérent...).

JAVA Classe d'exception

Presque toutes les classes d'exceptions de la bibliothèque standard sont définies de la façon suivante :

```
class ClasseException
extends SuperClasseException
{
  public ClasseException()
  {
  }

  public ClasseException(
            String message)
  {
    super(message);
  }
}
```

Ces classes qui ne définissent aucune méthode supplémentaire caractérisent en fait les différentes catégories d'exceptions. Vos propres classes d'exception peuvent reprendre ce schéma simple ou avoir leurs propres méthodes si besoin est.

En résumé...

L'intégration complète des exceptions à Java est un progrès qui assure une meilleure qualité à vos programmes. Vous aurez à les utiliser dans deux circonstances :

- pour détecter les erreurs pendant la phase de mise au point de votre programme Java. La JVM affiche la trace de la pile d'exécution, qu'il faut apprendre à décoder pour trouver où se situe l'erreur ;
- pour prévoir les traitements d'erreur d'un programme en utilisant l'instruction `try catch`. Le compilateur vous contraint même à prendre en compte les exceptions contrôlées qui sont citées par la clause `throws` de la déclaration d'une méthode. Les exemples des prochains chapitres vous montreront en particulier les différentes façons de traiter les exceptions contrôlées susceptibles d'être déclenchées par les méthodes d'accès aux fichiers et aux bases de données.

chapitre 9

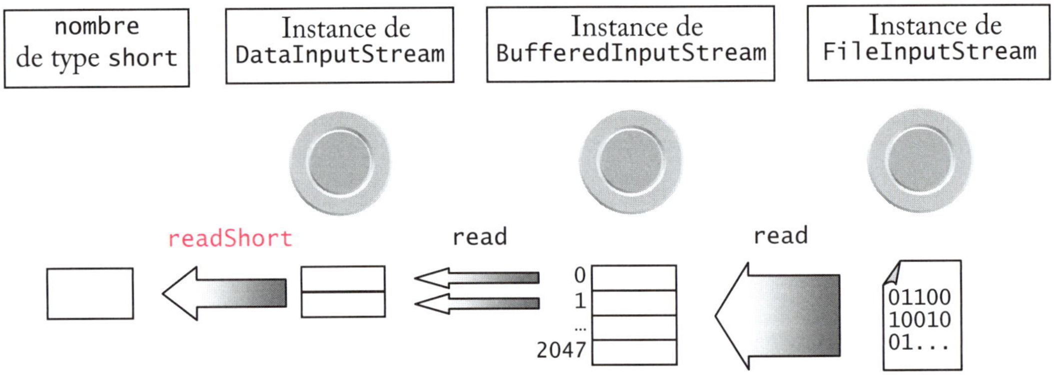

nombre
de type short
Instance de
DataInputStream
Instance de
BufferedInputStream
Instance de
FileInputStream
readShort
read
read
0
1
...
2047
01100
10010
01...

Lecture et écriture de fichiers

Basée sur un modèle d'accès aux données sous forme de flux, l'architecture des classes du package `java.io` permet de lire et d'écrire de façon similaire dans un fichier ou dans d'autres sources de données.
L'application développée dans ce chapitre vous montre comment organiser une application capable de compter le nombre de lignes hors commentaires d'un ensemble de fichiers Java.

SOMMAIRE

MOTS-CLÉS

- java.io
- File
- InputStream
- OutputStream
- Reader
- Writer
- IOException
- FilterReader
- BufferedReader

Explorer le système de fichiers (java.io.File)

ATTENTION Sécurité des applets

Les méthodes de la classe `java.io.File` sont susceptibles de déclencher une exception de classe `java.lang.SecurityException` si, comme dans le contexte d'une applet, le gestionnaire de sécurité actif restreint l'accès au système de fichiers.

B.A.-BA Chemin absolu/chemin canonique

Le chemin canonique renvoyé par la méthode `getCanonicalPath` est un chemin absolu dans lequel les dossiers `.` et `..` ont été supprimés. Par exemple, l'expression suivante renverra la chaîne `"C:\Test\build.bat"` :

```
new File("C:\Test\bin\..\build.bat")
.getCanonicalPath()
```

L'accès à l'organisation du système de fichiers local s'effectue grâce à la classe `java.io.File`. Une instance de cette classe représente le chemin d'accès à un dossier ou un fichier particulier et permet d'effectuer des opérations sur celui-ci (autorisation d'accès en lecture/écriture, liste des fichiers d'un dossier...). La description des chemins d'accès (séparateurs, description des disques...) utilisée par le constructeur et les méthodes de cette classe utilisent les conventions du système sur lequel est exécutée la JVM.

La classe `java.io.File` contient les constantes `separator` représentant le séparateur de noms (égal à `\` sous Windows et `/` sous Unix), et `pathSeparator` représentant le séparateur de chemins (égal à ; sous Windows et : sous Unix).

Depuis Java 7, cette classe a été complétée par le package `java.nio.file`, avec l'interface `java.nio.file.Path` comme type équivalent de la classe `java.io.File`. Pour obtenir un objet de type `Path` et des renseignements sur le système de fichiers, on utilise les méthodes `static` des classes `java.nio.file.Paths` et `java.nio.file.Files`.

API JAVA Méthodes les plus utiles de la classe java.io.File

Description	Méthode
Distinction entre dossier et fichier	`public boolean isDirectory()` `public boolean isFile()`

Autorisations sur un fichier ou un dossier	`public boolean canRead()`
	`public boolean canWrite()`
	`public boolean canExecute()`
	`public boolean isHidden()`
	`public boolean exists()`

Création, renommage et suppression d'un fichier ou d'un dossier	`public boolean mkdir()`
	`public boolean createNewFile()`
	`public boolean renameTo(java.io.File dest)`
	`public boolean delete()`

Recherche du nom du fichier ou du dossier, de son chemin d'accès absolu et du chemin d'accès de son dossier parent	`public java.lang.String getName()`
	`public java.lang.String getAbsolutePath()`
	`public java.lang.String getCanonicalPath()`
	`public java.lang.String getParent()`

Recherche des dossiers à la racine du système et du contenu d'un dossier	`public static java.io.File[] listRoots()`
	`public java.io.File[] listFiles()`
	`public java.io.File[] listFiles(java.io.FileFilter filter)`

La classe `java.io.File` redéfinit aussi les méthodes `equals`, `hashCode` et implémente l'interface `java.lang.Comparable`.

Par l'exemple : rechercher les fichiers dans un dossier et ses sous-dossiers

La méthode de classe `chercherFichiersDossier` de la classe `com.eteks.outils.OutilsFichier` suivante recherche dans un dossier et ses sous-dossiers les fichiers qui portent une certaine extension.

JAVA Chemins relatifs

Si le dossier ou le fichier passé en paramètre au constructeur de la classe `java.io.File` est un chemin relatif, la recherche est effectuée relativement au dossier courant mémorisé par la propriété système `user.dir`.

EXEMPLE com/eteks/outils/OutilsFichier.java

```
package com.eteks.outils;
import java.util.TreeSet;
import java.io.*;
public class OutilsFichier
{
  /**
   * Renvoie la liste des fichiers du dossieren parametre.
   */
  public static File [] chercherFichiersDossier(String dossier,
                                                String extension)
  {
    File chemin = new File(dossier);

    if ( !chemin.exists()
        || !chemin.isDirectory())
      throw new IllegalArgumentException(dossier + " inconnu");

    TreeSet<File> fichiersTries = new TreeSet<>();
    chercherFichiersDossier(fichiersTries, chemin, extension);

    File [] fichiers = new File [fichiersTries.size()];
    fichiersTries.toArray(fichiers);
    return fichiers;
  }

  private static void chercherFichiersDossier(
                            TreeSet<File> fichiers,
                            File cheminDossier,
                            String extension) ❶
  {
    for (File chemin : cheminDossier.listFiles()) ❷

      if (chemin.isDirectory())

        chercherFichiersDossier(fichiers, chemin, extension);

      else if (chemin.getName().endsWith(extension))
        fichiers.add(chemin);
  }
}
```

◄ Création d'une instance de `java.io.File` correspondant au dossier en paramètre.

◄ Si le dossier n'existe pas ou si c'est un fichier, déclenchement d'une exception.

◄ Recherche récursive des fichiers à partir du dossier.

◄ Recopie des fichiers trouvés dans un tableau de même dimension.

◄ Méthode `private` surchargeant la méthode précédente.

◄ Recherche des sous-dossiers et des fichiers de `cheminDossier`.

◄ Si le chemin est un dossier...

◄ ...recherche récursive des fichiers à partir de ce sous-dossier

◄ ...sinon ajout du fichier d'extension voulue à l'ensemble.

POUR ALLER PLUS LOIN Expressions régulières

Le package `java.util.regex` et certaines méthodes de la classe `java.lang.String` comme `boolean matches(java.lang.String regex)`, permettent d'effectuer des recherches dans des chaînes grâce à des *expressions régulières*. Une expression régulière est une chaîne qui décrit un modèle (*pattern*) ou une famille de textes à l'aide de caractères spéciaux tels que *, ? ou + pour les plus utilisés. Une expression régulière pourrait par exemple être utilisée dans la méthode `chercherFichiersDossier` pour rechercher les fichiers qui respectent une certaine syntaxe.

- http://www.loribel.com/info/memento/regex.html

La méthode `private chercherFichiersDossier` ❶ est un bon exemple d'utilisation de la récursivité et permet d'obtenir un programme plus simple. Il n'y a aucun danger de débordement de pile car le nombre d'appels récursifs à cette méthode est limité au nombre de niveaux de sous-dossiers. Remarquez aussi la boucle itérative ❷ sur le tableau d'objets de type `File []` renvoyé par la méthode `listFiles`, dont l'interprétation *Pour chaque* `chemin` *du dossier* `cheminDossier` est plus claire qu'une boucle équivalente recourant à un indice entier.

L'application suivante demande à l'utilisateur de saisir un dossier de recherche et une extension, et affiche la liste des fichiers correspondants renvoyés par la méthode `chercherFichiersDossier` de la classe précédente.

EXEMPLE com/eteks/test/RechercheFichiers.java

```
package com.eteks.test;
import com.eteks.outils.OutilsFichier;
import javax.swing.JOptionPane;
import java.io.File;

class RechercheFichiers
{
  public static void main(String[] args)
  {
    String dossier = JOptionPane.showInputDialog(
                                      "Dossier de recherche :");
    String extension = JOptionPane.showInputDialog("Extension :");
    File [] fichiers = OutilsFichier.chercherFichiersDossier
                                        (dossier, extension);
    JOptionPane.showMessageDialog(null, fichiers);
  }
}
```

Saisie du dossier et de l'extension des fichiers recherchés.

Affiche la liste des fichiers trouvés.

Lire et écrire des données sous forme de flux

En observant la hiérarchie des classes du package `java.io`, vous serez sans doute étonné par le grand nombre de classes dévolues à la gestion des entrées-sorties. Leur organisation relève pourtant d'une logique assez simple. Une fois que vous aurez cerné les différentes façons d'accéder à une source de données, vous verrez que toutes les classes qui dérivent des classes `java.io.InputStream`, `java.io.OutputStream`, `java.io.Reader` et `java.io.Writer` s'utilisent de manière intuitive.

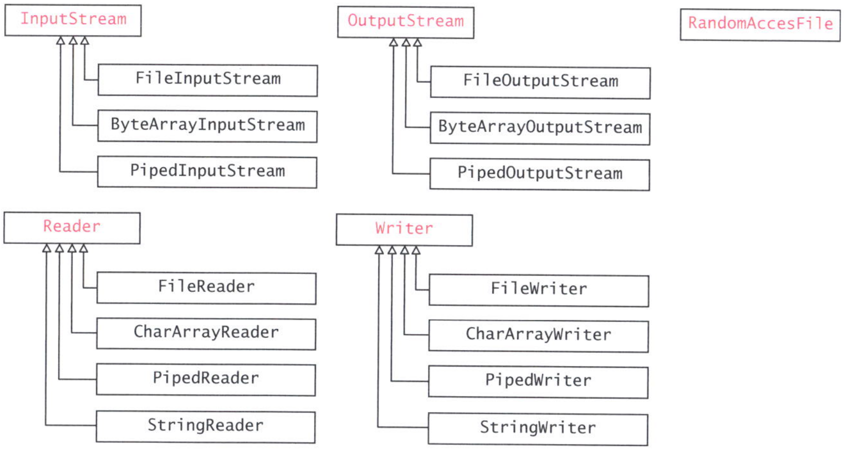

Figure 9–1
Hiérarchie des classes de sources de données du package java.io

Mode d'accès aux données

Comme la plupart des langages informatiques, Java permet d'accéder aux données d'un fichier ou d'une autre source, soit sous la forme d'un flux continu d'informations (*stream* en anglais), soit dans un ordre quelconque.

B.A.-BA Flux de données

Le mode d'accès par flux de données permet de lire ou d'écrire des données du début à la fin d'un fichier, sans possibilité de revenir en arrière. Comme pour l'accès à des informations diffusées en direct à la radio ou à la télévision, vous devez traiter au fur et à mesure les informations délivrées sous forme de flux de données.

Mode d'accès par flux de données

Le mode d'accès par flux de données permet de lire ou d'écrire de façon similaire des données en provenance ou à destination de différentes sources de données comme :

- un fichier (classes préfixées par `File`) ;
- un tableau d'octets (classes préfixées par `ByteArray`) ;
- un tableau de caractères (classes préfixées par `CharArray`) ;
- une chaîne de caractères (classes préfixées par `String`) ;
- un pipeline (classes préfixées par `Piped`) ;
- l'entrée et les sorties standards (champs `static out`, `err` et `in` de la classe `java.lang.System`) ;
- les sources de données accessibles via un serveur Internet (classes du package `java.net`).

B.A.-BA Pipeline

Les classes préfixées par `Piped` sont utilisées pour communiquer des informations entre deux tâches ou threads à travers un pipeline, toute donnée écrite d'un côté du pipeline par un thread étant alors automatiquement reçue à l'autre bout par un second thread en cours de lecture.

Afin d'interpréter correctement l'encodage des données de type caractère si nécessaire, Java distingue quatre grandes familles de classes :

- Les classes qui se terminent par `Reader` ou `Writer` sont des sous-classes de `java.io.Reader` et `java.io.Writer` utilisées pour lire ou écrire des chaînes de caractères.
- Les classes qui se terminent par `InputStream` ou `OutputSream` sont des sous-classes de `java.io.InputStream` et `java.io.OutputStream` utilisées pour lire ou écrire des informations binaires.

B.A.-BA Encodage des caractères

Comme les systèmes n'utilisent pas tous les mêmes codes binaires pour représenter chaque lettre accentuée ou caractère non latin, Java tient compte de l'*encodage* utilisé sur le système en cours pour interpréter correctement en Unicode chaque caractère d'une source de données texte.

Mode d'accès aléatoire

Le mode d'accès aléatoire (*random access*) permet d'accéder aux données dans n'importe quel ordre. Vous pouvez à tout moment aller en avant ou en arrière pour lire ou écrire une partie des données. Ce mode d'accès est comparable à celui utilisé pour la mémoire vive (*Random Access Memory* elle aussi). Il est moins utilisé en Java car certaines sources de données, comme les pipelines ou les sources de données accessibles via un serveur Internet, ne peuvent supporter ce mode d'accès. La classe `java.io.RandomAccessFile` permet de lire et d'écrire dans un fichier dans ce mode d'accès.

REGARD DU DÉVELOPPEUR **Pourquoi une telle architecture ?**

L'organisation des classes d'accès aux flux de données retenue en Java permet de programmer les traitements d'accès à un flux de données sans avoir à tenir compte de sa provenance ou de sa destination. Les méthodes des super-classes `java.io.InputStream` et `java.io.Reader` suffisent pour lire les données d'un flux, tandis que les méthodes des classes `java.io.OutputStream` et `java.io.Writer` suffisent pour écrire dans un flux de données.

Lecture avec les flux de données

L'accès en lecture à un flux de données s'effectue grâce aux sous-classes de `java.io.InputStream` et `java.io.Reader`. Les méthodes de ces deux classes abstraites spécifient les traitements qu'il est possible d'effectuer sur un flux de données en lecture.

API JAVA **Principales méthodes des classes java.io.InputStream et java.io.Reader**

Description	Classe `java.io.InputStream`	Classe `java.io.Reader`
Lecture d'une donnée (renvoie l'octet ou le caractère lu, ou `-1` si la fin du flux est atteinte)	`public int read()`	`public int read()`
Lecture dans le tableau en paramètre de `buffer.length` données maximum (renvoie le nombre d'octets ou de caractères lus, ou `-1` si la fin du flux est atteinte)	`public int read(byte[] buffer)`	`public int read(char[] buffer)`
Lecture dans le tableau en paramètre de `length` données maximum, en remplissant le tableau à partir de l'indice `offset` (renvoie le nombre d'octets ou de caractères lus, ou `-1` si la fin du flux est atteinte)	`public int read(byte[] buffer, int offset, int length)`	`public int read(char[] buffer, int offset, int length)`
Données disponibles	`public int available()`	`public boolean ready()`
Fermeture du flux de données	`public void close()`	`public void close()`

Ces méthodes sont implémentées dans les sous-classes de `java.io.InputStream` et `java.io.Reader` pour effectuer le traitement adéquat en fonction de la source du flux de données ; par exemple, la méthode `read` de la classe `java.io.FileReader` est implémentée pour lire des caractères en provenance d'un fichier.

Pour accéder à une source de données et lire les informations qu'elle contient, il faut donc :

1 Choisir la classe qui correspond à la source de données et au type de données qu'elle contient (binaires ou caractères), par exemple, la classe `java.io.FileReader` pour lire les *caractères* d'un *fichier*.
2 Créer une instance de cette classe pour initialiser l'accès à la source de données, en passant en paramètre à son constructeur une valeur qui correspond au type de source de données, comme le chemin d'un fichier pour la classe `java.io.FileReader`.
3 Appeler l'une des méthodes `read` sur cette instance pour lire ses données.
4 Appeler la méthode `close` sur cette instance une fois la lecture terminée.

API JAVA **Constructeurs des classes de lecture de flux de données**

Source de données	Classe	Paramètre du constructeur
Fichier texte	`java.io.FileReader`	Une instance de `java.lang.String` ou de `java.io.File` correspondant au chemin du fichier à lire
Fichier binaire	`java.io.FileInputStream`	
Tableau d'octets	`java.io.ByteArrayInputStream`	Tableau d'octets de type `byte []`
Tableau de caractères	`java.io.CharArrayReader`	Tableau d'octets de type `char []`
Chaîne de caractères	`java.io.StringReader`	Une instance de `java.lang.String`
Pipeline texte	`java.io.PipedReader`	Aucun paramètre ou l'émetteur du pipeline texte, instance de `java.io.PipedWriter`
Pipeline binaire	`java.io.PipedInputStream`	Aucun paramètre ou l'émetteur du pipeline binaire, instance de `java.io.PipedOutputStream`

L'accès à des données sur un serveur web s'effectue quant à lui, grâce à la méthode `java.io.InputStream openStream()` de la classe `java.net.URL`, sujet abordé au chapire 12 « Programmation web avec les servlets, JSP et JavaBeans ».

Contrôler les erreurs sur un flux de données avec les exceptions

Chaque instruction d'accès à un flux de données (ouverture, lecture ou écriture, et fermeture) est susceptible d'échouer pour des raisons diverses comme l'interdiction d'accéder à un fichier ou une erreur de disque plein, et les constructeurs et les méthodes des classes décrites ici sont presque tous susceptibles de déclencher une exception dont la super-classe est `java.io.IOException`. Comme cette classe est celle d'une exception contrôlée, vous devez donc programmer la ou les instruction(s) d'accès au flux de données dans un bloc `try` suivi du bloc `catch` capable de traiter cette classe d'exception, ce qui vous amènera généralement à un programme qui respecte le modèle suivant.

Instruction d'ouverture du flux de données.

Exception déclenchée en cas d'erreur d'accès au flux de données à l'ouverture ou pendant la lecture.

```
try (ClasseReaderOuInputStream fluxLecture =
       new SousClasseReaderOuInputStream(params))
{
  // Instructions de lecture des informations du flux de données
}
catch (java.io.IOException ex)
{
  // Instructions gérant les erreurs d'accès au flux de données
}
```

API JAVA Interface java.lang.Closeable

L'instruction *try-with-resources* accepte entre les parenthèses qui suivent l'instruction `try` la déclaration et l'initialisation de variables qui implémentent l'interface `java.lang.AutoCloseable`. Cette interface qui déclare une unique méthode `void close()` est implémentée par toutes les classes qui manipulent des flux de données mais aussi par celles qui gèrent l'accès à une base de données.

Cette syntaxe utilise une forme particulière de l'instruction `try` qui est suivie entre parenthèses de la déclaration de la variable du flux de données initialisée avec une instruction d'ouverture de flux. Appelée *try-with-resources* et apparue avec Java 7, cette notation simplifie la gestion de la fermeture du flux ouvert en demandant à la machine virtuelle Java d'appeler automatiquement la méthode `close` sur le flux ouvert à la fin du bloc `try` ou si une exception est déclenchée.

Dans les versions précédentes de Java, la fermeture du flux de données s'effectuait dans un bloc `finally` pour garantir, de façon similaire, que le flux de données était bien fermé une fois ouvert, et ce, qu'une exception ait été déclenchée ou non.

Instruction d'ouverture du flux de données.

Exception déclenchée en cas d'erreur d'accès au flux de données à l'ouverture ou pendant la lecture.

Finalement...

Si le flux de données a été ouvert...

...fermeture du flux de données.

```
ClasseReaderOuInputStream fluxLecture = null; ❶
try
{
  fluxLecture = new SousClasseReaderOuInputStream(params); ❷
  // Instructions de lecture des informations du flux de données
}
catch (java.io.IOException ex)
{
  // Instructions gérant les erreurs d'accès au flux de données
}
finally
{
  try
  {
    if (fluxLecture != null) ❸
      fluxLecture.close();
  }
  catch (java.io.IOException ex)
  {
    // Instructions gérant l'erreur de fermeture du flux de données
  }
}
```

Regard du développeur Exceptions contrôlées et try catch

Ne voyez pas ce style de programmation comme une contrainte mais plutôt comme une garantie de plus grande robustesse de vos classes. Les langages comme le C++ ou C# *n*'ont *pas* la notion d'exception *contrôlée* et vous laissent le choix de programmer l'instruction `try catch`, *si vous en avez envie*. Tout programmeur C++ ou C# qui choisit de faire l'économie du traitement des exceptions peut donc ignorer les erreurs susceptibles de survenir dans son programme, et créer une application qui fonctionnera correctement... jusqu'au jour où, par exemple, le disque dur sera plein ! D'autre part, n'oubliez pas que l'instruction `try catch` a été conçue initialement pour séparer clairement les instructions d'un traitement de celles capables de traiter ses erreurs, pour éviter de programmer à la suite de chaque instruction un contrôle vérifiant si elle s'est bien déroulée. En comparant le traitement des erreurs d'un programme écrit en Java avec celui d'un programme écrit en C, langage qui ne reconnaît pas les exceptions, vous verrez que l'instruction `try catch` offre un gain de clarté incontestable.

Remarquez que la variable fluxLecture doit être alors déclarée 1 en dehors du bloc try pour pouvoir être utilisée dans le bloc finally 3. Le fait de l'initialiser à null permet de détecter si le flux de données a bien été ouvert, fluxLecture n'étant pas modifiée si l'instruction d'ouverture du flux de données échoue 2.

Par l'exemple : compter le nombre d'occurrences d'un caractère dans un fichier

L'application suivante recherche dans un fichier texte saisi par l'utilisateur le nombre d'occurrences d'un caractère (le nombre de fois qu'il apparaît dans ce fichier).

Exemple com/eteks/test/CalculOccurrencesCaractere.java

```
package com.eteks.test;
import javax.swing.JOptionPane;
import java.io.*;

class CalculOccurrencesCaractere
{
  public static void main(String[] args)
  {
    String cheminFichier = JOptionPane.showInputDialog("Fichier :");
    char caractere = JOptionPane.showInputDialog(
                                  "Caract\u00e8re :").charAt(0);
    try (Reader fluxFichier = new FileReader(cheminFichier))
    {
      int occurrences = 0;
      int c; ❶
      do
      {
        c = fluxFichier.read(); ❷
        if (c != -1 && caractere == (char)c) ❸
          occurrences++;
      }
```

◄ Saisie du fichier et du caractère recherché.

◄ Ouverture du fichier avec fermeture automatique à la fin du bloc `try` ou si une exception est déclenchée.

◄ Lire un caractère...

...tant que la fin du fichier n'est pas atteinte. ▸

Affichage du résultat de la recherche. ▸

```
      while (c != -1); ❹

      JOptionPane.showMessageDialog(null,
         "'" + caractere + "' trouv\u00e9 "
         + occurrences + " fois dans " + cheminFichier);
    }
    catch (IOException ex)
    {
      JOptionPane.showMessageDialog(null, ex);
    }
  }
}
```

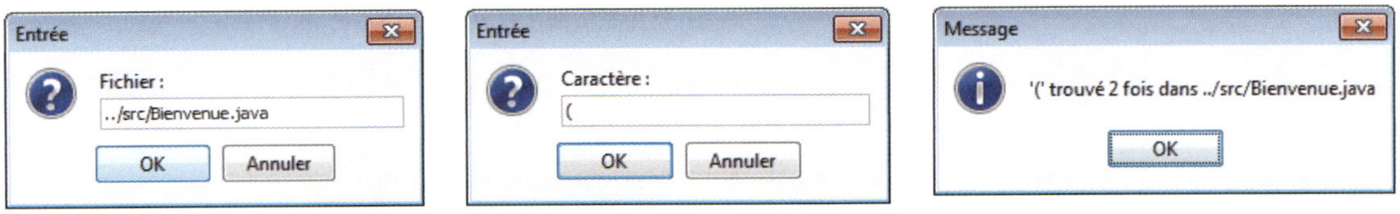

Figure 9–2 Application de classe com.eteks.test.CalculOccurrencesCaractere

> **ATTENTION Entier renvoyé par la méthode read**
>
> Le type de la valeur renvoyée par la méthode `read()` ❷ de lecture d'un flux est de type `int` et non de type `byte` pour les flux binaires ou `char` pour les flux de caractères, comme cela semblerait plus logique. La valeur renvoyée représente en fait, soit la donnée lue, soit la valeur –`1` de type `int` si la fin du flux est atteinte. Pour effectuer un test correct dans la condition d'arrêt de la boucle de lecture ❹, il faut conserver la valeur lue dans une variable de type `int` ❶ et si nécessaire, ne convertir cette valeur en type `byte` ou `char` qu'au moment du traitement sur la valeur lue ❸.

Écriture avec les flux de données

L'écriture sur un flux de données est très similaire à la lecture : elle s'effectue grâce aux sous-classes de `java.io.OutputStream` et `java.io.Writer`. Les méthodes de ces deux classes abstraites spécifient les traitements qu'il est possible d'effectuer sur un flux de données en écriture.

API JAVA Principales méthodes des classes java.io.OutputStream et java.io.Writer

Description	Classe `java.io.OutputStream`	Classe `java.io.Writer`

Écriture d'une donnée ou d'un tableau de données (binaires ou caractères)	`public void write(int c)`
	`public void write(byte[] buffer)`
		`public void write(char c)`
		`public void write(char[] buffer)`
		`public void write(java.lang.String str)`

Écriture des données en tampon	`public void flush()`	`public void flush()`
Fermeture du flux de données	`public void close()`	`public void close()`

Pour écrire un flux de données, il faut donc :

1. Choisir la classe qui correspond à la destination des données et au type de données envoyées (binaires ou caractères), par exemple, la classe `java.io.FileWriter` pour écrire des *caractères* dans un *fichier*.
2. Créer une instance de cette classe pour initialiser l'accès à la destination des données, en passant en paramètre à son constructeur une valeur qui correspond au type de la destination, comme le chemin d'un fichier pour la classe `java.io.FileWriter`.
3. Appeler l'une des méthodes `write` sur cette instance pour écrire les données.
4. Appeler la méthode `close` sur cette instance une fois l'écriture terminée.

API JAVA Constructeurs des classes d'écriture de flux de données

Destination	Classe	Paramètre du constructeur
Fichier texte	`java.io.FileWriter`	Une instance de `java.lang.String` ou de `java.io.File` correspondant au chemin du fichier à écrire
Fichier binaire	`java.io.FileOutputStream`	
Tableau d'octets	`java.io.ByteArrayOutputStream`	Aucun paramètre ou la taille initiale du tampon
Tableau de caractères	`java.io.CharArrayWriter`	Aucun paramètre ou la taille initiale du tampon
Chaîne de caractères	`java.io.StringWriter`	Aucun paramètre ou la taille initiale du tampon
Pipeline texte	`java.io.PipedWriter`	Aucun paramètre ou le récepteur du pipeline texte, instance de `java.io.PipedReader`
Pipeline binaire	`java.io.PipedOutputStream`	Aucun paramètre ou le récepteur du pipeline binaire, instance de `java.io.PipedInputStream`

Les constructeurs des classes `java.io.FileWriter` et `java.io.FileOutputStream` créent le fichier reçu en paramètre s'il n'existe pas, ou écrasent ce fichier s'il existe déjà. Ces deux classes ont aussi des constructeurs avec un second paramètre booléen `append` : si `append` est égal à `true`, ces constructeurs n'écrasent pas un fichier existant mais l'ouvrent pour y écrire à la fin.

Les classes `java.io.ByteArrayOutputStream`, `java.io.CharArrayWriter` et `java.io.StringWriter` sont en fait des tampons (*buffers* en anglais) d'octets ou de caractères qui se remplissent à chaque appel à la méthode `write`. Leur méthode respective `toByteArray`, `toCharArray` et `toString` permet d'obtenir les octets ou les caractères mémorisés.

Filtrage des données d'un flux

L'architecture des classes du package `java.io` est très pratique d'utilisation car elle permet par exemple de créer des méthodes de traitement capables d'accéder à n'importe quelle source de données grâce à une référence de

B.A.-BA Sérialisation et interface java.io.Serializable

La sérialisation permet d'écrire et de lire un objet sur un flux de données. Un objet Java ne peut être sérialisé que si sa classe **et** les classes des objets qu'il mémorise (directement ou indirectement) implémentent l'interface `java.io.Serializable`. Cette interface qui ne contient aucune méthode autorise la sérialisation des objets d'une classe ; elle est implémentée par toutes les classes d'emballage, la classe `java.lang.String`, les classes relatives à la gestion des dates et les classes de collection.

classe `java.io.InputStream` en paramètre. Néanmoins, les méthodes de cette classe et des trois autres super-classes de flux de données ont un intérêt limité : elle permettent de lire ou d'écrire un ou plusieurs octet(s) ou caractère(s), mais ne proposent pas certains des traitements les plus classiques sur les données, comme la lecture de texte ligne par ligne, ou le traitement des données d'un type primitif autre que `byte` ou `char`. Ces traitements sont proposés par une seconde catégorie de classes qui dérivent aussi de ces classes : les classes de filtrage du package `java.io`.

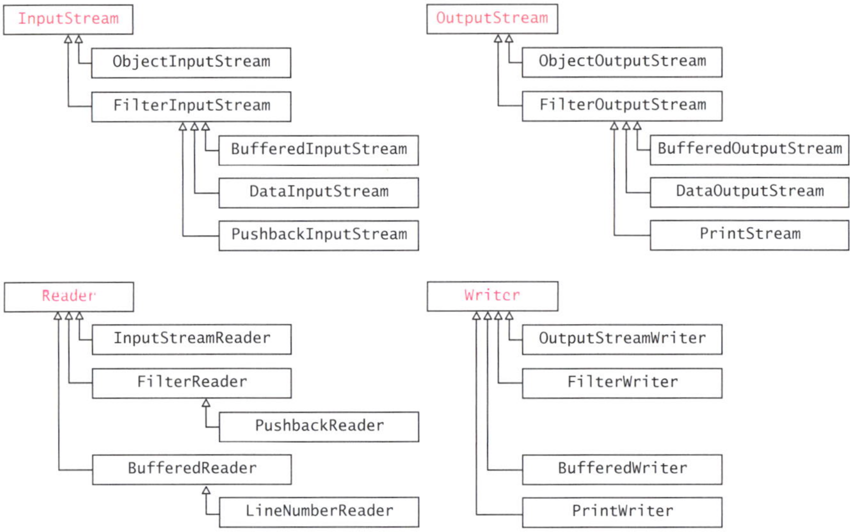

Figure 9–3
Hiérarchie des classes de filtrage de données du package java.io

Similairement aux classes de gestion de flux de données, l'identificateur d'une classe de filtrage est construit avec le type de flux de données qu'elle peut filtrer en lecture ou en écriture, précédé par le type de filtre appliqué à ce flux :

- filtre gérant la sérialisation d'objets (classes préfixées par `Object`) ;
- filtre gérant un tampon en mémoire sur le flux (classes préfixées par `Buffered`) ;
- filtre gérant les données binaires d'un type primitif autre que `byte` (classes préfixées par `Data`) ;
- filtre gérant l'écriture de données au format texte dans un flux (classes préfixées par `Print`) ;
- filtre gérant les retours en arrière pendant la lecture d'un flux (classes préfixées par `Pushback`) ;
- filtre gérant l'encodage des caractères des flux de données binaires (classes `java.io.InputStreamReader` et `java.io.OutputStreamWriter`) ;
- filtre gérant la compression et la décompression des données d'un flux (classes préfixées par `Zip`, `GZIP` et `Jar` dans les packages `java.util.zip` et `java.util.jar`).

B.A.-BA Mémoire tampon

La mémoire tampon des classes préfixées par `Buffered` est un tableau interne utilisé pour optimiser l'accès à certaines sources de données comme les fichiers. Au lieu de lire ou d'écrire une donnée octet par octet, les filtres de ce type lisent ou écrivent des données bloc par bloc en utilisant cette mémoire tampon.

Chaque constructeur des classes de filtres prend en paramètre un flux de données sur lequel est appliqué un filtre. Ce paramètre est de la même classe que le suffixe d'une classe de filtre (à l'exception des classes `java.io.InputStreamReader` et `java.io.OutputStreamWriter`, qui prennent en paramètre un flux de classe `java.io.InputStream` ou `java.io.OutputStream`). Par exemple, le constructeur de la classe `java.io.DataInputStream` prend en paramètre un flux de données de classe `java.io.InputStream`. Comme la conversion de référence vous permet de lui passer une instance de n'importe quelle sous-classe de `java.io.InputStream`, vous pourrez utiliser cette classe pour lire des données binaires à partir de n'importe quelle source de données et même cumuler les filtres les uns derrière les autres.

L'extrait de code de la figure 9-4 montre par exemple comment cumuler deux filtres pour lire un nombre de type `short` à partir d'un fichier, dont l'accès est optimisé avec une mémoire tampon. L'appel à la méthode `readShort` ❶ sur l'instance de `java.io.DataInputStream` va provoquer par enchaînement deux appels à la méthode `read` ❷ sur l'instance de `java.io.BufferedInputStream`pour lire les deux octets du nombre et un appel à la méthode `read` ❸ sur l'instance de `java.io.FileInputStream` pour remplir le tampon à partir du fichier.

```
InputStream fluxLecture = new FileInputStream(cheminFichier);
InputStream fluxAvecTampon = new BufferedInputStream(fluxLecture);
DataInputStream fluxDonnees = new DataInputStream(fluxAvecTampon);
short nombre = fluxDonnees.readShort(); // etc...
```

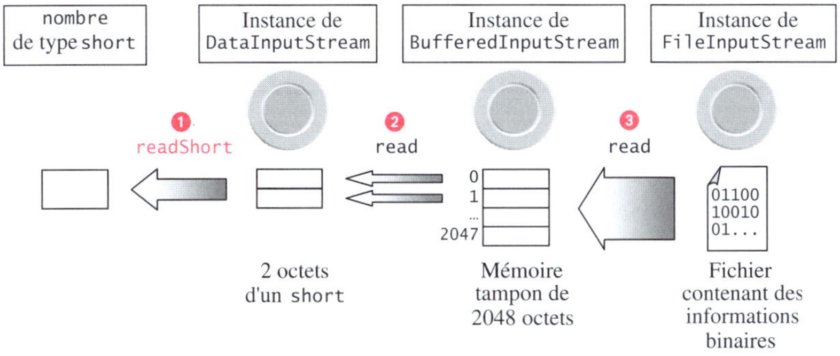

Figure 9–4
Enchaînement de filtres sur un flux de données

Comme les classes de filtres ont principalement pour but de fournir des fonctionnalités supplémentaires sur la lecture ou l'écriture de données d'un flux, elles définissent pour la plupart un ensemble de méthodes en complément de celles de leur classe de base.

Par exemple, la méthode `writeObject` de la classe `java.io.ObjectOutputStream` sérialise un objet en écrivant dans le flux de sortie toutes les valeurs de ses champs ainsi que celles des champs des objets

POUR ALLER PLUS LOIN
Contrôler la sérialisation d'un objet

La façon dont un objet est écrit ou lu par sérialisation peut être éventuellement modifié en ajoutant les méthodes `writeObject` et `readObject` à sa classe (voir la javadoc de la classe `java.io.ObjectOutputStream` pour plus d'informations).

qu'il mémorise. Ceci permet ensuite de recréer en un seul appel à `readObject` le même objet à la lecture du flux de données filtré avec une instance de `java.io.ObjectInputStream`.

Les méthodes de lecture des classes `java.io.ObjectInputStream` et `java.io.DataInputStream` déclenchent une exception de classe `java.io.EOFException` si la fin du flux est atteinte.

API JAVA Principales méthodes des classes de filtres

Description	Classe	Méthode

Lecture d'un objet sérialisé ou d'une valeur de type primitif	`java.io.ObjectInputStream`	`public java.lang.Object readObject()`
		`public boolean readBoolean()`
		`public char readChar()`
		`public byte readByte()`
		...et ainsi de suite pour tous les types primitifs

Sérialisation d'un objet ou écriture d'une valeur de type primitif	`java.io.ObjectOutputStream`	`public void writeObject(java.lang.Object obj)`
		`public void writeBoolean(boolean val)`
		`public void writeChar(int val)`
		`public void writeByte(int val)`
		...et ainsi de suite pour tous les types primitifs

Lecture d'une valeur de type primitif	`java.io.DataInputStream`	`public boolean readBoolean()`
		`public char readChar()`
		`public byte readByte()`
		...et ainsi de suite pour tous les types primitifs

Écriture d'une valeur de type primitif	`java.io.DataOutputStream`	`public void writeBoolean(boolean val)`
		`public void writeChar(int val)`
		`public void writeByte(int val)`
		...et ainsi de suite pour tous les types primitifs

Lecture d'une ligne (renvoie `null` à la fin du flux)	`java.io.BufferedReader`	`public java.lang.String readLine()`
Écriture d'un retour à la ligne	`java.io.BufferedWriter`	`public void newLine()`

Écriture de données au format texte (aucune de ces méthodes ne déclenche d'exception)	`java.io.PrintStream`
	`java.io.PrintWriter`
		`public boolean print(java.lang.String val)`
		`public boolean print(java.lang.Object val)`
		`public boolean print(boolean val)`
		`public boolean print(char val)`
		`public boolean print(int val)`
		...et ainsi de suite pour les types `long`, `float` et `double`
		+ les mêmes méthodes avec `println` au lieu de `print`

Manipulation du numéro de ligne	`java.io.LineNumberReader`	`public int getLineNumber()` `public void setLineNumber(int lineNumber)`

API JAVA Pour les nostalgiques de printf

La méthode printf de la classe java.io.PrintStream (classe du champ out de java.lang.System) et la méthode de classe format de la classe java.lang.String offrent des fonctionnalités similaires aux fonctions printf et sprintf du C. Elles prennent en paramètre une chaîne de formatage suivie de la liste des valeurs à formater. La syntaxe à utiliser pour la chaîne de formatage est décrite dans la documentation de la classe java.util.Formatter, à laquelle ces méthodes font appel. Exemple :

```
package com.eteks.test;
class Pourcentage
{
  public static void main(java.lang.String [] args)
  {
    int pourcentage = 10;
    int valeur = 5;
    float resultat = pourcentage / 100f * valeur;
    // Affiche 10% de 5 = 0,50
    System.out.printf("%d%% de %d %s %.2f",
      pourcentage, valeur, "=", resultat);
  }
}
```

Symétriquement, la classe java.util.Scanner permet de lire des données formatées à partir de l'entrée standard ou de toute autre source de données.

Par l'exemple : éliminer les commentaires d'un programme Java

En utilisant la logique des filtres, vous pouvez créer et utiliser vos propres filtres sur des flux de données en créant une sous-classe d'une des classes java.io.FilterInputStream, java.io.FilterOutputStream, java.io.FilterReader ou java.io.FilterWriter, puis en redéfinissant ses méthodes read ou write. La classe suivante permet de filtrer un flux de données en éliminant les commentaires // et /* */ du texte lu.

EXEMPLE com/eteks/outils/FiltreCommentaires.java

```
package com.eteks.outils;
import java.io.*;
/**
 * Classe filtrant tous les commentaires /* et // d'un flux
 * de caractères.
 */
public class FiltreCommentaires extends FilterReader
{
  private int caractereSuivant = -1;
  private static char RETOUR_A_LA_LIGNE =
           System.getProperty("line.separator").charAt(0);

  public FiltreCommentaires(Reader fluxLecture)
  {
    super(fluxLecture);
  }

  public int read() throws IOException
  {
    int c;

    if (this.caractereSuivant == -1)
      c = super.read();
    else
    {
      c = this.caractereSuivant;
```

◄ Champ utilisé pour mémoriser le caractère qui suit le caractère barre oblique /.

◄ Constructeur repassant le flux en entrée à la super-classe java.io.FilterReader.

◄ Redéfinition de la méthode read éliminant les commentaires des caractères renvoyés.

◄ Récupération du caractère suivant.

```
      this.caractereSuivant = -1;
    }
```

Si le caractère est une barre oblique, lecture et test du caractère suivant.

```
    if (c == '/')
    {
      int caractereSuivant = super.read();
      switch (caractereSuivant)
      {
        case '/' : c = passerCommentaireSlashSlash();
                   break;
        case '*' : c = passerCommentaireSlashEtoile();
                   break;
```

Si les deux caractères lus ne sont pas le début d'un commentaire, le caractère suivant est mémorisé pour le prochain appel à `read`.

```
        default  : this.caractereSuivant = caractereSuivant;
                   break;
      }
    }
    return c;
  }
```

Redéfinition de la méthode `read` utilisant un tableau de caractères.

```
  public int read(char buffer[], int offset, int length)
                throws IOException
  {
```

Lecture du prochain caractère.

```
    int c = read();
```

Si la fin est atteinte, on renvoie `-1`.

```
    if (c == -1)
      return -1;
```

Remplissage du tableau à partir de l'indice `offset`.

```
    int i = offset;
    do
    {
      buffer[i++] = (char)c;
      c = read();
    }
    while (i < length && c != -1);
```

Renvoie le nombre de caractères lus.

```
    return i - offset;
  }
  private int passerCommentaireSlashSlash() throws IOException
  {
```

Lecture de tous les caractères jusqu'au premier caractère de retour à la ligne.

```
    int c;
    do
      c = super.read();
    while (c != -1 && c != RETOUR_A_LA_LIGNE);
    return c;
  }

  private int passerCommentaireSlashEtoile() throws IOException
  {
    int c;
```

Lecture de tous les caractères jusqu'aux caractères `*/`.

```
    do
    {
      do
        c = super.read();
      while (c != -1 && c != '*');
```

```
      c = super.read();
    }
    while (c != -1 && c != '/');
    return super.read();
  }
}
```

Lecture de tous les caractères jusqu'aux caractères */.

Les méthodes `read`, `passerCommentaireSlashSlash`, `passerCommentaireSlashEtoile` ne traitent pas dans un bloc `try catch` les exceptions de classe `java.io.IOException` que peuvent déclencher les appels à `read`. Si une erreur survient, ces méthodes laisseront se propager l'exception lancée dans la pile d'exécution, ce qui est exprimé par la clause `throws` qui suit leur déclaration.

L'application suivante utilise la classe de filtres `com.eteks.outils.FiltreCommentaires` pour supprimer les commentaires d'un fichier texte choisi par l'utilisateur. Le résultat est sauvegardé dans un second fichier.

EXEMPLE com/eteks/test/SuppressionCommentairesFichier.java

```
package com.eteks.test;

import com.eteks.outils.FiltreCommentaires;
import javax.swing.JOptionPane;
import java.io.*;

class SuppressionCommentairesFichier
{
  public static void main(String[] args)
  {
    String cheminFichier = JOptionPane.showInputDialog(
              "Fichier \u00e0 filtrer :");
    String cheminFichierSauvegarde = JOptionPane.showInputDialog(
              "Fichier de sauvegarde :", cheminFichier + ".txt");
    try (Reader fluxLecture = new FiltreCommentaires(
            new BufferedReader(
                new FileReader(cheminFichier))); ❶
         Writer fluxEcriture = new BufferedWriter(
            new FileWriter(cheminFichierSauvegarde)))
    {
      for (int c = fluxLecture.read(); ❷
           c != -1;
           c = fluxLecture.read())
        fluxEcriture.write(c);
    }
    catch (IOException ex)
    {
      JOptionPane.showMessageDialog(null, ex);
    }
  }
}
```

Saisie du fichier à filtrer.

Saisie du fichier de sauvegarde du filtrage avec proposition d'un nom par défaut.

Ouverture des fichiers dont l'accès est optimisé avec une mémoire tampon. Le filtre sur les commentaires est appliqué sur le fichier en lecture.

Recopie filtrée du contenu du fichier en lecture dans le fichier en écriture.

L'instruction `try` ouvre ici deux fichiers, l'un en lecture, l'autre en écriture, avec un point-virgule ❶ pour séparer les déclarations des deux variables `fluxLecture` et `fluxEcriture`. Remarquez aussi l'imbrication des instanciations des classes de filtre programmés ainsi pour ne pas avoir à déclarer des variables intermédiaires inutiles.

ASTUCE Réutiliser le résultat d'une affectation

Comme en Java une affectation est une expression qui renvoie la valeur affectée à la variable, la boucle `for` ❷ de lecture caractère par caractère est souvent programmée ainsi :

```
for (int c; (c = fluxLecture.read()) !=-1; )
  fluxEcriture.write(c);
```

B.A.-BA Métrique

Le nombre de lignes de code d'un programme permet d'avoir un ordre d'idée sur sa taille. Cette *métrique* est un indicateur parmi d'autres, qui aide à mesurer la complexité et la qualité d'un programme.

Par l'exemple : compter les lignes de code d'un ensemble de fichiers Java

La dernière application de ce chapitre utilise la classe `com.eteks.outils.FiltreCommentaires` et la méthode de la classe `chercherFichiersDossier` de la classe `com.eteks.outils.OutilsFichier` pour compter le nombre de lignes de code d'un ensemble de fichiers Java, hors lignes vides et lignes de commentaires.

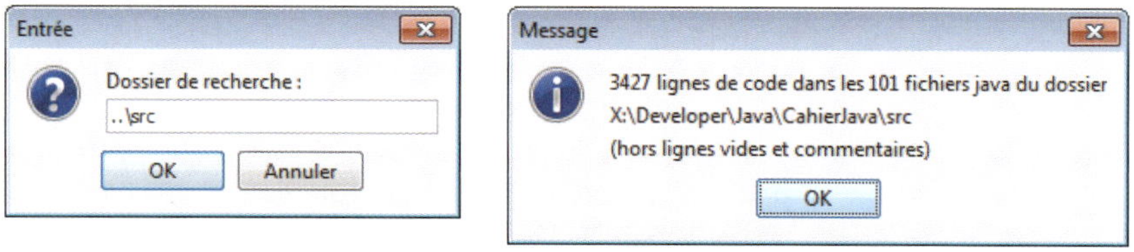

Figure 9–5 Application com.eteks.test.CalculLignesDeCode

EXEMPLE com/eteks/test/CalculLignesDeCode.java

```
package com.eteks.test;

import com.eteks.outils.*;
import javax.swing.JOptionPane;
import java.io.*;

class CalculLignesDeCode
{
  public static void main(String[] args)
  {
    try
    {
      String dossier = JOptionPane.showInputDialog(
                                          "Dossier de recherche :");
      File [] fichiers = OutilsFichier.chercherFichiersDossier(
                                                   dossier, ".java");
```

Saisie du dossier des fichiers recherchés. ▸

Recherche des fichiers `.java` dans le dossier saisi. ▸

```
      int nombreLignesCodeTotal = 0;
      for (int i = 0; i < fichiers.length; i++)
        nombreLignesCodeTotal += compterLignesDeCode(fichiers[i]);

      JOptionPane.showMessageDialog(null,
          nombreLignesCodeTotal + " lignes de code dans les "
          + fichiers.length + " fichiers java du dossier\n"
          + new File(dossier).getCanonicalPath()
          + "\n(hors lignes vides et commentaires)");
    }
    catch (IOException ex) ❶
    {
      JOptionPane.showMessageDialog(null, ex);
    }
  }

  public static int compterLignesDeCode(File cheminFichier)
                        throws IOException ❷
  {
    try (BufferedReader fluxLecture = new BufferedReader( ❸
                  new FiltreCommentaires(
                    new BufferedReader( ❹
                      new FileReader(cheminFichier))))
    {
      int nombreLignesCode = 0;
      for (String ligne = fluxLecture.readLine();
           ligne != null;
           ligne = fluxLecture.readLine())
        if (ligne.trim().length() > 0)
          nombreLignesCode++;
      return nombreLignesCode;
    }
  }
}
```

◄ Décompte du nombre de lignes de code pour chaque fichier.

◄ Affichage d'un message résumant le nombre de lignes de code trouvées.

◄ Renvoie le nombre de lignes de code du fichier en paramètre.

◄ Ouverture du fichier avec un filtre sur les commentaires.

◄ Lecture ligne par ligne du fichier.

◄ Incrémentation du nombre de lignes si la ligne lue sans espace de début et de fin n'est pas vide.

Le filtre de classe `java.io.BufferedReader` est utilisé ici deux fois à chaque lecture d'un fichier :

- une première fois sur l'instance de la classe `java.io.FileReader` ❹ pour optimiser l'accès au disque avec une mémoire tampon ;
- la seconde fois en aval du filtre sur les commentaires ❸ pour lire ligne par ligne le fichier grâce à la méthode `readLine` que propose la classe `java.io.BufferedReader`.

Dans la méthode `compterLignesDeCode`, l'instruction `try` n'est suivie ni d'un bloc `catch`, ni d'un bloc `finally`, et ne sert qu'à assurer la fermeture du flux de lecture ouvert. Si une exception est déclenchée, le flux sera fermé, puis l'exception sera propagée dans la pile d'exécution ❷ jusqu'au premier `catch` ❶ capable de l'intercepter, la méthode `compterLignesDeCode` ne renvoyant pas de valeur dans ce cas.

À RETENIR Filtres avec mémoire tampon

Accédez aux fichiers aussi souvent que possible avec une mémoire tampon grâce aux classes de filtres préfixées par `Buffered`. Ce filtre optimise franchement la vitesse d'accès au disque : dans l'application de classe `com.eteks.test.CalculLignesDeCode`, la seule présence de ce filtre permet d'obtenir une application deux à trois fois plus rapide !

Configurer une application

Java offre différents moyens pour personnaliser une application en fonction des préférences ou de la langue de l'utilisateur, sans avoir à écrire plusieurs versions de ses classes. Toutes les informations personnalisables s'obtiennent alors indirectement à partir de fichiers de configuration qui contiennent un ensemble de couples (*clé*, *valeur*), chaque clé choisie à l'avance permettant de retrouver la valeur qui lui est associée.

Fichiers de traduction

Les textes, comme les messages ou les titres, qui ont besoin d'être traduits sont mémorisés dans des fichiers `.properties` citant chaque couple (*clé*, *valeur*) en les séparant par un signe `=` :

```
messageBienvenue=Bienvenue
```

POUR ALLER PLUS LOIN Classe java.util.Properties

La classe `java.util.Properties` permet aussi de manipuler un ensemble de propriétés textuelles sous forme de couples (clé, valeur). La lecture et l'enregistrement d'un ensemble de propriétés dans un fichier, ou un autre type de flux, s'effectue avec cette classe grâce aux méthodes `load` et `store`.

Le simple fait de nommer ces fichiers en fonction de la langue des textes qu'ils contiennent, permet à la classe `java.util.ResourceBundle` de lire le fichier qui correspond à la langue de l'utilisateur en cours.

Par exemple, voici les instructions à programmer pour récupérer la chaîne de clé `messageBienvenue` à partir d'un fichier `.properties` préfixé par `messages` :

```
ResourceBundle bundle = ResourceBundle.getBundle("messages");
String messageBienvenue = bundle.getString("messageBienvenue");
```

Si vous créez un fichier `messages_fr.properties` qui contient la valeur de la clé `messageBienvenue` en français : **`messageBienvenue`**`=Bienvenue`, la variable `messageBienvenue` désignera la chaîne `"Bienvenue"` pour tout utilisateur francophone. Si vous voulez que cette variable désigne par défaut `"Welcome"` pour les utilisateurs non francophones, il suffit de fournir un fichier par défaut `messages.properties` qui décrit la valeur de la clé `messageBienvenue` :

```
messageBienvenue=Welcome
```

Ce système permet de fournir les traductions des textes d'une application dans différentes langues, mais aussi d'ajouter aisément la prise en charge de nouvelles langues à une application existante. Pour décrire la version allemande de la valeur de la clé `messageBienvenue`, il suffit de créer le fichier `messages_de.properties` contenant :

```
messageBienvenue=Willcommen
```

Les fichiers `.properties` lus avec la classe à la classe `ResourceBundle` doivent être rangés dans un des dossiers ou des fichiers `.jar` du `classpath` de la JVM.

Fichiers de préférences

Les informations relatives à chaque utilisateur, comme les options qu'il a choisies dans une application, sont mémorisées dans des fichiers de préférences propres à chaque système d'exploitation. Les méthodes préfixées par `get` et `put` de la classe `java.util.prefs.Preferences` s'utilisent pour lire et écrire les valeurs de chaque couple (*clé*, *valeur*) de ces fichiers. Pour éviter les conflits entre clés de même nom dans différentes applications, cette classe propose de manipuler un ensemble de préférences relativement à un package. Ceci s'exprime par la méthode de classe `userNodeForPackage(java.lang.Class c)`, recommandée pour obtenir une instance de la classe `Preferences`. Par exemple, l'instruction suivante récupère les préférences de l'utilisateur relatives au package `com.eteks.test` de la classe `com.eteks.test.Navigateur`.

```
Preferences preferencesTest =
  Preferences.userNodeForPackage(com.eteks.test.Navigateur.class);
```

La lecture et la modification de la préférence de clé `pageAccueil` du package `com.eteks.test` se font alors simplement ainsi :

```
// Lecture de la préférence pageAccueil
String pageAccueil =
  preferencesTest.get("pageAccueil","http://www.google.fr/");
// Saisie d'une nouvelle valeur
pageAccueil =
  JOptionPane.showInputDialog("Page d'accueil :", pageAccueil);
// Modification de la préférence pageAccueil
preferencesTest.put("pageAccueil", pageAccueil);
```

Le second paramètre des méthodes `get` représente la valeur par défaut de la préférence recherchée.

B.A.-BA Préférences

Chaque système stocke les préférences à sa façon : base de registres sous Windows, fichiers XML sous Linux et fichiers `.plist` du dossier de préférences sous Mac OS X.

SOUS WINDOWS
Accéder à toute la base de registres

La classe `java.util.pref.Preferences` ne permet d'accéder qu'aux préférences des programmes Java dans la base de registres de Windows. Si vous désirez accéder à toute la base de registres, vous devrez passer par des solutions tierces comme JNIRegistry.

▸ http://www.trustice.com/java/jnireg/

En résumé...

Ce chapitre vous a présenté les classes qui permettent de lire, d'écrire et de filtrer les informations de flux de données. Retenez que l'utilisation judicieuse de l'héritage par les classes d'entrée/sortie de la bibliothèque Java offre un moyen simple et unifié d'accès aux données, que celles-ci proviennent d'un fichier, d'un serveur sur Internet ou d'autres sources de données.

chapitre 10

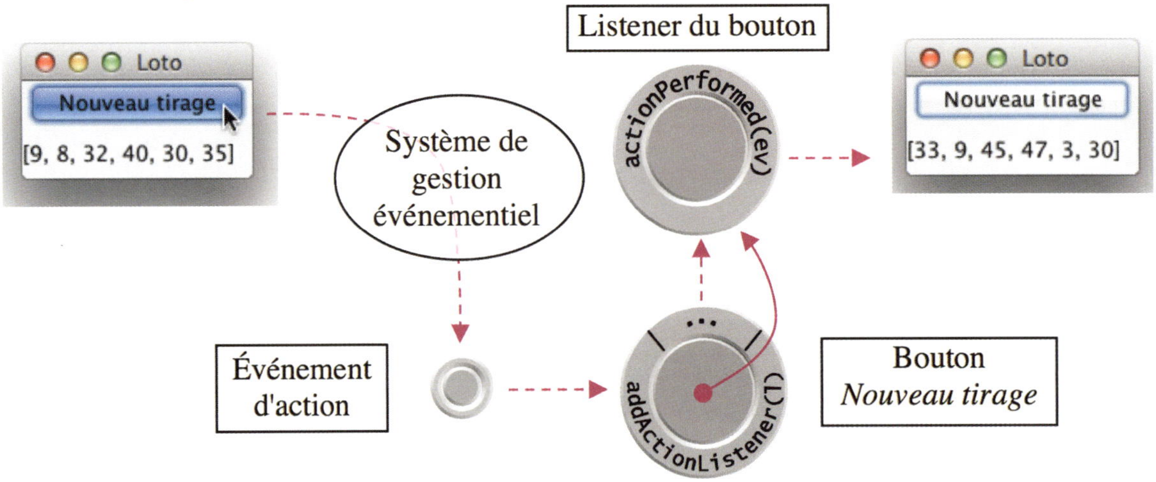
Loto
Nouveau tirage
[9, 8, 32, 40, 30, 35]
Système de gestion événementiel
Listener du bouton
actionPerformed(ev)
Loto
Nouveau tirage
[33, 9, 45, 47, 3, 30]
Événement d'action
...
addActionListener()
Bouton
Nouveau tirage

Interfaces utilisateur avec Swing

Les composants Swing permettent de créer des interfaces utilisateur évoluées et interactives. Ce chapitre montre comment les disposer dans une fenêtre et les coupler à des traitements, aussi bien pour des applications que pour des applets.

SOMMAIRE

- Index visuel des composants Swing
- Mise en page des composants
- Gestion événementielle
- Création d'applets

MOTS-CLÉS

- Swing
- layout
- JPanel
- ActionEvent
- listener
- JTable
- JApplet

B.A.-BA

Interface objet vs interface utilisateur

L'interface d'un objet expose la liste des méthodes qu'un programmeur peut appeler, comme expliqué dans les chapitres précédents ; l'interface utilisateur d'une application expose à l'écran des composants qu'un utilisateur actionne pour piloter l'application. On parle aussi bien d'interface utilisateur que d'interface homme-machine (IHM) et, en anglais, GUI (*Graphical User Interface*).

Composants d'interface utilisateur

Le package `javax.swing` contient les classes utilisées pour construire une interface utilisateur graphique.

Une interface utilisateur Swing est un assemblage de composants (*components* en anglais) affichés dans une fenêtre ou un autre type de conteneur (*container*). L'utilisateur actionne ces composants pour piloter un programme. La figure 10-1 présente l'ensemble des composants et des containers disponibles dans la bibliothèque standard Java. Les deux images figurant au centre sont les captures d'écran de l'application « Carnet d'adresses » et de l'applet « Calcul d'emprunt » qui sont l'une et l'autre développées dans ce chapitre.

Composants de saisie

Classe	Utilisation
`JTextField`	Champ de saisie simple
`JPasswordField`	Champ de saisie pour les mots de passe
`JTextArea`	Champ de saisie multiligne
`JFormattedTextField`	Champ de saisie pour les nombres et les dates (Java 1.4)
`JEditorPane`	Texte formaté (HTML ou RTF)
`JTextPane`	Texte avec feuille de styles de mise en forme

Composants arbre et tableau

Classe	Utilisation
`JTree`	Arbre hiérarchique
`JTable`	Tableau capable d'afficher différents types de données éditables ou non

Conteneurs fenêtres

Classe	Utilisation
`JFrame`	Fenêtre avec barre de titre et bords
`JWindow`	Fenêtre sans décoration utilisée pour l'écran d'accueil d'une application
`JDialog`	Boîte de dialogue modale (bloquant l'application) ou non modale
`JInternalFrame`	Fenêtre interne d'une application MDI(Multiple Document Interface)
`JApplet`	Applet Swing intégrée à un navigateur Internet

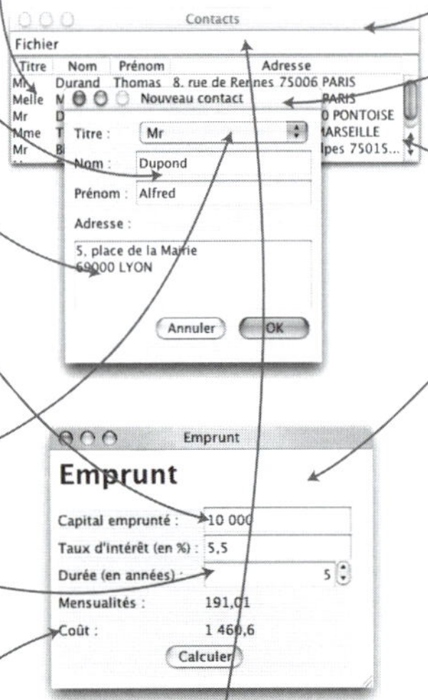

Composants de choix

Classe	Utilisation
`JButton`	Bouton
`JCheckBox`	Boîte à cocher
`JRadioButton`	Bouton radio
`JList`	Liste de valeurs
`JComboBox`	Choix dans une liste déroulante
`JSpinner`	Toupie -/+ (Java 1.4)
`JSlider`	Choix de valeur avec glissière
`JScrollBar`	Ascenseur

Conteneurs intermédiaires

Classe	Utilisation
`JToolBar`	Barre d'outil dockable (peut se décrocher et se raccrocher)
`JTabbedPane`	Panneau à onglets
`JSplitPane`	Panneau partagé verticalement ou horizontalement
`JScrollPane`	Panneau à ascenseurs
`JLayeredPane`	Panneau multicouche
`JDesktopPane`	Panneau des fenêtres internes MDI
`JRootPane`	Panneau principal d'une fenêtre
`JPanel`	Panneau vide utilisé pour la mise en page des composants à l'écran

Composants de présentation

Classe	Utilisation
`JLabel`	Label (texte brut ou mis en forme si le texte commence par la balise `<html>`) ou icône
`JToolTip`	Info bulle affichée au survol d'un composant.
`JSeparator`	Séparateur
`JProgressBar`	Barre de progression

Composants de menus

Classe	Utilisation
`JMenuBar`	Barre de menu
`JMenu`	Menu
`JMenuItem`	Elément de menu
`JCheckBoxMenuItem`	Elément de menu coché
`JRadioButtonMenuItem`	Elément de menu radio
`JPopupMenu`	Menu contextuel

Boîtes de dialogues standards

Classe	Utilisation
`JColorChooser`	Dialogue de choix de couleur
`JFileChooser`	Dialogue de choix de fichier
`JOptionPane`	Dialogues standards (message, confirmation, saisie simple)

Figure 10–1 Composants et conteneurs de Swing

Mise en page des composants avec les layouts

Pour faciliter la portabilité et la traduction d'une application Java, la position et les dimensions des composants Swing ne sont pas spécifiées en coordonnées pixel, mais plutôt grâce à des positions logiques spatiales (par exemple en haut, à droite, dans la première cellule d'une grille...).

Chaque conteneur détermine la position et les dimensions des composants qu'il contient grâce à son gestionnaire de mise en page associé (*layout* en anglais), chaque classe de gestionnaire respectant une règle de mise en page définie à l'avance.

Bien que le gestionnaire par défaut des classes de fenêtres et des boîtes de dialogue convienne quelquefois, il est souvent nécessaire d'en changer, grâce à la méthode `setLayout`. Le layout passé en paramètre à cette méthode est généralement une instance d'une des classes `FlowLayout`, `BorderLayout` ou `GridLayout` du package `java.awt`.

Une fois déterminé le layout du panneau intérieur d'une fenêtre, chacun des composants est ajouté à ce panneau au moyen d'une des méthodes `add` de la super-classe des conteneurs `java.awt.Container`.

ASTUCE

SwingSet2, la démo incontournable

La démo SwingSet2 fournie avec le JDK offre un bon aperçu des vastes possibilités de Swing. Elle figure dans le sous-dossier `demo/jfc/SwingSet2` du dossier des démos du JDK. Double-cliquez simplement sur le fichier `SwingSet2.jar` pour lancer la démo car ce fichier `.jar` contient le fichier manifeste `META-INF/MANIFEST.MF` précisant la classe de l'application à lancer.

JAVA

Hiérarchie des classes : Swing et AWT

Les classes Swing sont toutes basées sur les classes `java.awt.Component` et `java.awt.Container` qui datent de la première version de composants graphiques de Java AWT (*Abstract Window Toolkit*). Bien qu'AWT ne soit pas obsolète, il vaut mieux construire une interface utilisateur avec les composants Swing, bien mieux dotés en fonctionnalités.

Agencer les composants les uns à la suite des autres (java.awt.FlowLayout)

La classe `java.awt.FlowLayout` dispose les composants du conteneur qui lui est associé les uns derrière les autres, à leur taille optimale (*preferred*). Chaque composant est ajouté à son conteneur avec la méthode `add`. Si le conteneur n'est pas assez large, les composants sont mis sur plusieurs lignes.

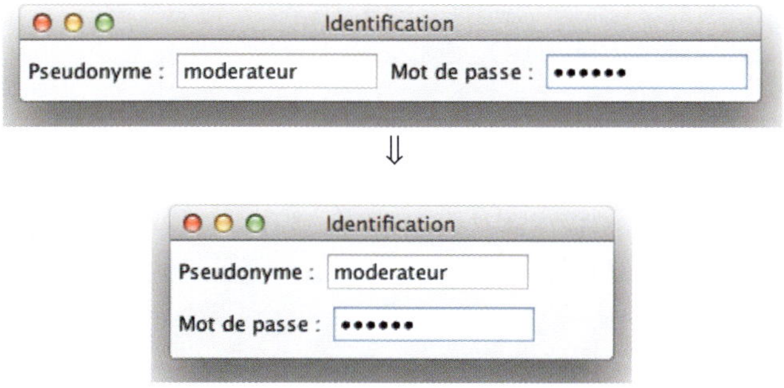

Figure 10–2 Évolution de la disposition des composants d'un conteneur utilisant un layout de classe java.awt.FlowLayout

B.A.-BA

Taille « optimale » d'un composant

La mise en page des composants d'un conteneur est calculée par le gestionnaire (layout) en fonction des dimensions optimales des composants. Ce calcul est fait pour chaque composant pour garantir qu'il est correctement dimensionné. La taille obtenue est renvoyée par la méthode `getPreferredSize`, en pixels, et varie d'un composant à l'autre. Par exemple, le calcul de la taille d'un label se fait en fonction de la longueur du texte qu'il contient et de la police de caractères utilisée ; dans le cas d'un champ de saisie, c'est le nombre de colonnes spécifié lors de sa création qui est déterminant.

ATTENTION Affichage des composants

Il ne suffit pas de créer un objet d'une classe de composant Swing, pour qu'il apparaisse à l'écran. Si un composant Swing que vous avez créé n'apparaît pas à l'écran comme prévu, vérifiez si ce composant a bien été ajouté à sa fenêtre.

JAVA Actions liées à l'icône de fermeture d'une fenêtre

Le comportement d'une fenêtre lors d'un clic sur son icône de fermeture est déterminé par la méthode `setDefaultCloseOperation` ❹. Cette méthode prend en paramètre l'une des quatre constantes suivantes de la classe `javax.swing.JFrame` : `HIDE_ON_CLOSE`(pour masquer la fenêtre), `DISPOSE_ON_CLOSE` (pour détruire la fenêtre), `DO_NOTHING_ON_CLOSE` (pour ne rien faire), `EXIT_ON_CLOSE` (pour quitter l'application). Dans notre exemple, l'action `EXIT_ON_CLOSE` est choisie pour programmer simplement l'arrêt de l'application lors de la fermeture de la fenêtre.

Par l'exemple : afficher des champs de saisie et leurs labels

L'application de classe `com.eteks.test.SaisiePseudonymeMotDePasse` crée une fenêtre utilisant un layout de classe `java.awt.FlowLayout` qui aligne les composants sur la gauche du panneau intérieur de la fenêtre.

EXEMPLE com/eteks/test/SaisiePseudonymeMotDePasse.java

```
package com.eteks.test;
import javax.swing.*;
import java.awt.*;

class SaisiePseudonymeMotDePasse
{
  public static void main(String [] args)
  {
    JFrame fenetre = new JFrame("Identification");

    fenetre.setLayout(new FlowLayout(FlowLayout.LEFT, 5, 5)); ❶

    fenetre.add(new JLabel("Pseudonyme :")); ❷
    fenetre.add(new JTextField(10));
    fenetre.add(new JLabel("Mot de passe :"));
    fenetre.add(new JPasswordField(10));
    fenetre.pack(); ❸

    fenetre.setDefaultCloseOperation(JFrame.EXIT_ON_CLOSE); ❹

    fenetre.setVisible(true); ❺
  }
}
```

- Création d'une fenêtre de titre Identification.
- Utilisation d'un gestionnaire de layout `FlowLayout` avec un écart de 5 pixels entre les composants alignés sur la gauche.
- Ajout de 2 labels, d'un champ de saisie et d'un champ de mot de passe de 10 colonnes au panneau intérieur.
- Calcul de la taille préférée de la fenêtre en fonction de son contenu.
- Changement de l'opération de fermeture par défaut pour quitter l'application.
- Affichage de la fenêtre.

Une fois le layout sélectionné ❶, quatre composants sont ajoutés à la fenêtre dans l'ordre de leur apparition à l'écran ❷. Par défaut, une fenêtre n'a pas de taille (seule la barre de titre apparaît) ; la méthode `pack` est donc ensuite appelée ❸ pour calculer la taille préférée de la fenêtre avant qu'elle ne soit affichée ❺.

JAVA 1.4 Appel de add

Avec les versions précédant Java 5, il ne faut pas modifier directement le layout de la fenêtre ① puis lui ajouter des composants ②. Il faut plutôt travailler avec le conteneur intermédiaire de la fenêtre renvoyé par la méthode `getContentPane`.

```
Container panneau = fenetre.getContentPane();
panneau.setLayout(new FlowLayout(FlowLayout.LEFT, 5, 5));
panneau.add(new JLabel("Pseudonyme :"));
```

ATTENTION Une fenêtre n'est pas modale

Ne programmez pas d'instruction `System.exit(0);` après l'appel `fenetre.show();`. Ceci provoquerait l'arrêt immédiat de l'application sans afficher la fenêtre car le programme ne se bloque pas à l'appel de la méthode `show` avec une instance de `javax.swing.JFrame`. Ici, l'appel à `exit` sera effectué par Swing à la fermeture de la fenêtre ④.

Disposer les composants dans une grille (java.awt.GridLayout)

La classe `java.awt.GridLayout` dispose les composants du conteneur qui lui est associé dans un tableau où toutes les cellules ont les mêmes dimensions. Chaque composant est ajouté à son conteneur avec la méthode `add` qui remplit ce tableau ligne par ligne (dans le même sens que celui de l'écriture).

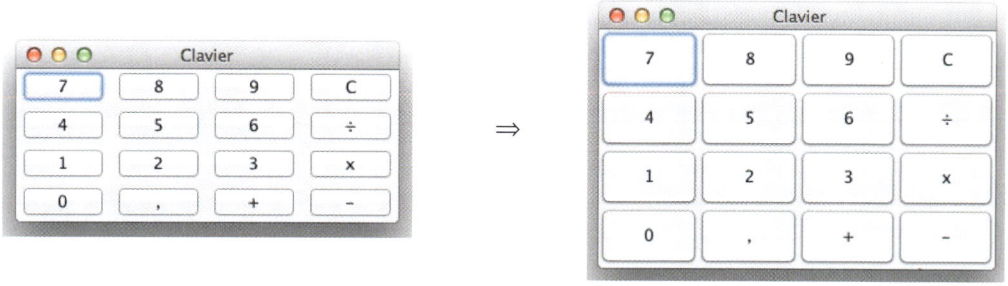

Figure 10–3 Évolution de la disposition des composants d'un conteneur utilisant un layout de classe java.awt.GridLayout

Par l'exemple : interface utilisateur d'un clavier de calculatrice

L'application de classe `com.eteks.test.ClavierCalculatrice` crée une fenêtre utilisant un gestionnaire de classe `java.awt.GridLayout`, qui divise le panneau intérieur de la fenêtre en 4 lignes et 4 colonnes de même largeur et de même hauteur. À chaque cellule est ajouté un bouton pour représenter un clavier de calculatrice.

Ordre d'affichage des composants

Remarquez bien l'ordre dans lequel sont ajoutés les boutons avec la méthode `add` dans l'application de classe `com.eteks.test.ClavierCalculatrice` pour obtenir le résultat de la figure 10-3.

Réagir aux clics sur les boutons

La gestion du clic sur un bouton est traitée dans la section « Interagir avec l'utilisateur grâce aux événements », page 203.

Notez qu'il est possible de cliquer sur les boutons mais que cela n'a aucun effet : aucun traitement n'est associé par défaut à une instance de `javax.swing.JButton`.

EXEMPLE com/eteks/test/ClavierCalculatrice.java

```
package com.eteks.test;

import javax.swing.*;
import java.awt.*;

class ClavierCalculatrice
{
  public static void main(String [] args)
  {
    JFrame fenetre = new JFrame("Clavier");

    fenetre.setLayout(new GridLayout(4, 4, 1, 1));

    fenetre.add(new JButton("7"));
    fenetre.add(new JButton("8"));
    fenetre.add(new JButton("9"));
    fenetre.add(new JButton("C"));
    fenetre.add(new JButton("4"));
    fenetre.add(new JButton("5"));
    fenetre.add(new JButton("6"));
    fenetre.add(new JButton("\u00f7"));
    fenetre.add(new JButton("1"));
    fenetre.add(new JButton("2"));
    fenetre.add(new JButton("3"));
    fenetre.add(new JButton("x"));
    fenetre.add(new JButton("0"));
    fenetre.add(new JButton(","));
    fenetre.add(new JButton("+"));
    fenetre.add(new JButton("-"));
    fenetre.pack();
    fenetre.setDefaultCloseOperation(JFrame.EXIT_ON_CLOSE);

    fenetre.setVisible(true);
  }
}
```

- Création d'une fenêtre ayant pour titre Clavier.
- Utilisation d'un gestionnaire de layout `GridLayout` de 4 lignes par 4 colonnes avec un écart d'un pixel entre les composants.
- Le caractère Unicode du symbole de division √ est `'\u00f7'`.
- Calcul de la taille préférée de la fenêtre en fonction de son contenu.
- Affichage de la fenêtre.

Placer les composants aux bords du conteneur (java.awt.BorderLayout)

API JAVA Layout par défaut des fenêtres

Les classes `javax.swing.JFrame`, `javax.swing.JDialog` et `javax.swing.JApplet` utilisent par défaut un layout de classe `java.awt.BorderLayout`.

La classe `java.awt.BorderLayout` divise l'espace du conteneur qui lui est associé en 5 cellules, une à chaque bord et une au centre. Chacune des cellules peut contenir, ou non, un composant et un seul.

Chaque composant est ajouté à son conteneur avec la méthode `add` prenant en second paramètre une des constantes `BorderLayout.NORTH`, `BorderLayout.SOUTH`, `BorderLayout.WEST`, `BorderLayout.EAST` ou `BorderLayout.CENTER`, représentant la cellule où sera placé ce composant. Quelle que soit la taille du conteneur, les distances de chacun de ses composants au bord du conteneur sont déterminées en fonction de sa largeur ou de sa hauteur « préférée » en respectant le schéma de la figure 10-4.

ASTUCE Cellule par défaut

La cellule par défaut du layout de classe `java.awt.BorderLayout` est celle au centre. Ainsi, l'instruction :

```
fenetre.add(composant);
```

est équivalente à :

```
fenetre.add(composant,
            BorderLayout.CENTER);
```

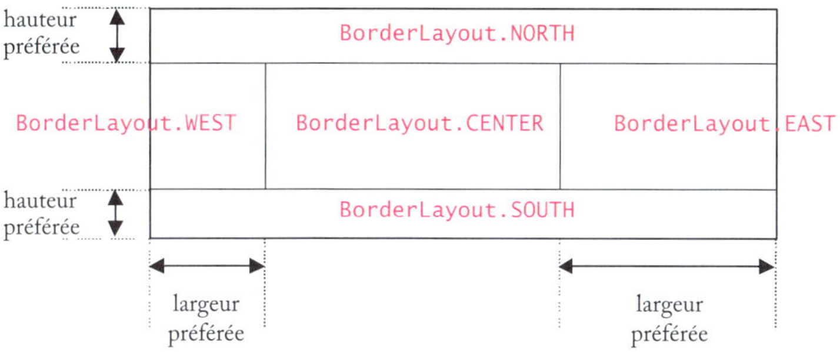

Figure 10–4
Utilisation des tailles préférées avec un layout de classe java.awt.BorderLayout

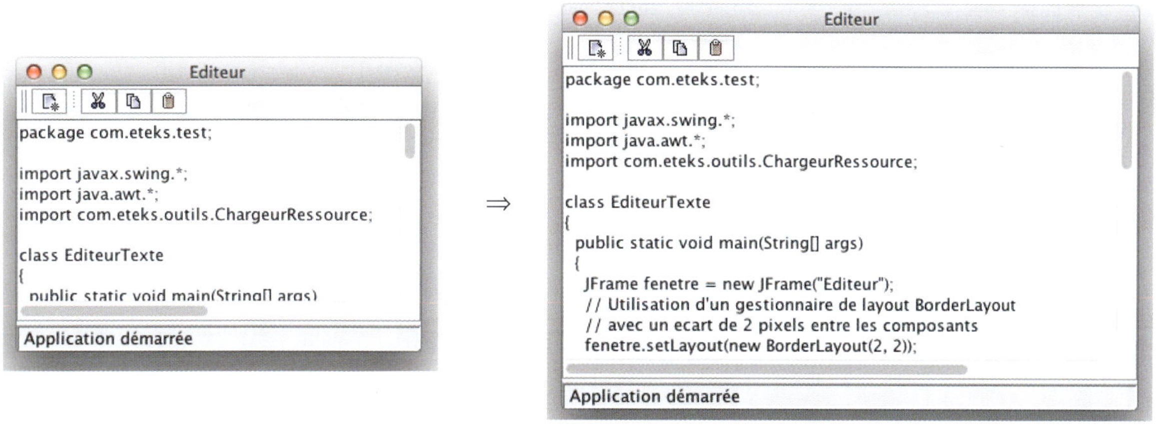

Figure 10–5 Évolution de la taille des composants d'un conteneur utilisant un layout de classe java.awt.BorderLayout

Par l'exemple : interface utilisateur d'un éditeur de textes

Un conteneur étant aussi, par héritage, un composant, on peut ajouter au panneau d'une fenêtre certains conteneurs : barres d'outils, panneaux avec ascenseurs, panneaux à onglets…

L'application de classe `com.eteks.test.EditeurTexte` utilise cette possibilité pour construire l'interface utilisateur d'un éditeur de textes.

EXEMPLE com/eteks/test/EditeurTexte.java

```
package com.eteks.test;

import javax.swing.*;
import java.awt.*;
import com.eteks.outils.ChargeurRessource;

class EditeurTexte
{
  public static void main(String [] args)
  {
    JToolBar outils = new JToolBar(); ❶
    ChargeurRessource chargeur =
        new ChargeurRessource("/toolbarButtonGraphics/general/");
    outils.add(new JButton(chargeur.getIcon("New16.gif")));
    outils.addSeparator();
    outils.add(new JButton(chargeur.getIcon("Cut16.gif")));
    outils.add(new JButton(chargeur.getIcon("Copy16.gif")));
    outils.add(new JButton(chargeur.getIcon("Paste16.gif")));
    JFrame fenetre = new JFrame("Editeur");
    Container panneau = fenetre.getContentPane();
    fenetre.setLayout(new BorderLayout(2, 2));
    fenetre.add(outils, BorderLayout.NORTH); ❷
    fenetre.add(new JScrollPane(new JTextArea(10, 50)),
                BorderLayout.CENTER); ❸
    JLabel etat = new JLabel(" Application d\u00e9marr\u00e9e");
    etat.setBorder(BorderFactory.createLoweredBevelBorder());
    fenetre.add(etat, BorderLayout.SOUTH); ❹
    fenetre.pack();
    fenetre.setDefaultCloseOperation(JFrame.EXIT_ON_CLOSE);
    fenetre.setVisible(true);
  }
}
```

- Création d'une barre d'outils utilisant les icônes Nouveau / Couper / Copier / Coller.
- Ajout d'un séparateur dans la barre d'outils.
- Création d'une fenêtre ayant pour titre Editeur.
- Utilisation d'un gestionnaire de layout `BorderLayout` avec un écart de 2 pixels entre les composants.
- Ajout en haut de la barre d'outils.
- Ajout au centre d'une zone de saisie de taille préférée 10 lignes × 50 colonnes.
- Ajout en bas d'un label d'état avec un bord.
- Calcul de la taille préférée de la fenêtre en fonction de son contenu.
- Affichage de la fenêtre.

Cette application dispose ces trois composants avec un layout de classe `java.awt.BorderLayout` pour obtenir une configuration typique des applications d'édition (éditeur de textes, tableur, logiciel de dessin) : une barre d'outils en haut ❷, une barre d'état en bas ❹, le reste de l'espace de la fenêtre étant dédié au composant d'édition ❸.

Pour charger les images des boutons de la barre d'outils ❶, l'application précédente utilise la classe `com.eteks.outils.ChargeurRessource` qui permet de retrouver le fichier d'une icône ou d'une image relativement au chemin d'accès des classes spécifié par l'option `-classpath` de la commande `java`.

ASTUCE Panneau à ascenseurs

Certains composants comme les champs de saisie multilignes ou les tableaux doivent être placés dans un panneau à ascenseurs pour pouvoir faire défiler les informations qu'ils contiennent. On procède simplement en créant une instance de `javax.swing.JScrollPane` avec le composant à faire défiler en paramètre, puis en ajoutant ce panneau au conteneur ❸. Par défaut, un panneau à ascenseurs ne fait apparaître les ascenseurs de défilement qu'en cas de besoin.

EXEMPLE com/eteks/outils/ChargeurRessource.java

```
package com.eteks.outils;

import javax.swing.ImageIcon;

/**
 * Chargeur de ressources relatives au classpath.
 */
public class ChargeurRessource
{
  private String base;

  public ChargeurRessource(String base)
  {
    this.base = base;
  }

  public ImageIcon getIcon(String icon)
  {
    Class classe = getClass();
    return new ImageIcon(classe.getResource(this.base + icon));
  }
}
```

◂ Calcul de la taille préférée de la fenêtre en fonction de son contenu.

◂ Constructeur initialisant un chargeur de ressources avec `base` comme chemin relatif des ressources.

◂ Renvoie l'icône du fichier `icon` relatif à la base.

La méthode `getIcon` de cette classe interroge l'instance de `java.lang.Class` qui correspond à la classe `com.eteks.outils. ChargeurRessource`. La méthode `getResource` de cet objet permet de référencer n'importe quel fichier d'image situé dans le même contexte que le fichier `ChargeurRessource.class`. Ce fichier d'image est ensuite passé en paramètre au constructeur de la classe `ImageIcon` : ce dernier se charge de lire le fichier de l'image pour obtenir une icône que l'on peut afficher dans un bouton.

ASTUCE Organisation des fichiers d'icônes

Les icônes de la barre d'outils sont disponibles en téléchargement à l'adresse :

Ce sont des images extraites du sous-dossier `toolbarButtonGraphics/general` dans le fichier d'archive `jlfgr-1_0.jar`.

La classe `com.eteks.outils.ChargeurRessource` chargeant ces images comme s'il s'agissait de classes, la JVM les cherche dans son `classpath`, vous laissant le choix :

- soit d'extraire les images du fichier `jlfgr-1_0.jar` nécessaires au programme dans le sous-dossier `classes` de votre dossier de développement ;
- soit de déplacer le fichier `jlfgr-1_0.jar` dans le sous-dossier `lib` de votre dossier de développement et d'ajouter le chemin d'accès à ce fichier dans l'option `-classpath` de la commande `java`.

Sous Windows, le fichier `EditeurTexte.bat` contient alors l'une ou l'autre des instructions :

```
java -classpath ..\classes;..\lib\jlfgr-1_0.jar
  ➥ com.eteks.test.EditeurTexte
java -classpath ..\lib\test.jar;..\lib\jlfgr-1_0.jar
  ➥ com.eteks.test.EditeurTexte
```

Sous Linux et Mac OS X, le fichier `EditeurTexte.sh` contient alors l'une ou l'autre des instructions :

```
java -classpath ../classes:../lib/jlfgr-1_0.jar
  ➥ com.eteks.test.EditeurTexte
java -classpath ../lib/test.jar:.../lib/jlfgr-1_0.jar
  ➥ com.eteks.test.EditeurTexte
```

La seconde solution simplifie les mises à jour de votre programme quand une bibliothèque qu'il utilise évolue : il suffit de recopier le nouveau fichier `.jar` dans le dossier `lib`. Vous pouvez aussi utiliser cette méthode pour lire les fichiers de vos propres images et les fichiers de configuration de votre application. Ce système facilite l'installation d'une application car ces fichiers de ressources peuvent être intégrés au fichier d'archive `.jar` de votre application.

▸ http://www.oracle.com/technetwork/java/repository-140393.html

Mise en page évoluée par combinaison de layouts

Les trois layouts précédents sont souvent insuffisants pour mettre en page un ensemble complexe de composants dans une fenêtre ou une boîte de dialogue. Au lieu d'utiliser un seul layout pour le panneau intérieur, on résout ce problème en décomposant l'ensemble des composants en plusieurs sous-ensembles ayant des caractéristiques géométriques communes (alignement, taille...). Les composants d'un sous-ensemble sont mis en page avec le layout qui correspond le mieux à leurs caractéristiques géométriques, et sont ajoutés à un panneau intermédiaire vide de classe `javax.swing.JPanel` qui utilise ce layout. Chaque instance de `JPanel` étant elle-même un composant, on construit donc le panneau intérieur d'une fenêtre en lui ajoutant les panneaux intermédiaires et leurs composants. Même si, au premier abord, cette décomposition géométrique en sous-panneaux est quelque peu compliquée à concevoir à partir du dessin d'un écran, elle doit être votre premier recours pour obtenir des interfaces utilisateur bien proportionnées.

JAVA Autres classes de layout

Les classes de layout décrites ici sont suffisantes pour faire face à la plupart des cas en combinant des panneaux avec des layouts différents. Vous pouvez aussi utiliser :

- La classe `javax.swing.BoxLayout` utilisée pour aligner horizontalement ou verticalement des composants.
- La classe `java.awt.GridBagLayout`, la plus riche en fonctionnalités, mais plus compliquée à utiliser. Elle utilise une mise en page ressemblant à celle d'un tableau HTML avec notamment la possibilité de spécifier l'étendue horizontale et verticale d'une cellule (l'équivalent des attributs `colspan` et `rowspan` de la balise `td`).
- Toute autre classe implémentant l'interface `java.awt.LayoutManager`.

Vous pouvez éventuellement n'utiliser aucun layout en passant `null` à la méthode `setLayout` puis placer chacun des composants aux coordonnées de votre choix avec leur méthode `setBounds`.

REGARD DU DÉVELOPPEUR Utilisation des layouts

Voici quelques conseils qui devraient vous faciliter la mise en page d'un panneau avec les layouts :

- Utilisez le nombre de colonnes et de lignes des composants de saisie textuelle pour leur donner une taille préférée correcte.
- Souvenez-vous qu'un panneau intermédiaire contenant des composants est lui-même un composant dont la taille préférée dépend du layout utilisé pour mettre en page ses composants.
- Mettez dans la cellule `BorderLayout.CENTER` d'un layout `java.awt.BorderLayout` un composant qui peut être redimensionné en largeur et en hauteur (zone d'édition d'une fenêtre, composants inclus dans une instance de `javax.swing.JScrollPane`).
- Utilisez les paramètres des constructeurs des layouts qui spécifient les espacements horizontal `hgap` et vertical `vgap` entre les composants pour aérer votre interface utilisateur.
- Appelez la méthode `setResizable(false)` sur une fenêtre ou une boîte de dialogue qui ne doit pas être redimensionnée.
- Ne vous souciez pas des problèmes de traduction et de portage d'une IHM : la taille préférée des composants est calculée en fonction de la longueur de leur texte et s'adapte au *look and feel* en cours (par exemple, un bouton est beaucoup plus grand sous Mac OS X que sous Windows). Au final, les layouts calculent correctement les dimensions préférées d'une fenêtre lors de l'appel de la méthode `pack`.
- Utilisez des identificateurs explicites et clairs pour nommer les panneaux intermédiaires d'IHM complexes.

Un grand nombre d'IDE permettent de créer de façon interactive une IHM Swing par simple glisser-déposer des composants dans une fenêtre. Ces environnements accélèrent le développement en écrivant automatiquement le code Java permettant de construire une interface utilisateur, mais vous devez tout de même savoir utiliser le mécanisme des layouts.

Par l'exemple : panneau de saisie des coordonnées d'un contact

La classe `com.eteks.outils.PanneauContact`, sous-classe de `javax.swing.JPanel`, met en page dans son propre panneau un ensemble de composants utilisés pour saisir les coordonnées d'un contact (titre, nom, prénom, adresse). L'adresse d'un contact est saisie dans un champ de saisie multiligne de classe `javax.swing.JTextArea`. Ce champ est placé sous les autres composants pour pouvoir occuper tout la largeur du panneau (voir figure 10-6).

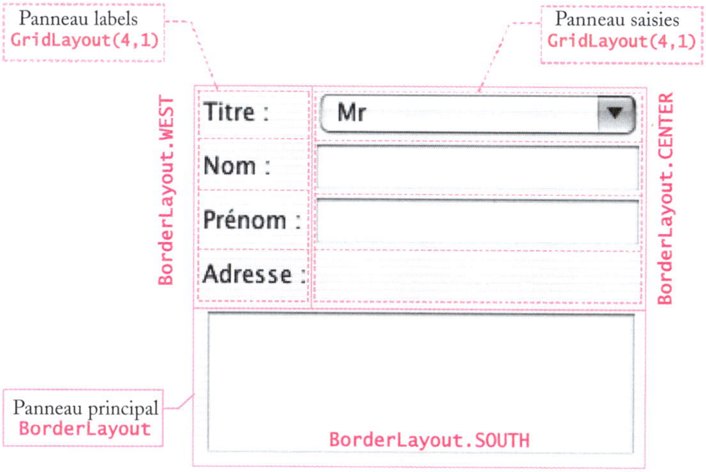

Figure 10–6
Mise en page du panneau de saisie d'un contact

Le panneau de saisie d'un contact utilise un layout de classe `BorderLayout` auquel sont ajoutés les composants suivants :

- À l'ouest (gauche) sont placés les labels regroupés dans un panneau utilisant un layout de classe `GridLayout`.
- Au centre sont placés la liste déroulante du titre et les deux champs de saisie du nom et du prénom dans un panneau utilisant un layout de classe `GridLayout`. Notez que la grille est décomposée en quatre cellules dont la dernière n'est pas utilisée afin que les champs de saisie soient positionnés en regard de leurs labels.
- Au sud (bas) est placé un champ de saisie multiligne dans un panneau à ascenseurs.

EXEMPLE com/eteks/outils/PanneauContact.java

```
package com.eteks.outils;

import java.awt.*;
import javax.swing.*;

/**
 * Panneau de saisie d'un individu.
 */
```

Textes affichés par le composant de choix.

Création des composants de saisie.

Création d'un panneau utilisant un layout `GridLayout` de 4 lignes par 1 colonne avec un écart de 5 pixels entre les composants.

Création d'un panneau utilisant un layout `GridLayout` de 4 lignes par 1 colonne avec un écart de 5 pixels entre les composants.

Utilisation sur le panneau courant d'un gestionnaire de layout `BorderLayout` avec un écart de 5 pixels entre les composants puis ajout des sous-panneaux et du champ de saisie multiligne dans un panneau à ascenseurs.

Méthode renvoyant le titre choisi.

Méthode renvoyant le nom saisi.

Méthode renvoyant le prénom saisi.

Méthode renvoyant l'adresse saisie.

```
public class PanneauContact extends JPanel
{
  private final static String [] TITRES = {"Mr", "Mme", "Melle"};

  private JComboBox<String> saisieTitre = new JComboBox<>(TITRES);
  private JTextField saisieNom    = new JTextField(10);
  private JTextField saisiePrenom = new JTextField(10);
  private JTextArea saisieAdresse = new JTextArea(4, 20);

  public PanneauContact()
  {
    JPanel panneauLabels = new JPanel(new GridLayout(4, 1, 5, 5));
    panneauLabels.add(new JLabel("Titre :"));
    panneauLabels.add(new JLabel("Nom :"));
    panneauLabels.add(new JLabel("Pr\u00e9nom :"));
    panneauLabels.add(new JLabel("Adresse :"));

    JPanel panneauSaisie = new JPanel(new GridLayout(4, 1, 5, 5));
    panneauSaisie.add(this.saisieTitre);
    panneauSaisie.add(this.saisieNom);
    panneauSaisie.add(this.saisiePrenom);

    setLayout(new BorderLayout(5, 5));
    add(panneauLabels, BorderLayout.WEST);
    add(panneauSaisie, BorderLayout.CENTER);
    add(new JScrollPane(saisieAdresse), BorderLayout.SOUTH);
  }

  public String getTitre()
  {
    return this.saisieTitre.getItemAt(
              this.saisieTitre.getSelectedIndex());
  }

  public String getNom()
  {
    return this.saisieNom.getText();
  }

  public String getPrenom()
  {
    return this.saisiePrenom.getText();
  }

  public String getAdresse()
  {
    return this.saisieAdresse.getText();
  }
}
```

Ce panneau de saisie est mis en œuvre dans l'application de classe `com.eteks.test.SaisieContact` avec la méthode `static showConfirmDialog` de la classe `javax.swing.JOptionPane`. Cette méthode affiche le panneau passé en paramètre à sa taille préférée dans une boîte de dialogue modale, avec les boutons de confirmation ou d'annulation *Ok* / *Annuler*, puis renvoie une valeur correspondant au choix *Ok* ou *Annuler* de l'utilisateur. Il est particulièrement intéressant de l'utiliser ; elle évite en effet :

- de créer les deux boutons *Ok* / *Annuler* dans la langue de l'utilisateur et de les mettre en page (sachant que ces boutons doivent apparaître selon un ordre et un alignement différents sous Windows et Mac OS X !) ;
- de gérer la fermeture de la boîte de dialogue.

EXEMPLE com/eteks/test/SaisieContact.java

```
package com.eteks.test;

import javax.swing.*;
import com.eteks.outils.PanneauContact;

class SaisieContact
{
  public static void main(String [] args)
  {
    PanneauContact panneau = new PanneauContact();

    int reponse = JOptionPane.showConfirmDialog(null, panneau,
                       "Contact", JOptionPane.OK_CANCEL_OPTION,
                       JOptionPane.PLAIN_MESSAGE);

    if (reponse == JOptionPane.OK_OPTION)
      JOptionPane.showMessageDialog(null, "Contact :\n"
          + panneau.getTitre() + " "
          + panneau.getPrenom() + " " + panneau.getNom()
          + "\n" + panneau.getAdresse());
  }
}
```

◂ Création d'une instance du panneau de contact.

◂ Affichage du panneau par une boîte de dialogue de confirmation avec les boutons Ok /Annuler.

◂ Si l'utilisateur a confirmé sa saisie en cliquant sur Ok, un message est affiché qui résume les valeurs saisies dans le panneau de contact.

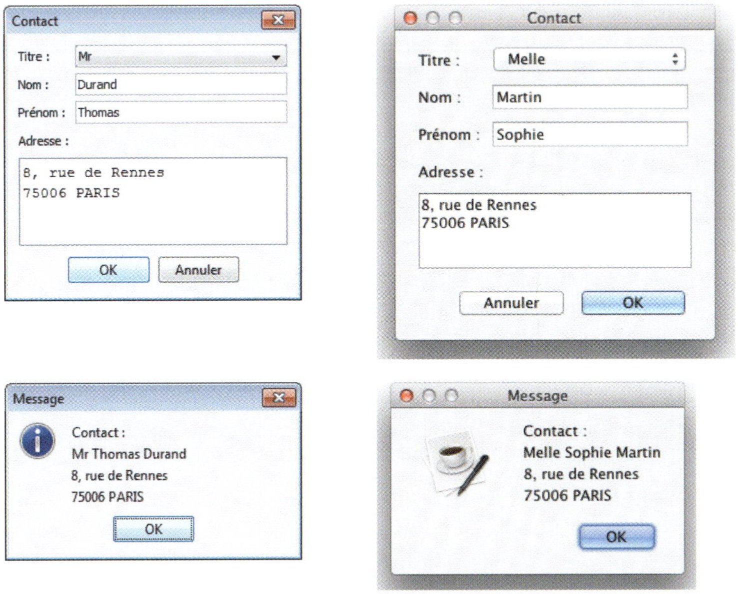

Figure 10–7
Application com.eteks.test.SaisieContact sous Windows et Mac OS X

À chaque système son look and feel

Tous les conteneurs et composants affichés à l'intérieur d'une fenêtre ou d'une boîte de dialogue (hormis les bords et la barre de titre) sont dessinés par la bibliothèque Swing. Cette architecture permet de :

- simuler chaque composant sur le système où fonctionne la JVM avec son apparence et son comportement (look and feel) habituels ;
- créer de nouveaux look and feel comme le « Java look & feel » ;
- changer de look à chaud quand un programme est déjà lancé grâce à la méthode de classe `setLookAndFeel` de la classe `javax.swing.UIManager`.

Le look and feel d'une application peut aussi être choisi lors du lancement d'une application en ajoutant l'option `-Dswing.defaultlaf=`*`classeLookAndFeel`* à la commande `java`. Cette option modifie la valeur de la propriété système `swing.defaultlaf` qui représente la classe de look and feel utilisée par défaut par Swing. Les classes de look and feel les plus connues sont :

- `javax.swing.plaf.metal.MetalLookAndFeel` pour le look and feel Java ;
- `com.sun.java.swing.plaf.windows.WindowsLookAndFeel` pour Windows ;
- `com.sun.java.swing.plaf.motif.MotifLookAndFeel` pour Motif – sous Unix et autres systèmes Xwindow ;
- `com.apple.laf.AquaLookAndFeel` pour Mac OS X.

ASTUCE

Choisir le look and feel du système

L'instruction suivante permet d'utiliser le *look and feel* du système d'exploitation en cours :

```
UIManager.setLookAndFeel(UIManager
.getSystemLookAndFeelClassName());
```

JAVA

Performances de Swing

Toute application Swing requiert une durée de **lancement** relativement longue et une assez grande quantité de mémoire (comptez au moins 15 Mo). Ces contre-performances sont essentiellement dues à l'architecture ouverte de Swing, qui nécessite le chargement de nombreuses classes. Le partage de classe (*Class Data Sharing*) introduit avec Java 5 a corrigé grandement ces deux inconvénients (voir aussi la fin du chapitre 2).

SOUS WINDOWS **Changer le look-and-feel de Java par défaut**

Toutes les captures d'écran de cet ouvrage qui ont été faites sous Windows ont été réalisées en ajoutant l'option :

```
-Dswing.defaultlaf=com.sun.java.swing.plaf.windows.WindowsLookAndFeel
```

à la commande `java` afin d'utiliser le look de Windows en lieu et place de celui de Java positionné par défaut sur ce système d'exploitation.

SOUS MAC OS X **Intégrer la barre de menu à sa place**

Le look and feel positionné par défaut sous Mac OS X est bien Aqua, celui du système, mais en revanche les barres de menus restent intégrées par défaut aux fenêtres ouvertes par Java. Pour intégrer les barres de menus au menu, en haut de l'écran, ajoutez l'option :

```
-Dapple.laf.useScreenMenuBar=true
```

à la commande `java`.

Oracle et Apple fournissent aussi des outils qui permettent de mieux intégrer une application Java au système, notamment en autorisant le démarrage par double-clic sur une icône.

Figure 10–8 Différents look and feel avec une même application

Interagir avec l'utilisateur grâce aux événements

Après avoir étudié comment placer des composants à l'écran, voyons comment programmer leur comportement quand l'utilisateur actionne ces composants.

Événements

L'utilisateur d'un programme interagit avec les composants Swing à l'écran grâce aux périphériques, comme la souris ou le clavier. Ces interactions sont regroupées par le système sous forme d'événements (*events* en anglais) de deux catégories :

- les événements primaires, provoqués par un périphérique de l'ordinateur : événements souris (enfoncement /relâchement d'un bouton de la souris, déplacement du pointeur de la souris) et événements clavier (enfoncement /relâchement d'une touche du clavier) ;
- les événements composites, qui sont créés par le système de gestion événementiel suite à un enchaînement d'événements primaires sur un composant (double-clic, choix d'un menu...) ou sur un conteneur (redimensionnement, fermeture d'une fenêtre...).

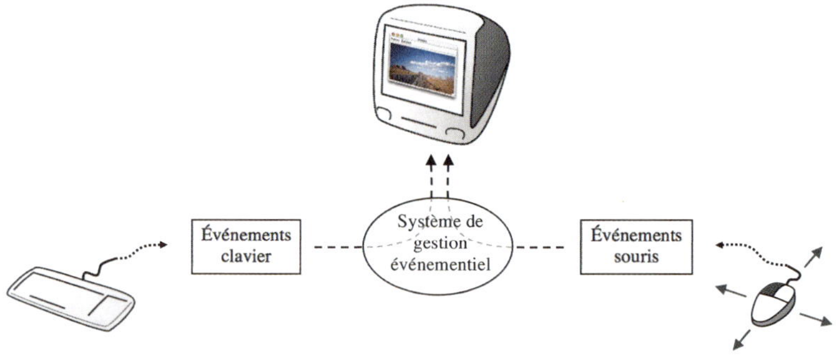

Figure 10–9
Gestion événementielle

C# listener et delegate

Les délégués en C# correspondent aux listeners Java. La déclaration `delegate` du C# permet de spécifier les types de la valeur de retour et des paramètres qu'une méthode doit respecter pour être rappelée quand un événement survient. En Java, ce type de méthode est spécifié dans une interface de type listener que vous devez implémenter dans une classe de listener.

C++ listener et pointeur sur fonction

Les listeners sont un bon exemple pour montrer comment programmer en Java l'équivalent des callbacks du C++ en se passant des pointeurs sur fonction, absents de Java. Une fonction utilisée comme callback devient ici une méthode dont la déclaration est spécifiée par l'interface qu'implémente sa classe.

Être à l'écoute des événements en implémentant un listener

Le système adresse à chaque composant Swing les événements qui le concernent. Pour exécuter un traitement en réaction à un événement reçu par un composant, il faut :

- écrire les instructions de ce traitement dans une classe implémentant l'interface *listener* associée à l'événement ;
- créer une instance de cette classe de listener ;
- appeler la méthode `add...Listener` adéquate du composant en lui passant en paramètre l'instance du listener.

En Java, l'interface « d'écoute » (listener) le plus souvent implémentée est `java.awt.event.ActionListener`. Son unique méthode `actionPerformed` est implémentée avec le traitement à exécuter en réponse à une action de l'utilisateur sur un composant. Cet événement composite de classe `java.awt.event.ActionEvent` est émis par le système quand, par exemple, l'utilisateur clique sur un bouton.

Par l'exemple : quelle heure est-il ?

La classe `com.eteks.test.ListenerHeure` présentée ci-après implémente l'interface `java.awt.event.ActionListener` pour afficher l'heure dans une boîte de dialogue. L'application de classe `com.eteks.test.AfficherHeure` crée un bouton et une instance de cette classe de listener, puis appelle la méthode `addActionListener` sur le bouton en passant le listener en paramètre, pour qu'il soit lié au bouton. Grâce à ce lien, la méthode `actionPerformed` du listener, qui affiche l'heure courante, sera appelée à chaque clic sur le bouton.

EXEMPLE com/eteks/test/AfficherHeure.java

```
package com.eteks.test;
import javax.swing.*;
import java.util.Date;
import java.text.DateFormat;

class ListenerHeure implements java.awt.event.ActionListener
{
  public void actionPerformed(java.awt.event.ActionEvent ev)
  {
    String heure =
      DateFormat.getTimeInstance().format(new Date());
    JOptionPane.showMessageDialog(null, "Il est " + heure);
  }
}

class AfficherHeure
{
  public static void main(String[] args)
  {
    JButton boutonHeure = new JButton("Quelle heure est-il ?");
    java.awt.event.ActionListener actionBouton =
                                  new ListenerHeure();
    boutonHeure.addActionListener(actionBouton);

    JFrame fenetre = new JFrame("Heure");
    fenetre.add(boutonHeure);
    fenetre.setResizable(false);
    fenetre.pack();
    fenetre.setDefaultCloseOperation(JFrame.EXIT_ON_CLOSE);
    fenetre.setVisible(true);
  }
}
```

◂ Création d'un texte avec les *heures:minutes:secondes* du moment.

◂ Création d'un bouton lié à une instance de `com.eteks.test.ListenerHeure`.

◂ Affichage du bouton dans une fenêtre non redimensionnable.

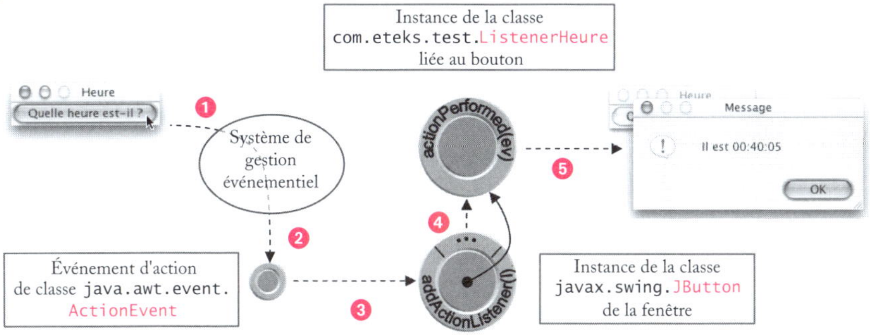

Figure 10–10
Déclenchement d'un événement d'action

Quand l'utilisateur clique sur le bouton *Quelle heure est-il ?* ❶, le système de gestion événementiel crée un événement de classe `java.awt.event.ActionEvent` ❷. Cet événement est transmis à l'instance de la classe `javax.swing.JButton` ❸ qui correspond au bouton affiché dans la fenêtre. Le bouton appelle alors la méthode `actionPerformed` ❹ de l'instance de `com.eteks.test.ListenerHeure` qui lui est liée pour exécuter son traitement ❺.

Pour les autres classes de composants, un événement d'action est émis en fonction de leur logique d'utilisation :

- Pour les composants de classes `javax.swing.JCheckBox` et `javax.swing.JRadioButton`, un événement d'action est émis quand l'utilisateur clique sur la boîte à cocher ou le bouton radio.
- Pour les composants de classe `javax.swing.JMenuItem` et des autres classes de menu, un événement d'action est émis quand l'utilisateur choisit un menu (avec la souris ou un raccourci clavier).
- Pour les composants de classe `javax.swing.JTextField`, un événement d'action est émis quand l'utilisateur appuie sur la touche Entrée du clavier dans le champ de saisie.
- Pour les composants de classe `javax.swing.JComboBox`, un événement d'action est émis quand l'utilisateur choisit un élément de la liste.

JAVA Et les autres événements ?

Les classes d'événement et les interfaces listener associées aux autres types d'événements utilisent la même logique d'implémentation. Il est facile de les identifier, car elles appartiennent aux packages `java.awt.event` ou `javax.swing.event` et se terminent respectivement par le suffixe `Event` et `Listener`. En voici quelques-unes :

- La classe `java.awt.event.MouseEvent` décrit les événements souris et est associée à l'interface `java.awt.event.MouseListener`.
- La classe `java.awt.event.KeyEvent` décrit les événements clavier et est associée à l'interface `java.awt.event.KeyListener`.
- La classe `java.awt.event.WindowEvent` décrit les événements d'une fenêtre et est associée à l'interface `java.awt.event.WindowListener`.

Utiliser les classes anonymes pour implémenter un listener

Une classe anonyme sert à écrire une sous-classe « à usage unique », c'est-à-dire qui n'est instanciée qu'à un seul endroit du programme – comme c'est souvent le cas pour un événement d'action. L'unique instruction d'une classe anonyme :

1. crée une instance de la classe ;
2. déclare sa super-classe ou l'interface qu'elle implémente ;
3. redéfinit avec l'implémentation voulue les méthodes de sa super-classe ou de l'interface implémentée.

ATTENTION
Variables locales et paramètres final

Toute variable locale ou paramètre de la méthode englobante doit être déclarée `final` pour pouvoir être utilisée dans une classe anonyme. Si dans la classe `com.eteks.test.TirageLotoAvecClasseAnonyme` vous oubliez de déclarer `final` la variable `labelLoto`, le compilateur vous affichera le message suivant :

```
src/com/eteks/test/
TirageLotoAvecClasseAnonyme.java:3
0: local variable labelLoto is
accessed from within inner class;
needs to be declared final
```

sur la ligne où la méthode `setText` est appelée sur `labelLoto`.

Par l'exemple : calculer des tirages de loto

Les deux applications de cet exemple affichent le résultat d'un tirage de loto à chaque clic sur un bouton, mais l'une d'elles recourt à une classe anonyme pour implémenter le listener.

- La classe `com.eteks.test.TirageLotoSansClasseAnonyme` utilise la classe `com.eteks.test.NouveauTirage` comme listener. Le label du tirage mis à jour dans la méthode `actionPerformed` est désigné par le champ `labelLoto` initialisé dans le constructeur de la classe `NouveauTirage`.
- La classe `com.eteks.test.TirageLotoAvecClasseAnonyme` utilise une classe anonyme comme listener. Le label du tirage mis à jour dans la

méthode `actionPerformed` est désigné par la variable locale `labelLoto`, qui doit être déclarée `final`.

La classe `com.eteks.outils.Loto` que ces classes utilisent pour effectuer un tirage de loto est définie à la fin du chapitre 7, « Abstraction et interface ».

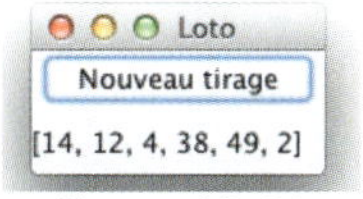

Figure 10–11
Nouveau tirage de loto

EXEMPLE com/eteks/test/TirageLotoSansClasseAnonyme.java

```
package com.eteks.test;
import com.eteks.outils.Loto;
import javax.swing.*;
import java.awt.*;
import java.awt.event.*;
class NouveauTirage implements ActionListener
{
  private JLabel labelLoto;

  public NouveauTirage(JLabel labelLoto)
  {
    this.labelLoto = labelLoto;
  }

  public void actionPerformed(ActionEvent ev)
  {
    // Mise à jour du label avec les
    // numéros d'un nouveau tirage
    labelLoto.setText(Loto.
      creerTirageLoto().toString());
  }
}
class TirageLotoSansClasseAnonyme
{
  public static void main(String [] args)
  {
    JLabel labelLoto = new JLabel();
    // Création d'un bouton mettant à jour
    // le label avec un nouveau tirage de
    // loto grâce au listener de classe
    // com.eteks.test.NouveauTirage
    JButton boutonLoto =
              new JButton("Nouveau tirage");
    boutonLoto.addActionListener(
        newNouveauTirage(labelLoto));
    // Affichage du bouton et du label l'un
    // sous l'autre dans une fenêtre
    JFrame fenetre = new JFrame("Loto");
    fenetre.setLayout(new GridLayout(2, 1));
    fenetre.add(boutonLoto);
    fenetre.add(labelLoto);
    fenetre.pack();
    fenetre.setDefaultCloseOperation(
                       JFrame.EXIT_ON_CLOSE);
    fenetre.setVisible(true);
  }
}
```

EXEMPLE com/eteks/test/TirageLotoAvecClasseAnonyme.java

```
package com.eteks.test;
import com.eteks.outils.Loto;
import javax.swing.*;
import java.awt.*;
import java.awt.event.*;
class TirageLotoAvecClasseAnonyme
{
  public static void main(String [] args)
  {
    final JLabel labelLoto = new JLabel();
    // Création d'un bouton mettant à jour
    // le label avec un nouveau tirage de
    // loto grâce à un listener de classe
    // anonyme
    JButton boutonLoto =
              new JButton("Nouveau tirage");
    boutonLoto.addActionListener(
      new ActionListener()
      {
        public void actionPerformed
                        (ActionEvent ev)
        {
          // Mise à jour du label avec les
          // numéros d'un nouveau tirage.
          // labelLoto doit être déclaré
          // final pour pouvoir être
          // utilisé dans la classe anonyme
          labelLoto.setText(Loto.
            creerTirageLoto().toString());
        }
      });




    // Affichage du bouton et du label l'un
    // sous l'autre dans une fenêtre
    JFrame fenetre = new JFrame("Loto");
    fenetre.setLayout(new GridLayout(2, 1));
    fenetre.add(boutonLoto);
    fenetre.add(labelLoto);
    fenetre.pack();
    fenetre.setDefaultCloseOperation(
                       JFrame.EXIT_ON_CLOSE);
    fenetre.setVisible(true);
  }
}
```

JAVA Classes anonymes et classes internes

La déclaration d'une variable `objet` désignant une instance d'une classe anonyme *`InterfaceOuSuperClasse`* respecte la syntaxe suivante :

```
InterfaceOuSuperClasse objet =
  new InterfaceOuSuperClasse()
  { // Début de la classe anonyme
    public typeRetour methodeRedefinie()
    {
      // Instructions de la méthode
    }
    // Autres méthodes de InterfaceOuSuperClasse
    // si nécessaire
  }; // Fin de la classe anonyme
```

Le compilateur `javac` fabrique un fichier `.class` pour chaque classe anonyme. Le nom de ces fichiers est construit avec l'identificateur de la classe où est définie la classe anonyme suivi du caractère `$` et d'un nombre (par exemple `TirageLotoAvecClasseAnonyme$1.class`).

Les classes anonymes sont en fait une extension des classes internes (*inner classes*) qui sont des classes définies à l'intérieur d'autres classes :

```
public class ClasseExterne
{
 ModificateurAcces class ClasseInterne
  {
    // Membres de ClasseInterne
  }
  // Membres de ClasseExterne
}
```

Le modificateur d'accès d'une classe interne peut être `private`, absent, `protected` ou `public` et contrôle la portée de ce type de classes.

Une classe interne est déclarée `static` ou non. Une instance d'une classe interne `static` ne dépend d'aucune instance de la classe englobante (*outer class*) et s'instancie avec une expression **new** `ClasseExterne.ClasseInterne()`.

L'instance d'une classe interne non `static` stocke automatiquement une référence vers l'instance de la classe englobante, ce qui permet d'utiliser directement dans la classe interne tous les membres de la classe englobante, même ceux `private`. Cette référence doit être donnée à l'instanciation de la classe interne, d'où l'expression : *`objetClasseExterne`*`.new ClasseInterne()` voire plus simplement **new** `ClasseInterne()` quand cette référence est `this`.

REGARD DU DÉVELOPPEUR Avantages des classes anonymes

- Les méthodes d'une classe anonyme peuvent utiliser les champs et les méthodes d'instance de la classe englobant la classe anonyme.
- Les méthodes d'une classe anonyme peuvent utiliser les variables locales et les paramètres de la méthode dans laquelle la classe anonyme est définie s'ils sont déclarés `final`.
- L'instruction de création d'une classe anonyme de type listener permet d'associer à un composant Swing son listener juste après l'instanciation du composant, regroupant ainsi la création et le comportement du composant.
- La classe étant anonyme, vous n'avez pas à lui trouver d'identificateur.
- Les IDE capables de créer de façon interactive une IHM Swing permettent aussi de créer automatiquement en quelques clics la structure d'une classe anonyme et de ses méthodes pour réagir à un événement. Il vous reste alors simplement à implémenter le traitement de l'événement.

Par l'exemple : interface utilisateur d'un carnet d'adresses

L'application de classe `com.eteks.test.CarnetAdresses` affiche dans un tableau le titre, le nom, le prénom et l'adresse d'un ensemble de contacts. L'ajout d'un nouveau contact s'effectue à partir du menu *Fichier/Nouveau* et d'un listener anonyme associé à ce menu. La saisie du texte correspondant s'effectue dans un panneau de classe `com.eteks.outils.PanneauContact` , définie plus haut dans la section « Mise en page évoluée ».

ATTENTION Titres des colonnes d'un tableau Swing

Pour faire apparaître les titres des colonnes d'un tableau de classe `javax.swing.JTable`, celui-ci doit être inclus dans un panneau à ascenseurs de classe `javax.swing. JScrollPane`.

ATTENTION import java.awt.event.*;

La clause `import java.awt.*;` n'importe que les classes du package `java.awt`, pas celles de ses sous-packages comme `java.awt.event`.

Les données de chaque contact sont mémorisées par un modèle de données de classe `javax.swing.table.DefaultTableModel` ❶. Ce modèle est utilisé par une instance de `javax.swing.JTable` ❷ pour obtenir les valeurs à afficher dans un tableau et permet de modifier les données affichées ❹.

EXEMPLE com/eteks/test/CarnetAdresses.java

```
package com.eteks.test;

import javax.swing.*;
import javax.swing.table.DefaultTableModel;
import java.awt.event.*;
import com.eteks.outils.PanneauContact;

class CarnetAdresses
{
  public static void main(String [] args)
  {
    final JFrame fenetre = new JFrame("Contacts");

    String [] colonnes = {"Titre","Nom","Pr\u00e9nom","Adresse"};
    final DefaultTableModel modele =
                  new DefaultTableModel(colonnes, 0); ❶

    JTable tableau = new JTable(modele); ❷

    fenetre.add(new JScrollPane(tableau));

    int toucheRaccourcis = java.awt.Toolkit.getDefaultToolkit().
                               getMenuShortcutKeyMask();

    JMenuItem menuNouveau = new JMenuItem("Nouveau", 'N');
    menuNouveau.setAccelerator(
        KeyStroke.getKeyStroke(KeyEvent.VK_N, toucheRaccourcis));

    menuNouveau.addActionListener(new ActionListener()
      {
        public void actionPerformed(ActionEvent ev)
        {
          PanneauContact panneau = new PanneauContact();
          int reponse = JOptionPane.showConfirmDialog(fenetre,
                            panneau, "Nouveau contact",
                            JOptionPane.OK_CANCEL_OPTION,
                            JOptionPane.PLAIN_MESSAGE); ❸
```

◂ La variable locale `fenetre` doit être déclarée `final` pour être utilisable dans la classe anonyme qui implémente `ActionListener`.

◂ Création d'un modèle de tableau auquel il sera possible, ultérieurement, d'ajouter des lignes.

◂ Création d'un tableau utilisant ce modèle.

◂ Ajout à la fenêtre d'un panneau avec ascenseurs contenant le tableau.

◂ Récupération de la touche utilisée pour les raccourcis clavier (Ctrl sous Windows ou Cmd – pomme – sous Mac OS).

◂ Création de l'élément de menu Nouveau dont la mnémonique est N et le raccourci clavier Ctrl + N ou Cmd + N.

◂ Saisie d'un nouveau contact avec un panneau de saisie de classe `com.eteks.outils.PanneauContact`.

Si l'utilisateur a confirmé sa saisie en cliquant sur Ok, ajout d'une ligne au modèle du tableau des contacts avec les valeurs saisies. Le tableau est automatiquement mis à jour à l'écran.

```
          if (reponse == JOptionPane.OK_OPTION)
            modele.addRow(new String []
                {panneau.getTitre(), panneau.getNom(),
                 panneau.getPrenom(), panneau.getAdresse()}); ❹
        }
      });
```

Création de l'élément de menu Quitter et de son listener associé.

```
    JMenuItem menuQuitter = new JMenuItem("Quitter", 'Q');
    menuQuitter.addActionListener(new ActionListener()
      {
        public void actionPerformed(ActionEvent ev)
        {
```

Si l'utilisateur confirme l'arrêt de l'application...

```
          if (JOptionPane.showConfirmDialog(fenetre,
                     "Voulez-vous vraiment quitter ?", "Quitter",
                     JOptionPane.YES_NO_OPTION)
                            == JOptionPane.YES_OPTION) ❺
```

... arrêt de la JVM.

```
            System.exit(0);
        }
      });
```

Création d'une barre de menus avec le menu Fichier et ses éléments de menu.

```
    JMenuBar barreMenu = new JMenuBar(); ❻
    fenetre.setJMenuBar(barreMenu);
    JMenu menuFichier = new JMenu("Fichier");
    barreMenu.add(menuFichier); ❼
    menuFichier.add(menuNouveau); ❽
    menuFichier.add(menuQuitter); ❾

    fenetre.setSize(300, 200);
    fenetre.setDefaultCloseOperation(JFrame.DO_NOTHING_ON_CLOSE);
```

Affichage de la fenêtre.

```
    fenetre.setVisible(true);
  }
}
```

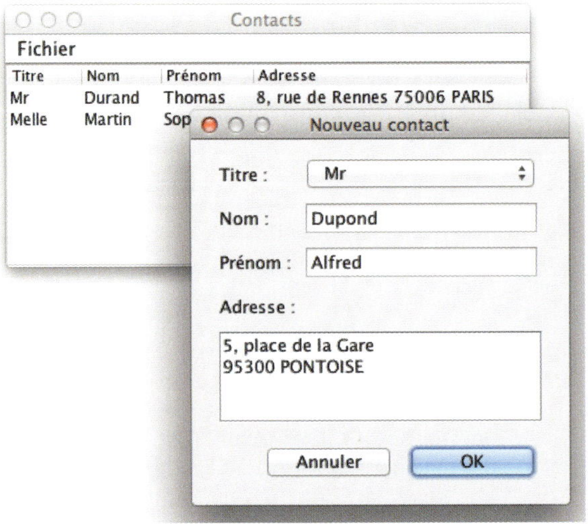

Figure 10–12 Application `com.eteks.test.CarnetAdresses`

Vous noterez qu'ici la méthode `showConfirmDialog` utilise en premier paramètre la référence `fenetre` ❸ ❺, ce qui permet de créer une boîte de dialogue modale de confirmation à une position relative à la fenêtre de l'application et de bloquer toute saisie dans cette fenêtre tant que la boîte de dialogue n'a pas été fermée.

La barre de menus d'une fenêtre est créée grâce à une instance de `javax.swing.JMenuBar` ❻ à laquelle sont ajoutés les menus ❼ et les éléments de menu ❽ ❾ nécessaires à l'application.

DANS LA VRAIE VIE Sauvegarde des informations saisies

En l'état, l'application du carnet d'adresses n'a qu'un intérêt limité car elle n'est pas capable de sauvegarder les données saisies dans un fichier. Pour enregistrer les contacts du tableau, vous pouvez soit utiliser une base de données (voir le chapitre 11, « Connexion à la base de données avec JDBC »), soit utiliser des fichiers en recourant aux classes du package `java.io`.

Créer vos composants graphiques

Pour obtenir une nouvelle classe de composant Swing, vous devez créer une sous-classe de `javax.swing.JComponent` qui redéfinit les deux méthodes suivantes :

```
public void paintComponent(java.awt.Graphics g)
public java.awt.Dimension getPreferredSize()
```

La méthode `paintComponent` est appelée par le système pour mettre à jour le dessin d'un composant, aussi bien à la première visualisation du composant, qu'ultérieurement pour le redessiner partiellement ou entièrement. Il faut implémenter cette méthode en dessinant avec les méthodes de l'objet de classe `java.awt.Graphics` reçu en paramètre. Ces méthodes appartiennent à deux catégories :

- Les méthodes `setColor` et `setFont` modifient la couleur et la police de caractères courantes utilisées par les méthodes de dessin.
- Les méthodes `drawLine`, `drawPolygon`, `drawOval`, `drawString`, `drawImage`, `fillPolygon`, `fillOval`... dessinent des formes. Les coordonnées (x,y) de dessin manipulées par ces méthodes sont exprimées en pixels, le point (0,0) se situant dans le coin supérieur gauche d'un composant.

La méthode `getPreferredSize` est appelée par le gestionnaire de mise en page pour connaître la taille préférée d'un composant. Il faut implémenter cette méthode pour retourner un objet de classe `java.awt.Dimension` initialisé avec la largeur (*width*) et la hauteur (*height*) préférées du composant.

POUR ALLER PLUS LOIN Sweet Home 3D

Sweet Home 3D est une application Swing open source d'aménagement d'intérieur qui permet de dessiner des plans en 2D et d'y disposer des meubles, le tout avec une prévisualisation en 3D. Écrite par l'auteur de cet ouvrage; la conception de la version 0.10 de cette application est expliquée en détail dans le Cahier du Programmeur Swing.

▸ http://www.sweethome3d.com/fr

📖 Cahier du Programmeur Swing, Emmanuel Puybaret, Eyrolles 2006

Par l'exemple : dessiner le plan d'une maison

La classe `com.eteks.test.Plan` dessine le plan d'une maison ❶ dans un composant à l'aide des méthodes de la classe `java.awt.Graphics`, dont la taille préférée est de 330 × 250 pixels ❷. Ce composant est ensuite ajouté ❸ à la fenêtre affichée par l'application `com.eteks.test.PlanLogement`.

EXEMPLE com/eteks/test/PlanLogement.java

```
package com.eteks.test;

import javax.swing.*;
import java.awt.*;

class Plan extends JComponent
{
  @Override
  public void paintComponent(Graphics g) ❶
  {
    g.setColor(Color.white);
    g.fillRect(0, 0, getWidth(), getHeight());
    int [] x = {30, 30, 310, 310, 30, 30, 36, 36, 304, 304, 36, 36};
    int [] y = {45, 25, 25, 230, 230, 80, 80, 224, 224, 31, 31, 45};
    g.setColor(Color.GRAY);
    g.fillPolygon(x, y, x.length);
    g.setColor(Color.BLACK);
    g.drawPolygon(x, y, x.length);
    g.drawLine(215, 31, 215, 224);
    g.drawLine(215, 145, 304, 145);
    g.drawArc(185, 125, 60, 60, 270, 90);
    g.drawLine(215, 155, 245, 155);
    g.drawArc(185, 105, 60, 60,   0, 90);
    g.drawLine(215, 135, 245, 135);
    g.drawArc(1, 10, 70, 70, 270, 90);
    g.drawLine(36, 45, 71, 45);
    g.drawRect(270, 190, 34, 34);
    g.drawArc(220, 204, 45, 40, 0, 180);
    g.drawString("Salon", 110, 135);
    g.drawString("Cuisine", 240, 90);
    g.drawString("S.d.Bain", 243, 180);
  }

  @Override
  public Dimension getPreferredSize() ❷
  {
    return new Dimension(330, 250);
  }
}

class PlanLogement
{
  public static void main(String[] args)
  {
    JFrame fenetre = new JFrame("Plan de la maison");
```

Annotations :

- `class Plan extends JComponent` : Composant graphique affichant un plan.
- `paintComponent` : Méthode appelée à chaque fois que le composant doit être dessiné.
- `g.setColor(Color.white); g.fillRect(...)` : Remplissage du fond du composant en blanc.
- `int [] x`, `int [] y` : Création des tableaux de coordonnées (x,y) du contour du logement.
- `g.fillPolygon(...)` : Remplissage du contour en gris.
- `g.drawPolygon(...)` : Dessin du contour en noir
- `g.drawLine(...)` : Dessin des cloisons en noir avec une ligne.
- `g.drawArc(...)` : Dessin des portes en noir avec un arc de cercle et une ligne.
- `g.drawRect(...)` : Dessin du bac de douche et du lavabo.
- `g.drawString(...)` : Légendes des pièces.
- `getPreferredSize` : Méthode appelée pour obtenir la taille préférée du composant.

```
      fenetre.add(new Plan()); ❸
      fenetre.pack();
      fenetre.setDefaultCloseOperation(JFrame.EXIT_ON_CLOSE);
      fenetre.setVisible(true);
    }
}
```

◂ Ajout d'une instance du composant `Plan` à la fenêtre.

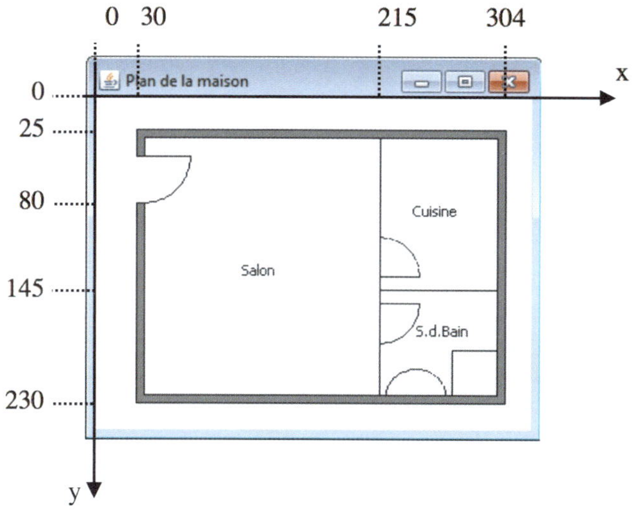

Figure 10–13
Application
`com.eteks.test.PlanLogement`

Programmer une applet

Une applet est une classe particulière de composant Swing qui s'affiche dans une page HTML visualisée par un navigateur. En voici les principales caractéristiques.

La classe d'une applet doit dériver de la classe `javax.swing.JApplet`, être `public` et avoir un constructeur `public` sans paramètre (éventuellement, celui fourni par défaut).

La balise `<applet code="ClasseApplet" ...>` est incluse dans un fichier HTML pour faire appel à une applet de classe *`ClasseApplet`*. Quand une page HTML contenant une balise `applet` est visualisée, la JVM :

1. Télécharge la classe d'applet spécifiée par l'attribut `code`.
2. Crée une instance de la classe d'applet.
3. Appelle la méthode `init`. Une applet étant une sorte de panneau Swing, cette méthode est redéfinie dans une classe d'applet pour ajouter à l'applet les composants à visualiser.
4. Appelle la méthode `start` au moment où l'applet apparaît à l'écran. Cette méthode est le plus souvent redéfinie pour démarrer une animation quand l'applet en visualise une.

ASTUCE Console Java des applets

Les diagnostics d'exceptions et les textes affichés avec le champ `out` de la classe `java.lang.System` sont écrits sur la console Java pendant l'exécution d'une applet. Sous Windows, la console est rendue visible en modifiant les options Java dans le *Panneau de configuration* du système, et sous Mac OS X, en modifiant les *Préférences Java* qui se trouvent dans le dossier *Applications/Utilitaire*.

5 Appelle la méthode `stop` au moment où l'applet disparaît de l'écran. Par opposition à la méthode `start`, cette méthode est redéfinie pour arrêter une animation, si nécessaire.

6 Appelle la méthode `destroy` au moment où la page HTML n'est plus visualisée.

Comme pour une image, une applet s'affiche dans une zone de taille définie par les attributs `width` et `height` de la balise `applet`.

Les balises `<param name="`*`parametre`*`" value="`*`valeurParametre`*`">` incluses dans la balise `applet` permettent de paramétrer une applet. Une classe d'applet interroge ces paramètres grâce à la méthode `getParameter` dont elle hérite.

Pour éviter toute intrusion dans le système d'exploitation où fonctionne le navigateur, le gestionnaire de sécurité utilisé par la JVM pour les applets est très restrictif.

JAVA Installation du plug-in Java

La gestion des applets dans un navigateur s'effectue grâce à un plug-in Java. Sous Windows, le programme d'installation du JDK et du JRE fourni par Oracle propose de configurer automatiquement le navigateur de votre système pour qu'il utilise ce plug-in. Sous Linux, il vous faudra mettre à jour manuellement un lien symbolique si vous voulez que votre navigateur utilise la dernière version installée du plug-in, comme l'explique le document suivant :

▸ http://www.java.com/fr/download/help/linux_install.xml

API JAVA Méthodes les plus utiles de la classe javax.swing.JApplet

La super-classe `java.awt.Applet` de la classe `javax.swing.JApplet` définit de nombreuses méthodes. Voici la liste des plus utiles :

ATTENTION Restrictions appliquées aux applets

Le gestionnaire de sécurité de la JVM applique les restrictions suivantes pour les applets :

- Pas d'accès au système de fichiers local : les classes d'entrée/sortie sur les fichiers et la classe `javax.swing.JFileChooser` ne peuvent pas être utilisées.
- Possibilité d'accès réseau uniquement avec l'hôte où est hébergé le fichier `.class` de la classe de l'applet.
- Accès interdit avec la classe `java.lang.System` à certaines propriétés de la JVM comme `user.name`, `user.home`, `user.dir`, `user.country`, `user.language`, `java.home` ou `java.class.path`.
- Impossibilité de lancer des applications locales.

Une exception non contrôlée de classe `java.security.AccessControlException` (sous-classe de `java.lang. SecurityException`) est déclenchée si vous tentez d'effectuer une des opérations interdites.

Si votre programme a besoin de ces droits, soit vous en faites une application, solution plus compliquée à distribuer, installer et mettre à jour, soit vous en faites une applet signée.

Description	Méthode

Méthodes appelées par le navigateur que vous devez redéfinir pour spécifier les traitements de votre applet	`public void init()`
	`public void start()`
	`public void stop()`
	`public void destroy()`

Interrogation de la valeur d'un paramètre	`public java.lang.String getParameter(java.lang.String name)`
Interrogation de l'URL de la page HTML qui contient la balise `applet` de l'applet	`public java.net.URL getDocumentBase()`

Par l'exemple : bienvenue dans le monde des applets !

L'applet de classe `com.eteks.test.AppletBienvenue` affiche un label utilisant un texte construit avec le paramètre `nom`.

EXEMPLE com/eteks/test/AppletBienvenue.java

```
package com.eteks.test;
import javax.swing.*;
public class AppletBienvenue extends JApplet
{
  @Override
  public void init()
  {
    String nom = getParameter("nom");
    JLabel labelBienvenue = new JLabel("Bonjour " + nom);
    getContentPane().add(labelBienvenue);
  }
}
```

- AppletBienvenue est une sous-classe public de javax.swing.Japplet.
- Point d'entrée de l'applet : méthode appelée au chargement de l'applet.
- Récupération du paramètre nom.
- Création d'un label avec le paramètre.
- Ajout du label au contenu de l'applet.

Pour lancer la classe d'applet `com.eteks.test.AppletBienvenue`, il faut écrire la balise `<applet code="com.eteks.test.AppletBienvenue" width="120" height="25">` dans un fichier HTML (par exemple, `AppletBienvenue.html`), puis :

- Soit lancer la commande `appletviewerAppletBienvenue.html`. Cette commande ouvre une fenêtre de dimensions (`width`,`height`) pour y exécuter l'applet correspondant à la classe de l'attribut `code`.
- Soit visualiser le fichier `AppletBienvenue.html` dans un navigateur qui est compatible avec Java.

Les attributs `code`, `width` et `height` sont les trois attributs obligatoires de la balise `applet`. Les paramètres de l'applet et leur valeur sont cités dans des balises `<param name='`*`parametre`*`' value='`*`valeur`*`'>` placées entre les balises de début et de fin d'applet `<applet ...>` et `</applet>`. La classe de l'applet utilise la méthode `getParameter` pour obtenir la valeur d'un de ces paramètres.

ATTENTION Modification d'une applet

Vous devrez quitter le navigateur, puis le relancer pour qu'il recharge les fichiers `.class` modifiés d'une applet. En revanche, `appletviewer` propose le menu Recharger qui recharge les fichiers `.class` et prend en compte les modifications sur ces fichiers.

Si le dossier du fichier `AppletBienvenue.html` ne contient pas le chemin `com/eteks/test/AppletBienvenue.class`, vous pouvez ajouter l'attribut `codebase` à la balise `applet` pour donner un chemin absolu ou relatif accédant à la racine des classes nécessaires à l'applet. Si le fichier `AppletBienvenue.html` est dans le dossier `bin` de développement et le fichier `com/eteks/test/AppletBienvenue.class` dans le dossier des classes `classes`, on obtient le fichier suivant :

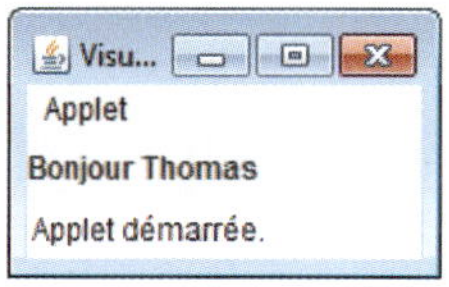

Figure 10–14
Applet com.eteks.test.AppletBienvenue avec le paramètre nom égal à Thomas visualisée avec la commande appletviewer

EXEMPLE bin/AppletBienvenue.html

```
<html><head><title>Bienvenue</title></head><body>
<applet code='com.eteks.test.AppletBienvenue'
        width='120' height='25' codebase='../classes' >
  <param name='nom' value='Thomas'>
</applet>
</body></html>
```

Créer une interface utilisateur avec une applet

Comme la classe `javax.swing.JApplet` représente un panneau avec un layout de classe `java.awt.BorderLayout` par défaut, on peut lui ajouter plusieurs composants ou sous-panneaux avec la méthode `add`.

Par l'exemple : interface utilisateur du calcul de mensualités

L'applet de classe `com.eteks.test.AppletEmprunt` permet de calculer les mensualités et le coût d'un emprunt en réutilisant la méthode `calculerMensualite` de la classe `com.eteks.outils.Emprunt`.

La classe `com.eteks.outils.Emprunt` a été définie dans le chapitre 6, « Les classes de base de la bibliothèque Java »

API JAVA Champs de saisie numérique

Les classes `javax.swing.JFormattedTextField` et `javax.swing.JSpinner` utilisent le format des nombres correspondant à la langue de l'utilisateur, avec la virgule comme séparateur décimal pour les francophones.

L'interface utilisateur de cette applet met en page plusieurs champs de saisie pour simplifier l'utilisation du programme (voir figure 10-15). Elle utilise les classes `javax.swing.JFormattedTextField` et `javax.swing.JSpinner` pour la saisie du capital, du taux et de la durée de l'emprunt.

JAVA
Chargement des classes non standards

Si une classe d'applet a besoin de charger d'autres classes non standards ou des fichiers avec la méthode `getResource` de `java.lang.Class`, il suffit de les héberger avec votre classe d'applet en les organisant comme une application Java.

EXEMPLE com/eteks/test/AppletEmprunt.java

- Importation de la classe de calcul de mensualités.
- Point d'entrée de l'applet.
- Récupération des valeurs par défaut passées en paramètre.
- Création des composants de saisie du capital, du taux et de la durée de l'emprunt, initialisée avec les valeurs par défaut.
- Création des labels affichant les résultats des calculs de mensualités et de coûts.

```java
package com.eteks.test;

import com.eteks.outils.Emprunt;
import java.text.NumberFormat;
import javax.swing.*;
import java.awt.*;
import java.awt.event.*;

/**
 * Applet de calcul de mensualités d'un emprunt.
 */
public class AppletEmprunt extends JApplet
{
  @Override
  public void init()
  {
    Double capital = new Double(getParameter("capital"));
    Double taux = new Double(getParameter("taux"));
    Integer duree = new Integer(getParameter("duree"));

    final JFormattedTextField saisieCapital =
                        new JFormattedTextField(capital);
    final JFormattedTextField saisieTaux =
                        new JFormattedTextField(taux);
    final JSpinner saisieDuree = new JSpinner();
    saisieDuree.setValue(duree);

    final JLabel labelMensualite = new JLabel();
    final JLabel labelCout = new JLabel();
```

```
    JPanel panneauEmprunt = new JPanel(
                new java.awt.GridLayout(5, 2, 0, 2));
    panneauEmprunt.add(new JLabel("Capital emprunt\u00e9 :"));
    panneauEmprunt.add(saisieCapital);
    panneauEmprunt.add(new JLabel(
                      "Taux d'int\u00e9r\u00eat (en %) :"));
    panneauEmprunt.add(saisieTaux);
    panneauEmprunt.add(new JLabel(
                       "Dur\u00e9e (en ann\u00e9es) :"));
    panneauEmprunt.add(saisieDuree);
    panneauEmprunt.add(new JLabel("Mensualit\u00e9s :"));
    panneauEmprunt.add(labelMensualite);
    panneauEmprunt.add(new JLabel("Co\u00fbt :"));
    panneauEmprunt.add(labelCout);
```

◄ Ajout des composants précédents à un panneau utilisant une grille de 5 lignes × 2 colonnes, avec un label d'information devant chaque composant.

```
    JButton boutonCalculer = new JButton("Calculer");
    boutonCalculer.addActionListener(new ActionListener() ❶
      {
        public void actionPerformed(ActionEvent ev)
        {
          double capital = ((Number)saisieCapital.getValue())
                             .doubleValue();
          double taux = ((Number)saisieTaux.getValue())
                             .doubleValue() / 100. / 12;
          int nbMensualite = ((Number)saisieDuree.getValue())
                             .intValue() * 12;
          if (nbMensualite <= 0)
            JOptionPane.showMessageDialog(AppletEmprunt.this, ❷
                "La dur\u00e9e doit \u00eatre positive.",
                "Calcul Mensualit\u00e9",
                JOptionPane.WARNING_MESSAGE);
          else
          {
            double mensualite = Emprunt.calculerMensualite(
                                  taux, nbMensualite, capital); ❸
            double interets = mensualite * nbMensualite
                             - capital;
            NumberFormat formatNombre =
                             NumberFormat.getInstance();
            labelMensualite.setText(
                       formatNombre.format(mensualite)); ❹
            labelCout.setText(formatNombre.format(interets));
          }
        }
      });
```

◄ Création du bouton et de son action qui provoque un calcul de mensualités avec les valeurs saisies.

◄ Récupération des valeurs saisies, converties dans leur type primitif Java respectif.

◄ Si le nombre de mensualités est négatif, un message signalant l'erreur est affiché à l'utilisateur.

◄ Calcul de la mensualité et des intérêts.

◄ Modification du texte des labels affichant le résultat des calculs.

```
    JPanel panneauCalcul = new JPanel();
    panneauCalcul.add(boutonCalculer);
```

◄ Ajout du bouton à un panneau utilisant un layout de classe `java.awt.FlowLayout` (layout par défaut de `JPanel`) afin qu'il prenne ses dimensions préférées.

```
    getContentPane().add(panneauEmprunt, BorderLayout.NORTH);
    getContentPane().add(panneauCalcul, BorderLayout.SOUTH);
  }
}
```

◄ Ajout des deux panneaux au contenu de l'applet.

À chaque fois que l'utilisateur clique sur le bouton *Calculer* ❶, cette applet calcule la mensualité qui correspond aux valeurs saisies ❸ et met à jour les labels affichant le résultat des calculs ❹. Les valeurs affichées dans ces labels respectent le format d'écriture des nombres de la langue de l'utilisateur grâce à l'utilisation de la classe `java.text.NumberFormat`. Notez qu'ici la méthode `showMessageDialog` utilise en premier paramètre la référence sur l'applet courante ❷ et qu'il faut, à l'intérieur d'une classe anonyme, répéter le nom de la classe devant `this` pour obtenir une référence sur l'objet de la classe englobant la classe anonyme.

Pour lancer l'applet de classe `com.eteks.test.AppletEmprunt`, il faut créer un fichier HTML contenant la balise `applet` et les paramètres donnant les valeurs par défaut du capital, du taux et de la durée de l'emprunt.

> **API JAVA Classe java.text.NumberFormat**
>
> La classe `java.text.NumberFormat` et sa sous-classe `java.text.DecimalFormat` permettent de convertir un nombre en texte ou un texte en nombre. À la différence des méthodes `toString` et des méthodes préfixées par `parse` des classes d'emballage, les méthodes `format` et `parse` de la classe `java.text.NumberFormat` respectent le format habituellement utilisé dans la langue de l'utilisateur, le séparateur décimal étant alors la virgule pour les francophones.

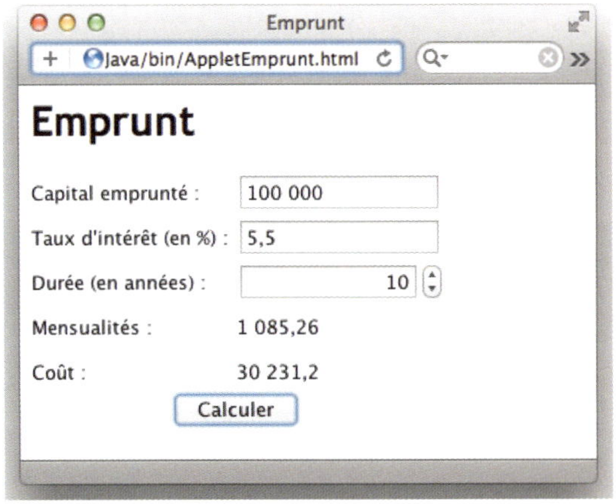

Figure 10–15
Applet com.eteks.test.AppletEmprunt visualisée dans un navigateur

> **POUR ALLER PLUS LOIN Java Web Start**
>
> Les applets permettent de distribuer automatiquement un logiciel et ses mises à jour par Internet, ce qui facilite son déploiement sur de nombreux postes. Java Web Start inclus en standard depuis Java 1.4 reprend le même principe avec la possibilité de lancer une application Java ou une applet. La classe dont la méthode `main` est utilisée comme point d'entrée de l'application doit alors être citée dans un fichier `.jnlp` respectant une syntaxe spéciale.
>
> ▸ http://www.oracle.com/technetwork/java/javase/javawebstart/

EXEMPLE bin/AppletEmprunt.html

```
<html><head><title>Emprunt</title></head><body>
<h1>Emprunt</h1>
<applet code='com.eteks.test.AppletEmprunt'
        width='280' height='160' codebase='../classes'>
  <param name='capital' value='100000'>
  <param name='taux' value='5.5'>
  <param name='duree' value='10'>
  Utilisez un navigateur compatible avec Java pour
  visualiser cette applet.
</applet>
</body></html>
```

En résumé...

Ce chapitre a exploré les possibilités de la très riche bibliothèque Swing pour créer et gérer des interfaces utilisateur d'applications et d'applets. Bien entendu, les environnements de développement évolués qui prennent en charge Swing de façon interactive simplifient considérablement leur mise en œuvre. Il demeure important de comprendre les fonctionnalités et les rouages de Swing.

Voyons maintenant comment enregistrer et lire des données en Java dans une base de données afin de gérer les informations du forum de discussion, principale étude de cas de cet ouvrage.

chapitre 11

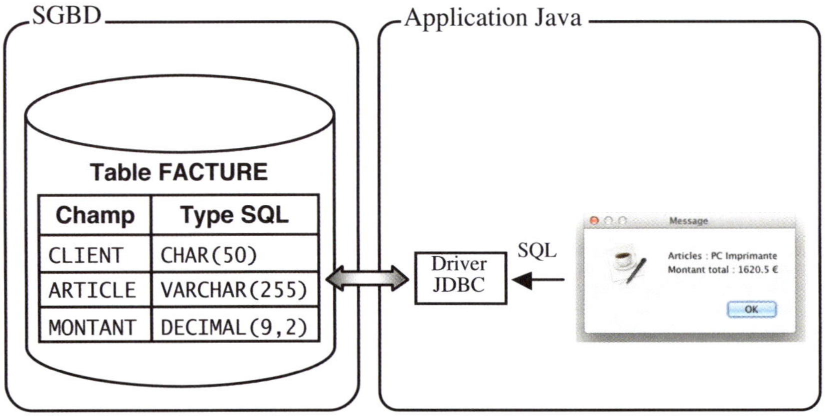

SGBD
Table FACTURE
Champ
Type SQL
CLIENT
CHAR(50)
ARTICLE
VARCHAR(255)
MONTANT
DECIMAL(9,2)
Application Java
Driver JDBC
SQL
Message
Articles : PC Imprimante
Montant total : 1620.5 €
OK

Connexion à la base de données avec JDBC

Les bases de données permettent d'organiser efficacement la sauvegarde et la lecture des données d'un programme. Après avoir explicité la façon recommandée d'exploiter en Java les bases de données du marché, ce chapitre présente les classes de gestion des utilisateurs et de leurs messages dans une base de données.

SOMMAIRE

MOTS-CLÉS

- JDBC
- MySQL
- Connection
- Statement
- ResultSet
- PreparedStatement

Utilisation d'une base de données en Java

JDBC (*Java DataBase Connectivity*) est une bibliothèque d'interfaces et de classes utilisées pour accéder à un SGBDR (Système de gestion de base de données relationnelle, ou RDBMS, pour *Relational DataBase Management System* en anglais).

Un programme JDBC envoie à un SGBDR des requêtes écrites en SQL (*Structured Query Language*) puis exploite le résultat renvoyé en Java.

Ce chapitre vous présente comment se connecter à une base de données, comment créer et utiliser des tables avec les classes et interfaces JDBC du package `java.sql`. La mise en pratique de JDBC est réalisée pour deux applications avec des données différentes dans la base de données :

- Abordée dans la section « Par l'exemple : enregistrer les factures client », page 245, la première application crée et initialise une table de facturation puis montre comment rechercher les articles achetés par un client donné.
- Les sections « Forum : gérer la connexion à la base de données », page 247, et « Forum : stocker utilisateurs et messages », page 251, décrivent les tables nécessaires au stockage des données du forum puis la façon de les exploiter dans des classes Java. Ces classes seront utilisées comme outils intermédiaires entre les données du forum en base et les pages JSP qui présenteront ces données.

B.A.-BA Base de données

Une base de données est un ensemble de tables organisées pour stocker dans des fichiers les données manipulées par une application. Une table est comparable à un ensemble d'objets Java de même classe avec leurs champs : elle stocke un ensemble d'enregistrements (*records* en anglais), chaque enregistrement d'une table ayant les mêmes champs (*fields*) et chaque champ étant typé (chaîne de caractères, nombre...).

REGARD DU DÉVELOPPEUR Avantages/inconvénients de JDBC

Avantages

- Comme JDBC repose sur SQL, cette bibliothèque bénéficie de toutes ses fonctionnalités éprouvées : création et mise à jour de tables, sélections avec jointure, transactions, appels à des procédures stockées.
- La durée d'apprentissage de JDBC est réduite pour les personnes utilisant déjà un SGBDR avec SQL.
- Pour permettre d'exploiter leur produit en Java, les éditeurs de SGBDR du marché (Oracle, Sybase...) n'ont qu'à développer un driver JDBC, ensemble de classes qui implémentent les interfaces du package `java.sql`.
- Une application peut se connecter à plusieurs SGBDR en même temps.
- Si votre programme utilise la version standard de SQL, il suffit de changer le driver approprié en cas de changement de SGBDR.

Inconvénients

- Obligation de connaître un minimum SQL pour utiliser JDBC, car ce dernier n'inclut pas de méthodes pour construire automatiquement les instructions SQL.
- Les instructions SQL étant construites sous forme de chaînes de caractères, leur exactitude ne peut être vérifiée ni par le compilateur Java ni par JDBC, mais uniquement par le SGBDR au moment de leur traitement.
- JDBC n'oblige pas un éditeur de SGBDR à implémenter tout SQL dans son driver, ce qui peut gêner la stabilité d'une application Java en cas de changement de SGBDR.
- Basée sur SQL, JDBC est limité à l'utilisation de bases de données relationnelles : aucune utilisation de base de données objet (SGBDO) n'est prévue, fait étonnant pour un langage objet comme Java.
- JDBC peut difficilement évoluer indépendamment de SQL.

L'utilisation ici de MySQL permet de tester de façon réaliste les classes développées avec un vrai SGBD. Toutefois, les instructions SQL utilisées étant simples et standards, vous pouvez tout à fait tester les applications avec le SGBD de votre choix.

Se connecter à une base de données avec un driver JDBC

Chaque éditeur de SGBDR fournit son driver JDBC sous forme d'un ensemble de classes rassemblées dans un fichier d'archive `.jar`, qu'il faut ajouter à l'option `-classpath` lors de l'exécution de votre programme.

La connexion au système de gestion de base de données s'effectue en deux étapes :

1. Chargement de la classe du driver par la JVM : cette classe implémente l'interface `java.sql.Driver` et peut être chargée en appelant la méthode de classe `forName` de la classe `java.lang.Class`.

   Exemple

   ```
   Class.forName("com.mysql.jdbc.Driver");
   ```

   Chargement du driver du SGBDR MySQL.

2. Connexion : elle s'effectue en appelant la méthode `getConnection` de la classe `java.sql.DriverManager` avec en premier paramètre une chaîne de caractères de la forme `"jdbc:`*`driver`*`:`*`accesSGBDR`*`"`. Différant d'un driver à l'autre, *`accesSGBDR`* décrit la machine où tourne le SGBDR et le nom de la base de données auxquels vous voulez vous connecter.

   Exemple

   ```
   java.sql.Connection connexion =
      DriverManager.getConnection("jdbc:mysql://localhost/test");
   ```

   Connexion au SGBDR MySQL tournant sur la machine locale avec la base `test` (`test` est un catalogue en JDBC).

   On dispose aussi de la méthode `getConnection` avec deux paramètres supplémentaires représentant un utilisateur référencé sur le SGBDR et son mot de passe. Utilisez cette forme de la méthode quand le SGBDR requiert une authentification de l'utilisateur en cours de connexion.

   Exemple

   ```
   java.sql.Connection connexion =
      DriverManager.getConnection("jdbc:mysql://localhost/test",
                                  "admin", "azerty");
   ```

   Connexion au SGBDR MySQL pour l'utilisateur `admin` et son mot de passe `azerty`.

> **API JAVA registerDriver**
>
> Une classe de driver JDBC doit appeler la méthode de classe `void registerDriver(java.sql.Driver driver)` de la classe `java.sql.DriverManager` pour se signaler comme driver JDBC. Comme cet appel est effectué par toute classe de driver JDBC dans son bloc d'initialisation `static`, il suffit de charger la classe d'un driver dans la JVM pour que la connexion à une base de données soit possible. L'appel à la méthode `forName` est généralement préféré car son paramètre textuel permet de spécifier à l'exécution la classe du driver à charger en fonction du SGBDR utilisé.

Par l'exemple : tester la connexion avec la base de données

L'application suivante teste la connexion à la base de données de test installée par défaut avec MySQL. Les méthodes des classes de JDBC (connexion et instructions SQL) étant susceptibles de déclencher des exceptions contrôlées de classe `java.sql.SQLException`, l'appel à ces méthodes doit être programmé dans une instruction `try catch`.

EXEMPLE com/eteks/test/TestConnexionJDBC.java

```
package com.eteks.test;

import java.sql.*;
import javax.swing.JOptionPane;

class TestConnexionJDBC
{
  public static void main(String[] args)
  {
    Connection connexion = null;
    try
    {
      Class.forName("com.mysql.jdbc.Driver");


      connexion = DriverManager.getConnection("jdbc:mysql:///test");
      JOptionPane.showMessageDialog(null, "Connexion Ok");
    }
    catch (ClassNotFoundException ex)
    {
      JOptionPane.showMessageDialog(null,
                  "Classe introuvable " + ex.getMessage());
    }
    catch (SQLException ex)
    {
      JOptionPane.showMessageDialog(null,
                  "Connexion impossible : " + ex.getMessage());
    }
    finally
    {
      try
      {
```

- `Class.forName(...)` : Chargement de la classe du driver JDBC de MySQL.
- `DriverManager.getConnection(...)` : Ouverture de la connexion avec MySQL tournant sur la même machine.
- `ClassNotFoundException` : Exception déclenchée si la classe n'est pas chargée par `forName`.
- `SQLException` : Exception déclenchée en cas de problème avec le SGBD.

```
        if (connexion != null)
          connexion.close();
      }
      catch (SQLException ex)
      {
        ex.printStackTrace();
      }
    }
  }
}
```

Fermeture de la connexion.

Installation du SGBD MySQL

Pour exécuter le test précédent et tous les exemples requérant une connexion avec la base de données, vous devez installer et démarrer le SGBDR MySQL. Distribué sous licence GNU GPL, ce SGBDR peut être utilisé librement. Pour l'installer, téléchargez à http://dev.mysql.com la dernière version de MySQL Community Server (version 5.x) et de son driver JDBC Connector/J (version 5.x), puis suivez les instructions ci-après.

Sous Windows

1 Téléchargez la version *MSI Installer* pour Windows.

2 Double-cliquez sur le fichier `mysql-VERSION-winxx.msi` téléchargé. Pendant l'installation, choisissez l'option *Typical*. À la fin de l'assistant d'installation, cochez l'option *Launch the MySQL Instance Configuration Wizard* avant de cliquer sur le bouton *Finish*.

3 Dans l'assistant de configuration, choisissez l'option *Standard Configuration* puis cochez les options *Install As Windows Service* et *Launch the MySQL Server automatically*, qui permettent à MySQL d'être disponible comme service au démarrage de l'ordinateur. Dans la boîte de dialogue suivante, entrez un mot de passe pour l'utilisateur `root` dans les champs sous l'option *Modify Security Settings*, et cochez l'option *Create An Anonymous Account*. Finalement, cliquez sur les boutons *Execute* puis *Finish*.

Sous Linux

1 Téléchargez la version *Compressed TAR* pour Linux.

2 Créez un groupe `mysql` et un user `mysql` s'ils n'existent pas, en exécutant les commandes suivantes dans une fenêtre de terminal :

```
su
/usr/sbin/groupadd mysql
/usr/sbin/useradd -r -g mysql mysql
```

DANS LA VRAIE VIE

Et les autres bases de données ?

Pour utiliser une autre base de données avec les applications de cet ouvrage, il suffit de récupérer leur driver JDBC, puis de modifier la classe du driver et la chaîne de connexion, toutes deux nécessaires à la connexion. Notez qu'il existe de nombreux SGBDR écrits en Java qui ont pour avantage d'être simples à installer et à utiliser avec une application Java, comme HSQL Database Engine et celle incluse avec le JDK.

▸ http://hsqldb.sourceforge.net/

ASTUCE **Tester MySQL**

Une fois MySQL démarré, vous pouvez tester directement des instructions SQL en lançant le programme `mysql.exe` sous Windows ou la commande `/usr/local/mysql/bin/mysql` dans une fenêtre de terminal sous Linux et Mac OS X. Il vous faudra d'abord choisir avec l'instruction `use` la base (ou catalogue) sur laquelle vous voulez travailler, par exemple :

```
use test;
```

pour la base `test` créée par défaut dans MySQL. Vous pouvez ensuite lancer n'importe quelle instruction SQL comme celles décrites dans les pages suivantes, chaque instruction devant se terminer par un point-virgule.

ATTENTION Administration de MySQL

L'administration de MySQL (arrêt de MySQL, création d'autres bases de données, attribution de droits spécifiques aux utilisateurs des bases de données...) s'effectue sous l'utilisateur `root` de MySQL. Au premier lancement de MySQL, attribuez par sécurité un mot de passe à cet utilisateur spécial avec la commande :

```
/usr/local/mysql/bin/mysqladmin
➥ -u root password votreMotDePasse
```

Voir aussi

http://dev.mysql.com/doc/mysql/fr/

3 Installez le fichier `mysql-VERSION-OS.tar.gz` de votre système avec les commandes suivantes :

```
cd /usr/local
tar zxvf /chemin/vers/mysql-VERSION-OS.tar.gz
ln -s mysql-VERSION-OS /usr/local/mysql
cd /usr/local/mysql
chown -R root /usr/local/mysql
chgrp -R mysql /usr/local/mysql
scripts/mysql_install_db --user=mysql
chown -R root /usr/local/mysql
chown -R mysql /usr/local/mysql/data
```

4 Démarrez MySQL sous utilisateur `root` du système :

```
su
cd /usr/local/mysql
/usr/local/mysql/bin/mysqld_safe --user=mysql &
exit
```

Sous Mac OS X

La version Mac OS X de MySQL n'est qu'une variante de la version pour Linux utilisant la même organisation, mais plus simple à installer.

1 Téléchargez la version *DMG Archive* pour Mac OS X.
2 Double-cliquez sur le fichier `mysql-VERSION.dmg`.
3 Exécutez les deux programmes d'installation `mysql-VERSION.pkg` et `MySQLStartupItem.pkg`. Le premier programme installe MySQL dans le sous-dossier `mysql` de `/usr/local` et le second installe un script qui lance automatiquement MySQL au démarrage de la machine.
4 Redémarrez la machine.

Installer le driver JDBC

Une fois MySQL installé, au tour du driver JDBC MySQL !

1 Téléchargez la version *ZIP* de Connector/J.
2 Décompressez le fichier `mysql-connector-java-VERSION.zip`.
3 Copiez le fichier d'archive `mysql-connector-java-VERSION-bin.jar` qu'il contient dans le sous-dossier `lib` du répertoire de votre dossier de développement Java.
4 Ajoutez le fichier d'archive à l'option `-classpath` des commandes `java` des applications qui accèdent à MySQL :

ASTUCE Dossier des extensions Java

Tous les fichiers d'archive placés dans le dossier des extensions Java sont automatiquement ajoutés aux chemins de l'option `-classpath`. Si vous y copiez le fichier du driver JDBC, vous n'aurez donc pas à citer ce fichier avec cette option.

Ce dossier spécial est, sous Windows et Linux, le sous-dossier `jre/lib/ext` du dossier d'installation du JDK, et, sous Mac OS X, le dossier `/Library/Java/Extensions`.

FICHIER bin\TestConnexionJDBC.bat

```
java -classpath ..\classes;..\lib\mysql-connector-java-VERSION-bin.jar
  ➥ com.eteks.test.TestConnexionJDBC
```

ou

```
java -classpath lib\test.jar;..\lib\mysql-connector-java-VERSION-bin.jar
    ➥ com.eteks.test.TestConnexionJDBC
```

FICHIER bin/TestConnexionJDBC.sh

```
java -classpath ../classes:../lib/mysql-connector-java-VERSION-bin.jar
    ➥ com.eteks.test.TestConnexionJDBC
```

ou

```
java -classpath ../lib/test.jar:../lib/mysql-connector-java-VERSION- bin.jar
    ➥ com.eteks.test.TestConnexionJDBC
```

SQL, le langage des bases de données

Principaux types de données

Chaque type SQL a son équivalent en tant que constante numérique dans la classe `java.sql.Types`. Tous les types SQL déclarés dans la classe `java.sql.Types` ne sont pas forcément pris en charge par toutes les bases de données.

Tableau 11–1 Correspondance entre les types SQL et Java

Type SQL	Description	Type Java	Constante java.sql.Types
`INTEGER`	Entier signé	`int`	`Types.INTEGER`
`FLOAT`	Nombre à virgule flottante	`float`	`Types.FLOAT`
`DOUBLE`	Nombre double à virgule flottante	`double`	`Types.DOUBLE`
`DECIMAL(n,d)`	Nombre décimal de *n* chiffres et *d* décimales	`java.math.BigDecimal`	`Types.DECIMAL`
`CHAR(n)`	Chaîne de caractères de *n* caractères	`java.lang.String`	`Types.CHAR`
`VARCHAR(n)`	Chaîne de caractères de longueur variable avec *n* caractères au maximum	`java.lang.String`	`Types.VARCHAR`
`DATE`	Date	`java.sql.Date`	`Types.DATE`
`TIME`	Heure	`java.sql.Time`	`Types.TIME`
`TIMESTAMP`	Date et heure	`java.sql.Timestamp`	`Types.TIMESTAMP`
`BLOB`	Bloc de données de taille variable permettant de stocker des données binaires (images, données brutes...)	`java.sql.Blob` ≡ `byte []`	`Types.BLOB`

Si vous ne connaissez pas SQL, utilisez lors de votre apprentissage les instructions décrites ci-après.

Mettre à jour les tables et les index

Créer une table

```
CREATE TABLE TableTest (champ1 type1,..., champN typeN)
```

Crée la table `TableTest` dont la liste des champs suivis de leur type est donnée entre parenthèses.

Exemples

```
CREATE TABLE FACTURE
(CLIENT CHAR(50), ARTICLE
VARCHAR(255), MONTANT DECIMAL(9,2))
```

Créer un index

```
CREATE INDEX IndexTest ON TableTest (champI, champJ)
```

Crée l'index `IndexTest` sur les champs `champI` et `champJ` de la table `TableTest`.

```
CREATE INDEX CLIENTFACT
ON FACTURE (CLIENT)
```

B.A.-BA Index

Pour optimiser les recherches et les tris sur les tables, il est possible de créer un ou plusieurs index. Ces index sont maintenus automatiquement et stockent l'ordre des enregistrements des tables selon un critère de tri sur un ou plusieurs champs

Supprimer une table

```
DROP TABLE TableTest
```

Supprime la table `TableTest`.

Supprimer un index

```
DROP INDEX IndexTest ON TableTest
```

Supprime l'index `IndexTest` de la table `TableTest`.

Modifier et rechercher les enregistrements d'une table

Insérer un enregistrement

```
INSERT INTO TableTest (champ1, champ2,...,champN)
              VALUES (valeur1, valeur2,..., valeurN)
```

Insère un nouvel enregistrement dans la table `TableTest` avec les valeurs correspondant aux champs.

Exemples

```
INSERT INTO FACTURE
(CLIENT, ARTICLE, MONTANT) VALUES
('Thomas Durand', 'CDRx10', '6.35')
```

Modifier un enregistrement

```
UPDATE TableTest SET champ1=valeur1, champ2=valeur2,...
                WHERE champM=valeurM
```

Modifie dans la table `TableTest` certains champs du ou des enregistrements vérifiant la condition `champM=valeurM`.

```
UPDATE FACTURE
SET CLIENT='Sophie Durand'
WHERE CLIENT='Sophie Martin'
```

Supprimer un enregistrement

```
DELETE FROM TableTest WHERE champM=valeurM
```

Supprime de la table `TableTest` le ou les enregistrements vérifiant la condition `champM=valeurM`.

```
DELETE FROM FACTURE
WHERE CLIENT='Thomas Durand'
```

Recherche dans une table

```
SELECT champ1, champ2,... FROM TableTest
```

Recherche et sélectionne les valeurs des champs demandés dans tous les enregistrements de la table `TableTest` et les renvoie, ou renvoie les valeurs de tous les champs si * remplace la liste des champs.

```
SELECT champ1, champ2,... FROM TableTest
                          WHERE champM=valeurM
```

Recherche et sélectionne dans la table `TableTest` le ou les enregistrements vérifiant la condition `champM=valeurM`.

```
SELECT champ1, champ2,... FROM TableTest
                          WHERE champM=valeurM ORDER BY champN
```

Recherche et sélectionne dans la table `TableTest` le ou les enregistrements vérifiant la condition `champM=valeurM` et triés dans l'ordre ascendant des valeurs du `champN`.

```
SELECT * FROM FACTURE
WHERE CLIENT='Sophie Martin'
```

DANS LA VRAIE VIE SQL, un langage beaucoup plus riche

Les instructions SQL présentées dans cet ouvrage sont volontairement choisies parmi les plus simples afin que tous les programmeurs puissent les aborder et que toutes les bases de données puissent les supporter. Néanmoins, JDBC vous laisse la possibilité d'utiliser toutes les fonctionnalités SQL de votre base de données, notamment les contraintes sur les champs et les recherches complexes.

B.-A.-BA Casse et valeurs littérales en SQL

SQL ne fait pas de différence entre les majuscules et les minuscules. Les valeurs littérales autres que numériques comme les chaînes de caractères et les dates doivent être notées entre apostrophes ou entre guillemets (' ou ").

B.A.-BA Procédure stockée

Une procédure stockée (*stored procedure* en anglais) est une fonction programmée sur un SGBD, qui regroupe un ensemble d'instructions SQL.

Programmation SQL avec JDBC

Utiliser une connexion JDBC (java.sql.Connection)

La connexion renvoyée par la méthode `getConnection` de la classe `java.sql.DriverManager` est l'objet qui est principalement utilisé pour effectuer des opérations sur la base de données. La classe de cet objet implémente l'interface `java.sql.Connection` dont voici les principales méthodes :

- `createStatement` : ces méthodes renvoient une instance de `java.sql.Statement` utilisée pour exécuter une instruction SQL sur la base de données.
- `prepareStatement` : ces méthodes précompilent des instructions SQL paramétrées et renvoient une instance de `java.sql.PreparedStatement`.
- `prepareCall` : ces méthodes préparent l'appel aux procédures stockées de la base de données et renvoient une instance de `java.sql.CallableStatement`.
- `setAutoCommit`, `commit` et `rollback` gèrent les transactions sur la base de données.
- `getMetaData` : cette méthode renvoie une instance de `java.sql.DatabaseMetaData` pour obtenir des informations sur la base de données et sur ses possibilités.
- `close` et `isClosed` gèrent la fermeture d'une connexion.

B.A.-BA Transaction

Une transaction est un groupe d'instructions SQL qui doivent être effectuées ensemble pour assurer la cohérence d'une base de données. Les trois méthodes `setAutoCommit`, `commit` et `rollback` s'utilisent généralement dans un programme structuré ainsi :

```
// Passage en mode transactionel
connexion.setAutoCommit(false);
try
{
  // Instructions SQL de la
  // transaction

  // Confirmation de la transaction
  connexion.commit();
}
catch (SQLException ex)
{
  // Annulation de la transaction
  connexion.rollback();
}
finally
{
  connexion.setAutoCommit(true);
}
```

Exécuter des instructions SQL (java.sql.Statement)

Les méthodes `createStatement` d'une connexion renvoient un objet dont la classe implémente l'interface `java.sql.Statement`. Les méthodes les plus utilisées de cette interface sont :

- `executeUpdate` : elles exécutent l'instruction SQL en paramètre sur la base de données, pour mettre à jour ses tables ou les enregistrements d'une table.
- `executeQuery` : elles exécutent l'instruction `SELECT` en paramètre et renvoient une instance de `java.sql.ResultSet` utilisée pour énumérer les champs recherchées ligne par ligne.

Exploiter les résultats d'une sélection SQL (java.sql.ResultSet)

L'interface `java.sql.ResultSet` est dotée de deux catégories de méthodes, appelées tour à tour :

- Les méthodes `next`, `first`, `last`, `relative`, `absolute`, sont utilisées pour changer de ligne : ces méthodes renvoient `true` s'il existe une ligne à la position choisie.

  Si la méthode `getType` renvoie la valeur `ResultSet.TYPE_FORWARD_ONLY`, seule la méthode `next` peut être appelée. L'ensemble des lignes renvoyées par une instruction `SELECT` est le plus souvent parcouru dans une boucle `while` appelant la méthode `next` de la forme :

Exécution d'une instruction de recherche.

Tant qu'il y a encore des lignes...

...utilisation de la nouvelle ligne.

```
java.sql.ResultSet res = instruction.executeQuery("SELECT ...");

while (res.next())
{
  // Interrogation des informations de la ligne courante
}
```

- Les méthodes `get...` comme `getString`, `getInt`, `getDate`, `getObject`..., renvoient la valeur d'un des champs d'une ligne. Chacune de ses méthodes existe sous deux formes qui prennent en paramètre :
  - soit une chaîne de caractères correspondant à l'identificateur d'un champ dans l'instruction `SELECT` ;
  - soit un entier représentant le numéro d'ordre d'un champ. Le numéro du premier champ est 1.

Si besoin, les informations sur les champs (identificateur, type...) sont obtenues grâce une instance de `java.sql.ResultSetMetaData`, renvoyée par la méthode `getMetaData`.

Par l'exemple : enregistrer les factures client

L'application suivante montre comment programmer les instructions SQL avec JDBC en manipulant une table de factures.

EXEMPLE com/eteks/test/CalculTotalFactures.java

```
package com.eteks.test;

import java.sql.*;
import javax.swing.JOptionPane;

class CalculTotalFactures
{
  public static void main(String[] args)
  {
    try
    {
      Class.forName("com.mysql.jdbc.Driver");
    }
    catch (ClassNotFoundException ex)
    {
      JOptionPane.showMessageDialog(null,
             "Classe de driver introuvable " + ex.getMessage());
      System.exit(0);
    }

    Connection connexion = null; ①
    Statement instruction = null;
    ResultSet resultat = null;
    try
    {
      connexion = DriverManager.getConnection(
                                   "jdbc:mysql:///test"); ②
      instruction = connexion.createStatement();
      instruction.executeUpdate(
          "CREATE TABLE FACTURE(CLIENT CHAR(50),"
          + " ARTICLE VARCHAR(255), MONTANT DECIMAL(9,2))"); ③
      instruction.executeUpdate(
          "INSERT INTO FACTURE (CLIENT, ARTICLE, MONTANT)"
          + " VALUES ('Thomas Durand', 'CDRx10', '6.35')"); ④
      instruction.executeUpdate(
          "INSERT INTO FACTURE (CLIENT, ARTICLE, MONTANT)"
          + " VALUES ('Sophie Martin', 'PC', '1500')");
      instruction.executeUpdate(
          "INSERT INTO FACTURE (CLIENT, ARTICLE, MONTANT)"
          + " VALUES ('Sophie Martin', 'Imprimante', '120.5')");
      resultat = instruction.executeQuery(
          "SELECT ARTICLE, MONTANT FROM FACTURE"
          + " WHERE CLIENT='Sophie Martin'"); ⑤
      String articles = "";
      double montantTotal = 0;
```

◂ Chargement de la classe du driver JDBC de MySQL.

◂ Ouverture de la connexion avec MySQL en cours d'exécution sur la même machine.

◂ Création de la table FACTURE avec ses champs CLIENT, ARTICLE et MONTANT.

◂ Ajout d'enregistrements dans la table FACTURE.

◂ Recherche dans la table FACTURE des articles commandés par Sophie Martin.

Tant qu'il y a des factures...

… Récupération de l'article et du montant de la facture.

Suppression de la table FACTURE (simplement pour pouvoir exécuter plusieurs fois l'application sans provoquer d'exception).

Fermeture des objets utilisés pendant la connexion JDBC.

```
      while (resultat.next())
      {
        articles += resultat.getString("ARTICLE") + " ";
        montantTotal += resultat.getDouble("MONTANT"); ❻
      }
      JOptionPane.showMessageDialog(null,
          "Articles : " + articles
          + "\nMontant total : " + montantTotal + " \u20ac");

      instruction.executeUpdate("DROP TABLE FACTURE");
    }
    catch (SQLException ex)
    {
      JOptionPane.showMessageDialog(null,
            "Erreur JDBC : " + ex.getMessage());
    }
    finally ❼
    {
      try
      {
        if (resultat != null)
          resultat.close();
        if (instruction != null)
          instruction.close();
        if (connexion != null)
          connexion.close();
      }
      catch (SQLException ex)
      {
        ex.printStackTrace();
      }
    }
  }
}
```

Une fois connectée à la base de test ❷, l'application de classe `com.eteks.test.CalculTotalFactures` crée la table `FACTURE` ❸ avec ses champs `CLIENT`, `ARTICLE` et `MONTANT`. Trois enregistrements sont ensuite ajoutés à cette table ❹. Enfin, les factures de *Sophie Martin* sont recherchées ❺ dans la table `FACTURE` pour en calculer le montant total ❻.

Notez que les variables `connexion`, `instruction` et `resultat` ❶ doivent être déclarées et initialisées en dehors de l'instruction `try catch` pour pouvoir être utilisées dans le bloc `finally` ❼. Comme les types `java.sql.Connection`, `java.sql.Statement` et `java.sql.ResultSet` implémentent l'interface `java.lang.AutoCloseable`, il est possible d'utiliser l'instruction `try` suivie d'une ressource pour que la méthode `close` soit appelée automatiquement sur ces objets, un style de programmation qui sera préféré pour les classes du forum abordées dans la suite.

ATTENTION

Espaces dans les instructions SQL

N'oubliez pas les espaces significatifs dans la construction des instructions SQL. Quand vous coupez une instruction SQL sur plusieurs lignes, fixez-vous une règle simple pour éviter les erreurs d'inattention. Par exemple, un espace est ajouté ici au début de chaque chaîne concaténée avec la précédente ❸ ❹ ❺.

Obtenir des informations sur la base de données (java.sql.DatabaseMetaData)

La méthode `getMetaData` d'une connexion renvoie un objet dont la classe implémente l'interface `java.sql.DatabaseMetaData`. Les méthodes de cette interface permettent d'obtenir des informations complètes sur la base de données : tables, index, procédures stockées, champs, droits d'utilisation…

Ces informations sont pour la plupart renvoyées sous forme d'une instance de `java.sql.ResultSet` utilisée pour énumérer les réponses :

- `getTables` renvoie la liste des tables.
- `getColumns` renvoie la liste des champs des tables.
- `getIndexInfo` renvoie la liste des index des tables.

Forum : gérer la connexion à la base de données

La classe `com.eteks.forum.ConnecteurForum` qui est définie ci-après gère la connexion à la base de données pour le forum. Les méthodes de cette classe permettent de paramétrer la classe de driver, la chaîne de connexion, le login et le mot de passe d'une connexion, et de créer les tables requises pour le forum. Ces tables sont créées automatiquement lors de la connexion si elles n'existent pas pour faciliter la mise en route du forum. Elles stockent les informations mémorisées par les objets de classes `com.eteks.forum.Utilisateur` et `com.eteks.forum.Message` (voir le chapitre 6, « Les classes de base de la bibliothèque Java ») comme cela est décrit ci- après :

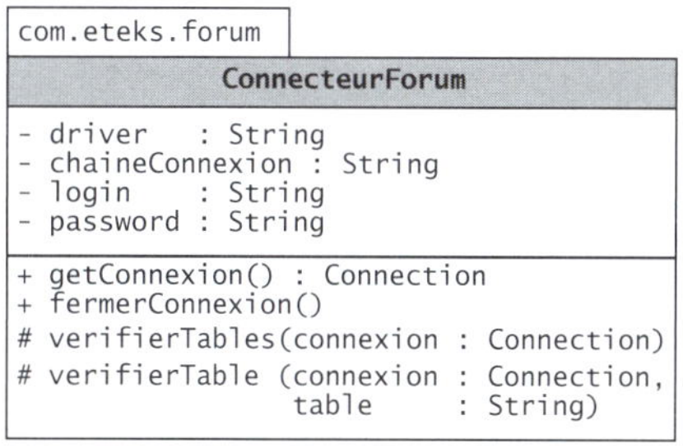

Figure 11–1
Diagramme UML de la classe com.eteks.forum.ConnecteurForum

Tableau 11–2 Table UTILISATEUR

Champ	Type SQL	Remarque	Champ de la classe com.eteks.forum.Utilisateur
PSEUDONYME	CHAR(30)	Doit être unique pour chaque utilisateur	pseudonyme
MOTDEPASSE	CHAR(30)		motDePasse
AUTORISATION	CHAR(1)	Stocke les valeurs `U` (utilisateur) ou `M` (modérateur) égales aux valeurs des constantes `UTILISATEUR` et `MODERATEUR` de l'énumération `Autorisation`	autorisation

Tableau 11–3 Table MESSAGE

Champ	Type SQL	Remarque	Champ de la classe com.eteks.forum.Message
ID	INTEGER	Identifie chaque message avec un entier unique	
AUTEUR	CHAR(30)	Correspond au champ `PSEUDONYME` de la table `UTILISATEUR`	auteur
DATECREATION	TIMESTAMP		dateCreation
SUJET	VARCHAR(255)	Le type `VARCHAR` évite de perdre de la place inutilement pour les sujets courts	sujet
TEXTE	VARCHAR(4000)		texte

FORUM com/eteks/forum/ConnecteurForum.java

```
package com.eteks.forum;

import java.sql.*;

/**
 * Connecteur gérant une connexion JDBC pour la base du forum et
 * créant les tables UTILISATEUR et MESSAGE si nécessaire.
 */
public class ConnecteurForum
{
  private String driver = "com.mysql.jdbc.Driver";
  private String chaineConnexion = "jdbc:mysql:///test";
  private String login;
  private String password;
  private Connection connexion;


  public void setDriver(String driver) throws SQLException
  {
    this.driver = driver;
    fermerConnexion();
  }

  public void setChaineConnexion(String chaineConnexion)
                                          throws SQLException
  {
    this.chaineConnexion = chaineConnexion;
    fermerConnexion();
  }

  public void setLogin(String login) throws SQLException
  {
    this.login = login;
    fermerConnexion();
  }

  public void setPassword(String password) throws SQLException
  {
    this.password = password;
    fermerConnexion();
  }

  public void fermerConnexion() throws SQLException
  {
    if (this.connexion != null && !this.connexion.isClosed())
      this.connexion.close();
  }

  public Connection getConnexion() throws SQLException ❶
  {
```

Champ mémorisant les informations nécessaires pour la connexion à un SGBD avec un driver JDBC.

Champ mémorisant la connexion à la base de données une fois qu'elle est établie.

Modifie la classe du driver et ferme la connexion si elle est ouverte pour provoquer l'ouverture d'une nouvelle connexion au prochain appel de la méthode `getConnexion`.

Modifie la chaîne de connexion.

Modifie le login.

Modifie le mot de passe.

Ferme la connexion si elle est ouverte.

Renvoie une connexion à la base de données.

```
  try
  {
    if (this.connexion == null || this.connexion.isClosed())
    {
      Class.forName(driver);

      if (login != null)
        this.connexion = DriverManager.getConnection(
              this.chaineConnexion, this.login, this.password);
      else
        this.connexion = DriverManager.getConnection(
              this.chaineConnexion);

      verifierTables(this.connexion);
    }
    return this.connexion;
  }
  catch (ClassNotFoundException ex)
  {
    throw new SQLException(
                "Classe introuvable " + ex.getMessage()); ❷
  }
}
protected void verifierTables(Connection connexion)
                                  throws SQLException
{
  if (!verifierTable(connexion, "UTILISATEUR"))
    try (Statement instruction = connexion.createStatement())
    {
      instruction.executeUpdate("CREATE TABLE UTILISATEUR"
          + " (PSEUDONYME CHAR(30), MOTDEPASSE CHAR(30),"
          + " AUTORISATION CHAR(1))");

      instruction.executeUpdate("CREATE INDEX INDEXPSEUDO"
          + " ON UTILISATEUR (PSEUDONYME)");
    }
  if (!verifierTable(connexion, "MESSAGE"))
    try (Statement instruction = connexion.createStatement())
    {
      instruction.executeUpdate("CREATE TABLE MESSAGE"
        + " (ID INTEGER, AUTEUR CHAR(30), DATECREATION"
        + " TIMESTAMP, SUJET VARCHAR(255), TEXTE VARCHAR(4000))");

      instruction.executeUpdate(
        "CREATE INDEX INDEXDATE ON MESSAGE (DATECREATION)");
      instruction.executeUpdate(
        "CREATE INDEX INDEXID ON MESSAGE (ID)");
    }
}
```

◄ Obtention d'une connexion si la connexion n'est pas ouverte.

◄ Chargement de la classe de driver.

◄ Ouverture de la connexion stockée dans le champ `connexion`.

◄ Vérification de l'existence des tables nécessaires à ce connecteur.

◄ Exception déclenchée si la classe n'est pas chargée par `forName`.

◄ Vérifie l'existence des tables `UTILISATEUR` et `MESSAGE`.

◄ Si la table `UTILISATEUR` n'existe pas...

◄ Création de la table `UTILISATEUR` dont les champs correspondent à ceux de la classe `com.eteks.forum.Utilisateur`.

◄ Création d'un index sur le champ `PSEUDONYME` pour accélérer les recherches sur les utilisateurs.

◄ Si la table `MESSAGE` n'existe pas...

◄ Création de la table `MESSAGE` dont les champs correspondent à ceux de la classe `com.eteks.forum.Message`.

◄ Création d'index sur les champs `DATECREATION` et `ID` pour accélérer les recherches sur les messages.

Vérifie si une table existe déjà dans la base de données.

Si la table existe, la méthode getTables renvoie au moins un enregistrement.

```
  protected boolean verifierTable(Connection connexion, String table)
                                  throws SQLException
  {
    DatabaseMetaData info = connexion.getMetaData();
    try (ResultSet resultat = info.getTables(
                connexion.getCatalog(), null, table, null))
    {
    return resultat.next();
    }
  }
}
```

La connexion à la base de données est encapsulée et gérée par la méthode getConnexion ❶ de la classe com.eteks.outils.ConnecteurForum. Cette méthode ouvre une connexion si nécessaire ou renvoie la connexion précédemment ouverte. Notez que cette méthode détourne l'exception de classe java.lang.ClassNotFoundException en déclenchant une exception de classe java.sql.SQLException à la place ❷. Cela a pour effet de simplifier la liste des exceptions que peut déclencher la méthode getConnection, liste donnée dans la clause throws ❶. La dernière méthode verifierTable utilise la méthode getTables de l'interface java.sql.DatabaseMetaData pour déterminer si une table existe déjà ou non.

JAVA Utilisation de protected

Les méthodes verifierTables et verifierTable disposent d'un modificateur d'accès protected afin qu'elles puissent être redéfinies et utilisées dans une classe dérivée. La méthode verifierTables peut ainsi être redéfinie dans une sous-classe de com.eteks.outils.ConnecteurForum pour créer des tables avec des champs supplémentaires pour ajouter des fonctionnalités au forum.

REGARD DU DÉVELOPPEUR To throw or to catch, that is the question...

La méthode getConnexion ne gère pas elle-même les erreurs de connexion dues à une exception de classe java.sql.SQLException, mais laisse au traitement qui fera appel à cette méthode le soin de le faire. Cela s'exprime au travers de la clause throwsjava.sql.SQLException qui suit la déclaration de la méthode à la place du bloc catch (java.sql.SQLException ex). Ce style de programmation est souvent utilisé par les méthodes des classes d'outils pour laisser aux classes gérant l'interface homme-machine le soin de signaler une erreur à l'utilisateur dans un bloc catch de la manière la plus adéquate :

- Une interface web utilisant des pages JSP signalera l'erreur avec une page HTML spéciale.
- Une interface utilisant Swing signalera l'erreur au moyen d'une boîte de dialogue d'erreur.
- Une application batch sans interface enregistrera l'erreur dans un fichier.

JAVA Avantages des instructions précompilées

Elles permettent de paramétrer une instruction SQL. Elles laissent au driver JDBC le soin de transmettre les valeurs des objets au format requis par la base de données. Cette caractéristique est très utile pour enregistrer en base les objets qui représentent des dates, des textes contenant des caractères ' ou " et des données binaires des BLOB.

L'instruction SQL d'une instruction précompilée étant une chaîne qui n'est pas construite, elle peut être aussi facilement lue à partir d'un fichier de ressources.

Une instruction précompilée peut être utilisée plusieurs fois. Cette fonctionnalité n'est pas mise en œuvre ici pour éviter des problèmes de concurrence d'accès dans les environnements d'exécution multithreads tels que les pages JSP.

Paramétrer les instructions SQL d'accès à la base du forum (java.sql.PreparedStatement)

Les méthodes prepareStatement d'une connexion précompilent une instruction SQL paramétrée où chaque paramètre est symbolisé par un point d'interrogation (?) remplacé par une valeur lors de l'exécution de l'instruction. Exemple : SELECT ARTICLE, MONTANT FROM FACTURE WHERE CLIENT= ?

Ces méthodes renvoient un objet dont la classe implémente l'interface `java.sql.PreparedStatement` qui dérive de `java.sql.Statement`. Cette interface définit en plus :

- Les méthodes `set...`, comme `setString`, `setInt`, `setDate`..., utilisées pour spécifier la valeur de chaque paramètre de l'instruction SQL précompilée. Le premier paramètre des méthodes `set...` correspond au numéro d'ordre du paramètre de l'instruction. Le numéro du premier paramètre est 1.
- Les deux méthodes sans paramètre `executeUpdate` et `executeQuery`, appelées pour exécuter l'instruction SQL précompilée en remplaçant les symboles `?` par les valeurs des paramètres.

Forum : stocker utilisateurs et messages dans la base de données

Comme la classe `com.eteks.outils.ConnecteurForum` permet d'obtenir une connexion sur la base de données avec les tables nécessaires pour le forum, il faut maintenant programmer la lecture et l'enregistrement des utilisateurs et des messages dans les tables. On réalise ces traitements avec des instructions précompilées dans des sous-classes des classes d'utilisateur et de message définies au chapitre 6, « Les classes de base de la bibliothèque Java ».

Ces classes supplémentaires seront mises en œuvre dans la dernière application de ce chapitre pour vous donner un aperçu de leur utilisation. Ces classes sont exploitées plus concrètement dans le chapitre 13, « Interface utilisateur du forum » pour programmer le forum sur un site web.

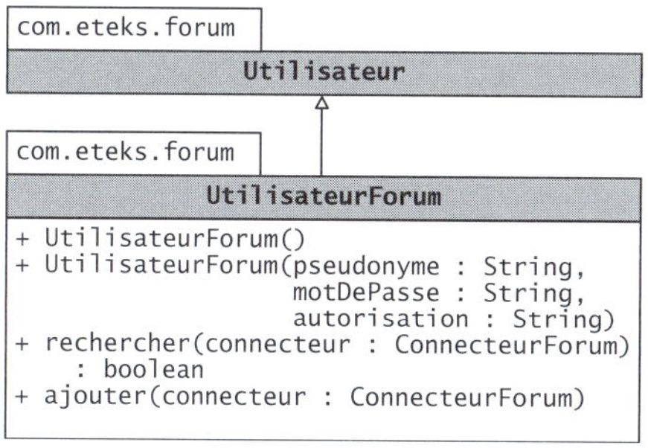

Figure 11–2
Diagramme UML de la classe com.eteks.forum.UtilisateurForum

Enregistrer et rechercher un utilisateur

La classe suivante dérive de la classe `com.eteks.forum.Utilisateur` et permet de rechercher et d'ajouter un utilisateur dans la table `UTILISATEUR`.

FORUM com/eteks/forum/UtilisateurForum.java

```
package com.eteks.forum;

import java.sql.*;

public class UtilisateurForum extends Utilisateur
{

  public UtilisateurForum(String pseudonyme, String motDePasse,
                          Autorisation autorisation)
  {
    super(pseudonyme, motDePasse, autorisation);
  }

  public UtilisateurForum()
  {
```

◂ Sous-classe de `com.eteks.forum. Utilisateur`.

◂ Constructeur avec paramètres.

◂ Passage des paramètres à la super-classe.

◂ Constructeur sans paramètre.

Passage des valeurs par défaut à l'autre constructeur.

Recherche un utilisateur dans la base de données avec son pseudonyme et renvoie `true` s'il existe.

Préparation d'une instruction SQL de recherche d'un utilisateur avec son pseudonyme.

Spécification du pseudonyme en paramètre, puis recherche dans la table `UTILISATEUR`.

Si l'enregistrement a été trouvé, mise à jour des champs de l'utilisateur.

```
    this(null, null, null);
  }

  public boolean rechercher(ConnecteurForum connecteur)
                                          throws SQLException ❶
  {
    try (PreparedStatement rechercheUtilisateur =
           connecteur.getConnexion().prepareStatement(
             "SELECT * FROM UTILISATEUR WHERE PSEUDONYME=?")) ❷
    {
      rechercheUtilisateur.setString(1, getPseudonyme());
      try (ResultSet resultat =
             rechercheUtilisateur.executeQuery()) ❸
      {
        boolean utilisateurExiste = resultat.next();
        if (utilisateurExiste)
        {
          setMotDePasse(resultat.getString("MOTDEPASSE"));
          String autorisation = resultat.getString("AUTORISATION");
          if (autorisation != null)
            switch (autorisation)
            {
              case "M" :
                setAutorisation(Autorisation.MODERATEUR);
                break;
              case "U" :
                setAutorisation(Autorisation.UTILISATEUR);
                break;
            }
        }
        return utilisateurExiste;
      } ❹
    } ❺
  }
```

Ajoute un utilisateur à la base de données.

Préparation d'une instruction SQL d'ajout d'un utilisateur.

Préparation des paramètres, puis insertion de l'utilisateur dans la table `UTILISATEUR`.

```
  public void ajouter(ConnecteurForum connecteur)
                                          throws SQLException ❻
  {
    try (PreparedStatement ajoutUtilisateur =
           connecteur.getConnexion().prepareStatement(
             "INSERT INTO UTILISATEUR"
             + " (PSEUDONYME, MOTDEPASSE, AUTORISATION)"
             + " VALUES (?, ?, ?)"))
    {
      ajoutUtilisateur.setString(1, getPseudonyme());
      ajoutUtilisateur.setString(2, getMotDePasse());
      ajoutUtilisateur.setString(3,
          getAutorisation().toString().substring(0, 1));
      ajoutUtilisateur.executeUpdate();
    } ❼
  }
}
```

> **POUR ALLER PLUS LOIN Chiffrer le mot de passe**
>
> Pour éviter de stocker les mots de passe en clair dans la base de données, vous pouvez utiliser les classes du package `java.security` qui permettent de chiffrer des données grâce aux algorithmes les plus connus. Par exemple, les instructions suivantes chiffrent la chaîne `motDePasse` en utilisant l'algorithme SHA :
>
> ```
> MessageDigest shaDigest =
>       MessageDigest.getInstance("SHA");
> // Ajout du mot de passe à chiffrer
> shaDigest.update(motDePasse.getBytes());
> // Encryptage des données
> byte [] motDePasseEncrypte = shaDigest.digest());
> ```

Vous noterez que les méthodes `rechercher` ❶ et `ajouter` ❻ prennent en paramètre un objet de classe `com.eteks.forum.ConnecteurForum`, ce qui garantit que la table `UTILISATEUR` sera bien créée au moment de la connexion. Remarquez aussi que les instructions `try` capables de fermer automatiquement une ressource peuvent être imbriquées les unes dans les autres ❷ ❸ et même n'être suivies d'aucun `catch` ❹ ❺ ❼ si comme ici, les exceptions susceptibles d'être déclenchées ne sont pas interceptées sur place ❶ ❻.

Enregistrer et rechercher un message

La classe suivante dérive de la classe `com.eteks.forum.Message` et permet de rechercher, d'ajouter et de mettre à jour un utilisateur dans la table `MESSAGE`.

FORUM com/eteks/forum/MessageForum.java

```
package com.eteks.forum;
import java.sql.*;
public class MessageForum extends Message
{
  private int id; ❶

  public MessageForum(Utilisateur auteur, String sujet,
                      String texte)
  {
    super(auteur, sujet, texte);
  }

  public MessageForum()
  {
    this(null, null, null);
  }

  public int getId()
  {
    return this.id;
  }

  public void setId(int id)
  {
    this.id = id;
  }
```

Recherche un message dans la base de données avec son identifiant et, s'il existe, renvoie `true`.

Préparation d'une instruction SQL de recherche d'un message avec son identifiant.

Spécification de l'identifiant en paramètre puis recherche dans la table `MESSAGE`.

Si l'enregistrement a été trouvé, mise à jour des champs du message.

```
public boolean rechercher(ConnecteurForum connecteur)
                                        throws SQLException
{
  try (PreparedStatement rechercheMessage =
         connecteur.getConnexion().prepareStatement(
             "SELECT * FROM MESSAGE WHERE ID=?"))
  {
    rechercheMessage.setInt(1, this.id); ❷
    try (ResultSet resultat = rechercheMessage.executeQuery())
    {
      boolean messageExiste = resultat.next();
      if (messageExiste)
      {
        setAuteur(resultat.getString("AUTEUR"));
        setDateCreation(resultat.getTimestamp("DATECREATION"));
        setSujet(resultat.getString("SUJET"));
        setTexte(resultat.getString("TEXTE"));
      }
      return messageExiste;
    }
  }
}
```

Ajoute un message à la base de données.

Recherche de la valeur maximale du champ `ID` dans la table `MESSAGE`.

Modification de l'identifiant du message avec la valeur suivante du maximum trouvé, pour attribuer à chaque message un identifiant unique.

Préparation d'une instruction SQL d'ajout d'un message.

Préparation des paramètres puis insertion du message dans la table `MESSAGE`.

Création d'un objet de classe `java.sql.Timestamp` à partir de la date de création.

```
public void ajouter(ConnecteurForum connecteur)
                                        throws SQLException
{
  try (PreparedStatement rechercheMaxIdMessage =
         connecteur.getConnexion().prepareStatement(
           "SELECT MAX(ID) FROM MESSAGE");
       ResultSet resultat =
         rechercheMaxIdMessage.executeQuery())
  {
    resultat.next();
    this.id = resultat.getInt(1) + 1; ❸
  }

  try (PreparedStatement ajoutMessage =
         connecteur.getConnexion().prepareStatement(
           "INSERT INTO MESSAGE"
           + " (ID, AUTEUR, DATECREATION, SUJET, TEXTE) "
           + " VALUES (?, ?, ?, ?, ?)"))
  {
    ajoutMessage.setInt(1, this.id);
    ajoutMessage.setString(2, getAuteur());
    ajoutMessage.setTimestamp(3,
        new Timestamp(getDateCreation().getTime()));
    ajoutMessage.setString(4, getSujet());
    ajoutMessage.setString(5, getTexte());
    ajoutMessage.executeUpdate();
  }
}
```

```
  public void mettreAJour(ConnecteurForum connecteur)
                                      throws SQLException
  {
    try (PreparedStatement miseAJourMessage =
           connecteur.getConnexion().prepareStatement(
               "UPDATE MESSAGE SET AUTEUR=?, DATECREATION=?,"
               + " SUJET=?, TEXTE=? WHERE ID=?")) ④
    {
      miseAJourMessage.setString(1, getAuteur());
      miseAJourMessage.setTimestamp(2,
          new Timestamp(getDateCreation().getTime()));
      miseAJourMessage.setString(3, getSujet());
      miseAJourMessage.setString(4, getTexte());
      miseAJourMessage.setInt(5, this.id);
      miseAJourMessage.executeUpdate();
    }
  }
}
```

◂ Met à jour un message dans la base de données.

◂ Préparation d'une instruction SQL de mise à jour d'un message. Le champ `DATECREATION` doit être répété pour éviter que la base de données n'y insère la date en cours lors de la mise à jour !

◂ Préparation des paramètres, puis mise à jour de la table `MESSAGE`.

Le champ `id` ①, identifiant de manière unique un message dans la table `MESSAGE`, a été ajouté à cette classe pour permettre de rechercher ② et de mettre à jour ④ un message dans cette table. Avant d'ajouter un message à la table `MESSAGE`, une valeur unique ③ est attribuée au champ `id` d'un message en recherchant la valeur maximale dans la table.

DANS LA VRAIE VIE Champs AUTO INCREMENT

Certaines bases de données (comme MySQL) permettent de qualifier un champ de façon que sa valeur augmente automatiquement à chaque insertion d'un nouvel enregistrement. Cette fonctionnalité très pratique et sa syntaxe ne sont malheureusement pas standards en SQL. Toutefois, une version surchargée des méthodes `prepareStatement` et `executeUpdate` existe pour permettre de récupérer la valeur du champ `AUTO INCREMENT` d'un nouvel enregistrement.

▸ http://dev.mysql.com/tech-resources/articles/autoincrement-with-connectorj.html

Rechercher un ensemble de messages

La classe `com.eteks.forum.EnsembleMessagesForum` qui suit encapsule une collection de classe `java.util.ArrayList` pour gérer un ensemble de messages et effectuer des recherches de messages dans la table `MESSAGE`.

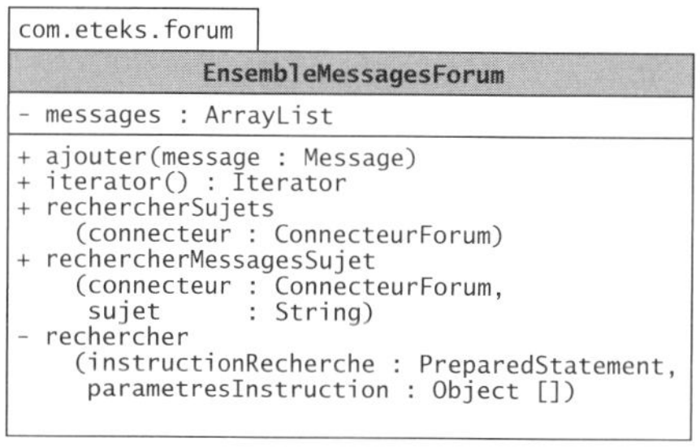

Figure 11–3
Diagramme UML de la classe com.eteks. forum. EnsembleMessagesForum

FORUM com/eteks/forum/EnsembleMessagesForum.java

```
package com.eteks.forum;

import java.sql.*;
import java.util.*;


public class EnsembleMessagesForum
             implements Iterable<MessageForum> ①
{
  private ArrayList<MessageForum> messages = new ArrayList<>();

  public void ajouter(MessageForum message)
  {
    this.messages.add(message);
  }


  public Iterator<MessageForum> iterator() ②
  {
```

◂ Ensemble de messages énumérable dans une boucle itérative.

◂ Implémentation de l'interface `Iterable<MessageForum>`.

```
    return this.messages.iterator();
  }
  public void rechercherSujets(ConnecteurForum connecteur)
                             throws SQLException {
    try (PreparedStatement rechercheSujets =
           connecteur.getConnexion().prepareStatement(
             "SELECT ID, AUTEUR, MAX(DATECREATION) AS DATECREATION,"
             + " SUJET, TEXTE FROM MESSAGE GROUP BY SUJET"
             + " ORDER BY DATECREATION DESC")) ❸
    {
      rechercher(rechercheSujets, null);
    }
  }
  public void rechercherMessagesSujet(ConnecteurForum connecteur,
                             String sujet) throws SQLException
  {
    try (PreparedStatement rechercheMessagesSujet =
           connecteur.getConnexion().prepareStatement(
             "SELECT * FROM MESSAGE"
             + " WHERE SUJET=? ORDER BY DATECREATION ASC")) ❹
    {
      rechercher(rechercheMessagesSujet, new Object [] {sujet});
    }
  }
  private void rechercher(PreparedStatement instructionRecherche,
                          Object [] parametresInstruction)
                                         throws SQLException
  {
    if (parametresInstruction != null)
      for (int i = 0; i < parametresInstruction.length; i++)
        instructionRecherche.setObject(
                         i + 1, parametresInstruction [i]); ❺
    try (ResultSet resultat = instructionRecherche.executeQuery())
    {
      while (resultat.next())
      {
        MessageForum message = new MessageForum();

        message.setId(resultat.getInt("ID"));
        message.setAuteur(resultat.getString("AUTEUR"));

        message.setDateCreation(
                        resultat.getTimestamp("DATECREATION"));
        message.setSujet(resultat.getString("SUJET"));
        message.setTexte(resultat.getString("TEXTE"));

        ajouter(message); ❻
      }
    }
  }
}
```

Préparation d'une instruction SQL de recherche des messages regroupés par sujet et ordonnés dans l'ordre inverse des dates de création.

La recherche et la mise à jour de l'ensemble des messages sont déléguées à la méthode `rechercher`.

Recherche l'ensemble des messages d'un sujet dans la base de données.

Préparation d'une instruction SQL de recherche des messages d'un sujet, ordonnés dans l'ordre chronologique des dates de création.

La recherche et la mise à jour de l'ensemble des messages sont déléguées à la méthode `rechercher`.

Exécute l'instruction de recherche avec ses paramètres.

Préparation des paramètres puis lancement de la recherche.

Tant qu'il reste des messages à lire...

... création d'un objet pour le message.

Mise à jour de l'objet avec les informations d'un message, extraites de la base de données.

Ajout du message à l'ensemble des messages.

On exécute l'instruction précompilée correspondant à la recherche des sujets ❸ et des messages d'un sujet ❹ au moyen de la méthode `rechercher`. Cette méthode passe les paramètres qu'elle reçoit à l'instruction précompilée ❺ puis ajoute chaque message renvoyé par la recherche à l'ensemble des messages ❻.

API JAVA Interface java.lang.Iterable

L'interface `java.lang.Iterable` implémenté par cette classe ❶ déclare la méthode `Iterator<T> iterator()` que doit implémenter une classe ❷ de collection pour énumérer les éléments qu'elle contient dans une boucle itérative ❼.

Afficher les sujets du forum

L'application suivante crée un utilisateur et des messages dans la base de données, puis effectue une recherche des sujets.

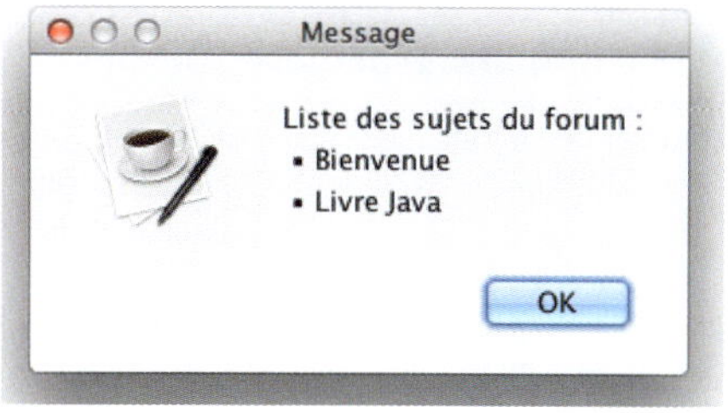

Figure 11–4
Application com.eteks.test.AfficherSujets

EXEMPLE com/eteks/test/AfficherSujets.java

```
package com.eteks.test;
import com.eteks.forum.*;
import java.sql.SQLException;
import javax.swing.JOptionPane;

class AfficherSujets
{
  public static void main(String[] args)
  {
    UtilisateurForum moderateur = new UtilisateurForum(
      "moderateur", "azerty", Utilisateur.MODERATEUR);
    MessageForum message1 = new MessageForum(
      moderateur, "Bienvenue",
      "Bonjour \u00e0 tous, ce forum mod\u00e9r\u00e9 permet aux"
      + " inscrits de poser des questions ou de r\u00e9pondre.");
    MessageForum message2 = new MessageForum(
      moderateur, "Livre Java",
      "Quel livre me conseillez-vous pour apprendre Java ?");

    try
    {
      ConnecteurForum connecteur = new ConnecteurForum();

      moderateur.ajouter(connecteur);
      message1.ajouter(connecteur);
      message2.ajouter(connecteur);

      EnsembleMessagesForum sujets = new EnsembleMessagesForum();
      sujets.rechercherSujets(connecteur);
      String listeSujets = "Liste des sujets du forum :";

      for (Message message : sujets) ❼
        listeSujets += "\n \u25aa " + message.getSujet();
      JOptionPane.showMessageDialog(null, listeSujets);
    }
    catch (SQLException ex)
    {
      JOptionPane.showMessageDialog(null,
            "Erreur JDBC : " + ex.getMessage());
    }
  }
}
```

◂ Création d'un utilisateur et de deux messages avec des sujets différents.

◂ Ajout de l'utilisateur et des messages dans la base de données.

◂ Recherche des sujets enregistrés dans la base de données.

◂ Énumération des messages trouvés pour construire un message affichant la liste des messages à l'écran.

◂ Exception déclenchée par les méthodes d'accès à la base de données.

POUR ALLER PLUS LOIN **Extension du forum**

Les classes du package `com.eteks.forum` mettent en œuvre une version minimaliste du forum mais leur architecture est conçue pour que l'on puisse y ajouter des fonctionnalités en gardant la même base. Comment faire ? Pour ajouter des informations à un utilisateur (e-mail, pays, fuseau horaire...), vous pouvez par exemple :

- Redéfinir la méthode `verifierTables` dans une sous-classe de `com.eteks.forum.ConnecteurForum` pour ajouter à la table `UTILISATEUR` les champs nécessaires.
- Ajouter des champs et redéfinir les méthodes `rechercher` et `ajouter` dans une sous-classe de `com.eteks.forum.UtilisateurForum` pour manipuler ces nouvelles informations. Vous pourrez y ajouter aussi une méthode `mettreAJour` permettant de modifier un utilisateur existant.

POUR ALLER PLUS LOIN

EJB entité, JPA, Hibernate

Stocker les informations des objets dans une base de données est une opération très courante en entreprise. C'est pourquoi plusieurs bibliothèques comme les EJB entités (Enterprise JavaBeans *entities*) dans J2EE, JPA (*Java Persistence API*) et Hibernate ont été créées pour automatiser cette tâche.

La solution présentée ici a pour avantage de dépendre uniquement de JDBC, ce qui simplifie la mise en œuvre du forum.

📖 Cahier du programmeur Java EE 5, Antonio Goncalves, Eyrolles 2011

En résumé...

Ce chapitre vous a permis d'apercevoir comment exploiter une base de données en Java grâce aux classes et interfaces du package `java.sql` et quelques rudiments du langage SQL. Le chapitre 13 consacré à la création de l'interface utilisateur du forum de discussion avec des pages JSP utilisera les classes décrites ici pour gérer les utilisateurs et les messages dans une base de données.

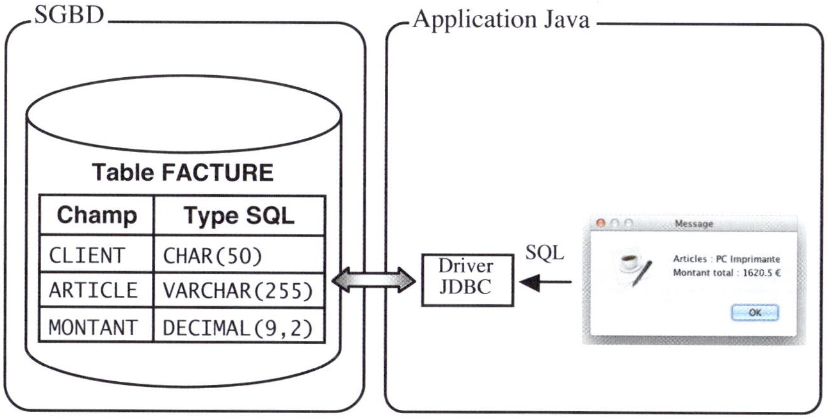
SGBD
Application Java
Table FACTURE
Champ
Type SQL
CLIENT
CHAR(50)
ARTICLE
VARCHAR(255)
MONTANT
DECIMAL(9,2)
Driver
JDBC
SQL
Message
Articles : PC Imprimante
Montant total : 1620.5 €
OK

chapitre 12

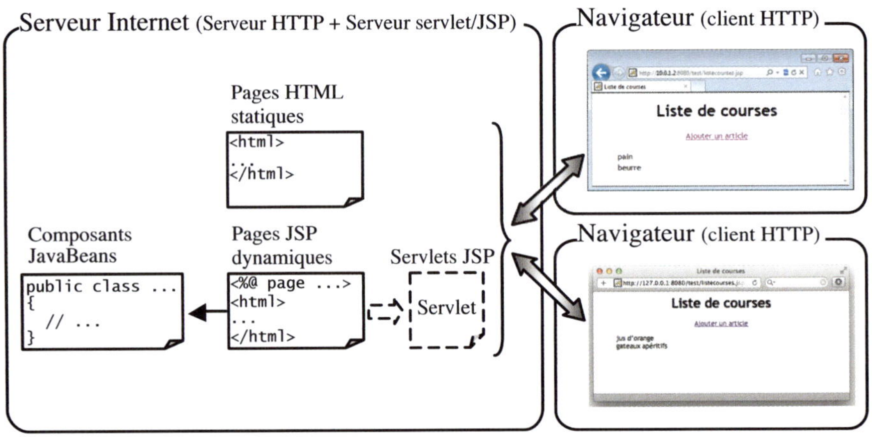
Serveur Internet (Serveur HTTP + Serveur servlet/JSP)
Pages HTML statiques
<html>
...
</html>
Composants JavaBeans
public class ...
{
// ...
}
Pages JSP dynamiques
<%@ page ...>
<html>
...
</html>
Servlets JSP
Servlet
Navigateur (client HTTP)
Liste de courses
Ajouter un article
pain
beurre
Navigateur (client HTTP)
Liste de courses
Ajouter un article
Jus d'orange
gateaux apéritifs

Programmation web avec les servlets, JSP et JavaBeans

SOMMAIRE

- Architecture client-serveur
- Programme CGI
- Servlets
- Installation de Tomcat
- Application web
- Pages JSP
- Utilisation des composants JavaBeans

MOTS-CLÉS

- HTTP
- CGI
- Tomcat
- Servlet
- JSP
- jsp:usebean

Les servlets et les pages JSP permettent de créer des pages dynamiques sur un serveur web. Après une introduction sur l'architecture client-serveur d'Internet, ce chapitre expose comment installer le serveur Tomcat et créer les servlets et les pages JSP d'une application web.

Protocole HTTP et programme CGI

Un serveur web et le protocole HTTP permettent de diffuser sur le Web des informations visualisées par un navigateur. Ces informations peuvent être contenues dans de simples fichiers au format HTML mais peuvent aussi être créées grâce à un programme CGI. Les servlets et les pages JSP, technologies dédiées à la programmation CGI d'un serveur en Java, seront utilisés pour réaliser le forum de discussion.

Principe de l'architecture client-serveur

L'architecture client-serveur est une technique informatique utilisée dans de très nombreux domaines : applications Internet (Web, news, FTP, etc.), bases de données, terminaux X11...

Le mode de programmation client-serveur implique qu'il y ait au moins deux acteurs en jeu, un client et un serveur communiquant entre eux souvent à travers un réseau :

- Un serveur est un programme ou, par extension, une machine programmée pour rendre un service donné, en réponse à une requête qui lui est adressée.
- Un client est un programme ou, par extension, une machine qui demande à un serveur un service, en lui adressant une requête.

Le Web est un exemple tout choisi d'application d'architecture client-serveur : les sites sont animés par des serveurs qui rendent toujours le même service aux clients que sont les navigateurs. Quel service au juste ? Le serveur web attend qu'on lui demande des données (statiques ou résultant d'un traitement). En réponse à une requête, il renvoie le contenu des données requises. Le navigateur de son côté est client du serveur auquel il a envoyé une requête HTTP. Le navigateur présente à l'utilisateur une réponse une fois les données téléchargées.

Les systèmes de gestion de bases de données sont eux aussi généralement accessibles en client-serveur, et plusieurs clients peuvent s'y connecter en même temps. La base de données est gérée par un serveur qui répond aux requêtes SQL que lui adressent des clients. Le client est souvent un programme qui tourne sur un PC et met en page les réponses reçues du serveur.

L'architecture client-serveur sépare le serveur, qui généralement gère des données, du client qui cherche à accéder à ces données.

DANS LA VRAIE VIE

Les protocoles au service de la diversité

Dans le cas du Web, un même serveur répond simultanément à des navigateurs qui peuvent être très différents et tournent sous des systèmes d'exploitation différents. Quant au serveur web, peu importe le système d'exploitation sur lequel il se trouve tant qu'il répond correctement aux requêtes du client – on privilégie évidemment la robustesse, la continuité de service, etc.

Choisir un protocole pour communiquer

La clé de voûte qui permet à une architecture client-serveur de fonctionner, sans que ni le client ni le serveur ne sachent comment ils fonctionnent l'un l'autre, est l'utilisation d'un protocole commun. Un protocole établit la norme que doit respecter un client pour communiquer avec un serveur :

- comment établir une communication entre un client et un serveur ;

- ce qu'un client peut envoyer comme requête à un serveur ;
- ce qu'un serveur répondra à la requête d'un client.

Le protocole le plus utilisé pour communiquer avec un serveur Internet est le protocole HTTP (*Hyper Text Transfer Protocol*), lui-même basé sur le protocole TCP (*Transport Control Protocol*). Une fois la connexion établie entre un client et un serveur, le protocole TCP garantit que les données émises d'une machine parviendront à l'autre, et ce dans l'ordre où elles ont été émises.

Adresse IP et port, point de rendez-vous des serveurs Internet

Un serveur Internet est accessible par un nom de machine hôte (par exemple `oracle.com`, `www.yahoo.fr`). Chaque nom correspond à une adresse IP, qui est l'identifiant numérique représentant la machine hôte où tourne un serveur. Ce nombre de 32 bits est généralement noté sous la forme d'une suite de 4 nombres de 8 bits séparés par des points (par exemple `127.0.0.1`). Chaque machine reliée à Internet (client ou serveur) est identifiée par une adresse IP qui la représente sur le réseau.

Pour distinguer les programmes serveurs qui tournent simultanément sur une même machine hôte, un deuxième niveau d'identification est nécessaire, qui est donné par un numéro de port, codé sur 16 bits et donc compris entre 0 et 65 535.

À RETENIR

Identification d'un serveur sur Internet

Chaque serveur accessible par Internet est identifié par l'adresse IP de la machine hôte sur laquelle il tourne et le numéro du port auquel il est associé. L'adresse IP 127.0.0.1 est particulière et représente l'adresse IP de votre propre machine. Les commandes `ipconfig` sous Windows et `ifconfig` sous Linux et Mac OS X renvoient les adresses IP de votre machine.

Requête HTTP vers une URL

La requête la plus simple du protocole HTTP est formée de `GET` suivi d'une URL qui pointe sur des données (fichier statique, traitement dynamique...). Elle est envoyée par un navigateur quand on saisit directement une URL dans le champ d'adresse du navigateur. Le serveur HTTP répond en renvoyant les données demandées.

B.A.-BA **L'URL, notation unique d'une ressource sur Internet**

Une URL (*Uniform Resource Locator*) est une chaîne de caractères qui désigne une ressource sur un serveur. Elle est de la forme :

`protocole://hote:port/chemin/vers/ressource`

où :

- *`protocole`* représente le protocole d'accès au serveur, par exemple `http`, `ftp` ou `file` ;
- *`hote`* est le nom ou l'adresse IP de la machine hôte où le serveur tourne ;
- *`port`* est le numéro de port associé au serveur ;
- *`chemin/vers/ressource`* est le chemin d'accès à la ressource sur le serveur.

Une ressource représente une information ou un programme mis à disposition. Ce peut être un fichier, une image, une application, à vrai dire tout ce qui pourrait être utilisé d'une manière ou d'une autre.

Les numéros des ports des protocoles FTP et HTTP sont implicitement 80 et 21 dans une URL s'ils ne sont pas mentionnés.

- http://www.google.fr:80/
- http://www.editions-eyrolles.com/Theme/020000/informatique
- http://www.eteks.com/index.html

En Java, on manipule une URL à l'aide de la classe `java.lang.String` ou de la classe `java.net.URL` selon les besoins. Les méthodes de la classe `java.lang.URL` permettent d'obtenir les différentes parties d'une URL et d'accéder à son contenu sous forme de flux de données.

API JAVA Méthodes les plus utiles de la classe java.net.URL

Description	Méthode

Interrogation du protocole, de l'hôte, du port et du chemin de la ressource d'une URL	`public java.lang.String getProtocol()`
	`public java.lang.String getHost()`
	`public int getPort()`
	`public java.lang.String getFile()`

Ouverture d'une connexion à l'URL pour accéder à son contenu	`public java.io.InputStream openStream()` `public java.net.URLConnection openConnection()`

ATTENTION URL mal formée

Comme les constructeurs de la classe `java.net.URL` peuvent déclencher une exception de classe `java.net.MalformedURLException`, la création d'une instance de `java.net.URL` doit être programmée dans une instruction `try catch`. L'objet créé ne garantit pas que la ressource existe, mais seulement que l'URL mémorisée par l'objet est correctement formée et que le protocole spécifié est géré par la JVM.

Par l'exemple : afficher le contenu d'une URL dans une fenêtre Swing

JAVA Visualiser un document HTML

La classe `javax.swing.JEditorPane` est un composant Swing capable d'afficher des documents HTML 3.2 avec feuille de styles CSS. Même si cette classe ne peut pas remplacer un navigateur Internet, elle est capable de gérer des liens hypertextes et s'avère très pratique pour afficher dans une application Java des pages d'aide ou autres.

L'application suivante affiche dans un composant Swing de classe `javax.swing.JEditorPane` le contenu d'une URL saisie par l'utilisateur.

EXEMPLE com/eteks/test/AfficherContenuURL.java

```
package com.eteks.test;

import javax.swing.*;
import java.io.*;
import java.net.*;

class AfficherContenuURL
{
  public static void main(String [] args)
  {
    String texteURL = null;
    try
    {
      texteURL = JOptionPane.showInputDialog("URL :");
      URL url = new URL(texteURL);

      JEditorPane panneauHTML = new JEditorPane(url);
      panneauHTML.setEditable(false);
```

Saisie d'une URL et création d'un objet de classe `java.net.URL`.

Création d'un composant `javax.swing.JEditorPane` capable de lire et d'afficher le contenu de l'URL au format texte ou HTML.

```
      JFrame fenetre = new JFrame(texteURL);
      fenetre.setSize(400, 300);
      fenetre.add(new JScrollPane(panneauHTML));
      fenetre.setDefaultCloseOperation(JFrame.EXIT_ON_CLOSE);
      fenetre.setVisible(true);
    }
```

◄ Affichage du composant dans un panneau avec ascenseurs d'une fenêtre.

```
    catch (MalformedURLException ex)
    {
      JOptionPane.showMessageDialog(null,
                          "URL " + texteURL + " incorrecte");
      System.exit(0);
    }
```

◄ Exception déclenchée si l'URL est malformée.

```
    catch (IOException ex)
    {
      JOptionPane.showMessageDialog(null,
        "Erreur d'acc\u00e8s \u00e0 l'URL " + texteURL + "\n" + ex);
      System.exit(0);
    }
  }
}
```

◄ Exception déclenchée en cas de problème à la lecture de l'URL.

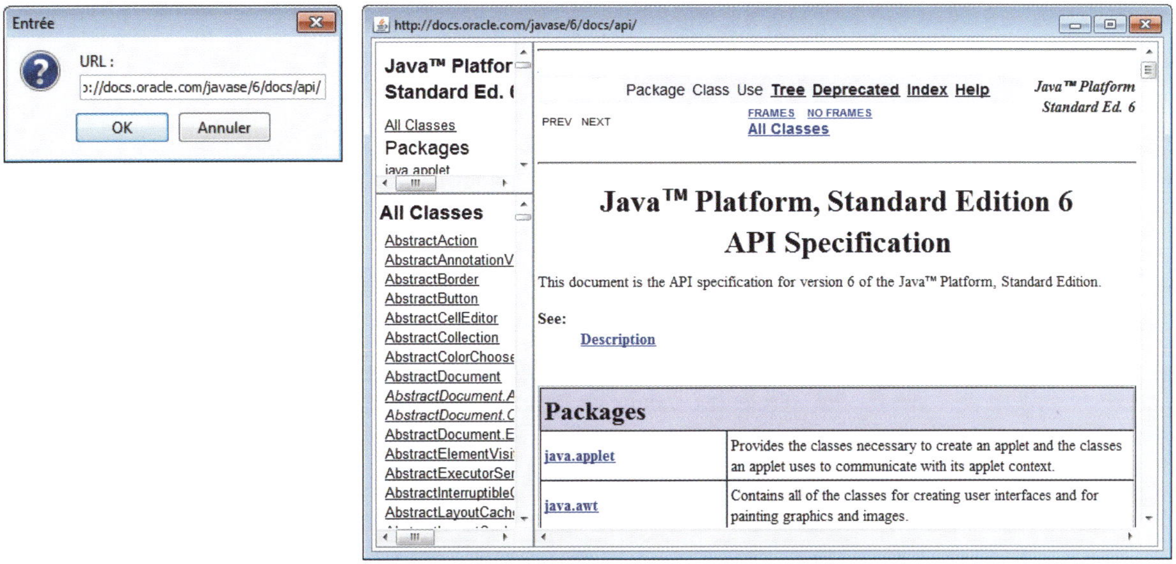

Figure 12–1 Application com.eteks.forum.AfficherContenuURL

ATTENTION Choix du serveur proxy

Si vous testez cette application dans une entreprise qui requiert un serveur *proxy* pour accéder à Internet, vous aurez besoin de communiquer à Java l'adresse IP et le port de ce serveur pour la faire fonctionner. Ces informations sont stockées dans les propriétés `http.proxyHost` et `http.proxyPort` de la JVM, et vous pouvez donner leur valeur en utilisant l'option `-D` de la commande `java`, par exemple :

```
java -Dhttp.proxyHost=123.45.67.89 -Dhttp.proxyPort=2345
  ➥ -classpath ../lib/test.jar com.eteks.test.AfficherContenuURL
```

Programme CGI

Les ressources accessibles par le protocole HTTP peuvent être des fichiers statiques ou des programmes qui renvoient un contenu créé dynamiquement à la demande de l'utilisateur.

Ce type de programme est utilisé dans de nombreux domaines :

- moteurs de recherche ;
- commerce électronique ;
- gestion de communautés (forums, groupes...) ;
- cours de la bourse…

On interface ces programmes avec le serveur HTTP en utilisant le standard CGI (*Common Gateway Interface*), d'où leur nom de programmes CGI ou scripts CGI. Le standard CGI spécifie notamment comment envoyer des valeurs à un programme CGI pour le paramétrer. La liste de ces paramètres est une chaîne de caractères qui suit un point d'interrogation (?) dans une URL : cette chaîne est construite en donnant pour chaque paramètre son nom suivi du caractère `=` et de la valeur du paramètre, chaque paramètre étant séparé d'un autre par le caractère `&`. Les valeurs des paramètres respectent le format `x-www-form-urlencoded` où tous les blancs typographiques sont remplacés par le signe +, et tous les caractères non alphanumériques et différents du caractère souligné _ sont remplacés par leur code hexadécimal précédé du symbole `%`.

> **ASTUCE**
> **Le format x-www-form-urlencoded**
>
> Si vous avez besoin de construire en Java une URL avec ses paramètres, utilisez la méthode de classe `encode` de la classe `java.net.URLEncoder` pour obtenir la valeur d'un paramètre au format `x-www-form-urlencoded`.

Exemple : l'URL

```
http://www.eteks.com/servlet/FindIt?search=op%E9rateurs+java
  ➥ &submit=Recherche
```

fait référence au programme `FindIt` du serveur HTTP `www.eteks.com` et lui passe les valeurs `opérateurs java` et `Recherche` pour les paramètres `search` et `submit`.

Utiliser un formulaire HTML pour paramétrer un programme CGI

Le format HTML spécifie un ensemble de balises de formulaire qui évitent aux utilisateurs d'écrire l'URL d'un programme CGI :

- À chaque balise correspond un composant à l'écran (champs de saisie, liste, bouton...) utilisé par les utilisateurs pour saisir la valeur d'un des paramètres d'un programme CGI.
- Ces balises sont incluses dans une balise `<form action='URLProgrammeCGI' method='GET'>` dont l'attribut `action` spécifie l'URL de base d'un programme CGI.

Par l'exemple : un formulaire de recherche

À partir du formulaire HTML présenté ci-après, un utilisateur peut faire appel au programme CGI `http://www.eteks.com/servlet/FindIt` grâce à un champ de saisie.

```
<form action='http://www.eteks.com/servlet/FindIt' method='GET'>
  <!-- Champ de saisie sur 15 caractères -->
  <input type='text' name='search' size='15'>
  <!-- Bouton de confirmation -->
  <input type='submit' name='submit' value='Recherche'>
</form>
```

Figure 12–2
Formulaire HTML avec champ de saisie et bouton de confirmation

Une fois que l'utilisateur a confirmé sa saisie, le navigateur envoie une requête au serveur HTTP avec une URL construite à partir de l'URL de base de l'attribut `action`, suivie de la liste des paramètres avec leur nom et leur valeur. Le nom de chaque paramètre est obtenu à partir de l'attribut `name` de chaque balise de formulaire, et sa valeur à partir de l'attribut `value` ou de la valeur effectivement saisie.

B.A.-BA Langage HTML

HTML (*Hyper Text Markup Language*) est le langage de mise en page des navigateurs web. Ce langage très simple définit un ensemble de balises (*tags* en anglais) notées entre les symboles < > ou </ > (balises de début et de fin). Incluses les unes dans les autres de manière hiérarchique, ces balises structurent les informations à afficher. Voici les principales fonctionnalités d'HTML qu'il convient de connaître :

- Une page HTML commence par la balise `<html>` et se termine par la balise de fin `</html>`.
- Le texte affiché dans la fenêtre du navigateur est compris entre les balises <body> et </body>, incluses avec le titre de la page dans la balise `<html>` de la façon suivante :

```
<html> <head>
<title>Titre de la page</title>
</head>
<body>Texte de la page</body>
</html>
```

- Les différents niveaux de titres se notent grâce aux balises <h1><h2><h3><h4><h5><h6> (h comme *header* en anglais).
- Les paragraphes se distinguent grâce aux balises <p> ou `<blockquote>`. Un retour à la ligne se note avec la balise <br>.
- Tout ce qui est compris entre les balises `<center></center>` est centré dans la page.
- Le texte en italique, en gras ou en couleur se note grâce aux balises <i>, <b> (b comme *bold*), `<font color='#RRGGBB'>` où la valeur *RRGGBB* de l'*attribut* `color` représente un code couleurs RVB (rouge vert bleu) en hexadécimal.
- Pour éviter tout problème d'encodage, il est préférable d'écrire les lettres accentuées à l'aide d'entités &*code*;. La liste des codes pour les lettres francophones est donnée dans le chapitre 3, « Création de classes ». Par exemple, le caractère < se note `<` (comme *Less Than*).
- Les espaces multiples et les retours à la ligne ne sont comptés que comme unique espace, sauf cas très particuliers.

L'attribut `method` de la balise `form` peut prendre aussi la valeur `POST` : dans ce cas, la liste des paramètres est envoyée à la suite de l'URL du programme CGI mais de manière séparée. Cette méthode est conseillée pour l'envoi de paramètres comportant un mot de passe afin d'éviter que celui-ci n'apparaisse dans le champ d'adresse des navigateurs.

Programmation d'une servlet sur le serveur

Les servlets sont intégrées à l'environnement Java pour exécuter des classes capables de s'interfacer avec un serveur HTTP grâce au standard CGI. Toute servlet est une instance d'une classe dérivant de `javax.servlet.http.HttpServlet`.

Classe javax.servlet.http.HttpServlet

Une nouvelle classe de servlet doit dériver de la classe `javax.servlet.http.HttpServlet`, être `public` et avoir un constructeur `public` sans paramètre (éventuellement celui fourni par défaut). Une classe de servlet redéfinit la méthode `doGet` et/ou `doPost` pour implémenter la réponse à une requête.

`doGet` est le point d'entrée d'une servlet appelée par une requête HTTP `GET`. Un navigateur envoie une requête `GET` dans les conditions suivantes :

- lors de la saisie d'une URL dans le champ d'adresse du navigateur ;
- à un clic sur un lien hypertexte défini dans une balise `<A HREF='URLLien'>` ;
- pour accéder à d'autres ressources dépendantes d'un fichier HTML, comme les images des balises `<IMG SRC='URLImage'>` ;
- en confirmation d'un formulaire HTML utilisant une balise `form` dont l'attribut `method` est `GET`.

`doPost` est le point d'entrée d'une servlet appelée par une requête HTTP `POST`. Un navigateur envoie une requête `POST` quand vous confirmez la saisie d'un formulaire HTML utilisant une balise `form` dont l'attribut `method` est `POST`.

Ces deux méthodes reçoivent en paramètres deux objets, l'un représentant la requête reçue, et l'autre la réponse de la servlet.

Interface javax.servlet.http.HttpServletRequest

Cette interface représente la requête HTTP reçue par une servlet. `getParameter` est la méthode qui est le plus utilisée de cette interface : elle renvoie la valeur d'un paramètre passé avec la requête.

JAVA Le package des servlets : javax.servlet.http

Les packages `javax.servlet` et `javax.servlet.http` ne sont pas fournis avec la bibliothèque standard Java mais sont néanmoins disponibles :

- soit avec un serveur de servlet qui vient s'interfacer avec un serveur HTTP, comme Tomcat ou JRun ;
- soit avec un serveur J2EE, comme GlassFish, Weblogic, WebSphere, JBoss...

Le développement de servlets requiert principalement que l'on utilise la classe et les deux interfaces présentées ci-contre.

JAVA Les servlets fonctionnent dans un environnement multithread

Le serveur de servlet répond à chaque requête des clients dans un thread séparé, ce qui permet à plusieurs requêtes d'être exécutées simultanément. Il peut donc être nécessaire de synchroniser l'accès aux données partagées par plusieurs servlets. De plus, comme la méthode `doGet` (ou `doPost`) d'une même instance de servlet peut être appelée dans plusieurs threads en même temps, évitez de recourir à des champs dans la classe de la servlet pour stocker des informations variables d'une requête à l'autre. La synchronisation est abordée en détail dans le dernier chapitre.

Interface javax.servlet.http.HttpServletResponse

Cette interface représente la réponse de la servlet. Les méthodes les plus utilisées de cette interface sont :

- `setContentType` qui spécifie le type MIME de la réponse ;
- `getWriter` qui renvoie une instance de `java.io.PrintWriter` utilisée pour envoyer le texte de la réponse au client de la servlet ;
- `getOutputStream` qui renvoie une instance de `javax.servlet.ServletOutputStream`, sous-classe de `java.io.OutputStream`, utilisée pour envoyer au client de la servlet des informations binaires, comme celles d'une image au format JPEG.

B.A.-BA Type MIME

Comme les servlets n'ont pas d'extension telles que `.html`, `.gif` ou `.pdf`, elles utilisent le type MIME pour décrire le type de contenu renvoyé. Un navigateur utilise ce type MIME pour déterminer le traitement approprié pour afficher les informations reçues. Par exemple, le type MIME `text/html` décrit un texte au format HTML, `image/jpeg` décrit une image au format JPEG.

Renvoyer du texte HTML avec une servlet

La classe d'une servlet HTML implémente les méthodes `doGet` et/ou `doPost` avec des instructions qui renvoient au client un texte HTML au moyen des méthodes `write`, `print` ou `println` de la classe `java.io.PrintWriter`. Le texte produit dépend généralement des paramètres passés lors de l'appel de la servlet.

JAVA Exceptions déclenchées par doGet et doPost

Les méthodes `doGet` et `doPost` de la classe `javax.servlet.HttpServlet` sont déclarées comme étant susceptibles de déclencher des exceptions contrôlées de classe `javax.servlet.ServletException` ou `java.io.IOException`, avec la clause `throws` correspondante. Ceci vous permet de répéter les même classes d'exceptions à la redéfinition de ses méthodes sans avoir à les traiter avec une instruction `try catch`. Si une telle exception survient, le serveur de servlet est programmé par défaut pour renvoyer un message d'erreur au client de la servlet.

Par l'exemple : Bienvenue dans le monde des servlets !

La servlet de classe `com.eteks.test.ServletBienvenue` interroge le paramètre `nom` ❷ et renvoie un texte HTML ❸ de bienvenue. Le texte renvoyé est différent selon que le paramètre existe ou non ❹.

EXEMPLE com/eteks/test/ServletBienvenue.java

```
package com.eteks.test;

import javax.servlet.http.*;
import javax.servlet.ServletException;
import javax.servlet.annotation.WebServlet;
import java.io.*;

@WebServlet(urlPatterns="/bienvenue") ❶
public class ServletBienvenue extends HttpServlet
{
  @Override
  public void doGet(HttpServletRequest request,
                    HttpServletResponse response)
     throws ServletException, IOException
  {
    String nom = request.getParameter("nom"); ❷

    response.setContentType("text/html"); ❸
    PrintWriter out = response.getWriter();
```

◂ Annotation décrivant une servlet accessible avec une URL se terminant par `/bienvenue`.

◂ Redéfinition de la méthode `doGet` capable de traiter les requêtes HTTP envoyées avec une méthode `GET`.

◂ Récupération du paramètre `nom`.

◂ Envoi d'une réponse en HTML.

Création d'un message différent selon que le paramètre existe ou non.

```
    out.write("<html><head><title>Bienvenue</title></head>"
              + "<body><h1>Bienvenue</h1>"
              + "<p>Bonjour ");
    if (nom != null && nom.length() > 0) ④
      out.write(nom);
    else
      out.write("cher inconnu");
    out.write("</p></body></html>");
  }
}
```

JAVA Annotation @WebServlet

Apparue depuis la version 3.0 des servlets, l'annotation `@WebServlet` ❶ n'est pas obligatoire pour faire fonctionner une servlet sur un serveur de servlets. Cette annotation est utilisée ici car elle évite de créer un fichier `web.xml` de configuration, et simplifiera grandement vos premiers essais de servlet. `urlPatterns`, son paramètre le plus important, décrit la fin du texte de l'URL qui sera utilisée pour lancer la servlet (par exemple `/bienvenue` pour une servlet accessible par l'URL `http://localhost/test/`**`bienvenue`**).
(Voir page 311 pour plus d'information sur le paramétrage des annotations.)

Installation de Tomcat

Pour exécuter la servlet précédente et les pages JSP du forum, vous devez installer un serveur de servlets tel que Tomcat distribué sous licence Apache et utilisable librement. Pour l'installer, téléchargez la version 7 la plus récente de Tomcat disponible à http://tomcat.apache.org/ et suivez les instructions ci-après.

OUTILS Tomcat, de l'Apache Software Foundation

Tomcat est un conteneur (ou moteur d'exécution) de servlets Open Source. C'est en fait un serveur HTTP et un serveur de servlets/JSP tout-en-un écrit en Java, ce qui rend cet outil très pratique pour tester un site Internet qui gère des pages statiques et des pages dynamiques avec des servlets et des pages JSP. Tomcat peut aussi être intégré au serveur web Apache ou au serveur web Microsoft IIS.

- http://tomcat.apache.org/
- http://www.oracle.com/technetwork/java/javaee/servlet

Sous Windows

1. Téléchargez la version Windows Service Installer de Tomcat.
2. Double-cliquez sur le fichier `apache-tomcat-VERSION.exe` téléchargé. Pendant l'exécution de l'assistant, choisissez le type d'installation *Full* puis renseignez le login / mot de passe de l'administrateur Tomcat dans les champs *User Name* et *Password* de l'étape *Configuration*. Finalement, cliquez sur les boutons *Execute* puis *Finish*.

VERSIONS Tomcat et Java EE

Les opérations d'installation décrites ici permettent de faire fonctionner Tomcat **7** qui, comme Java EE **6**, respecte la version **3.0** des spécifications des servlets et la version **2.2** des spécifications JSP. L'annotation `@WebServlet` n'étant pas reconnue dans les versions précédentes, vous devrez écrire un fichier `web.xml` de configuration si vous voulez utiliser une version plus ancienne.

Sous Linux et Mac OS X

1 Téléchargez la version `tar.gz` de Tomcat.

2 Décompressez le fichier `apache-tomcat-`*`VERSION`*`.tar.gz` téléchargé dans le dossier de votre choix en double-cliquant sur celui-ci ou en exécutant la commande suivante :

```
tar zxvf /chemin/vers/apache-tomcat-VERSION.tar.gz
```

Tomcat est décompressé dans le dossier `apache-tomcat-`*`VERSION`* et son sous-dossier `bin` contient les commandes du serveur.

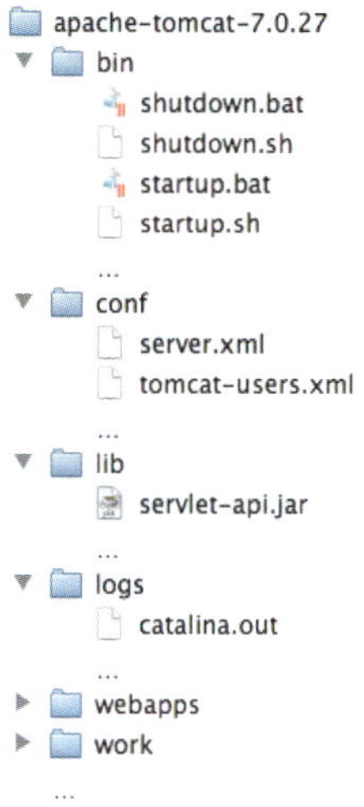

Figure 12–3 Dossiers et fichiers les plus importants de Tomcat

Lancement de Tomcat

En fonction de votre système, procédez au lancement de Tomcat en suivant les instructions qui suivent. Pour vérifier que le serveur est bien lancé, ouvrez un navigateur et saisissez dans la barre d'adresse la chaîne http://127.0.0.1:8080/. Si votre installation est correcte, la page d'accueil de Tomcat s'affiche, vous permettant de tester les exemples de servlets et de pages JSP fournis avec ce serveur de servlets.

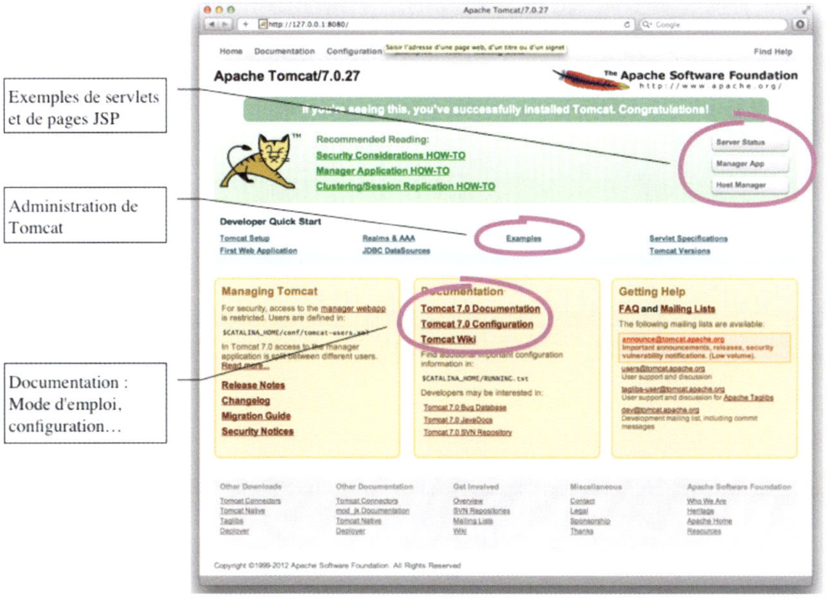

Figure 12–4 Page d'accueil de Tomcat

POUR ALLER PLUS LOIN Configuration de Tomcat

Le serveur HTTP de Tomcat peut être configuré avec un autre port que celui par défaut, 8080. Un serveur HTTP utilise généralement le port 80 mais l'équipe de développement de Tomcat a préféré ne pas l'utiliser par défaut car le lancement d'un serveur sur ce port est réservé par sécurité aux administrateurs sur la plupart des systèmes d'exploitation. Il est tout à fait possible de configurer ce port ainsi que de nombreux autres paramètres du serveur en modifiant le fichier `conf/server.xml` de Tomcat.

Sous Windows

Si vous avez installé le service Tomcat comme suggéré précédemment, vous pouvez démarrer et arrêter ce service à l'aide des menus *Start service* / *Stop service* du menu associé à l'icône de Tomcat dans la barre de notification Windows.

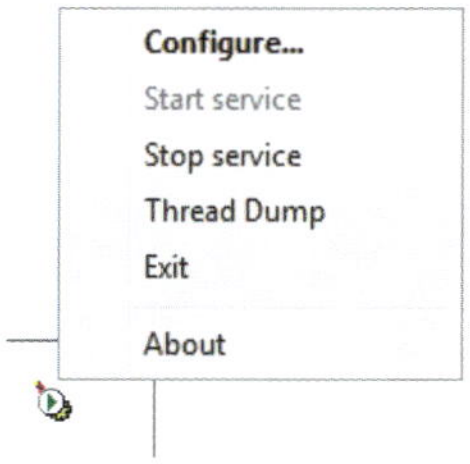

Figure 12–5 Icône Tomcat de la barre de notification Windows

Sous Linux et Mac OS X

1 Ouvrez une fenêtre de commandes (sous Mac OS X, démarrez l'application *Terminal* du dossier *Applications/Utilitaires*).
2 Déplacez-vous avec la commande `cd` dans le sous-dossier `bin` du dossier de Tomcat.
3 Exécutez la commande :

```
./startup.sh
```

Organiser les fichiers d'une application web

Le plus simple pour installer des servlets et des pages JSP sur un serveur web ou J2EE tel que Tomcat est de respecter l'organisation d'une application web Java (*Web Application* en anglais).

Le dossier `web` d'une application web contient les fichiers et sous-dossiers présentés ci-contre.

Dossier	Type de fichiers
`web`	Fichiers `.html` et `.jsp`
`WEB-INF`	Fichier optionnel `web.xml` de configuration de l'application
`classes`	Fichiers `.class` des servlets et des classes d'outils de l'application
`lib`	Bibliothèques `.jar` non standards comme les drivers JDBC

Le dossier `WEB-INF/classes`, ainsi que les bibliothèques `.jar` du dossier `WEB-INF/lib` d'une application web, sont ajoutés automatiquement au `classpath` de cette application, ce qui simplifie sa mise en route sur un serveur web. L'organisation de la servlet `com.eteks.test.ServletBienvenue` et des pages JSP étudiées dans la suite de ce chapitre est présentée à la figure 12-6.

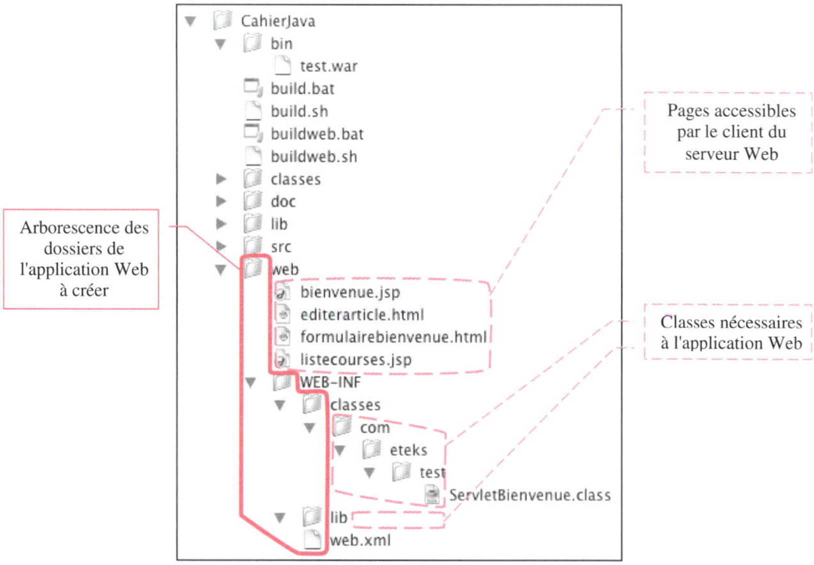

Figure 12–6
Organisation des fichiers d'une application web

Compilation d'une application web

Le fichier de commande `buildweb.sh` compile la classe `com.eteks.test.ServletBienvenue` puis crée le fichier d'archive `test.war` avec le contenu du dossier `web` (le fichier `buildweb.bat` contient les mêmes commandes avec des barres obliques inverses \ à la place des barres obliques /).

FICHIER buildweb.sh

```
javac -sourcepath ./src -d ./web/WEB-INF/classes
➥ -classpath /chemin/vers/apache-tomcat-VERSION/lib/servlet-api.jar
➥ ./src/com/eteks/test/ServletBienvenue.java
jar -cfM ./lib/test.war -C ./web .
```

ATTENTION Bibliothèques requises

Notez qu'il faut ajouter la bibliothèque `servlet-api.jar` qui contient les classes relatives aux servlets à la commande de compilation `javac` avec l'option `-classpath`. Par ailleurs, n'oubliez pas de recopier le fichier d'archive du driver JDBC Connector/J dans le dossier `WEB-INF/lib` pour permettre au forum de faire appel à la base de données MySQL.

POUR ALLER PLUS LOIN Fichier web.xml

Jusqu'à la version 2.5 des servlets, le fichier `WEB-INF/web.xml` était obligatoire pour décrire entre autres choses, comment le client du serveur devait faire appel aux servlets d'une application web. Par exemple, pour appeler la servlet de classe `com.eteks.test.ServletBienvenue` avec l'URL http://127.0.0.1:8080/test/bienvenue, on avait le fichier suivant :

```
<?xml version='1.0'?>
<!DOCTYPE web-app PUBLIC
     '-//Sun Microsystems, Inc.//DTD Web Application 2.3//EN'
     'http://java.sun.com/dtd/web-app_2_3.dtd'>
<web-app>
<servlet>
   <servlet-name>Bienvenue</servlet-name> ❶
   <servlet-class>com.eteks.test.ServletBienvenue</servlet-class> ❷
</servlet>
<servlet-mapping>
   <servlet-name>Bienvenue</servlet-name> ❸
   <url-pattern>/bienvenue</url-pattern> ❹
</servlet-mapping>
</web-app>
```

Vous y remarquerez la classe de la servlet ❷ et l'élément XML `url-pattern` ❹ de l'annotation `@WebServlet` de l'exemple. Les deux autres éléments `servlet-name` servent à donner un nom à la servlet ❶ pour l'associer à un type d'URL ❸. Ces éléments sont toujours valides dans la version 3.0 des servlets, même si l'annotation `@WebServlet` et celles du package `javax.servlet.annotation` sont plus simples à mettre en œuvre (mais offrent moins de possibilités de personnalisation qu'un fichier `web.xml` séparé).

Mise en route d'une application web

Aussitôt que le fichier `test.war` de l'application web `test` est déposé dans le dossier `webapps` de Tomcat, cette application est automatiquement déployée : les fichiers de `test.war` sont extraits dans le dossier `webapps/test`, ce qui permet à l'utilisateur de faire appel à une servlet ou à un fichier de cette application en la faisant précéder du nom de l'application web (par exemple http://127.0.0.1:8080/test/bienvenue).

À RETENIR Applications web Java

L'organisation des classes de servlets et des pages JSP sous forme d'application web Java permet de simplifier leur mise en route : Tomcat, comme les serveurs Java EE, configure une application web à partir de son fichier de description `WEB-INF/web.xml` s'il existe et des bibliothèques de classes des dossiers `WEB-INF/classes` et `WEB-INF/lib`.

C'est le nom du fichier `.war` d'une application web qui détermine la base du chemin d'accès à l'application dans une URL. L'application web `ROOT` est spéciale et correspond à la racine du serveur.

B.A.-BA URL relative

Pour faciliter le déploiement de fichiers HTML sur des serveurs différents, HTML permet de spécifier une URL relativement à celle de la page courante. Ici, l'attribut `action` du formulaire `formulaire bienvenue.html` ne répétant pas l'adresse IP du serveur, le navigateur fera appel à la servlet `bienvenue` en remplaçant `formulaire bienvenue.html` par `bienvenue`, dans l'URL http://127.0.0.1:8080/test/formulairebienvenue.html.

Par l'exemple : exécuter la servlet de bienvenue

Une fois que Tomcat est lancé et que le fichier `test.war` est déployé, la servlet de classe `com.eteks.test.ServletBienvenue` peut être appelée d'une des deux façons suivantes :

- en saisissant l'URL http://127.0.0.1:8080/test/bienvenue?nom=Thomas dans le champ d'adresse d'un navigateur ;
- en utilisant un formulaire HTML comme celui du fichier `formulairebienvenue.html` de l'application web `test` (avec ici une URL relative dans l'attribut `action`).

EXEMPLE formulairebienvenue.html

```
<html><head><title>Bienvenue</title></head>
<body><center>
<p>Comment vous appelez-vous ?</p>
<form action='bienvenue' method='GET'>

  <p><input type='text' name='nom'></p>

  <p><input type='submit' value='Envoyer le formulaire'></p>
</form>
</center></body></html>
```

- Formulaire faisant appel à la servlet `bienvenue`.
- Champ de saisie du nom.
- Bouton de confirmation.

Cycle d'exécution de la servlet de bienvenue

La figure 12-7 montre comment s'exécute une requête à la servlet de classe `com.eteks.test.ServletBienvenue` lancée avec le formulaire `formulaire-bienvenue.html`.

- Une fois que l'application web `test` est déployée dans le dossier `webapps` de Tomcat, l'utilisateur peut demander ❶ le formulaire `formulaire-bienvenue.html` au serveur, qui renvoie ❷ simplement le contenu de ce fichier statique.
- À la confirmation du formulaire ❸, le navigateur construit une requête `GET` vers le programme CGI `/test/bienvenue` avec le paramètre `nom` et la valeur saisie.
- Lorsqu'il reçoit cette requête, le serveur web recherche dans l'application web `test` la classe de servlet qui contient l'annotation `@WebServlet` avec un chemin `/bienvenue`.
- Cette servlet est ensuite instanciée si elle n'existe pas et sa méthode `doGet` est appelée en lui passant les deux objets qui représentent la requête et la réponse ❹.

POUR ALLER PLUS LOIN Initialisation et destruction d'une servlet

Le serveur de servlets appelle les méthodes `init` et `destroy` d'une servlet respectivement au moment de sa création et juste avant de la détruire. Vous pouvez redéfinir ces méthodes dans vos classes de servlets, si besoin est. La méthode `init` est généralement redéfinie pour configurer une servlet en fonction de paramètres dont les valeurs sont précisées dans le fichier de description `WEB-INF/web.xml`, et récupérées dans la servlet grâce à la méthode `getInitParameter`.

- Toutes les informations écrites sur le flux de données de la réponse ❺ sont finalement renvoyées au client de la requête.

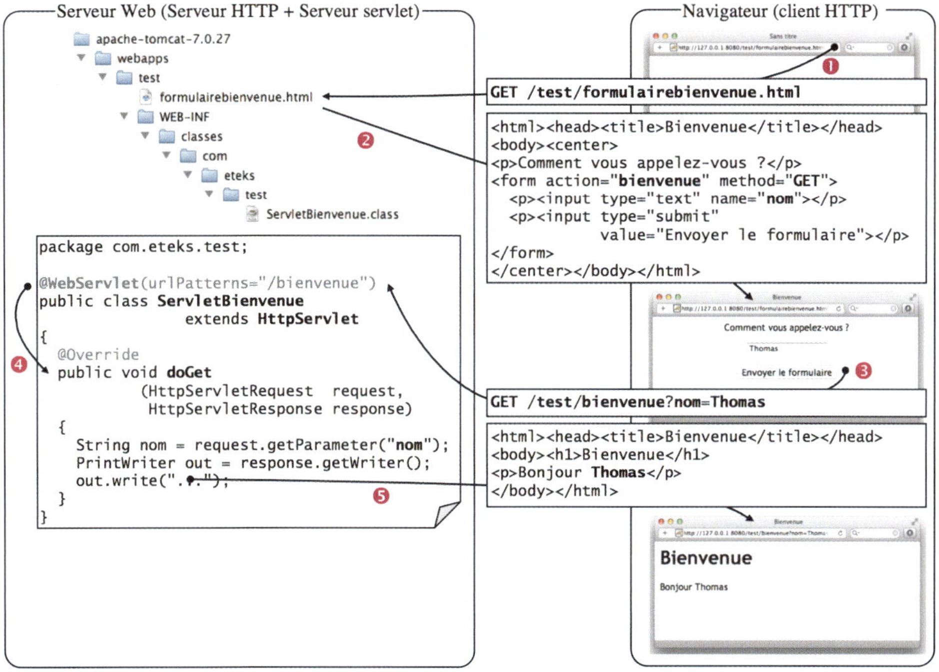

Figure 12–7
Exécution de la servlet com.eteks.test.ServletBienvenue avec le formulaire formulairebienvenue.html

Mise à jour d'une application web

En cas de changement des classes ou des pages dans le fichier `test.war`, la mise à jour de l'application web `test` peut s'effectuer de plusieurs façons dans Tomcat. La plus directe est de supprimer le sous-dossier `test` du dossier `webapps` du serveur et de redémarrer le serveur (pour l'arrêter proprement, utilisez le menu *Stop service* de l'icône Tomcat dans la barre de notification Windows, ou la commande `shutdown` située dans le même dossier que `startup.sh` sous les autres systèmes).

Pour éviter d'arrêter Tomcat, vous pouvez recourir au gestionnaire d'applications web de Tomcat de la façon suivante (voir figure 12-8) :

1. Cliquez sur le lien *Manager App* de la page d'accueil de Tomcat, puis saisissez le nom et le mot de passe d'un utilisateur ayant le rôle de `manager-gui`.
2. Supprimez l'application web `test` en cliquant sur son lien *Retirer*.
3. Réinstallez l'application en saisissant l'URL de son fichier `.war` (une URL sur un fichier local commence par `file:` suivi du chemin absolu du fichier) ou en téléchargeant son fichier `.war` sur le serveur.

POUR ALLER PLUS LOIN Développer des servlets

En phase de développement, il est plus pratique de configurer Tomcat directement à partir de l'environnement de développement que vous utiliserez. Ainsi vous pourrez tester vos servlets directement à partir de l'IDE.

ATTENTION Attribution des rôles

Par sécurité, la page du gestionnaire d'applications web de Tomcat n'est accessible qu'aux utilisateurs ayant un rôle de `manager-gui`. Pour attribuer ce rôle à un utilisateur, il faut éditer le fichier `conf/tomcat-users.xml`, y ajouter un utilisateur du type :

```
<user username='thomas'
  password='azerty'
  roles='manager-gui'/>
```

et redémarrer Tomcat si nécessaire.

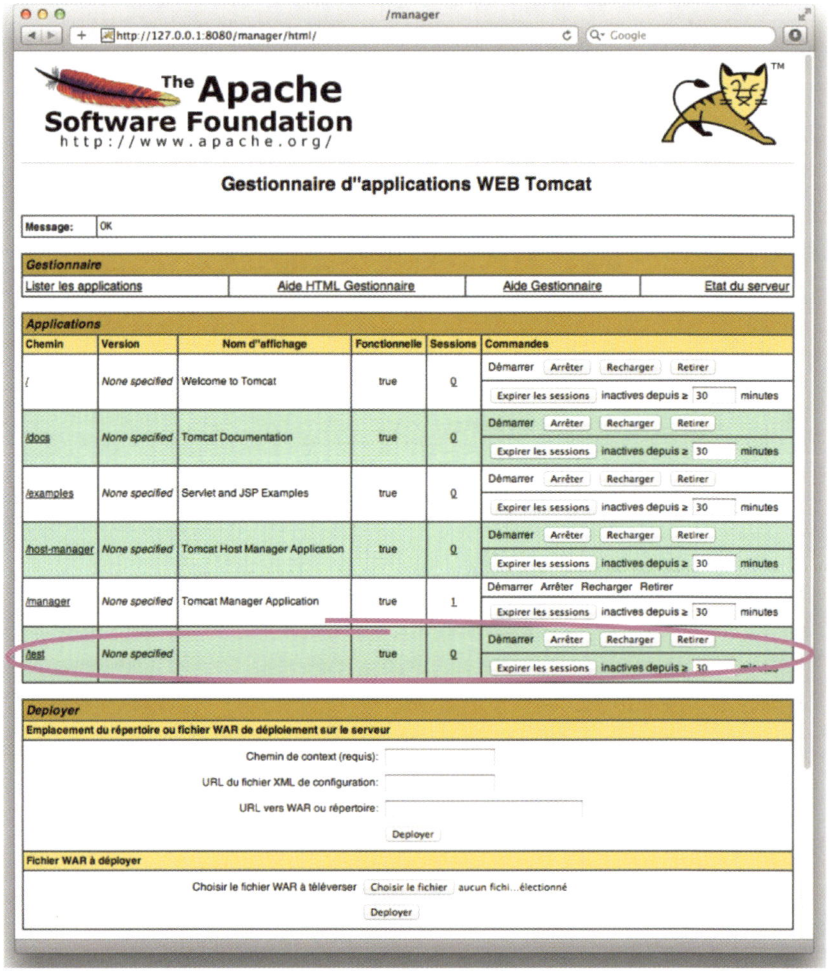

Figure 12–8
Gestionnaire d'applications web de Tomcat

Créer l'interface d'une application web avec les JavaServer Pages

Les pages JSP (*JavaServer Pages*) simplifient la création dynamique de pages sur un serveur HTTP, en utilisant une démarche opposée à celle des servlets. Au lieu d'écrire du code HTML dans le code Java d'une classe de servlet, un développeur JSP écrit du code Java dans le code HTML d'un fichier JSP…

C'est cette technologie qui est en œuvre pour créer l'interface utilisateur du forum. Voyons d'abord comment se programme une page JSP.

Balises JSP pour inclure du contenu dynamique

On décrit les instructions Java d'un fichier JSP avec les balises spéciales présentées dans le tableau 12-1.

Pour toute requête à un fichier JSP, le serveur HTTP fait appel au serveur de servlets. Celui-ci :

1 Crée une classe équivalente de servlet à partir des balises JSP et du reste du texte du fichier. Le code Java est créé dans la méthode `_jspService` d'une classe qui implémente l'interface `javax.servlet.jsp.HttpJspPage`.
2 Compile cette classe.
3 Crée une instance de la classe et exécute la méthode `_jspService` en lui passant les objets de requête et de réponse.

Si entre deux requêtes le fichier JSP n'a pas été modifié, seule la méthode `_jspService` est appelée, ce qui évite de créer et compiler à nouveau une classe équivalente.

Astuce Mémo des balises JSP

Un résumé de la syntaxe des balises JSP est disponible dans un document PDF de 9 pages qui peut être téléchargé à l'adresse :

- http://www.oracle.com/technetwork/java/card20-150192.pdf

Tableau 12–1 Balises générales JSP

Balise JSP	Description

`<%@ page import='java.sql.*,classeOuPackage'`
`contentType='typeMIME ; encoding'`
`errorPage='URLRelativePageErreur'`
`isErrorPage='trueOufalse' %>`
	Balise générale d'une page avec les attributs optionnels suivants (liste partielle) :
	• `import` spécifie les packages ou les classes à importer.
	• `contentType` spécifie le type MIME et le format de codage des caractères de la réponse.
	• `errorPage` est la page à utiliser en cas d'exception.
	• `isErrorPage` est égal à `true` quand la page JSP est une page de traitement d'erreur.

`<%@ include file='URLRelativeFichier' %>`	Inclut le contenu du fichier *URLRelativeFichier* au fichier courant.
`<%-- Commentaire --%>`	Commentaire JSP non inclus dans la réponse.
`<%! declarationChampOuMethode %>`	Déclare les champs et les méthodes Java de la page.
`<% codeJava %>`	Inclut du code Java (instructions, déclarations de variables locales).
`<%= expressionJava %>`	Inclut dans la réponse une expression Java convertie en texte.

Variables JSP prédéfinies

Pour effectuer leur traitement, le code Java des balises JSP `<% codeJava %>` et `<%= expressionJava %>` peut utiliser un ensemble de variables prédéfinies. Le tableau 12-2 présente celles qui sont le plus utiles.

REGARD DU DÉVELOPPEUR Inconvénients des servlets

Il est possible de créer n'importe quel contenu dynamique avec les servlets mais leur développement présente des inconvénients majeurs :

- Quand une servlet produit un code HTML complexe, ce dernier n'est pas facilement modifiable.L'écriture des servlets requiert une bonne connaissance de Java et du code HTML même pour une page dynamique simple.
- La syntaxe du code HTML (ou XML) issu d'appels à `write` ne peut pas être vérifiée au moment de l'écriture de la classe de la servlet.

Les servlets sont surtout utilisées pour produire dynamiquement des contenus binaires comme des images ou des fichiers PDF. Les servlets et les pages JSP peuvent parfaitement cohabiter au sein de la même application web.

Tableau 12–2 Quelques variables prédéfinies en JSP

Variable	Type	Description
`request`	`javax.servlet.http.HttpServletRequest`	Requête reçue par le serveur. Surtout utilisée pour récupérer les valeurs des paramètres.
`response`	`javax.servlet.http.HttpServletResponse`	Réponse renvoyée par le serveur.
`exception`	`java.lang.Throwable`	Exception déclenchée dans une page JSP et reçue dans une page d'erreur.
`out`	`javax.servlet.jsp.JspWriter`	Flux de sortie des caractères à destination du client.

Par l'exemple : bienvenue dans le monde JSP

Le fichier JSP `bienvenue.jsp` est l'équivalent de la servlet de classe `com.eteks.test.ServletBienvenue`. La section suivante, « Exécuter la page JSP de bienvenue », montre les légères modifications à effectuer pour faire appel à cette page à la place de la servlet de bienvenue.

EXEMPLE bienvenue.jsp

Récupération du paramètre `nom`.

Création d'un message différent selon que le paramètre existe ou non.

```
<% String nom = request.getParameter("nom"); %>
<html><head><title>Bienvenue</title></head>
<body><h1>Bienvenue</h1><p>Bonjour
<% if (nom != null && nom.length() > 0)
   { %>
  <%= nom %>
<% }
   else
   { %>
  cher inconnu
<% } %>
</p>
</body>
</html>
```

ATTENTION Utilisez les accolades systématiquement

Tout code JSP HTML exécuté dans une instruction de contrôle `if`, `else`, `for`, `while`... d'une balise `<% %>` doit être inclus dans un bloc Java `{ }`, quel que soit son nombre de lignes ou d'instructions.
Les codes JSP `<%= nom %>` et `cher inconnu` de l'exemple doivent être inclus dans des blocs `{ }`.

Fichier web.xml et pages JSP

La présence d'un fichier de description `WEB-INF/web.xml` n'est pas obligatoire pour faire fonctionner une application web constituée uniquement de pages JSP.
Notez qu'il est possible de faire appel à une page JSP en utilisant les méthodes `GET` et `POST`.

Exécuter la page JSP de bienvenue

Pour tester la page `bienvenue.jsp`, il faut :

- soit placer le fichier dans le dossier d'une application web, par exemple un des sous-dossiers du dossier `webapps` de Tomcat,
- soit l'ajouter au fichier `.war` d'une application web et déployer ce fichier sur le serveur de servlets.

Si le fichier `bienvenue.jsp` est à la racine du fichier `test.war`, vous pouvez y faire appel avec une des deux solutions suivantes :

- en saisissant l'URL http://127.0.0.1:8080/test/bienvenue.jsp?nom=Sophie dans le champ d'adresse d'un navigateur,
- en utilisant le formulaire `formulairebienvenue.html` défini précédemment avec un attribut `action` faisant appel au fichier `bienvenue.jsp` :

Figure 12–9 Page JSP bienvenue.jsp avec la liste de paramètres nom=Sophie

EXEMPLE formulairebienvenue.html

```
<html><head><title>Bienvenue</title></head>
<body><center>
<p>Comment vous appelez-vous ?</p>
<form action='bienvenue.jsp' method='GET'>
  <p><input type='text' name='nom'></p>
  <p><input type='submit' value='Envoyer le formulaire'></p>
</form>
</center></body></html>
```

ASTUCE Code Java de la servlet équivalente à une page JSP

Vous pouvez consulter le code Java des servlets créées par Tomcat dans le sous-dossier `work` du dossier d'installation de Tomcat. On peut facilement identifier la classe produite grâce à l'organisation du dossier `work` et aux noms des fichiers `.java`. Il est quelquefois nécessaire de consulter ces fichiers pour corriger une erreur dans un fichier JSP suite à une erreur de compilation ou d'exécution.

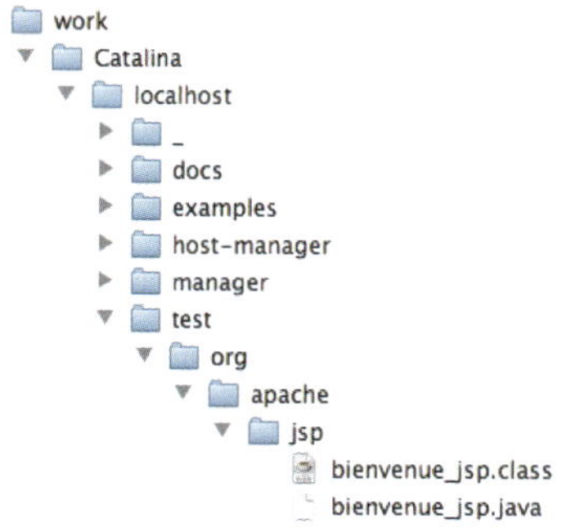

Figure 12–10
Organisation du dossier work de Tomcat

Contrôle des erreurs dans une page JSP

Des erreurs se produisant dans un fichier JSP peuvent être détectées à chacune des phases de son interprétation par le serveur de servlets :

- lors de la création de la classe équivalente de servlet si certaines balises JSP sont incorrectes ;
- lors de la compilation de cette classe, si le code produit ne respecte pas la syntaxe Java. La page renvoyée répète alors le texte retourné par `javac` ;
- à l'exécution si la méthode `_jspService` de cette classe déclenche des exceptions. Si vous avez spécifié une page d'erreur dans l'attribut `errorPage` de la balise `<%@ page %>`, l'exécution est alors détournée vers cette page.

ASTUCE Mise au point d'une page JSP

Dans Tomcat, les textes écrits avec les méthodes `print` et `println` du champ `out` de la classe `java.lang.System` sont enregistrés par défaut dans le fichier `logs/catalina.out` de Tomcat, qui contient aussi des informations enregistrées par le serveur pendant son exécution. N'hésitez pas à recourir à ce moyen simple pour vérifier les points par lesquels passe l'exécution des pages JSP et des classes d'une application web. Ne recourrez pas à la méthode `showMessageDialog` de la classe `javax.swing.JOptionPane` car l'appel à cette méthode est bloquant.

À RETENIR Où stocker les classes non standards ?

Les classes et les bibliothèques non standards utilisées dans une page JSP doivent être stockées dans les dossier `WEB-INF/classes` et `WEB-INF/lib` de l'application web dont dépend la page.

C# Propriétés

Les propriétés d'un composant JavaBeans et celles d'une classe C# sont similaires, mais ne se programment de la même façon. En C#, la notion de propriété interrogeable via son accesseur `get` et modifiable via son mutateur `set` est intégrée au langage. En Java, une propriété est définie dans une classe grâce à des méthodes **préfixées** par `get` et `set` suivis de l'identificateur de la propriété.

B.A.-BA Cookie

Un cookie correspond la plupart du temps à un identifiant dans une base de données. Un serveur utilise les cookies pour reconnaître le client avec qui il communique au cours des requêtes de sa session voire d'une session à l'autre. Si besoin est, les méthodes `getCookies` de l'objet `request` et `addCookie` de l'objet `response` permettent de configurer des cookies en plus de celui créé d'office par le serveur de servlets.

Mise à jour des pages JSP

Dans la configuration par défaut de Tomcat, la servlet d'une page JSP est automatiquement régénérée à chaque mise à jour de son fichier `.jsp`, ce qui est très pratique pendant la phase de mise au point d'une page. Vous pouvez modifier une page pour la corriger ou pour l'enrichir sans avoir à redémarrer ou redéployer son application web, sauf dans de rares cas.

Utiliser les classes Java dans une page JSP

N'importe quelle classe Java peut être utilisée dans un fichier JSP, que ce soit une classe de la bibliothèque standard, d'une autre bibliothèque, ou de vos classes. Un objet peut être mémorisé par :

- un champ déclaré dans une balise `<%! %>`,
- une variable locale déclarée dans une balise `<% %>`,
- un attribut associé à un objet JavaBeans (voir ci-dessous) et géré par le serveur de servlets.

Utiliser les composants JavaBeans dans une page JSP

Un composant JavaBeans™ est une classe Java conçue pour être réutilisable dans certains environnements comme les IDE Java ou les pages JSP. Un composant JavaBeans définit :

- des propriétés (*properties* en anglais) correspondant aux données d'un objet auxquelles l'utilisateur peut accéder ;
- des événements permettant à un objet d'une classe de communiquer avec d'autres objets.

Une simple classe Java `ClasseTest` peut être considérée comme un composant JavaBeans si :

- `ClasseTest` est `public` ;
- `ClasseTest` a un constructeur `public` sans paramètre (le constructeur par défaut peut convenir) ;
- `ClasseTest` définit des méthodes préfixées par `get` et `set` permettant d'interroger et de modifier des données de la classe correspondant à leur propriété JavaBeans. Les propriétés peuvent être éventuellement héritées d'une super-classe.

Par exemple, la classe `com.eteks.forum.MessageForum` représentant un message du forum est un composant JavaBeans dont les propriétés `auteur`, `dateCreation`, `sujet`, `texte` et `id` sont accessibles en lecture/écriture. En revanche, sa super-classe `com.eteks.forum.Message` ne peut être utilisée comme composant JavaBeans car elle n'a pas de constructeur sans paramètre.

REGARD DU DÉVELOPPEUR **Conventions JavaBeans et francophonie**

Les préfixes get (ou aussi is pour une valeur booléenne) et set de l'accesseur et du mutateur d'une propriété sont pratiques pour créer rapidement des composants JavaBeans. Certains IDE automatisent même la création de ces méthodes en permettant au développeur de citer uniquement les propriétés d'une classe et leur type. Cependant, si vous appliquez cette convention pour des noms de propriétés francophones, comme dans notre cas, vous obtiendrez des noms de méthodes au franglais fort discutable... Les spécifications JavaBeans autorisent néanmoins à utiliser les identificateurs de votre choix pour l'accesseur et le mutateur d'une propriété, mais vous devrez alors créer des classes supplémentaires postfixées par BeanInfo pour décrire les propriétés que manipulent ces mutateurs et ces accesseurs. Pour plus d'informations, voir aussi *The JavaBeans specification* à :

▸ http://www.oracle.com/technetwork/java/javase/documentation/spec-136004.html

Dans des pages JSP, un objet peut être instancié à partir d'un composant JavaBeans grâce à une balise JSP jsp:useBean. À chaque objet créé de cette façon est associée une portée (scope en anglais) :

- Un objet de portée page est associé à la page JSP et peut être comparé à une variable locale.
- Un objet de portée request existe pendant toute la durée d'une requête HTTP.
- Un objet de portée session est associé au client de la requête HTTP et existe dans toutes les pages JSP pendant les différentes requêtes du même client. Ce type d'objet est utilisé par exemple pour « tracer » un utilisateur au cours de sa visite sur un site ou pour gérer le panier d'achat d'un client. Pour qu'un objet de portée session puisse être associé au même client d'une requête HTTP à l'autre, le client doit autoriser le cookie renvoyé par le serveur.
- Un objet de portée application existe pendant la durée de l'application web. Partagé entre toutes les pages JSP, il est utile pour partager une connexion JDBC par exemple.

Les balises présentées ci-après dans le tableau 12-3 sont utilisées pour manipuler un composant JavaBeans dans une page JSP.

POUR ALLER PLUS LOIN

Gérer une session sans cookie

Les pages JSP autorisent aussi la gestion d'une session quand le navigateur est configuré pour refuser les cookies. On programme cette fonctionnalité en appelant la méthode encodeURL de l'objet response pour toute URL présente dans votre site (lien <a href='*URL*'>, action de formulaire <form action='*URL*'>...). Cette méthode ajoute si nécessaire une information à l'URL concernant la session de l'utilisateur en cours.

ATTENTION

Les balises jsp: sont des balises XML

Les balises JSP débutant par jsp: sont des balises XML (*eXtended Markup Language*). Avant d'aborder le chapitre sur XML, retenez pour l'instant qu'à la différence d'HTML, il faut en XML respecter la casse des balises et de leurs attributs, et ne pas oublier de fermer les balises :

- soit avec /> à la fin de la balise quand elle n'inclut pas d'autres balises ;
- soit avec une balise de fin </*baliseXML*>.

Tableau 12–3 Balises JSP pour les composants JavaBeans

Balise JSP	Description
<**jsp:useBean** id='*bean*' class='*classeBean*' scope='*pageOurequestOusessionOuapplication*'/>	Déclare la variable locale d'identificateur *bean* et de type *classeBean* ou *classeOuInterfaceBean* référençant l'objet *bean*. Les balises jsp:useBean avec un attribut class créent un objet de classe *classeBean* si l'objet *bean* n'existe pas. Les propriétés de cet objet peuvent être initialisées en incluant d'autres balises comme dans la deuxième forme de la balise jsp:useBean. La portée de l'objet dépend de l'attribut scope qui peut être égal à page, request, session ou application (page par défaut).
<**jsp:useBean** id='*bean*' class='*classeBean*' scope='*pageOurequestOusessionOuapplication*'> <**jsp:setProperty** id='*bean*' property='*propriete1*' value='*valeur*'/> <**jsp:setProperty** id='*bean*' property='*propriete2*' value='<%= *expressionJava* %>'/> <%-- Autres balises d'initialisation --%> </**jsp:useBean**>	
<**jsp:useBean** id='*bean*' type='*classeOuInterfaceBean*' scope='*pageOurequestOusessionOuapplication*'/>	

Tableau 12–3 Balises JSP pour les composants JavaBeans (suite)

`<jsp:setProperty name='bean' property='propriete' value='valeur'/>`	Modifie une propriété de l'objet *bean* avec une valeur donnée, le résultat d'une expression Java ou la valeur d'un paramètre. Si la propriété est de type primitif, la valeur textuelle est convertie dans ce type. La dernière forme de la balise `jsp:setProperty` modifie toutes les propriétés de l'objet *bean* avec les valeurs des paramètres de mêmes noms.
`<jsp:setProperty name='bean' property='propriete' value='<%= expressionJava %>'/>`	
`<jsp:setProperty name='bean' property='propriete' param='parametre'/>`	
`<jsp:setProperty name='bean' property='*'/>`	
`<jsp:getProperty name='bean' property='propriete'/>`	Renvoie la valeur d'une propriété de l'objet *bean* convertie en texte.

À RETENIR **jsp:useBean = attribut d'une servlet**

Si vous recherchez le code écrit pour une balise `jsp:useBean` dans le fichier source de la servlet équivalant à une page JSP, vous verrez qu'un objet créé à partir d'un composant JavaBeans est en fait mémorisé dans un *attribut* qui associe un texte à un objet Java. Une servlet équivalente manipule chaque attribut grâce aux méthodes `getAttribute`, `setAttribute` et `removeAttribute` définies dans la classe `javax.servlet.jsp.PageContext` de l'objet prédéfini `pageContext`.
Si vous voulez manipuler ces mêmes attributs dans une servlet, utilisez les méthodes équivalentes définies dans les classes `javax.servlet.http.HttpServletRequest`, `javax.servlet.http.HttpSession` et `javax.servlet.ServletContext`.
Ces classes permettent de représenter respectivement une requête, une session ou le contexte de l'application web.

Par exemple, la balise `jsp:useBean` :

```
<jsp:useBean id='articles'
      class='java.util.ArrayList'
      scope='session' />
```

est équivalente dans une servlet aux instructions Java suivantes :

```
// Récupération de la session
HttpSession session = request.getSession();
// Création de l'attribut articles
// s'il n'existe pas encore
ArrayList articles = (ArrayList)
    session.getAttribute("articles");
if (articles == null)
{
  articles = new ArrayList();
  session.setAttribute("articles", articles);
}
```

Par l'exemple : créer une liste de courses

La page `editerarticle.html` permet d'éditer un article pour l'ajouter à la liste de courses gérée par la page `listecourses.jsp`.

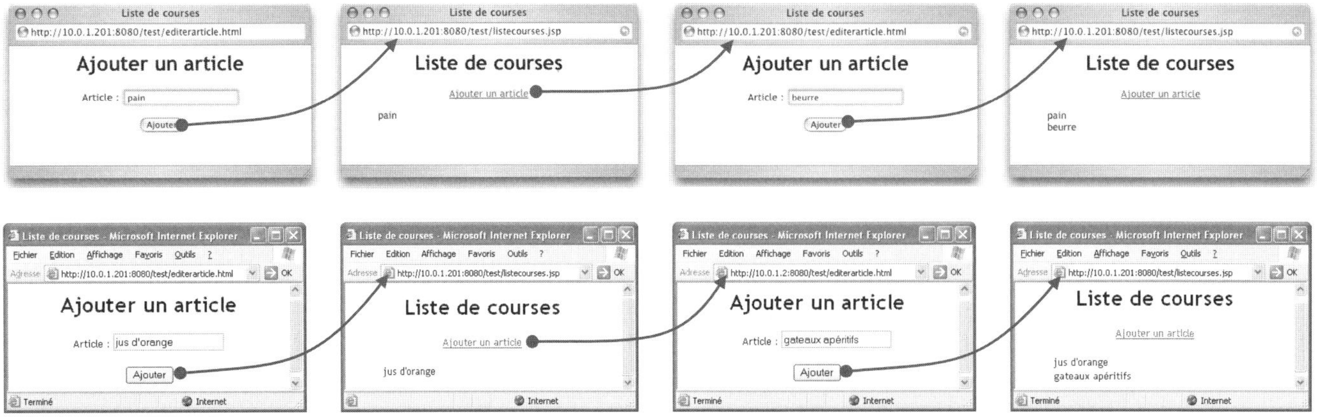

Figure 12–11 Liste de courses de plusieurs utilisateurs accédant simultanément au même serveur

EXEMPLE editerarticle.html

```
<html><head><title>Liste de courses</title></head><body><center>
<h1>Ajouter un article</h1>
<form action='listecourses.jsp' method='post'>
  <p>Article : <input name='article' type='text'></p>
  <p><input type='submit' value='Ajouter'></p>
</form>
</center></body></html>
```

◄ Formulaire faisant appel à la page `listecourses.jsp`.

◄ Champ de saisie de l'article à ajouter.

La page `listecourses.jsp` ajoute un article à la liste des articles et affiche cette liste.

EXEMPLE listecourses.jsp

```
<jsp:useBean id='articles' class='java.util.ArrayList'
      type='java.util.ArrayList<String>' scope='session'/> ❶
<% if (request.getParameter("article") != null)
    articles.add(request.getParameter("article")); %> ❷
<html><head><title>Liste de courses</title></head><body><center>
<h1>Liste de courses</h1>
<a href='editerarticle.html'>Ajouter un article</a></center>
<blockquote>
<% for (String article : articles) ❸
   { %>
      <%= article %><br> ❹
<% } %>
</blockquote></body></html>
```

◄ Déclaration de l'objet `articles` de portée `session`.

◄ Si le paramètre `article` est présent dans la liste, l'article est ajouté à l'ensemble `articles`.

◄ Lien vers la page d'ajout d'article.

◄ Boucle `for` d'énumération de tous les articles.

◄ Affichage de l'article.

◄ Fin de la boucle `for`.

La liste de courses est stockée dans l'objet `articles` de classe `java.util.ArrayList`. Cet objet de portée `session` ❶ est associé au navigateur sur le serveur et est personnel pour chaque client. L'objet `articles` est créé au début de la session d'un client puis réutilisé à chacune de ses requêtes. L'article en paramètre est ajouté à l'ensemble des articles ❷ puis la liste des articles ligne par ligne ❹ est affichée dans une boucle d'énumération ❸.

ATTENTION Quelques erreurs JSP typiques

Voici quelques erreurs souvent rencontrées avec les pages JSP :

- `... Unterminated Expected "..." tag`
  Il est probable qu'une balise XML `jsp:...` n'a pas été correctement fermée avec le symbole `/`.
- `missing } in try catch statement`
  La plupart du temps, cette erreur survient quand vous avez oublié une accolade fermante dans le code Java de votre page ou si vous avez mal placé des symboles `%>` pour fermer une balise de code Java.
- Une zone de la page ou une valeur créée dynamiquement n'apparaît pas comme prévue. Vérifiez la casse de la balise XML correspondante.
- Pensez aussi à vérifier les fichiers inclus avec une balise `<%@ include file='...' %>` quand vous ne trouvez pas l'erreur dans la page elle-même.

ATTENTION
Délai d'expiration d'une session

Le délai d'expiration (*timeout* en anglais) d'une session est par défaut de 30 minutes dans Tomcat, c'est-à-dire que si l'utilisateur n'envoie aucune requête pendant cette durée, les objets de session qui lui sont associés sur le serveur sont automatiquement détruits. Dans cet exemple, si vous ne faites pas appel au serveur pendant cette durée ou si vous redémarrez votre navigateur, votre liste de courses sera perdue !

Faire appel à d'autres pages JSP

Les balises présentées ci-après dans le tableau 12-4 sont utilisées pour faire appel à d'autres pages JSP et permettent d'organiser les pages JSP d'une application web d'une manière plus modulaire. Leur mise en œuvre est abordée au chapitre suivant.

Tableau 12–4 Balises JSP d'appel à d'autres pages

Balise JSP	Description
<**jsp:forward** page='*URLRelative*'/>	Renvoie le contrôle de la page courante à la page donnée dans l'attribut page, en lui passant éventuellement des paramètres supplémentaires avec les balises jsp:param.
<**jsp:forward** page='<%= *expressionJava* %>'/>	
<**jsp:forward** page='*URLRelative*'> <**jsp:param** name='*parametre1*' value='*valeur*'/> <**jsp:param** name='*parametre2*' value='<%= *expressionJava* %>'/> </**jsp:forward**>	
<**jsp:include** page='*URLRelative*'/>	Appelle la page donnée dans l'attribut page, en lui passant éventuellement des paramètres supplémentaires avec les balises jsp:param.
<**jsp:include** page='<%= *expressionJava* %>'/>	
<**jsp:include** page='*URLRelative*'> <**jsp:param** name='*parametre1*' value='*valeur*'/> <**jsp:param** name='*parametre2*' value='<%= *expressionJava* %>'/> </**jsp:include**>	

On n'utilise pas les balises include et jsp:include de la même façon :

- La balise <%@ include file='*fichier*' %> inclut le fichier de l'attribut file dans le texte de la page courante au moment de la création du code Java de la servlet (comme la directive #include du C). Elle s'utilise surtout pour inclure des déclarations d'objets utilisés dans plusieurs pages.
- La balise <jsp:include page='*page*'/> appelle la page de l'attribut page au moment de l'exécution de la page JSP courante. Elle permet de créer dans des pages JSP isolées des portions réutilisables dans plusieurs pages, par exemple pour une barre de navigation.

CONVENTIONS **Fichiers inclus**

Par convention, les fichiers inclus avec la balise <%@ include file='*fichier*' %> portent une extension .jspf. Ces fichiers ainsi que les autres fragments de page JSP inclus avec la balise <jsp:include page='*page*' /> sont généralement rangés dans un sous-dossier jspf du dossier WEB-INF de l'application web. Comme le contenu du dossier WEB-INF n'est accessible que du serveur, vous pouvez aussi y ranger les fichiers nécessaires à votre application web auxquels vous voulez interdire l'accès par une requête HTTP d'un client.

▸ http://www.oracle.com/technetwork/articles/javase/code-convention-138726.html

En résumé...

Ce chapitre vous a présenté les différentes façons d'exploiter en Java un serveur web, d'abord avec les servlets puis avec les pages JSP et les composants JavaBeans. Abordons maintenant un cas plus concret avec la création de l'interface utilisateur du forum de discussion grâce aux pages JSP.

POUR ALLER PLUS LOIN Langage EL, tag libs et JSTL

Au cours de son évolution, deux fonctionnalités importantes sont apparues dans les spécifications des servlets/JSP :

- le language EL (*Expression Language*) qui simplifie la programmation des balises JSP <%= *expr* %> et <jsp:getProperty> d'accès aux variables et aux JavaBeans ;
- les tag libs : ce sont des bibliothèques de classes Java spécifiques qui, accompagnées de leurs fichiers de description, permettent de créer des balises JSP supplémentaires. Parmi ces bibliothèques, la JSTL (*JSP Standard Tag Library*) fournit un ensemble de balises JSP utilisées en remplacement des instructions de contrôles Java placées dans une balise <% %>.

Langage EL

Le langage EL définit des expressions notées entre accolades et précédées d'un signe $

```
${ expr }
```

Un telle notation peut être utilisée pour indiquer la valeur d'un attribut ou pour afficher une valeur dans le flux de sortie.

L'expression *expr* peut recourir aux variables de la page, à des valeurs littérales et des objets prédéfinies (comme `param` qui permet d'accéder aux paramètres de la requête), et effectuer des calculs sur ces valeurs à l'aide d'opérateurs. À la liste des opérateurs classiques `+ - * / % && || ! == != < > <= >= ? :` s'ajoutent les opérateurs textuels équivalents `and or not eq ne lt gt ge le`, ainsi que l'opérateur `empty` qui teste si une variable est vide ou `null`.

L'accès aux propriétés d'un objet s'effectue avec l'opérateur point suivi de la propriété, comme dans `${ message.dateCreation }` et l'accès aux valeurs d'un ensemble s'effectue avec les crochets ou l'opérateur point pour les clés textuelles, comme dans l'expression `${ param["article"] }` équivalente à `${ param.article }` qui renvoie la valeur du paramètre `article` de la requête.

JSTL

Pour utiliser les balises de la JSTL dans une page JSP, il faut y ajouter une ou plusieurs balises <%@ taglib %> de la forme :

```
<%@ taglib uri="uriTagLib"
        prefix="préfixe" %>
```

où *uriTagLib* et *préfixe* prennent une valeur qui dépend du type de balises visées.

La tag lib la plus utilisée est celle d'URI `http://java.sun.com/jsp/jstl/core` qui définit, entre autres, la balise `set` utilisée pour modifier une variable, les balises `if` et `choose` utilisées pour effectuer des tests et la balise `forEach` capable d'énumérer des valeurs dans une boucle itérative. Ces balises se programment de façon similaire à leurs instructions équivalentes en Java :

```
<% if (expr) { %>            <c:if test='expr'>
<%   instructions %>    ⇔     <% instructions %>
<% } %>                      </c:if>
```

Exemple

L'utilisation du langage EL et de la tag lib *core* de la JSTL dans la page `listecourses.jsp` aboutit à la page JSP suivante :

```
<%@ taglib
    uri="http://java.sun.com/jsp/jstl/core"
    prefix="c" %>
<jsp:useBean id='articles'
      class='java.util.ArrayList'
      type='java.util.ArrayList<String>'
      scope='session'/>
<c:if test='${ not empty param.article }' >
  <% articles.add(
          request.getParameter("article")); %>
</c:if>
<html><head><title>Liste de courses</title></head>
<body><center><h1>Liste de courses</h1>
<a href='editerarticle.html'>Ajouter un article</a></
center>
<blockquote>
<c:forEach var='article' items='${ articles }'>
  ${ article }<br>
</c:forEach>
</blockquote></body></html>
```

Notez que si le langage EL est disponible avec Tomcat, vous aurez par contre à copier les bibliothèques *API* et *implementation* de la JSTL disponibles à l'adresse http://jstl.java.net/ pour l'utiliser avec ce serveur de servlet. Les deux fichiers `jar` de la JSTL doivent être placées soit dans le dossier `lib` de Tomcat, soit dans le dossier `lib` de l'application web.

- ▸ http://docs.oracle.com/javaee/1.4/tutorial/doc/JSPIntro7.html
- ▸ http://docs.oracle.com/javaee/1.4/tutorial/doc/JSTL4.html

chapitre 13

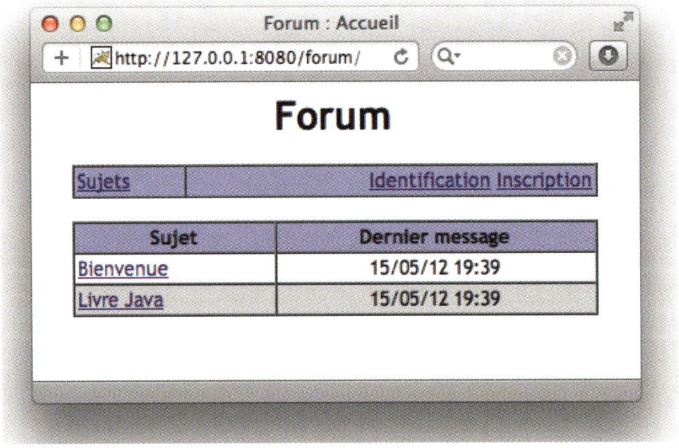
Forum : Accueil
http://127.0.0.1:8080/forum/
Forum
Sujets
Identification Inscription
Sujet
Dernier message
Bienvenue
15/05/12 19:39
Livre Java
15/05/12 19:39

Interface utilisateur du forum

Ce chapitre montre comment intégrer les classes du forum définies dans les chapitres précédents pour créer l'interface utilisateur du forum grâce à des pages JSP hébergées sur un serveur web.

SOMMAIRE

- Scénario d'utilisation
- Programmation des pages
- Composants JavaBeans
- Identification et inscription
- Page d'accueil
- Création de message

MOTS-CLÉS

- Architecture 3 tiers
- jsp:usebean
- scope
- session
- jsp:forward
- jsp:include

Scénario d'utilisation

DANS LA VRAIE VIE **Cas d'utilisation UML**

En conception UML, on identifie au début les cas d'utilisation d'une application que l'on symbolise sous la forme d'un schéma UML, comme celui de la figure 13-1.

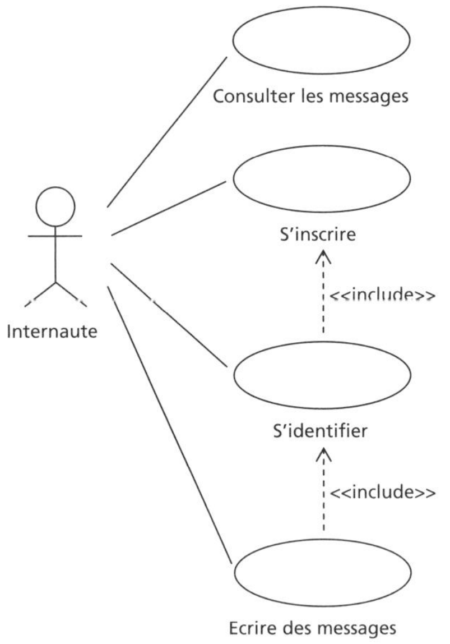

Figure 13–1
Cas d'utilisation du forum

L'application de forum est décrite à l'aide de scénarios d'utilisation, qui servent de base pour la réalisation des pages JSP (voir figure 13-2).

Le forum donne des droits d'utilisation différents selon que les utilisateurs sont identifiés ou pas :

- Un utilisateur non identifié peut consulter la liste des sujets du forum et leurs messages.
- Un utilisateur identifié peut en plus créer de nouveaux sujets, répondre à des sujets et modifier ses messages. Un modérateur a le droit de modifier tous les messages qu'il en soit l'auteur ou non.

Pour faciliter la navigation des deux types d'utilisateur, les liens hypertextes affichés dans les pages du forum deviennent différents une fois qu'un utilisateur s'est identifié (barre de navigation et liens *Répondre* et *Modifier* d'un message).

Scénario pour un utilisateur non identifié

Quand un utilisateur arrive sur la page d'accueil du forum ❶, les sujets lui sont affichés sous forme de liste dans un ordre allant du plus récemment modifié au plus ancien. Il peut alors :

- Cliquer sur un sujet pour en consulter les messages ❷. En choisissant le lien *Sujets* ❸, il peut revenir à tout moment à la page d'accueil pour consulter les messages d'autres sujets.
- S'identifier s'il a déjà un pseudonyme et un mot de passe ❹.
- S'inscrire en choisissant un pseudonyme ❺. Le mot de passe qui lui est attribué par le serveur ❻ lui permet alors de s'identifier en cliquant sur le lien *Identification* ❼.

Scénario pour un utilisateur identifié

Une fois qu'un utilisateur a saisi son pseudonyme et son mot de passe correctement, il revient sur la page d'accueil ❽ où les liens *Identification / Inscription* ont été remplacés par un lien *Quitter* ❾. Il peut maintenant :

- Lire les messages d'un sujet ❿ et y répondre en cliquant sur le lien *Répondre* ⓫ qui ne s'affiche que pour les utilisateurs identifiés. Après avoir confirmé la saisie de son message ⓬, la page du sujet fait alors apparaître son nouveau texte.
- Éditer les messages ⓭ qu'il a rédigés pour modifier leur texte en cliquant sur le lien *Modifier*. Après confirmation de la modification ⓮, la page du sujet laisse alors apparaître son texte modifié.

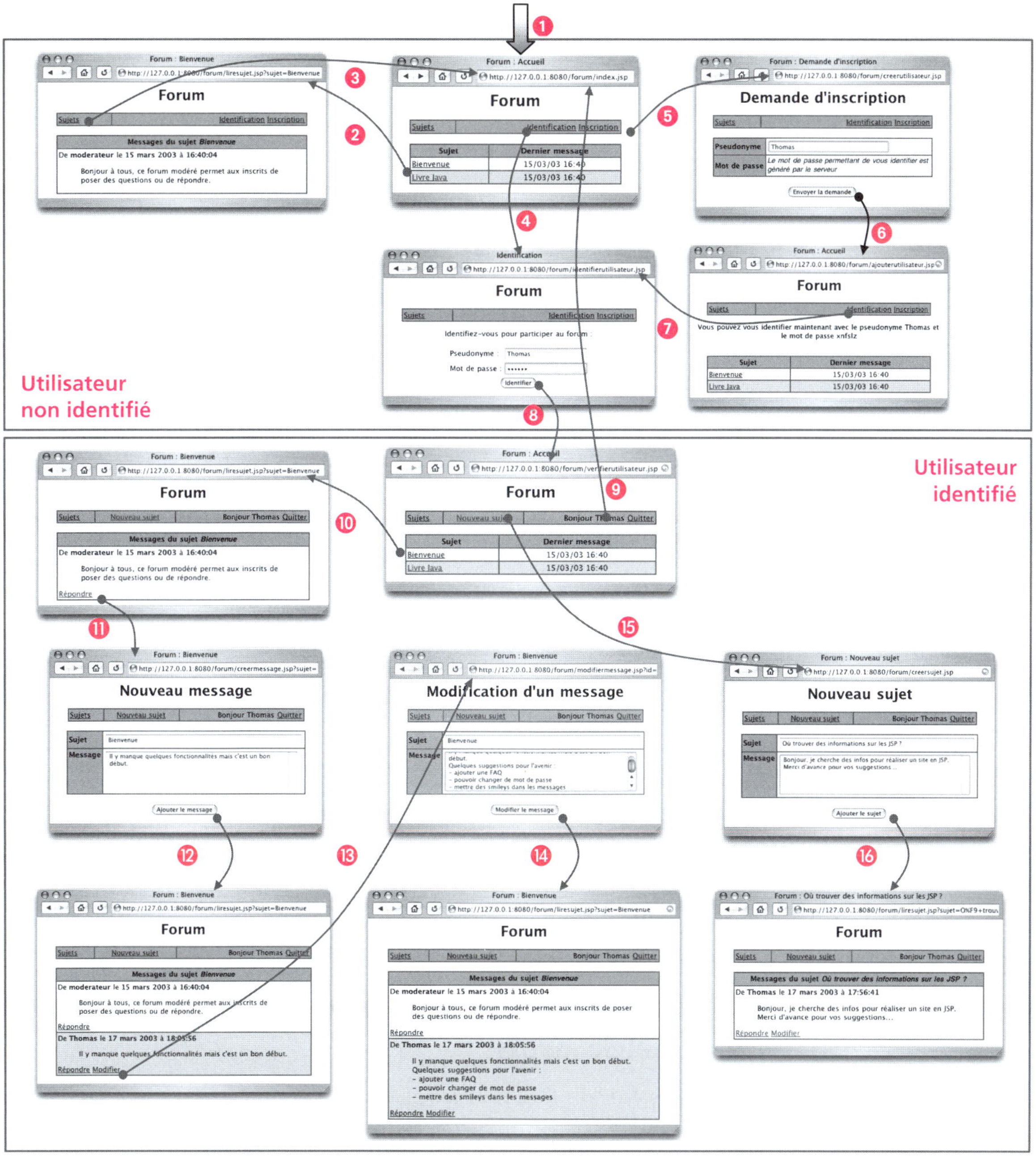

Figure 13–2 Scénario d'utilisation du forum

- Créer de nouveaux sujets ⑮ en cliquant sur le lien *Nouveau sujet* dans la barre de navigation. Après avoir saisi le sujet et un message ⑯, la page du nouveau sujet est alors affichée.

Programmation des pages du forum

Le forum met en œuvre une architecture trois tiers classique où des informations enregistrées sur un serveur de bases de données sont traitées par les pages JSP et les classes Java d'un serveur web, auquel des navigateurs font appel.

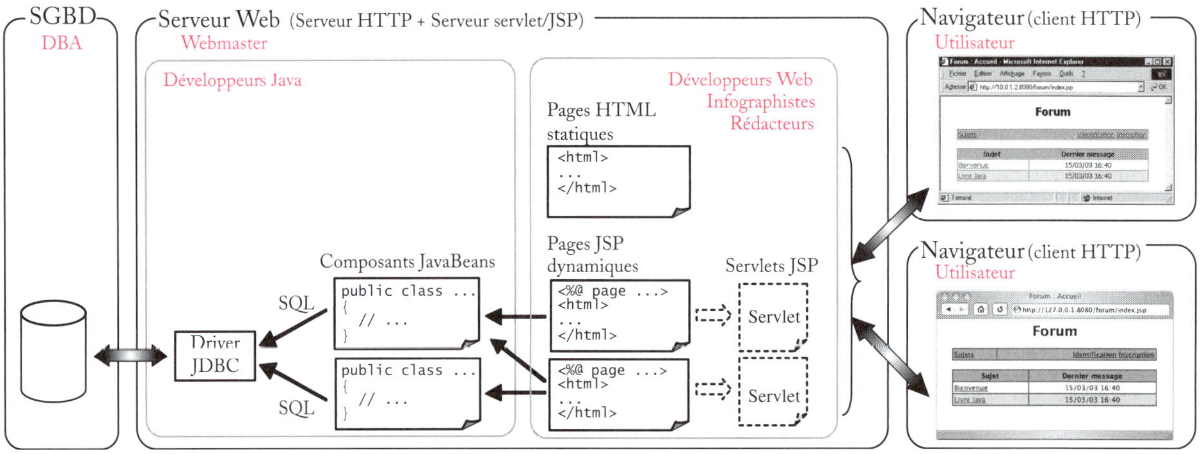

Figure 13–3 Architecture 3 tiers d'un site web et intervenants

Organisation des pages du forum

Comme le montre la figure 13-4, les pages JSP du forum se répartissent en deux catégories : les pages affichées par le navigateur, qui présentent les messages et les formulaires de saisie, et les pages intermédiaires lancées lors de la confirmation des formulaires et du lien *Quitter*. Ces pages intermédiaires n'affichent rien. Elles exécutent les modifications en réponse à leur formulaire puis renvoient le contrôle à une page capable d'afficher le résultat de l'action.

B.A.-BA Architecture n tiers

Une architecture *n* tiers répartit sur plusieurs serveurs et clients les fonctionnalités d'une application. Le forum que l'on étudie dans cet ouvrage est mis en œuvre avec une architecture trois tiers typique :

- un SGBD chargé de la sauvegarde des données ;
- un serveur chargé d'exploiter les données du SGBD pour les mettre en page ;
- un client gérant l'affichage des données et les interactions avec l'utilisateur.

Suivant les besoins, les serveurs peuvent être sur la même machine ou sur des machines séparées.

Utilisation des classes des packages com.eteks.forum et com.eteks.outils

Les pages JSP du forum utilisent les classes du package `com.eteks.forum` pour lire et enregistrer dans la base de données les utilisateurs et les messages du forum, ainsi que les deux classes d'outils `com.eteks.outils.OutilsChaine` et `com.eteks.outils.MotDePasse`. Ces classes ont été définies dans les chapitres 6 « Les classes de base de la bibliothèque Java » et 11 « Connexion à la base de données avec JDBC ».

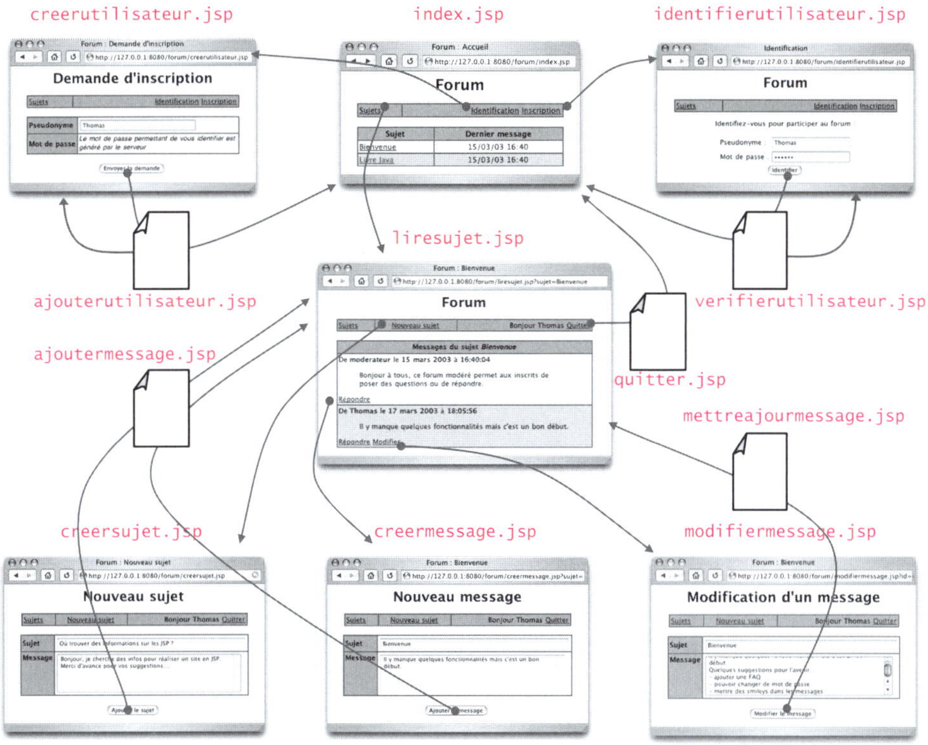

Figure 13–4 Liens entre les pages JSP du forum

Classe com.eteks.forum.ConnecteurForum

Un objet unique de classe `com.eteks.forum.ConnecteurForum` est utilisé pour partager la connexion à la base de données entre toutes les pages JSP de l'application. Cet objet d'identificateur `connecteurForum` est créé grâce à une balise `jsp:useBean` de portée `application`, qui est déclarée dans le fichier `WEB-INF/jspf/bean/connecteurforum.jspf` ; les pages ayant besoin d'accéder à la base de données incluent ce fichier grâce à une balise `<%@ include file='/WEB-INF/jspf/bean/connecteurforum.jspf' %>`.

Classe com.eteks.forum.UtilisateurForum

Un objet de classe `com.eteks.forum.UtilisateurForum` est créé pour chaque utilisateur pour la durée de sa session grâce à une balise `jsp:useBean` de portée `session`. Cet objet d'identificateur `utilisateurForum` est déclaré dans le fichier `WEB-INF/jspf/bean/utilisateurforum.jspf` et permet à toutes les pages JSP de connaître l'utilisateur qui a lancé une requête. Cet objet étant créé, que l'utilisateur se soit identifié ou non, l'application manipule trois types d'utilisateur : les inconnus dont la propriété `autorisation` est `null`, les utilisateurs identifiés dont la propriété

B.A.-BA Architecture MVC

L'organisation des classes et des pages du forum met en pratique le design pattern *Modèle Vue Contrôleur*. Ce modèle d'architecture sépare les classes d'un programme en trois catégories :

- celles du *modèle*, qui structurent les données d'un programme, comme ici les classes du package `com.eteks.forum` ;
- celles de la *vue*, qui mettent en page les informations du modèle, comme ici les servlets des pages qui affichent les messages et les formulaires de saisie ;
- celles du *contrôleur*, qui gèrent les actions de l'utilisateur sur la vue pour modifier le modèle, comme ici les servlets des pages intermédiaires.

Une architecture MVC permet de réutiliser les classes d'un même *modèle* dans d'autres environnements comme Swing, où la *vue* sera à base des composants et le *contrôleur* sera un ensemble de listeners.

▸ http://www.oracle.com/technetwork/articles/javase/servlets-jsp-140445.html

`autorisation` n'est pas `null` et le(s) modérateur(s) pour qui la propriété `moderateur` est vraie (cette propriété est obtenue avec la méthode `isModerateur`). Cette classe est aussi utilisée pour créer des objets de portée `page` au moment de l'inscription d'un utilisateur et au moment de l'initialisation de l'objet `connecteurForum` pour inscrire d'office un modérateur dans la base de données.

Classe com.eteks.forum.MessageForum

Cette classe est utilisée dans les pages de saisie d'un message ou d'un sujet pour créer des objets dont la portée est limitée à la page ou la requête.

Classe com.eteks.forum.EnsembleMessagesForum

Cette classe est instanciée dans la page d'accueil et la page présentant les messages d'un sujet pour effectuer des recherches dans la base de données. La liste des messages trouvés est affichée dans un tableau HTML.

Classe com.eteks.outils.OutilsChaine

La méthode `limiterLongueur` de cette classe est appelée pour limiter la longueur du sujet pour les titres des pages. L'autre méthode `convertirEnHTML` est utilisée pour convertir les retours à la ligne et les symboles `& < ' "` des textes des messages.

Classe com.eteks.outils.MotDePasse

La méthode `créer` de cette classe est appelée lors de l'inscription d'un utilisateur pour créer aléatoirement son mot de passe.

Organisation de l'application web forum

Les fichiers du forum sont organisés sous forme d'une application web Java : le dossier `WEB-INF` contient un sous-dossier `classes` où sont stockées les classes nécessaires au fonctionnement des pages JSP, un sous-dossier `lib` qui contient le fichier d'archive du driver JDBC de MySQL et un sous-dossier `jspf` qui contient des fragments de pages JSP, comme la barre de navigation (voir aussi en annexe, pour une liste complète des fichiers du forum).

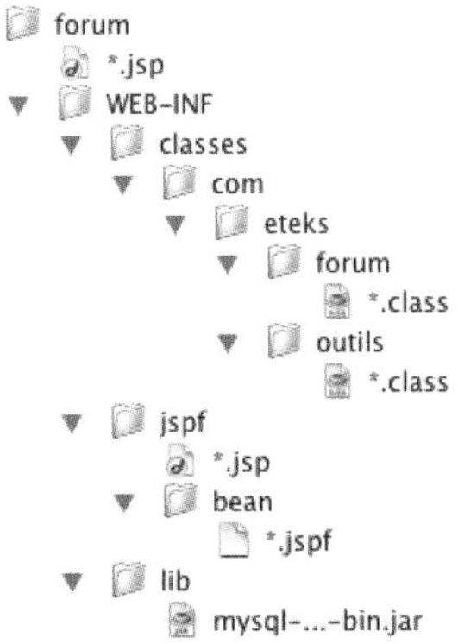

Figure 13–5
Organisation des fichiers du forum

B.A.-BA Tableau HTML

Les tableaux HTML sont très souvent utilisés pour disposer les éléments d'une page HTML. La balise `<table>` d'un tableau inclut pour chaque ligne une balise `<tr>` (comme *table row*) où chaque cellule est décrite avec une balise `<td>` (comme *table data*).
Pour le forum, on a recours ici à certains des attributs de ces balises, pour améliorer l'esthétique des pages du forum : les attributs `cellpadding`, `cellspacing` et `width` de la balise `<table>` spécifient la largeur de bordure intérieure de chaque cellule, l'espacement entre chaque cellule et la largeur du tableau (exprimé en pourcentage ou en pixels) ; les attributs `bgcolor` et `align` de la balise `<tr>` spécifient la couleur de fond et l'alignement des textes utilisés pour les cellules d'une ligne.

Identification de l'utilisateur

La page d'identification est la plus simple du forum : c'est un formulaire de saisie avec deux champs, l'un pour le pseudonyme, l'autre pour le mot de passe.

FORUM identifierutilisateur.jsp

```
<jsp:include page='/WEB-INF/jspf/navigation.jsp' />
<p>Identifiez-vous pour participer au forum :</p>

<form action='verifierutilisateur.jsp' method='post'>
  <table border='0'>
    <tr>
      <td>Pseudonyme :</td>
      <td><input name='pseudonyme' type='text'
                 maxlength='30'></td>
    </tr>
    <tr>
      <td>Mot de passe :</td>
      <td><input name='motDePasse' type='password'
                 maxlength='30'></td>
    </tr>
  </table>
  <input type='submit' value='Identifier'>
</form>
</center></body></html>
```

- Inclut la barre de navigation et d'information commune à toutes les pages.
- Formulaire d'identification du pseudonyme/mot de passe de l'utilisateur.
- Champ de saisie du pseudonyme avec 30 caractères au maximum.
- Champ de saisie du mot de passe avec 30 caractères au maximum.
- Bouton de confirmation Identifier.

La barre de navigation incluse est abordée dans la section suivante, « Page d'accueil ». Le champ `action` du formulaire fait appel à la page JSP `verifierutilisateur.jsp` pour vérifier si le pseudonyme et le mot de passe correspondent aux informations d'un utilisateur existant dans la base de données.

ATTENTION Chemin des fichiers inclus

Un chemin qui débute par une barre oblique / dans une balise `<%@ include file='cheminFichier' %>` est relatif au dossier de l'application web.

FORUM verifierutilisateur.jsp

```
<%@ page errorPage='erreur.jsp' %>

<%@ include file='/WEB-INF/jspf/bean/connecteurforum.jspf' %>
<%@ include file='/WEB-INF/jspf/bean/utilisateurforum.jspf' %>

<%-- Authentification de l'utilisateur --%>

<jsp:setProperty name='utilisateurForum'
                 property='pseudonyme' param='pseudonyme' />

<% if (    utilisateurForum.rechercher(connecteurForum) (1)
        && utilisateurForum.getMotDePasse().equals(
                    request.getParameter("motDePasse")))
   { %>
     <jsp:forward page='index.jsp' /> (2)
<% }
   utilisateurForum.setAutorisation(null); %>

<jsp:forward page='identifierutilisateur.jsp'> (3)
  <jsp:param name='erreur' value='Identification incorrecte' />
</jsp:forward>
```

- Balise `page` spécifiant la page d'erreur.
- Inclut les objets décrits dans les fichiers du sous-dossier `WEB-INF/jspf/bean`.
- Commentaire JSP.
- Modification de la propriété `pseudonyme` de l'objet `utilisateurForum` avec le paramètre de même nom.
- Vérification de l'existence de l'utilisateur dans la base de données et de la correspondance de son mot de passe avec le paramètre `motDePasse`.
- Transfert du contrôle à la page d'accueil.
- Annulation de l'autorisation de l'utilisateur s'il n'existe pas ou si le mot de passe est incorrect.
- Transfert du contrôle à la page `identifierutilisateur.jsp` avec le paramètre `erreur`.

Cette page passe le contrôle à la page d'accueil ❷ si l'utilisateur a saisi correctement son pseudonyme et son mot de passe ❶ ou sinon renvoie le contrôle à la page précédente ❸. Le message d'erreur *Identification incorrecte* spécifié par le paramètre `erreur` est affiché par la barre de navigation.

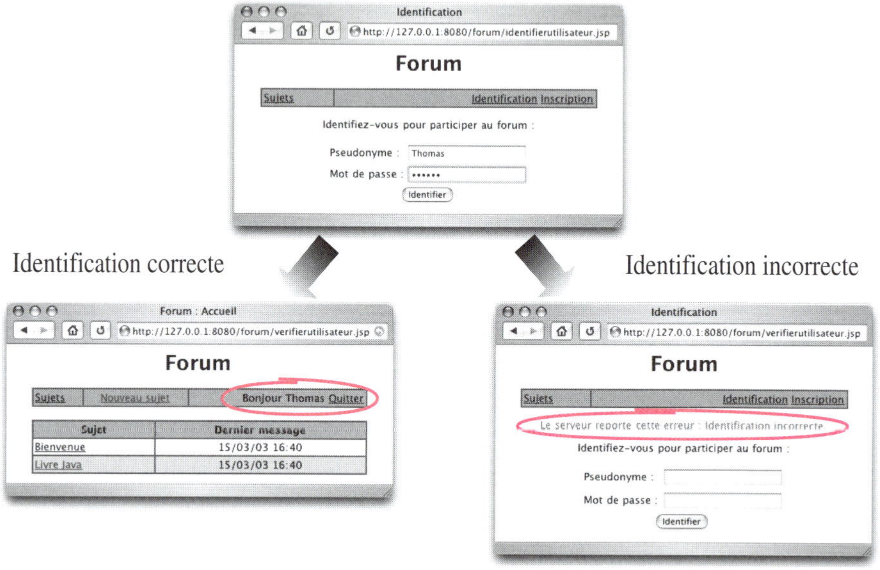

Figure 13–6 Résultat de l'identification avec la page verifierutilisateur.jsp

La page `verifierutilisateur.jsp` vérifie les coordonnées de l'utilisateur dans la base de données en utilisant l'objet `connecteurForum` de portée `application`, déclaré dans le fichier `WEB-INF/jspf/bean/connecteurforum.jspf`.

FORUM WEB-INF/jspf/bean/connecteurforum.jspf

> Déclaration de l'objet `connecteurForum` dont la portée s'étend à toute l'application web.

> Au moment de l'initialisation de l'objet `connecteurForum`, modification de ses propriétés utilisées pour la connexion à la base de données.

> Déclaration de l'objet `moderateur` de portée limitée à cette page.

> Attribution d'un pseudonyme, d'un mot de passe et d'une autorisation de modérateur.

```
<jsp:useBean id='connecteurForum' scope='application'
             class='com.eteks.forum.ConnecteurForum'>

  <jsp:setProperty name='connecteurForum' ❶
          property='driver' value='com.mysql.jdbc.Driver'/>
  <jsp:setProperty name='connecteurForum'
          property='chaineConnexion' value='jdbc:mysql:///test'/>
  <jsp:setProperty name='connecteurForum'
          property='login' value=''/>
  <jsp:setProperty name='connecteurForum'
          property='password' value=''/>

  <jsp:useBean id='moderateur'
           class='com.eteks.forum.UtilisateurForum'> ❷

    <jsp:setProperty name='moderateur'
                     property='pseudonyme' value='moderateur'/>
    <jsp:setProperty name='moderateur'
                     property='motDePasse' value='azerty'/>
    <jsp:setProperty name='moderateur' property='autorisation'
          value='<%= com.eteks.forum.Autorisation.MODERATEUR %>'/>
```

```
    <% if (!moderateur.rechercher(connecteurForum))
         moderateur.ajouter(connecteurForum); %>
  </jsp:useBean>
</jsp:useBean>
```

◄ Si le modérateur n'est pas déjà dans la base de données, il y est ajouté.

◄ Fin de l'initialisation de l'objet `connecteurForum`.

Lors de l'instanciation de l'objet, les propriétés de l'objet `connecteurForum` relatives à la connexion avec la base de données ❶ sont initialisées et un modérateur est ajouté à la base de données ❷. Les valeurs des propriétés utilisées pour la connexion ❶ sont les mêmes que les valeurs par défaut de la classe `com.eteks.forum.ConnecteurForum` ; elles sont citées pour que vous sachiez où se programme la configuration de la connexion à la base de données si vous souhaitez changer de SGBD pour le forum.

Les instructions qui permettent de créer le modérateur auraient pu aussi être programmées dans une balise `<% %>`, comme ceci :

```
<% com.eteks.forum.UtilisateurForum moderateur =
     new com.eteks.forum.UtilisateurForum("moderateur", "azerty",
                        com.eteks.forum.Autorisation.MODERATEUR);
   if (!moderateur.rechercher(connecteurForum))
     moderateur.ajouter(connecteurForum); %>
```

ATTENTION Initialisation d'un objet de portée application

Un objet de portée `application` n'est créé et initialisé qu'une seule fois pour toute la durée de vie de l'application web, c'est-à-dire que les instructions et les balises comprises entre la balise de début `<jsp:useBean ...>` et la balise de fin `</jsp:useBean>` ne sont exécutées qu'une fois. Si vous souhaitez modifier ces instructions directement dans le fichier JSP dont se sert le serveur de servlets pour utiliser par exemple un autre SGBD ou pour changer de modérateur, vous devrez alors redémarrer l'application web. Si vous ne maîtrisez pas les outils d'administrations de Tomcat, arrêtez et redémarrez simplement Tomcat.

L'objet `utilisateurForum` représentant l'utilisateur en cours d'identification dans la page `verifierutilisateur.jsp` est un objet de portée `session`, déclaré dans le fichier `WEB-INF/jspf/bean/utilisateurforum.jspf`.

FORUM WEB-INF/jspf/bean/utilisateurforum.jspf

```
<jsp:useBean id='utilisateurForum' scope='session'
             class='com.eteks.forum.UtilisateurForum' />
```

◄ Déclaration de l'objet `utilisateurForum` dont la portée s'étend à la session de l'utilisateur.

La page `erreur.jsp` est appelée au cas où se produirait une exception pendant l'exécution des pages du forum utilisant l'attribut `errorPage='erreur.jsp'` dans leur balise `<%@ page %>`, comme la page `verifierutilisateur.jsp`.

FORUM erreur.jsp

```
<%@ page isErrorPage='true' %>
<html><head><title>Erreur</title></head>
<body><center><h1>Erreur... </h1>
<p>Votre demande n'a pu aboutir.</p>
<p>Merci de signaler les circonstances de cet incident au webmaster
<br>de ce site en lui transmettant le texte d'erreur qui suit :</p>
<p><b><%= exception %></b></p>
</center></body></html>
```

◄ Balise spécifiant que cette page est une page d'erreur.

◄ Affichage du texte renvoyé par la méthode `toString` de l'exception.

POUR ALLER PLUS LOIN Gestion des erreurs

La gestion des exceptions est simplifiée dans une page JSP car le code Java équivalant à la page est écrit d'office dans une instruction `try catch`. En cas d'exception, le bloc `catch` détourne le contrôle d'erreur vers la page d'erreur spécifiée ou vers une page par défaut affichant l'exception. Cependant, cela ne vous interdit pas de programmer une instruction `try catch` dans la page JSP si vous voulez disposer d'un contrôle plus fin sur l'exception qui est survenue.

Une page d'erreur reçoit l'exception déclenchée dans la variable prédéfinie `exception`, qui est ici tout simplement convertie en texte avec sa méthode `toString`.

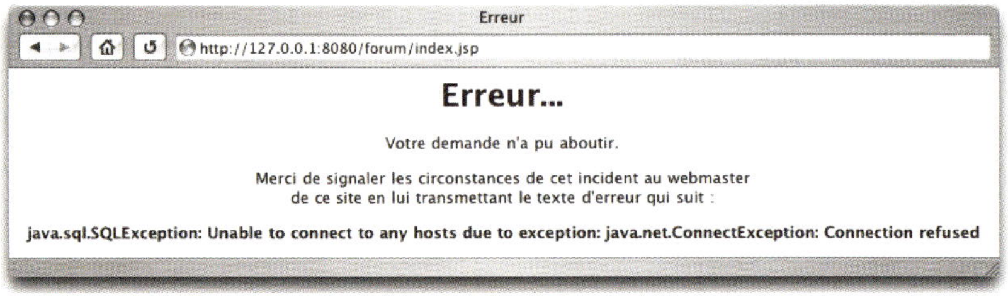

Figure 13–7 Page d'erreur affichée quand la base de données n'est pas démarrée

Page d'accueil

La page d'accueil affiche dans un tableau la liste de tous les sujets dans l'ordre rétrograde du plus récent au plus ancien.

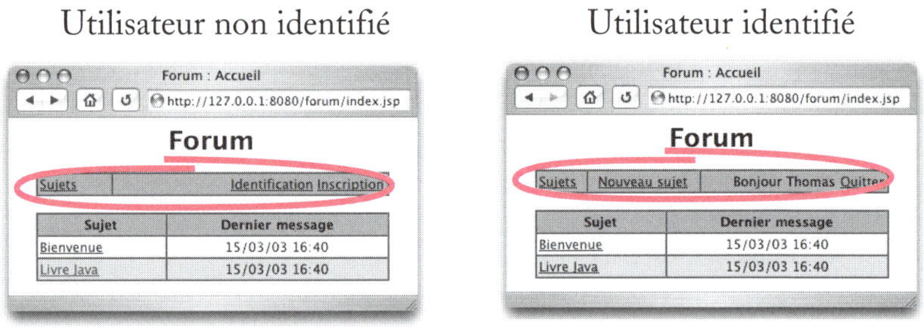

Figure 13–8 Page d'accueil du forum

FORUM index.jsp

Balise `page` spécifiant les packages à importer et la page d'erreur.

```
<%@ page import='java.util.*,java.net.*,java.text.*,
  com.eteks.forum.*,com.eteks.outils.*' errorPage='erreur.jsp' %>
```

Inclut l'objet `connecteurForum`.

```
<%@ include file='/WEB-INF/jspf/bean/connecteurforum.jspf' %>
<html><head><title>Forum : Accueil</title></head>
<body><center><h1>Forum</h1>
```

Inclut la barre de navigation et d'information commune à toutes les pages.

```
<jsp:include page='/WEB-INF/jspf/navigation.jsp' /><br>
```

Création d'un tableau HTML avec une bordure occupant 90 % de la largeur de la page.

```
<table border='1' cellpadding='2' cellspacing='0' width='90%'>
```

Ligne d'en-tête avec les deux colonnes *Sujet* et *Dernier message*, affichée sur un fond bleu.

```
  <tr bgcolor='#9999CC' align='center'>
    <td><b>Sujet</b></td>
    <td><b>Dernier message</b></td>
  </tr>
```

```
<% EnsembleMessagesForum sujets = new EnsembleMessagesForum();
   sujets.rechercherSujets(connecteurForum); ❶
   DateFormat dateFormat = DateFormat.getInstance();
   int ligne = 0;
   for (MessageForum sujet : sujets) ❷
   { %>
<tr bgcolor='<%= ligne++ % 2 == 0 ? "#FFFFFF" : "#CCCCCC" %>'> ❸

  <td><a href='<%= "liresujet.jsp?sujet="
        + URLEncoder.encode(sujet.getSujet(), "ISO-8859-1") %>'
      ><%= OutilsChaine.convertirEnHTML(
                            sujet.getSujet()) %></a></td> ❹
  <td align='center'><%= dateFormat.format(
                           sujet.getDateCreation()) %></td> ❺
</tr>
<% } %>
</table>
</center></body></html>
```

◄ Recherche des sujets disponibles dans la base de données.

◄ Format de date standard.

◄ Énumération des sujets ligne par ligne.

◄ Création d'une ligne de tableau pour chaque sujet.

◄ La première colonne contient les sujets avec un lien vers la page `liresujet.jsp`.

◄ La seconde colonne contient la date du dernier message.

◄ Fin de la boucle d'énumération `for`.

Après avoir recherché la liste des sujets dans la base de données ❶, chaque ligne du tableau est créée dans une boucle `for` qui énumère tous les sujets ❷. Chaque ligne du tableau a deux colonnes, l'une pour le sujet ❹, l'autre pour la date du dernier message ajouté à un sujet ❺. La couleur de fond des lignes alterne entre le gris et le blanc en testant la parité du numéro de ligne ❸.

ATTENTION
Conversion des caractères accentués au format x-www-form-urlencoded

Le format `x-www-form-urlencoded` permet de coder au format %*XX* les caractères spéciaux (différents des lettres non accentuées et des chiffres) des paramètres d'une requête mais ne détermine pas l'encodage initial de ces caractères. De ce fait, la méthode `encode` de la classe `java.net.URLEncoder` prend deux paramètres : le second paramètre de la méthode sert à préciser l'encodage à appliquer aux caractères Unicode de la chaîne en premier paramètre, avant que le format `x-www-form-urlencoded` ne soit appliqué au résultat intermédiaire. Pour spécifier l'encodage ISO-8859-1 qui est par défaut celui du protocole HTTP, on obtient donc l'expression `URLEncoder.encode(param, "ISO-8859-1")` utilisée ici dans la construction de l'URL des liens `<A HREF='liresujet.jsp?sujet=...'>` pour coder les sujets des messages.
Pour assurer la portabilité d'une application web, n'utilisez pas la méthode `encode` avec un paramètre car elle utilise l'encodage par défaut du système sur lequel est exécutée la JVM. Elle est d'ailleurs `deprecated` depuis Java 1.4.

ASTUCE **Opérateur ternaire ? :**

L'utilisation de l'opérateur ternaire ❸ permet de programmer en une seule instruction le choix de la couleur. L'expression suivante :

```
ligne++ % 2 == 0 ? "#FFFFFF"
                 : "#CCCCCC"
```

renvoie le code couleur du blanc `"#FFFFFF"` si la variable `ligne` est paire ou le code couleur du gris `"#CCCCCC"` si elle est impaire.

DANS LA VRAIE VIE
Surveiller la taille de la page d'accueil

Si votre forum a du succès, les sujets vont finir par être trop nombreux, ce qui rendra votre page d'accueil trop volumineuse. Il sera alors intéressant d'afficher les messages par groupe de 20 par exemple avec des liens pour chaque groupe et d'ajouter un moteur de recherche.

Le fichier `WEB-INF/jspf/navigation.jsp` contient la barre de navigation qui apparaît sur chaque page.

FORUM WEB-INF/jspf/navigation.jsp

- Inclut l'objet `utilisateurForum`.
- Création d'un tableau HTML d'une ligne avec une bordure occupant 90 % de la largeur de la page.
- Lien vers la page d'accueil.
- Si l'utilisateur n'est pas identifié, affichage des liens *Identification* et *Inscription* alignés à droite dans une cellule.
- Si l'utilisateur est identifié...
- ...affichage du lien *Nouveau sujet* centré dans une cellule.
- Affichage d'un message de bienvenue et du lien *Quitter*.
- Fin du tableau de la barre de navigation.
- Si la requête a un paramètre `erreur`, son texte est affiché en rouge, précédé du texte *Le serveur reporte cette erreur:*
- Si la requête a un paramètre `information`, son texte est affiché en vert.

```
<%@ include file='/WEB-INF/jspf/bean/utilisateurforum.jspf' %> ❶
<table border='1' cellpadding='2' cellspacing='0' width='90%'>
  <tr bgcolor='#9999CC'>
    <td><a href='index.jsp'>Sujets</a></td>
      <% if (utilisateurForum.getAutorisation() == null)
         { %>
    <td align='right'>
      <a href='identifierutilisateur.jsp'>Identification</a> ❷
      <a href='creerutilisateur.jsp'>Inscription</a>
    </td>
      <% }
         else
         { %>
    <td align='center'>
      <a href='creersujet.jsp'>Nouveau sujet</a> ❸
    </td>
    <td align='right'>
      Bonjour <%= com.eteks.outils.OutilsChaine.convertirEnHTML(
                          utilisateurForum.getPseudonyme()) %>
      <a href='quitter.jsp'>Quitter</a>
    </td>
      <% } %>
  </tr>
</table>
<% if (request.getParameter("erreur") != null) ❹
   { %>
<p><font color='#FF0000'>Le serveur reporte cette erreur :
               <%= request.getParameter("erreur") %>.</font></p>
<% }
   if (request.getParameter("information") != null) ❺
   { %>
<p><font color='#33CC00'>
               <%= request.getParameter("information") %></font></p>
<% } %>
```

Une partie de la barre de navigation étant différente selon que l'utilisateur s'est identifié ou non, l'objet `utilisateurForum` ❶ de portée `session` est utilisé pour déterminer s'il faut afficher les liens *Identification / Inscription* ❷ ou les liens *Nouveau sujet / Quitter* ❸. Enfin, ce fichier prend en charge l'affichage des messages contenus dans les paramètres `erreur` ❹ et `information` ❺.

Inscription d'un utilisateur

La page d'inscription est un simple formulaire de saisie comportant un champ pour saisir un nouveau pseudonyme.

FORUM creerutilisateur.jsp

```
<html><head><title>Forum : Demande d'inscription</title></head>
<body><center><h1>Demande d'inscription</h1>
<jsp:include page='/WEB-INF/jspf/navigation.jsp' /><br>
<form action='ajouterutilisateur.jsp' method='post'>
  <table width='90%' border='1' cellpadding='2' cellspacing='0'>
    <tr>
      <td bgcolor='#9999CC'><b>Pseudonyme</b></td>
      <td><input name='pseudonyme' type='text'
                 size='30' maxlength='30' ></td>
    </tr>
    <tr>
      <td bgcolor='#9999CC'><b>Mot de passe</b></td>
      <td> <i>Le mot de passe permettant de vous identifier
        est g&eacute;n&eacute;r&eacute; par le serveur</i></td>
    </tr>
  </table>
  <br><input type='submit' value='Envoyer la demande'>
</form></center></body></html>
```

- Inclut la barre de navigation.
- Formulaire de saisie de l'utilisateur.
- Création d'un tableau HTML.
- Texte *Pseudonyme* et champ de saisie du pseudonyme sur 30 colonnes avec 30 caractères au maximum.
- Texte d'information sur la création du mot de passe par le serveur.
- Bouton de confirmation *Envoyer la demande*.

Le champ `action` du formulaire fait appel à la page JSP `ajouterutilisateur.jsp` pour vérifier si le pseudonyme saisi est correct, puis ajouter le nouvel utilisateur dans la base de données.

FORUM ajouterutilisateur.jsp

```
<%@ page import='com.eteks.forum.*,com.eteks.outils.*'
    errorPage='erreur.jsp' %>
<%@ include file='/WEB-INF/jspf/bean/connecteurforum.jspf' %>
<jsp:useBean id='utilisateur'
      class='com.eteks.forum.UtilisateurForum' >
  <jsp:setProperty name='utilisateur' property='*'/>
</jsp:useBean>
<% if (utilisateur.getPseudonyme() == null) ❶
   { %>
  <jsp:forward page='creerutilisateur.jsp'> ❷
    <jsp:param name='erreur'
               value='Vous devez choisir un pseudonyme' />
  </jsp:forward>
<% } %>
<% if (utilisateur.rechercher(connecteurForum)) ❸
   { %>
```

- Balise `page` spécifiant les packages à importer et la page d'erreur.
- Inclut l'objet `connecteurForum`.
- Déclaration de l'objet `utilisateur` de portée limitée à cette page et initialisé avec les paramètres (ici `pseudonyme`).
- Vérification que le pseudonyme de l'utilisateur n'est pas `null` (si aucune valeur n'a été saisie).
- Transfert du contrôle à la page `creerutilisateur.jsp` avec le paramètre `erreur`.
- Vérification que le pseudonyme saisi par l'utilisateur n'existe pas déjà dans la base de données.

Transfert du contrôle à la page `creerutilisateur.jsp` avec le paramètre `erreur` décrivant que le pseudonyme saisi existe déjà.

```
    <jsp:forward page='creerutilisateur.jsp'> ❹
      <jsp:param name='erreur' value='<%= "Pseudonyme <i>"
              + utilisateur.getPseudonyme()
              + "</i> d&eacute;j&agrave; utilis&eacute;.<br>"
              + "Choisissez-en un autre" %>' />
    </jsp:forward>
<% } %>
```

Attribution de l'autorisation d'utilisateur.

```
<% utilisateur.setAutorisation(Autorisation.UTILISATEUR);
```

Attribution d'un mot de passe aléatoire.

```
   utilisateur.setMotDePasse(MotDePasse.creer());
```

Ajout de l'utilisateur à la base de données.

```
   utilisateur.ajouter(connecteurForum); %> ❺
```

Transfert du contrôle à la page d'accueil avec le paramètre `information` contenant une information sur son pseudonyme /mot de passe.

```
<jsp:forward page='index.jsp'>
  <jsp:param name='information' value='<%= "Vous pouvez vous"
         + " identifier maintenant avec le pseudonyme "
         + utilisateur.getPseudonyme() + " et le mot de passe "
         + utilisateur.getMotDePasse() %>' /> ❻
</jsp:forward>
```

DANS LA VRAIE VIE

Envoi du mot de passe par email

Presque tous les forums d'Internet vous confirmeront votre inscription par email, par sécurité et afin que vous puissiez garder une trace de votre pseudonyme / mot de passe pour un usage futur. En ajoutant un champ pour saisir l'email de l'utilisateur dans la page d'inscription, vous pourrez réaliser cette opération dans la page `ajouterutilisateur.jsp` avec la bibliothèque JavaMail™ développée par Oracle et incluse dans Tomcat.

- http://www.oracle.com/technetwork/java/javamail

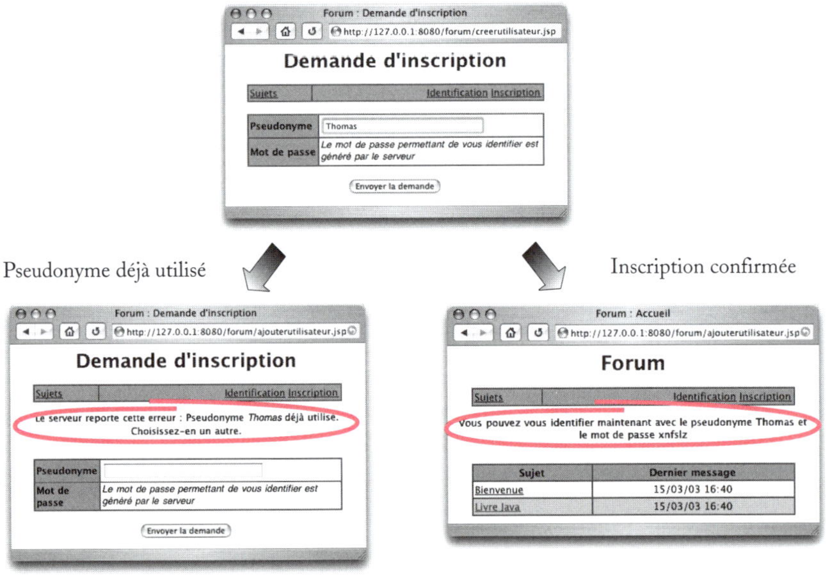

Figure 13–9 Résultat de l'inscription avec la page ajouterutilisateur.jsp

Cette page repasse le contrôle à la page d'inscription ❷ ❹ si l'utilisateur n'a pas saisi de pseudonyme ❶ ou si le pseudonyme a déjà été choisi ❸. Sinon, le nouvel utilisateur est ajouté à la base de données ❺ puis le contrôle est passé à la page d'accueil avec un message communiquant au nouveau membre du forum le mot de passe qui lui a été attribué ❻.

ASTUCE Utilisation du symbole *

Utilisez le plus souvent possible la balise `jsp:setProperty` avec un attribut `property` égal à * pour initialiser toutes les propriétés d'un objet avec les paramètres envoyés par un formulaire. Même si, dans un premier temps, cette balise n'initialise qu'une seule propriété comme c'est le cas dans la page `ajouterutilisateur.jsp`, ce procédé se révélera pratique pour faire évoluer le site au moment où vous ajouterez de nouvelles propriétés et leurs paramètres ; vous n'aurez pas à y retoucher !

ATTENTION La balise jsp:setProperty ignore les paramètres vides

La balise `jsp:setProperty` n'a aucun effet pour les paramètres vides (par exemple pour `pseudonyme=`) et n'appelle donc pas le mutateur de la propriété avec la valeur `null` ou la chaîne vide `""`.

Messages d'un sujet

La page `liresujet.jsp` affiche dans un tableau la liste de tous les messages d'un sujet donné dans l'ordre chronologique.

Utilisateur non identifié — Utilisateur *Thomas* — Modérateur

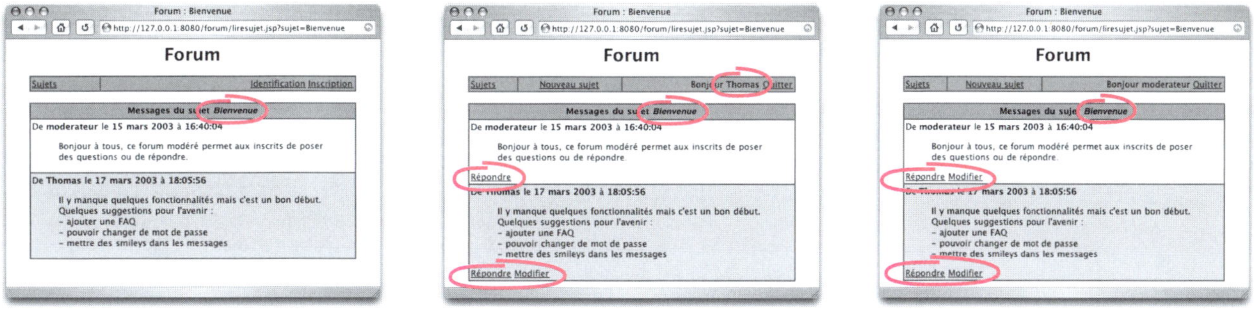

Figure 13–10 Liste des messages du sujet Bienvenue

FORUM liresujet.jsp

```
<%@ page import='java.util.*,java.net.*,java.text.*,
  com.eteks.forum.*,com.eteks.outils.*' errorPage='erreur.jsp' %>
```
Balise `page` spécifiant les packages à importer et la page d'erreur.

```
<%@ include file='/WEB-INF/jspf/bean/connecteurforum.jspf' %>
<%@ include file='/WEB-INF/jspf/bean/utilisateurforum.jspf' %>
```
Inclut les objets `connecteurForum` et `utilisateurForum`.

```
<% String sujet = request.getParameter("sujet"); %> (1)
```
Récupération du paramètre `sujet`.

```
<html><head><title>Forum : <%= OutilsChaine.convertirEnHTML(
     OutilsChaine.limiterLongueur(sujet, 50)) %></title></head>
<body><center><h1>Forum</h1>
```
Crée un titre reprenant les 50 premiers caractères du sujet.

```
<jsp:include page='/WEB-INF/jspf/navigation.jsp' /><br>
```
Inclut la barre de navigation.

```
<table border='1' cellpadding='2' cellspacing='0' width='90%'>
```
Création d'un tableau HTML.

```
  <tr bgcolor='#9999CC'>
    <td align='center'><b>Messages du sujet
      <i><%= OutilsChaine.convertirEnHTML(sujet) %></i></b></td>
  </tr>
```
Ligne d'en-tête reprenant le sujet en gras et italique.

```
  <% EnsembleMessagesForum messages= new EnsembleMessagesForum();
     messages.rechercherMessagesSujet(connecteurForum, sujet); (2)
```
Recherche des messages du sujet dans la base de données.

```
     DateFormat formatDate = DateFormat.getDateInstance();
     DateFormat formatHeure = DateFormat.getTimeInstance();
     int ligne = 0;
```
Format de date et d'heure standard.

```
     for (MessageForum message : messages) (3)
     { %>
```
Énumération des messages du sujet ligne par ligne.

```
  <tr bgcolor='<%= ligne++ % 2 == 0 ? "#FFFFFF" : "#CCCCCC" %>'>
```
Création d'une ligne de tableau par message.

```
    <td>De <b><%= OutilsChaine.convertirEnHTML(
                          message.getAuteur()) %></b> (4)
```
Création du texte :
De *auteur* le *jjmmmaaaa* à *hh:mm*.

```
            le <b><%= formatDate.format(
                              message.getDateCreation()) %></b> ❺
            &agrave; <b><%= formatHeure.format(
                              message.getDateCreation()) %></b> ❻
```

Affichage du texte du message en retrait.

```
        <blockquote><%= OutilsChaine.convertirEnHTML(
                            message.getTexte()) %></blockquote> ❼
```

Si l'utilisateur est identifié, ajout du lien *Répondre*.

```
        <% if (utilisateurForum.getAutorisation() != null) ❽
           { %>
             <a href='<%= "creermessage.jsp?sujet="
                        + URLEncoder.encode(sujet, "ISO-8859-1") %>'
              >R&eacute;pondre</a>❾
```

Si l'utilisateur est un modérateur ou si l'utilisateur est l'auteur du message, ajout du lien *Modifier*.

```
          <% if ( utilisateurForum.isModerateur()
                 || message.estEcritPar(utilisateurForum)) ❿
             { %>
             <a href='<%= "modifiermessage.jsp?id="
                          + message.getId() %>'>Modifier</a>⓫
          <% } %>
        <% } %></td>
      </tr>
```

Fin de la boucle d'énumération `for`.

```
      <% } %>
    </table>
    </center></body></html>
```

Après avoir recherché dans la base de données ❷ la liste des messages du sujet passé en paramètre ❶, chaque ligne du tableau est créée dans une boucle `for` qui énumère tous les messages ❸. Chaque ligne du tableau affiche l'auteur ❹, la date ❺, l'heure ❻ et le texte ❼ d'un message, et ajoute les liens *Répondre* ❾ et *Modifier* ⓫ en fonction de l'autorisation de l'utilisateur ❽ ❿.

Création de sujet, de message, et modification

Figure 13–11 Pages utilisant le formulaire de saisie d'un message

Pages de saisie

Les trois pages `creersujet.jsp`, `creermessage.jsp` et `modifiermessage.jsp` sont décrites ensemble car elles utilisent le même formulaire de saisie du fichier WEB-INF/jspf/formulairemessage.jsp. C'est l'occasion d'aborder la mise en œuvre d'une balise jsp:include avec des paramètres jsp:param.

FORUM creersujet.jsp

```
<html><head><title>Forum : Nouveau sujet</title></head>
<body><center><h1>Nouveau sujet</h1>
<jsp:include page='/WEB-INF/jspf/navigation.jsp' /><br> ❶
<jsp:include page='/WEB-INF/jspf/formulairemessage.jsp' > ❷
  <jsp:param name='actionFormulaire' value='ajoutermessage.jsp'/>
  <jsp:param name='labelSubmit' value='Ajouter le sujet' />
</jsp:include>
</center></body></html>
```

- Inclut la barre de navigation.
- Inclut le formulaire de saisie du message avec les paramètres actionFormulaire et labelSubmit.

La page de création d'un sujet assemble la barre de navigation ❶ et le formulaire de saisie d'un message ❷ auxquels elle transmet l'action de formulaire à utiliser et le label du bouton de confirmation.

FORUM creermessage.jsp

```
<%@ page import='com.eteks.outils.*' errorPage='erreur.jsp' %>

<jsp:useBean id='message' class='com.eteks.forum.MessageForum'
             scope='request'> ❶
<jsp:setProperty name='message' property='sujet' param='sujet'/>
</jsp:useBean>
<html><head><title>Forum : <%= OutilsChaine.convertirEnHTML(
      OutilsChaine.limiterLongueur(message.getSujet(), 50)) %>
</title></head><body><center><h1>Nouveau message</h1>
<jsp:include page='/WEB-INF/jspf/navigation.jsp' /><br>
<jsp:include page='/WEB-INF/jspf/formulairemessage.jsp'> ❷
  <jsp:param name='actionFormulaire' value='ajoutermessage.jsp'/>
  <jsp:param name='labelSubmit' value='Ajouter le message' />
</jsp:include>
</center></body></html>
```

- Balise page spécifiant le package à importer et la page d'erreur.
- Déclaration de l'objet message de portée request et initialisation de sa propriété sujet avec le paramètre de même nom.
- Création d'un titre reprenant les 50 premiers caractères du sujet.
- Inclut la barre de navigation.
- Inclut le formulaire de saisie du message avec les paramètres actionFormulaire et labelSubmit.

La page de création d'un message crée l'objet message de portée request ❶ initialisé avec le sujet en paramètre. Cet objet est utilisé au cours de la même requête pour initialiser le champ sujet du formulaire de message inclus ❷. Vous noterez que les pages creersujet.jsp et creermessage.jsp appellent la même page ajoutermessage.jsp dans l'action du formulaire.

FORUM modifiermessage.jsp

```
<%@ page import='com.eteks.outils.*' errorPage='erreur.jsp' %>

<%@ include file='/WEB-INF/jspf/bean/connecteurforum.jspf' %>
<jsp:useBean id='message' class='com.eteks.forum.MessageForum'
             scope='request'> ❶
  <jsp:setProperty name='message' property='id' param='id'/>
```

- Balise page spécifiant le package à importer et la page d'erreur.
- Inclut l'objet connecteurForum.
- Déclaration de l'objet message de portée request et initialisation de sa propriété id avec le paramètre de même nom.

Recherche du message avec son `id`.

Création d'un titre reprenant les 50 premiers caractères du sujet.

Inclut la barre de navigation.

Inclut le formulaire de saisie du message avec les paramètres `actionFormulaire` et `labelSubmit`.

```
  <% message.rechercher(connecteurForum); %> ❷
</jsp:useBean>
<html><head><title>Forum : <%= OutilsChaine.convertirEnHTML(
      OutilsChaine.limiterLongueur(message.getSujet(), 50)) %>
</title></head><body><center><h1>Modification d'un message</h1>
<jsp:include page='/WEB-INF/jspf/navigation.jsp' /><br>
<jsp:include page='/WEB-INF/jspf/formulairemessage.jsp' > ❸
  <jsp:param name='actionFormulaire' value=
     '<%= "mettreajourmessage.jsp?id=" + message.getId() %>' />
  <jsp:param name='labelSubmit' value='Modifier le message' />
</jsp:include>
</center></body></html>
```

La page de modification d'un message crée l'objet `message` de portée `request` ❶. Cet objet est initialisé avec la valeur du paramètre `id` pour rechercher les données du message en cours de modification dans la base de données ❷. Cet objet est utilisé au cours de la même requête pour initialiser les champs sujet et texte du formulaire de message inclus ❸.

JAVA
Utilisation des objets de portée request

Comme un objet de portée `request` existe pendant toute la durée d'une requête HTTP sur le serveur, ce type d'objet est intéressant pour créer et initialiser un objet qui est destiné à être réutilisé dans d'autres pages JSP appelées avec les balises `jsp:include` et `jsp:forward`.

FORUM WEB-INF/jspf/formulairemessage.jsp

Déclaration de l'objet `message` de portée `request`.

Formulaire de saisie du message dont l'action est égale au paramètre `actionFormulaire`.

Création d'un tableau HTML.

Champ de saisie du sujet sur 50 colonnes avec 255 caractères au maximum.

Initialisation du texte du champ de saisie avec la propriété `sujet` de l'objet `message`.

Zone de saisie du texte sur 50 colonnes et 5 lignes.

Initialisation du texte du champ de saisie avec la propriété `texte` de l'objet `message`.

Bouton de confirmation dont le label est égal au paramètre `labelSubmit`.

```
<jsp:useBean id='message' class='com.eteks.forum.MessageForum'
             scope='request'/> ❶
<form action='<%= request.getParameter("actionFormulaire") %>'
      method='post'>
  <table border='1' cellpadding='2' cellspacing='0' width='90%'>
    <tr><td bgcolor='#9999CC'><b>Sujet</b></td>
        <td><input name='sujet' type='text' size='50'
             maxlength='255'
             value='<%= message.getSujet() != null
                ? message.getSujet() : "" %>'></td></tr> ❷
    <tr><td valign='top' bgcolor='#9999CC'><b>Message</b></td>
        <td><textarea name='texte' cols='50' rows='5'
            ><%= message.getTexte() != null
                ? message.getTexte() : "" %></textarea></td></tr> ❸
  </table>
  <br><input type='submit'
             value='<%= request.getParameter("labelSubmit") %>'>
</form>
```

Le formulaire de saisie d'un message affiche deux champs de saisie initialisés avec les propriétés `sujet` ❷ et `texte` ❸ de l'objet `message` ❶. Si l'objet `message` de portée `request` n'existe pas déjà, il est créé (c'est le cas quand le formulaire est inclus par la page `creersujet.jsp`), sinon il est récupéré tel qu'il était avant l'appel à cette page (c'est le cas pour les pages `creermessage.jsp` et `modifiermessage.jsp`).

ATTENTION Pas de balise jsp:forward dans une page incluse

N'utilisez pas de balise `jsp:forward` dans une page incluse avec la balise `<jsp:include page='page.jsp'/>`.
Cela provoque bien l'arrêt de la page *page.jsp* mais la page JSP qui a appelé `<jsp:include page='page.jsp'/>` poursuivra quant à elle son exécution !

ATTENTION Initialisation d'un champ multiligne

Si vous désirez initialiser une balise multiligne `textarea`, veillez à bien coller au texte d'initialisation le dernier caractère > de la balise de début et le premier caractère < de la balise de fin pour ne pas insérer des espaces superflus.

Pages d'ajout et de modification de message

La page `ajoutermessage.jsp` ajoute un message à la base de données.

FORUM ajoutermessage.jsp

```
<%@ page import='java.net.*' errorPage='erreur.jsp' %>
```
◂ Balise `page` spécifiant le package à importer et la page d'erreur.

```
<%@ include file='/WEB-INF/jspf/bean/connecteurforum.jspf' %>
<%@ include file='/WEB-INF/jspf/bean/utilisateurforum.jspf' %>
```
◂ Inclut les objets `connecteurForum` et `utilisateurForum`.

```
<jsp:useBean id='message' class='com.eteks.forum.MessageForum'>
  <jsp:setProperty name='message' property='*'/> ❶
```
◂ Déclaration de l'objet `message` de portée limitée à cette page et initialisé avec les paramètres (ici `sujet` et `texte`).

```
  <% message.setAuteur(utilisateurForum); %> ❷
</jsp:useBean>
```
◂ Modification de l'auteur.

```
<% message.ajouter(connecteurForum); %> ❸
```
◂ Ajout du message dans la base de données.

```
<% response.sendRedirect("liresujet.jsp?sujet="
     + URLEncoder.encode(message.getSujet(), "ISO-8859-1")); %>
```
◂ Envoie au navigateur l'ordre de recharger la page `liresujet.jsp`.

Un objet `message` est créé et initialisé avec le sujet et le texte en paramètres ❶. L'auteur du message est ensuite déterminé grâce à l'objet de session `utilisateurForum` associé à chaque utilisateur ❷. Enfin, le message est ajouté à la base de données ❸.

La page `mettreajourmessage.jsp` est appelée pour modifier un message dans la base de données.

FORUM mettreajourmessage.jsp

```
<%@ pageimport='java.net.*' errorPage='erreur.jsp' %>
```
◂ Balise `page` spécifiant le package à importer et la page d'erreur.

```
<%@ include file='/WEB-INF/jspf/bean/connecteurforum.jspf' %>
```
◂ Inclut l'objet `connecteurForum`.

```
<jsp:useBean id='message' class='com.eteks.forum.MessageForum' >
  <jsp:setProperty name='message' property='id' param='id'/> ❶
```
◂ Déclaration de l'objet `message` de portée limitée à cette page et initialisation de sa propriété `id` avec le paramètre de même nom.

```
  <% message.rechercher(connecteurForum); %> ❷
```
◂ Lecture du message avec son `id`.

```
  <jsp:setProperty name='message' property='*'/> ❸
</jsp:useBean>
```
◂ Modification des propriétés de l'objet `message` avec les paramètres (ici `sujet` et `texte`).

Mise à jour du message dans la base de données. ▸

```
<% message.mettreAJour(connecteurForum); %> ❹
```

Envoie au navigateur l'ordre de recharger la page `liresujet.jsp`. ▸

```
<% response.sendRedirect("liresujet.jsp?sujet="
    + URLEncoder.encode(message.getSujet(), "ISO-8859-1")); %>
```

Un objet `message` est créé et initialisé avec la valeur du paramètre `id` ❶ pour lire les données inchangées du message dans la base de données ❷ avant de modifier son sujet et son texte ❸. Enfin, le message est mis à jour dans la base de données ❹.

La dernière balise des pages JSP `ajoutermessage.jsp` et `mettreajourmessage.jsp` utilise la méthode `sendRedirect` avec l'objet `response`, et non une balise `jsp:forward` comme dans les autres pages. Cette méthode envoie l'ordre au navigateur de recharger la page passée en paramètre ; elle est donc moins rapide qu'une balise `jsp:forward` puisqu'une nouvelle requête doit être lancée par le client.

La méthode `sendRedirect` est préférée ici pour les deux raisons suivantes :

- Le navigateur de l'utilisateur affichera l'URL de la page `liresujet.jsp` dans le champ d'adresse du navigateur, lui permettant de bien comprendre que son message a été ajouté au sujet.
- Si l'utilisateur appelle le menu *Recharger la page* de son navigateur, la page `liresujet.jsp` sera relue sans ajouter à nouveau le même message.

> **DANS LA VRAIE VIE Vérification des paramètres et de l'utilisateur**
>
> Les pages `ajoutermessage.jsp` et `mettreajourmessage.jsp` ne vérifient pas les paramètres qu'elles reçoivent par souci de simplification. Dans les faits, ces pages devraient vérifier que le texte des paramètres `sujet` et `texte` n'est pas vide pour le cas échéant le signaler à l'utilisateur. De même, les pages de création et de modification de message ne vérifient pas si l'utilisateur en cours est bien identifié. En principe, l'accès à ces pages se fait par des liens visibles uniquement par un utilisateur identifié, mais n'importe qui peut en fait y accéder en saisissant directement leur URL dans le champ d'adresse d'une page d'un navigateur. Cette vérification pourrait se programmer en renvoyant le contrôle à la page d'accueil si la propriété `autorisation` de l'objet `utilisateurForum` est `null`.

Quitter l'application

Cette dernière page annule la propriété `autorisation` de l'objet `utilisateurForum` et repasse le contrôle à la page d'accueil.

FORUM quitter.jsp

```
<%@ include file='/WEB-INF/jspf/bean/utilisateurforum.jspf' %>
<% utilisateurForum.setAutorisation(null); %>
<jsp:forward page='index.jsp' />
```

En résumé...

Ce chapitre vous a présenté les différentes façons d'exploiter les pages JSP sur un serveur. La présentation du forum en JSP a permis de passer en revue les principales utilisations des balises JSP en mettant particulièrement l'accent sur la mise en œuvre des composants JavaBeans avec leurs différentes portées. Vous aurez sûrement remarqué en lisant ces lignes que la programmation d'une interface utilisateur selon que l'on utilise les pages JSP ou Swing diffère du tout au tout...

REGARD DU DÉVELOPPEUR **Swing ou JSP, que choisir ?**

Une fois vos composants de base créés (dans notre cas, ceux du package `com.eteks.forum`), les arguments suivants guideront votre choix entre les technologies JSP et Swing pour créer l'interface utilisateur de votre application (si vous avez le choix !) :

- Une application Swing est généralement plus ergonomique grâce à un plus grand choix de composants et à l'utilisation de menus et de raccourcis clavier. De plus, la mise en page des fenêtres et leur ordre d'affichage sont mieux contrôlés.
- Une application JSP est plus simple à diffuser puisqu'elle ne nécessite aucune installation sur le poste du client à part celle d'un navigateur. Une applet Swing est elle aussi simple à télécharger mais nécessite tout de même l'installation du JRE sur le poste du client.
- Une application JSP étant de fait ralentie par les accès au serveur, une application Swing est plus adéquate quand le client a besoin d'un programme réactif, comme un programme de dessin ou un jeu d'action, ou tout simplement quand l'utilisateur ne peut pas se connecter à un réseau.
- L'interface utilisateur d'une application JSP est plus simple à développer et permet à des non-programmeurs (infographistes, rédacteurs) d'intervenir sur la conception des pages moyennant un minimum de formation.

chapitre 14

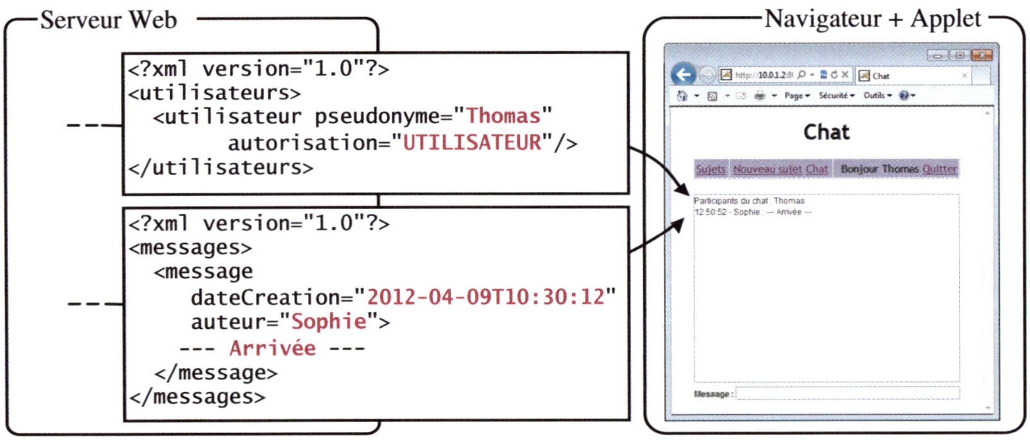
Serveur Web
<?xml version="1.0"?>
<utilisateurs>
<utilisateur pseudonyme="Thomas"
autorisation="UTILISATEUR"/>
</utilisateurs>
<?xml version="1.0"?>
<messages>
<message
dateCreation="2012-04-09T10:30:12"
auteur="Sophie">
--- Arrivée ---
</message>
</messages>
Navigateur + Applet
Chat
Sujets
Nouveau sujet Chat
Bonjour Thomas
Quitter
Message :

Échanger des informations avec XML

XML est de plus en plus utilisé pour représenter des informations de toute sorte et les échanger sur Internet. Ce chapitre vous présente les fondements de ce langage et les solutions proposées en Java pour analyser des documents XML, comme ceux que le serveur web transmet aux clients du module de messagerie instantanée.

SOMMAIRE

- Les bases de XML
- Analyser un document XML avec SAX et DOM
- Gérer la correspondance entre objets Java et éléments XML
- Rechercher les utilisateurs ou les messages d'un document XML

MOTS-CLÉS

- élément
- attribut
- DTD
- Schéma
- XSLT
- parser
- JAXP
- DOM
- SAX
- JAXB

Premiers contacts avec XML

Le langage XML (*eXtended Markup Language*), sous-ensemble simplifié du langage SGML (*Standard Generalized Markup Language*), permet de décrire des informations organisées sous une forme hiérarchique à l'aide de balises entre < > de façon similaire au langage HTML. Au premier abord, XML est un langage assez déroutant car il vous laisse la liberté de décider du nom des balises à utiliser et n'impose que peu de règles de construction. Cette souplesse lui a permis d'être adopté très rapidement par la communauté informatique, qui voit XML comme un des meilleurs formats pour structurer lisiblement des données et les échanger dans le monde ouvert d'Internet.

Description d'un document XML

Un document XML débute normalement par le prologue :

```
<?xml version="1.0"?>
```

Ce prologue peut comporter aussi un attribut `encoding` qui spécifie le type d'encodage des caractères utilisé dans le document ; comme `encoding` est égal par défaut à `UTF-8`, la ligne précédente est donc équivalente à :

```
<?xml version="1.0" encoding="UTF-8"?>
```

B.A.-BA UTF8, l'encodage préféré de XML

UTF-8 (*Unicode Transformation Format-8*) est le format idéal pour formater un caractère Unicode de 16 bits. Il permet d'encoder les caractères du code ASCII à l'aide d'un seul octet et les autres caractères sur deux à trois octets.

REGARD DU DÉVELOPPEUR Choisir un format de données

Le choix d'un format de données dépend essentiellement :

- du volume des données à stocker ou à échanger ;
- de la facilité à programmer la création et l'interprétation d'un document à ce format ;
- de la puissance de calcul nécessaire pour traiter un grand nombre de données à ce format ;
- de la portabilité du format entre systèmes d'information de types différents ;
- du type de structure de données qu'un format reconnaît intrinsèquement.

Le tableau suivant compare les principaux formats de données disponibles en Java, en leur attribuant une note comprise entre ★ et ★★★★ pour chacun des critères précédents.

Format	API Java écriture/lecture	Volume des données	Facilité de mise en œuvre	Puissance de calcul nécessaire	Portabilité	Structure des données
Binaire	`java.io.DataOutputStream` `java.io.DataInputStream`	★★★★	★	★★★★	★★	Structure libre
Sérialisation Java	`java.io.ObjectOutputStream` `java.io.ObjectInputStream`	★★★	★★★★	★★★	★	Structure objet
Texte libre ou tabulé	`java.io.Writer` `java.io.Reader`	★★	★★★	★★	★★★	Peu structuré
XML	`java.io.Writer` SAX, StAX, DOM ou JAXB	★	★★	★	★★★★	Structure arborescente

B.A.-BA XML vs HTML

Les principales différences entre XML et HTML peuvent être résumées ainsi :

- XML est axé principalement vers la description de données et a un usage plus général que HTML, qui est axé sur la présentation et la mise en page de données.
- Les balises XML et les attributs qui décrivent vos données ne sont pas déterminés à l'avance : les balises et les attributs XML peuvent avoir n'importe quel nom choisi en fonction de vos besoins et du sens que vous leur donnez.
- La syntaxe XML est plus stricte que celle d'HTML : les noms des balises et des attributs XML sont sensibles à la casse et toute balise XML doit être fermée. De plus, la validité d'un document XML peut être vérifiée grâce à une DTD (*Document Type Definition*), sorte de définition de la syntaxe autorisée pour les balises et les attributs d'une famille de documents XML.
- Un document XML peut être transformé en un second document au format XML (ou autre) grâce à XSLT (*Extensible Stylesheet Language Transformation*), langage utilisé pour décrire les transformations à opérer sur la structure du document XML pour obtenir le nouveau document.

XML et HTML sont des recommandations spécifiées par le *World Wide Web Consortium* (W3C). L'adresse suivante référence les recommandations et d'autres documents du W3C traduits en français :

▸ http://www.w3.org/2003/03/Translations/byLanguage?language=fr

Suivent ensuite les données du document décrites sous une forme arborescente d'*éléments* inclus les uns dans les autres, un document XML ne devant contenir qu'un seul élément racine. Chaque *élément* commence par une *balise* (*tag*) de début notée entre les symboles `<` et `>` et se termine par une balise de fin notée entre les symboles `</` et `>`. Chaque balise qui porte le nom de votre choix, est utilisée pour nommer un élément et décrire ses données avec :

- une suite d'*attributs* dans sa balise de début, chaque attribut s'écrivant avec un nom suivi du signe `=` et d'une valeur entre `''` ou entre `""` (par exemple `<messages sujet="chat">`) ;
- et/ou des *données textuelles* et/ou d'autres éléments *enfants* (*child*) entre ses balises de début et de fin.

À RETENIR Noms des éléments et des attributs

Le nom des balises ou des attributs est une suite de caractères alphanumériques, de soulignés `_`, de tirets `-` ou de points `.`, qui doit débuter par une lettre ou un souligné `_`. Le préfixe `xml` (en majuscules ou en minuscules) est réservé.

B.A.-BA Commentaires XML

Les commentaires d'un document XML se notent entre les caractères `<!--` et `-->` comme en HTML.

Par l'exemple : représenter une facture en XML

Le document XML de la figure 14-1 décrit une facture avec le client auquel elle se rapporte et ses articles. L'élément racine `facture` contient ici trois éléments enfants, un élément `client` et deux éléments `article`.

Pour éviter de surcharger inutilement un document XML, la balise de fin d'un élément vide, c'est-à-dire qui ne contient aucune donnée ou aucun élément enfant, peut être remplacée par le caractère `/` avant le symbole `>` de sa balise de début, comme pour l'élément `<article description="CDRx10"/>`.

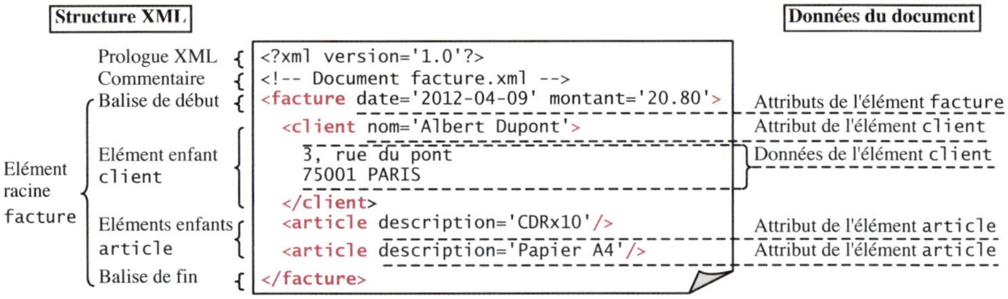

Figure 14–1
Document XML décrivant une facture

Document XML bien formé

Pour pouvoir être exploité par les analyseurs XML (*parsers* en anglais) disponibles dans la bibliothèque Java ou par d'autres applications, un document XML doit être *bien formé* (*well-formed*) en remplissant les conditions suivantes :

- Tout élément du document doit être fermé, soit avec une balise de fin `</baliseXML>` qui doit correspondre à une balise de début `<baliseXML>`, soit avec les caractères `/>` à la fin de la balise de début.
- Le document ne doit contenir qu'un seul élément racine.
- Les balises de ses éléments ne peuvent se chevaucher, c'est-à-dire que la balise de fin d'un élément inclus dans un autre élément doit apparaître avant la balise de fin de l'élément qui l'englobe. Par exemple, le document XML suivant est incorrect car la balise de fin `</facture>` apparaît avant la balise de fin `</article>` :

```
<facture montant="6.35">
<article>CDRx10</facture></article>
```

- Les valeurs des attributs de ses éléments doivent être notées entre `''` ou entre `""`.
- Les caractères `<` et `&` doivent être remplacés par leur *entité* prédéfinie, respectivement `<` (comme *Less Than*) et `&` (comme *ampersand*), quand ils sont utilisés comme texte. Dans les valeurs des attributs, vous pourrez avoir aussi besoin des entités `'` et `"` en remplacement des caractères `'` et `"`.

ASTUCE Tester un document XML

Le plus simple pour vérifier qu'un document XML est bien formé est de le visualiser avec un navigateur.

POUR ALLER PLUS LOIN Section CDATA

Les données textuelles d'un élément qui contiennent des caractères spéciaux peuvent être aussi écrites telles quelles entre `<![CDATA[` et `]]>`, ce qui évite alors d'avoir recours aux entités équivalentes.

Espace de noms

Les espaces de noms XML (*namespace* en anglais) ont un rôle similaire aux packages Java. Grâce à un préfixe placé devant les noms des éléments et des attributs d'une DTD, ils évitent des conflits de noms dans un même document XML. Ce préfixe est défini pour un élément et ses enfants, grâce à l'attribut réservé `xmlns` (comme *XML Name Space*) suivi du caractère `:` et du préfixe désiré. La valeur de cet attribut est une URI associée à l'espace de noms, comme dans cet exemple qui définit l'espace de noms `gestion` :

```
<document xmlns:gestion="http://www.eteks.com/gestion">...</document>
```

Pour utiliser un espace de noms, il suffit d'ajouter devant chaque nom d'élément ou d'attribut relatif à cet espace le préfixe choisi et un caractère :, par exemple :

```
<gestion:article description="CDRx10"/>
```

Plusieurs espaces de noms peuvent être définis en même temps en répétant autant d'attributs `xmlns:...` que nécessaire. Si besoin, il est possible aussi de définir l'espace de noms par défaut (celui utilisé pour tous les éléments sans préfixe) en utilisant l'attribut `xmlns` seul, comme dans cet exemple qui associe l'espace de noms par défaut à l'URI `http://www.w3.org/TR/REC-html40` :

```
<gestion:facture xmlns:gestion="http://www.eteks.com/gestion"
   xmlns="http://www.w3.org/TR/REC-html40">...</gestion:facture>
```

B.A.-BA URI vs URL

À la différence d'une URL qui est un cas particulier d'URI, une URI (*Uniformed Resource Identifier*) est une chaîne qui représente une ressource en général sans en définir forcément l'emplacement physique.

Par l'exemple : associer un espace de noms aux éléments d'une facture

L'élément `facture` suivant décrit une facture où les éléments `facture`, `client` et `article` sont associés à l'espace de noms `gestion` ❶ et les éléments HTML sans préfixes `br` et `b` à l'espace de noms par défaut ❷.

EXEMPLE factureAvecEspaceDeNoms.xml

```
<?xml version="1.0"?>
<gestion:facture date="2012-04-09" montant="20.80"
                 xmlns:gestion="http://www.eteks.com/gestion"  ❶
                 xmlns="http://www.w3.org/TR/REC-html40"> ❷
  <gestion:client nom="Albert Dupont">
    3, rue du pont<br/>
    75001 <b>PARIS</b>
  </gestion:client>
  <gestion:article description="CDRx10"/>
  <gestion:article description="Papier A4"/>
</gestion:facture>
```

Document XML valide et DTD

XML vous laisse toute liberté pour choisir les balises et les attributs des éléments qui structurent les données d'un document XML, du moment qu'il est bien formé. Une même famille de données peut donc être représentée de différentes façons en XML. Par exemple, le document XML de la figure 14-1 pourrait aussi être structuré ainsi :

```
<?xml version="1.0"?>
<fact date="2012-04-09" montant="20.80">
  <client>
    <nom>Albert Dupont</nom>
    <adresse>
      3, rue du pont
      75001 PARIS
    </adresse>
  </client>
  <art>CDRx10</art>
  <art>Papier A4</art>
</fact>
```

Comme le but principal de XML est de fournir un format d'interchangeabilité clair entre applications, il est préférable de fixer une fois pour toute la liste des balises et des attributs autorisés pour une même famille de données. C'est le but d'une DTD (*Document Type Definition*), qui définit la syntaxe d'un certain type de document XML et permet de vérifier la *validité* des documents de ce type.

DANS LA VRAIE VIE Quelques DTD utiles

Depuis l'apparition de XML, de nombreuses DTD standards pour des domaines d'activités variés ont été mises au point. Citons, parmi les plus célèbres :

- MathML (*Mathematical Markup Language*) pour décrire des formules mathématiques ;
- SVG (*Scalable Vector Graphics*) pour décrire des constructions géométriques en 2 dimensions ;
- OFX (*Open Financial eXchange*) pour l'échange d'informations financières...

Vous pouvez les réutiliser, mais aussi vous en inspirer pour créer vos propres DTD.

REGARD DU DÉVELOPPEUR Attribut ou élément, que choisir ?

Comme XML laisse la liberté de décrire une donnée sous forme d'un élément ou d'un attribut, voici quelques pistes pour vous guider dans ce choix :

- La description d'une donnée avec un attribut est plus concise qu'avec un élément.
- L'ordre d'apparition des attributs dans une balise XML ne peut pas être imposé, contrairement à l'ordre des éléments.
- Un élément offre la possibilité de décrire une donnée sous une forme hiérarchique plus ou moins complexe, ce que ne permet pas un attribut.

Créer une DTD

Une DTD définit les différents éléments d'un type de document XML ainsi que leurs attributs, grâce à un ensemble de balises spéciales dont le tableau 14-1 décrit la syntaxe la plus couramment utilisée.

L'ordre des balises `<!ELEMENT>` et `<!ATTLIST>` d'une DTD n'a pas d'importance. En revanche, une entité doit être définie avant sa première utilisation.

Tableau 14–1 Syntaxes les plus utiles des balises DTD

Balises DTD	Description
<!ELEMENT *baliseXML* (*balise1*, *balise2*...)> <!ELEMENT *baliseXML* (*balise1* | *balise2*...)> <!ELEMENT *baliseXML* (*balise1* ?)> <!ELEMENT *baliseXML* (*balise2* *)> <!ELEMENT *baliseXML* (*balise3* +)> <!ELEMENT *baliseXML* (#PCDATA)> <!ELEMENT *baliseXML* EMPTY>	Décrit ce que peut contenir l'élément de balise *baliseXML*. Les éléments enfants de cet élément sont cités entre parenthèses, le caractère virgule (,) donnant l'ordre de citation des éléments enfants, contrairement au caractère | qui ne détermine aucun ordre pour les éléments enfants. La présence ou non d'un des caractères ? * + à la suite d'un élément enfant détermine son nombre d'occurrences : • Un élément seul est obligatoire. • Un élément suivi de ? est optionnel. • Un élément suivi de + est obligatoire et peut être répété plusieurs fois. • Un élément suivi de * est optionnel et peut être répété plusieurs fois. #PCDATA indique qu'un élément contient des données textuelles. EMPTY indique qu'un élément doit être vide.
<!ATTLIST *baliseXML* *attribut* CDATA "*valDefaut*"> <!ATTLIST *baliseXML* *attribut* (*val1* |*val2*) "*val1*"> <!ATTLIST *baliseXML* *attribut* CDATA #REQUIRED> <!ATTLIST *baliseXML* *attribut* CDATA #IMPLIED> <!ATTLIST *baliseXML* *attribut* CDATA #FIXED "*val*">	Décrit un attribut de l'élément de balise *baliseXML*, avec le nom de cet attribut, son type de valeur et une spécification de valeur par défaut. Le type de valeur d'un attribut est soit CDATA pour un texte libre, soit une valeur parmi celles d'une liste donnée entre parenthèses. La spécification de la valeur par défaut d'un attribut est au choix : • "*valDefaut*" pour spécifier la valeur par défaut d'un attribut absent. • #REQUIRED pour spécifier qu'un attribut n'a pas de valeur par défaut et doit obligatoirement être cité dans la balise de début. • #IMPLIED pour spécifier qu'un attribut est optionnel et n'a pas de valeur par défaut. • #FIXED "*val*" pour spécifier la valeur d'un attribut qui prend toujours la même valeur.
<!ENTITY *entitéXML* "*valEntité*">	Spécifie la valeur *valEntité* de l'entité *entitéXML*. Cette valeur sera utilisée en remplacement de chaque entité notée &*entitéXML*;.
<!ENTITY % *entitéXML* "*valEntité*">	Spécifie la valeur *valEntité* de l'entité paramètre *entitéXML*, entité utilisable uniquement au sein de la DTD. Cette valeur sera utilisée en remplacement de chaque entité notée %*entitéXML*;.

Par l'exemple : définir la DTD des factures

La DTD du fichier facture.dtd définit la syntaxe que respecte le document XML défini précédemment dans la figure 14-1.

EXEMPLE facture.dtd

```
<!ELEMENTfacture (client,article+)>
```

◂ Un élément facture doit contenir un élément client suivi d'au moins un élément article.

```
<!ATTLIST facture date CDATA #REQUIRED>
<!ATTLIST facture montant CDATA #REQUIRED>
```

◂ Les attributs date et montant d'un élément facture sont obligatoires.

```
<!ATTLIST facture tva CDATA #IMPLIED>
```

◂ L'attribut tva est optionnel.

```
<!ELEMENTclient (#PCDATA)>
<!ATTLIST client nom CDATA #REQUIRED>
```

◂ Un élément client contient des données textuelles et son attribut nom est obligatoire.

```
<!ELEMENTarticle EMPTY>
<!ATTLIST article description CDATA #REQUIRED>
```

◂ Un élément article est vide et son attribut description est obligatoire.

Utiliser une DTD dans un document XML

La DTD utilisée par un document XML est spécifiée grâce à une balise `<!DOCTYPE baliseRacine definitionDTD>` intercalée entre la balise de prologue `<?xml>` et la balise de début de son élément racine `<baliseRacine>`.

La DTD *definitionDTD* peut être décrite d'une des façons suivantes :

- en la définissant entre crochets `[ ]` au sein même de la balise `<!DOCTYPE>` ;
- en citant le chemin ou l'URL du fichier qui contient la DTD, précédé de `SYSTEM`, par exemple :

  `<!DOCTYPE facture SYSTEM "./facture.dtd">` ;
- en citant le chemin ou l'URL du fichier qui contient la DTD, précédé de `PUBLIC` et d'un identificateur qui décrit le nom de la DTD, par exemple :

```
<!DOCTYPE web-app PUBLIC
        "-//Sun Microsystems, Inc.//DTD Web Application 2.3//EN"
         "http://java.sun.com.dtd/web-app_2_3.dtd">
```

Par l'exemple : utiliser la DTD d'une facture dans un document XML

Les documents XML `factureAvecDTDInterne.xml` et `factureAvecDTDExterne.xml` suivants utilisent une DTD interne au document pour le premier et une DTD externe définie dans le fichier `facture.dtd` pour le second.

EXEMPLE factureAvecDTDInterne.xml

```
<?xml version="1.0"?>
<!DOCTYPE facture [
  <!ELEMENT facture (client, article+)>
  <!ATTLIST facture date CDATA #REQUIRED>
  <!ATTLIST facture montant CDATA #REQUIRED>
  <!ATTLIST facture tva CDATA #IMPLIED>
  <!ELEMENT client (#PCDATA)>
  <!ATTLIST client nom CDATA #REQUIRED>
  <!ELEMENT article EMPTY>
  <!ATTLIST article
          description CDATA #REQUIRED>
]>
<facture date="2012-04-09" montant="20.80">
  <client nom="Albert Dupont">
    3, rue du pont
    75001 PARIS
  </client>
  <article description="CDRx10"/>
  <article description="Papier A4"/>
</facture>
```

EXEMPLE factureAvecDTDExterne.xml

```
<?xml version="1.0"?>
<!DOCTYPE facture SYSTEM "./facture.dtd">
<facture date="2012-04-09" montant="20.80">
  <client nom="Albert Dupont">
    3, rue du pont
    75001 PARIS
  </client>
  <article description="CDRx10"/>
  <article description="Papier A4"/>
</facture>
```

Remarquez qu'une DTD décrit la syntaxe d'un ensemble d'éléments et leurs liens de parenté sans préciser lequel d'entre eux doit être l'élément racine d'un document XML. C'est la balise <!DOCTYPE> qui spécifie l'élément racine.

Typer les informations XML avec un schéma XML

Similairement à une DTD, un schéma XML décrit la syntaxe que doit respecter un document XML valide, en offrant en plus la possibilité de typer les données du document. C'est un document XML d'extension .xsd dont l'élément racine schema (placé souvent dans un espace de noms xsd) s'écrit ainsi :

```
<?xml version="1.0" encoding="UTF-8"?>
<xsd:schema xmlns:xsd="http://www.w3.org/2001/XMLSchema">
  <!-- Schéma XML -->
</xsd:schema>
```

> À RETENIR **DTD vs schéma XML**
>
> Une DTD définit la structure que doit respecter un document XML, mais sans possibilité de décrire le type, numérique ou autre, des données manipulées. Un schéma XML est une alternative à une DTD qui, entre autres choses, corrige cet inconvénient.

Types prédéfinis XML Schema

Comme le montre la figure 14-2, les types XML Schema forment une hiérarchie de racine anyType dont dérivent deux grandes familles :

- les types simples dérivés du type anySimpleType dont plus de 40 types sont prédéfinis ;
- les types complexes dérivés du type anyType.

Ces types prédéfinis sont utilisés comme base pour décrire les types de données déclarés dans un schéma XML.

Déclarer la syntaxe d'un document avec les éléments XML Schema

Différents éléments XML Schema sont mis à disposition pour déclarer la syntaxe que doivent respecter les éléments de vos documents XML ainsi que leurs attributs et leurs données. Comme le présente le tableau 14-2, il existe deux éléments XML Schema pour déclarer un nouveau type XML (similairement aux classes Java) :

- l'élément complexType pour déclarer le type d'un élément XML complexe qui contient des sous-éléments et/ou des attributs ;
- l'élément simpleType pour déclarer les types simples utilisés pour les données des attributs ou des éléments, par restriction d'un type prédéfini XML Schema ou autre (par exemple, pour donner les valeurs minimum et maximum d'un nombre).

Aux balises complexType et simpleType, s'ajoute l'élément element utilisé essentiellement pour nommer l'élément racine du document XML.

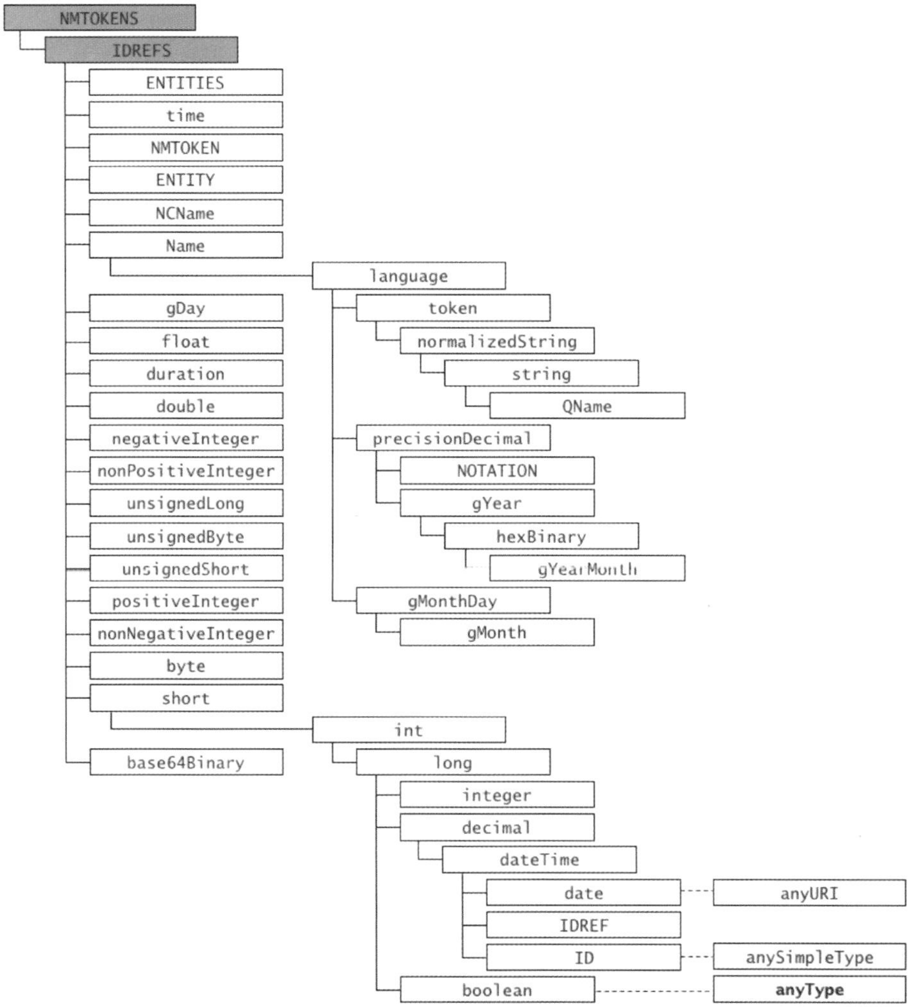

Figure 14–2
Hiérarchie des types XML Schema

REGARD DU DÉVELOPPEUR **Complexité d'un schéma XML**

Ne vous laissez pas noyer dans la complexité apparente d'un schéma XML. Prenez le temps de faire le parallèle entre les tableaux 14-1 et 14-2 pour faire la correspondance entre la syntaxe d'une DTD et celle d'un schéma XML. Comme ces derniers permettent de typer les éléments, leurs attributs et leurs données, ils sont de plus en plus souvent utilisés pour assurer une meilleure cohérence des documents XML et pour automatiser les outils comme JAXB, capables de gérer la correspondance entre les types de données d'un schéma XML et les classes d'un programme Java.

Tableau 14–2 Syntaxes les plus utiles des éléments XML Schema

Élément XML Schema	Description
<complexType name="*typeComplexe*"> <sequence> <element name="*balise1*" type="*type1*"/> <element name="*balise2*" type="*type2*"/> ... </sequence> </complexType>	Décrit un type d'élément complexe *typeComplexe* qui contient des sous-éléments et/ou des attributs, définis grâce aux balises `element` et `attribute`. Un élément `complexType` peut avoir pour premier enfant : • un élément `sequence` pour spécifier l'ordre des sous-éléments du nouveau type complexe, • ou un élément `all` pour ne déterminer aucun ordre, • ou un élément `choice` pour n'autoriser qu'un seul sous-élément parmi la liste. Si aucun de ces trois éléments n'est spécifié, l'élément `complexType` est vide. Le nombre d'occurrences des sous-éléments est spécifié avec les attributs `minOccurs` et `maxOccurs` qui valent `1` par défaut, `maxOccurs` pouvant être égal à `unbounded` pour une limite supérieure infinie. L'occurrence d'un attribut d'un élément complexe est spécifié avec un attribut `use` optionnel qui peut prendre pour valeur : • `required` pour spécifier qu'un attribut est obligatoire. • `optional` pour spécifier qu'un attribut est optionnel. • `prohibited` pour spécifier qu'un attribut est interdit. Si un attribut (ou un sous-élément) a toujours la même valeur (optionnelle ou obligatoire), elle est spécifiée avec un attribut `fixed`. Sinon la valeur par défaut d'un attribut (ou d'un sous-élément) peut être spécifiée avec un attribut `default`. Le type de chaque sous-élément et de chaque attribut d'un élément complexe est spécifié avec un attribut `type`. Un sous-élément peut être de type simple ou complexe et un attribut doit être de type simple.

<complexType name="*typeComplexe*">
  <all>
    <element name="*balise1*" type="*type1*"
      minOccurs="*min1*" maxOccurs="*max1*"/>
    <element name="*balise2*" type="*type2*"
      minOccurs="0" maxOccurs="unbounded"/>
    ...
  </all>
</complexType>	

<complexType name="*typeComplexe*">
  <sequence>
    <element name="*balise1*" type="*type1*"/>
    ...
  </sequence>
  <attribute name="*att1*" type="*typeAtt1*"/>
  <attribute name="*att2*" type="*typeAtt2*"
          use="required"/>
  <attribute name="*att3*" type="*typeAtt3*"
          use="optional"/>
  <attribute name="*att4*" type="*typeAtt4*"
          use="prohibited"/>
  <attribute name="*att5*" type="*typeAtt5*"
          default="*val5*"/>
  <attribute name="*att6*" type="*typeAtt6*"
          fixed="*val6*"/>
</complexType>	

<complexType name="*typeComplexeEtendu*"> <simpleContent> <extension base="*typeBase*"/> <attribute name="*att*" type="*type*"/> ... </simpleContent> </complexType>	Décrit un type d'élément complexe qui contient un texte de type simple `typeBase` et des attributs. Notez que la liste des attributs d'un type complexe étendu est spécifiée avec des éléments `attribute` enfants de `simpleContent`.

Tableau 14–2 Syntaxes les plus utiles des éléments XML Schema (suite)

Élément XML Schema	Description

`<simpleType name="typeRestreint">`
`  <restriction base="typeBase">`
`    <minInclusive value="min"/>`
`    <maxInclusive value="max"/>`
`  </restriction>`
`</simpleType>`
`<simpleType name="typeRestreint">`
`  <restriction base="typeBase">`
`    <pattern value="expressionRegulière"/>`
`  </restriction>`
`</simpleType>`
`<simpleType name="typeRestreint">`
`  <restriction base="typeBase">`
`    <enumeration value="val1"/>`
`    <enumeration value="val2"/>`
`    ...`
`  </restriction>`
`</simpleType>`
	Décrit un nouveau type simple *`typeRestreint`* par restriction d'un autre *`typeBase`*.
	Le sous-élément `restriction` peut restreindre le type de base de plusieurs façons :
	1. En fixant des bornes à un type numérique avec des sous-éléments `minExclusive` et/ou `maxExclusive`.
	2. En spécifiant avec un sous-élément `pattern` une expression régulière que doivent respecter les valeurs.
	3. En limitant les valeurs possibles d'un type à celles spécifiées par des sous-éléments `enumeration`.
	4. En limitant la longueur d'un type alphanumérique avec des sous-éléments `length`, `minLength` et/ou `maxLength`.
	5. En limitant le nombre de chiffres d'un type décimal avec des sous-éléments `totalDigits` et/ou `fractionDigits`.

`<simpleType name="typeListe">`
`  <list itemType="typeSimple"/>`
`</simpleType>`
	Décrit un nouveau type simple *`typeListe`* qui peut contenir un ensemble de valeurs du même type.

`<simpleType name="typeUnion">`
`  <union memberTypes="type1 type2"/>`
`</simpleType>`
	Décrit un nouveau type simple *`typeUnion`* qui peut contenir une valeur d'un des types cités dans l'attribut `memberTypes`.

`<element name="baliseXML"`
`         type="typeElement"/>`
`<element name="baliseXML">`
`  <complexType>`
`    ...`
`  </complexType>`
`</element>`
	Décrit l'élément de balise *`baliseXML`*.
	Le première syntaxe spécifie le type simple ou complexe du nouvel élément.
	La seconde syntaxe permet de décrire directement les sous-éléments et les attributs d'un élément complexe sans définir un type séparé.

L'ordre des balises `complexType`, `simpleType` et `element` n'a pas d'importance même si elles s'utilisent mutuellement.	

À RETENIR XML Schema

Les valeurs de types simples basés sur des dates, des heures et des durées utilisent le format présenté dans le tableau suivant. Même si vous n'envisagez pas d'utiliser de schéma XML dans un premier temps, pensez à y recourir pour uniformiser les données XML.

Type	Format	

`date`
`dateTime`
`time`
	`yyyy-MM-dd`
	`yyyy-MM-ddThh:mm:ss`
	`hh:mm:ss`
		Peut être suivi du fuseau horaire avec `-hh:mm` ou `+hh:mm`

`gYear`
`gYearMonth`
`gMonth`
`gMonthDay`
`gDay`
	`yyyy`
	`yyyy-MM`
	`--MM`
	`--MM-dd`
	`---dd`
		Peut être suivi du fuseau horaireavec `-hh:mm` ou `+hh:mm`

`duration`	P*n*Y*n*M*n*DT*n*H*n*M*n*S où chaque valeur *n* spécifie une durée optionnelle	

Par l'exemple : définir le schéma XML des factures

Le schéma XML `facture.xsd` correspond au document XML de la figure 14-1 et à la DTD précédemment définie.

EXEMPLE facture.xsd

```
<?xml version="1.0" encoding="UTF-8"?>
<xsd:schema xmlns:xsd="http://www.w3.org/2001/XMLSchema">
  <xsd:element name="facture" type="Facture"/> ❶

  <xsd:complexType name="Facture"> ❷
    <xsd:sequence> ❸
      <xsd:element name="client" type="Client"/>
      <xsd:element name="article" type="Article"
                   maxOccurs="unbounded"/>
    </xsd:sequence>
    <xsd:attribute name="date" type="xsd:date" use="required"/> ❹
    <xsd:attribute name="montant" type="Prix" use="required"/>
    <xsd:attribute name="tva" type="Prix"/>
  </xsd:complexType>

  <xsd:complexType name="Client"> ❺
    <xsd:simpleContent>
      <xsd:extension base="xsd:string">
       <xsd:attribute name="nom" type="xsd:string" use="required"/> ❻
      </xsd:extension>
    </xsd:simpleContent>
  </xsd:complexType>

  <xsd:complexType name="Article"> ❼
    <xsd:attribute name="description" type="xsd:string" ❽
                   use="required"/>
  </xsd:complexType>

  <xsd:simpleType name="Prix"> ❾
    <xsd:restriction base="xsd:decimal"> ❿
      <xsd:minInclusive value="0"/> ⓫
      <xsd:fractionDigits value="2"/> ⓬
    </xsd:restriction>
  </xsd:simpleType>
</xsd:schema>
```

- Définition de l'élément `facture` de type `Facture`.
- Définition du type d'élément `Facture` avec ses sous-éléments et attributs.
- Définition du type d'élément textuel `Client` avec son attribut.
- Définition du type d'élément vide `Article` avec son attribut.
- Définition du type d'élément restreint `Prix`.

Ce schéma XML définit les types `Facture` ❷, `Client` ❺, `Article` ❼ et `Prix` ❾. Les 3 premiers types sont complexes car ils ont des sous-éléments ❸ et/ou des attributs ❹ ❻ ❽. Le dernier type est un type simple décimal ❿ positif ⓫ avec deux décimales ⓬. Enfin, le nom de l'élément racine est défini à partir de son type ❶.

Utiliser un schéma XML dans un document XML

Le schéma XML d'un document XML est spécifié grâce à des attributs dédiés ajoutés à son élément racine.

- Le premier attribut à ajouter :

```
xmlns:xsi="http://www.w3.org/2001/XMLSchema-instance"
```

  définit l'espace de noms associé à une instance de schéma XML.
- Le second attribut définit où trouver le schéma XML du document :
  - L'attribut `xsi:noNamespaceSchemaLocation="xsdURI"` définit où trouver le fichier du schéma XML.
  - L'attribut `xsi:schemaLocation="namespaceURI xsdURI"` définit où trouver le fichier du schéma XML en lui associant un espace de noms.

Par l'exemple : utiliser le schéma XML d'une facture dans un document

Le document `factureAvecSchemaXML.xml` utilise le schéma XML défini dans le fichier `facture.xsd`.

EXEMPLE factureAvecSchemaXML.xml

```
<?xml version="1.0"?>
<facture xmlns:xsi="http://www.w3.org/2001/XMLSchema-instance"
     xsi:noNamespaceSchemaLocation="facture.xsd"
     date="2012-04-09" montant="20.80">
  <client nom="Albert Dupont">
    3, rue du pont
    75001 PARIS
  </client>
  <article description="CDRx10"/>
  <article description="Papier A4"/>
</facture>
```

Transformer un document XML en un autre document

Pour permettre d'exploiter les données d'un document XML, le W3C propose aussi la spécification XSL (*eXtensible Stylesheet Language*) utilisée pour transformer un document XML en un document destiné à présenter ces données. XSL est composée de trois parties :

- XSLT (*XSL Transformations*) qui spécifie un ensemble d'éléments XML utilisés pour créer un document XHTML ou d'autres documents XML ;
- XSL-FO (*XSL Format Objects*) qui spécifie lui aussi un ensemble d'éléments XML utilisés cette fois-ci pour produire des documents paginés PDF, Postscript...

- XPath utilisé avec XSLT et XSL-FO pour rechercher les données d'un document XML.

Retrouver des éléments et des attributs avec XPath

Grâce à des expressions représentant un chemin, XPath permet d'exploiter la structure arborescente d'un document XML pour y retrouver des éléments et/ou des attributs à partir de l'élément racine, mais aussi relativement à un autre en fonction de son lien de parenté, ce que résume le tableau 14-3. Les expressions XPath sont utilisées dans une transformation XML pour spécifier à quelle sous-ensemble de données d'un document s'applique une transformation.

Tableau 14–3 Syntaxe de base de XPath

Élément XPath	Description	Exemple
element	Renvoie les éléments correspondant à celui spécifié	`article`
/	Séparateur d'éléments dans un chemin, et indique un chemin absolu quand utilisé au début d'une expression XPath	`/facture` `facture/client`
//	Renvoie les éléments sans tenir compte du chemin vers un élément	`//article`
.	Représente l'élément courant	`./article`
..	Représente l'élément parent de l'élément courant	`../client`
@	Séparateur entre un élément et un attribut	`//client@nom`

XPath permet aussi de spécifier à l'aide de prédicats et d'expressions mathématiques spécifiés entre `[]` des sous-ensembles d'éléments qui vérifient des conditions. Par exemple, l'expression :

```
/facture/article[1]@description
```

renverra la description du premier article décrivant un document XML avec un élément `facture`, c'est-à-dire `CDRx10` pour le document de la figure 14-1.

B.A.-BA Prédicat XPath

Les prédicats XPath notés entre crochets permettent de sélectionner un ensemble d'éléments à l'aide d'expressions qui font appel aux opérateurs mathématiques habituels mais aussi à des fonctions XPath, comme `contains`, `starts-with`, `substring`, `position`, `last`...

▸ http://xmlfr.org/w3c/TR/xpath/

Transformer un document XML en un autre document XML avec XSLT

Une transformation XSLT décrit comment construire un nouveau document XML, à l'aide d'instructions de contrôle dédiées. Une transformation XSLT est un document XML d'extension `.xsl` dont l'élément racine `stylesheet` (placé souvent dans un espace de noms `xsl`) s'écrit ainsi :

```
<?xml version="1.0" encoding="UTF-8"?>
<xsl:stylesheet version="1.0"
      xmlns:xsl="http://www.w3.org/1999/XSL/Transform">
  <!-- Transformation XSLT -->
</xsl:stylesheet>
```

La transformation XML proprement dite est décrite à l'aide d'un élément `template`, parent d'instructions de contrôle XSLT et d'éléments XML statiques (par exemple du XHTML) qui doivent apparaître dans le document produit par la transformation. Le tableau 14-4 présente la liste des instructions de contrôle XSLT les plus utiles.

Tableau 14–4 Principaux éléments XSLT

Élément XSLT	Description
`<template match="expression"/>`	Crée un modèle de transformation pour les éléments correspondants.
`<value-of select="expression"/>`	Renvoie la valeur de l'élément sélectionné dans l'expression.

`<for-each select="expression"/>`
`...`
`</for-each>`
	Boucle dont le corps est exécuté pour chaque élément renvoyé par l'expression.

`<if test="expression">`
`...`
`</if>`
	Teste si l'expression donnée est vraie.

`<choose>`
`<when test="expression">`
`...`
`</when>`
`<otherwise>`
`...`
`</otherwise>`
`</choose>`
	Teste si l'expression donnée est vraie en offrant une alternative si elle est fausse.

expression représente une expression XPath renvoyant les éléments du document sur lesquelles s'appliquent l'instruction XSLT.

Par l'exemple : extraire la liste des articles d'une facture

Le document `articlesFacture.xsl` est une transformation capable d'extraire la liste des articles d'une facture dans un document XHTML.

EXEMPLE articlesFacture.xsl

```
<?xml version="1.0" encoding="UTF-8"?>
<xsl:stylesheet version="1.0"
      xmlns:xsl="http://www.w3.org/1999/XSL/Transform">
  <xsl:template match="/">

    <html>
      <body>
        <h1>Articles :</h1>
        <xsl:for-each select="//article">

          <p><xsl:value-of select="@description"/></p>
        </xsl:for-each>
```

- Appliquer la transformation à partir de la racine du document.
- Texte HTML statique renvoyé par la transformation.
- Pour chaque élément `article` du document,
- renvoyer la valeur de l'attribut `description` de l'élément en cours d'itération.

```
      </body>
    </html>
  </xsl:template>
</xsl:stylesheet>
```

Texte HTML statique renvoyé par la transformation.

Pour appliquer une transformation XSLT à un document XML, il faut ajouter après son prologue XML une ligne du type :

```
<?xml-stylesheet type="text/xsl" href="fichierTransformation.xsl"?>
```

Le document `articlesFacture.xml` applique la transformation `articlesFacture.xsl` à une facture.

EXEMPLE articlesFacture.xml

```
<?xml version="1.0"?>
<?xml-stylesheet type="text/xsl" href="articlesFacture.xsl"?>
<facture date="2012-04-09" montant="20.80">
  <client nom="Albert Dupont">
    3, rue du pont
    75001 PARIS
  </client>
  <article description="CDRx10"/>
  <article description="Papier A4"/>
</facture>
```

Figure 14–3
articlesFacture.xml visualisé dans Firefox

Pour visualiser le résultat de la transformation, il suffit d'ouvrir le fichier dans un navigateur Internet.

Analyser un document XML avec JAXP

JAXP (*Java API for XML Processing*) est un sous-ensemble de classes de la bibliothèque standard Java qui permet d'analyser la structure d'un document XML et d'exploiter les informations qu'il contient. Trois types différents d'analyseur (*parser*) sont proposés pour effectuer ces opérations :

- SAX (*Simple API for XML*) et les classes du package `org.xml.sax`, pour récupérer les informations que contient un document XML au fur et à mesure de sa lecture ;
- StAX (*Streaming API for XML*) et les classes du package `javax.xml.stream`, pour lire et écrire un document XML en mode pull, contrairement à SAX qui lit un document XML en mode push ;
- DOM (*Document Object Model*) et les classes du package `org.w3c.dom`, pour créer en mémoire une structure arborescente équivalant à celle d'un document XML, dont vous exploitez ensuite les informations.

Regard du développeur Choisir entre SAX, StAX et DOM

Les fonctionnalités proposées par ces trois groupes de classes s'adressent à des domaines d'utilisation différents. Utilisez SAX ou StAX pour le traitement de gros volumes de données avec une structure XML simple où seules quelques informations vous intéressent. DOM est plus intéressant pour les documents XML peu volumineux dont vous avez besoin d'exploiter la structure arborescente.

Obtenir une instance d'un analyseur

La création d'une instance d'analyseur SAX ou DOM s'effectue grâce à une *factory* (littéralement *usine à fabriquer des objets*) qui s'utilise sous la forme suivante :

Instanciation d'une factory d'analyseurs XML. ▸

```
XMLParserFactory factory = XMLParserFactory.newInstance();
```

Configuration éventuelle de la factory (gestion de la validité des documents, des espaces de noms...). ▸

```
factory.setValidation(trueOuFalse);
// Autre configuration
```

Instanciation d'un analyseur en fonction de la configuration choisie. ▸

```
XMLParser parser = factory.newXMLParser();
```

Analyse du document XML ▸

```
parser.parse(documentXML);
```

Les classes `XMLParserFactory` et `XMLParser` sont :

- soit les classes `javax.xml.parsers.SAXParserFactory` et `javax.xml.parsers.SAXParser` pour SAX ;
- soit les classes `javax.xml.stream.XMLInputFactory` et `javax.xml.stream.XMLStreamReader` pour StAX ;
- soit les classes `javax.xml.parsers.DocumentBuilderFactory` et `javax.xml.parsers.DocumentBuilder` pour DOM.

Analyser un document avec SAX

La récupération des informations d'un document XML avec SAX s'effectue à l'aide d'une classe de gestionnaire qui dérive de la classe `org.xml.sax.helpers.DefaultHandler`, et dans laquelle vous redéfinissez des méthodes appelées par un analyseur SAX. Ces méthodes se répartissent en quatre catégories représentées sous forme d'interfaces du package `org.xml.sax` qu'implémente la classe `DefaultHandler`. Les méthodes les plus utiles proviennent de l'interface `org.xml.sax.ContentHandler` et permettent de traiter les balises de début, les données textuelles et les balises de fin des éléments trouvés par l'analyseur.

API JAVA Méthodes les plus utilisées de l'interface org.xml.sax.ContentHandler

Description	Méthode
Méthodes appelées au début et à la fin de l'analyse du document XML	`public void startDocument()` `public void endDocument()`
Méthodes appelées sur la balise de début d'un élément et sur sa balise de fin (les deux premiers paramètres ne sont utiles qu'avec les espaces de noms XML)	`public void startElement(java.lang.String namespaceURI, java.lang.String localName, java.lang.String name, org.xml.sax.Attributes attibutes)` `public void endElement(java.lang.String namespaceURI, java.lang.String localName, java.lang.String name)`
Méthode appelée à la lecture des données textes d'un élément	`public void characters(char[] buffer, int start, int length)`

L'implémentation de ces méthodes dans la classe `org.xml.sax.helpers.DefaultHandler` ne fait rien. L'objet de classe `org.xml.sax.Attributes` reçu en dernier paramètre de la méthode `startElement` décrit l'ensemble des attributs d'une balise de début. Pour récupérer la valeur d'un attribut, il suffit d'appeler la méthode `getValue` sur cet objet en lui passant en paramètre le nom de l'attribut recherché.

Une fois définie la classe de gestionnaire SAX qui convient aux traitements que vous voulez effectuer sur votre document, il faut appeler une des méthodes `parse` d'un analyseur SAX en lui passant en paramètre le chemin du document XML (ou un flux de données qui contient ce document) et une instance du gestionnaire. Cette méthode provoque la lecture du document par l'analyseur SAX qui appelle chaque fois que nécessaire les méthodes du gestionnaire, comme le montre la figure 14-4.

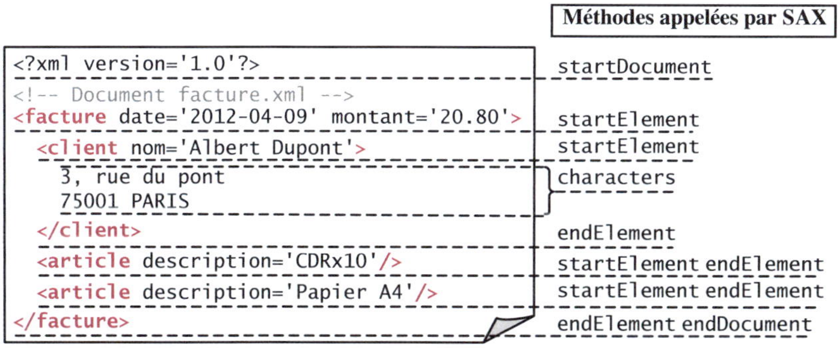

Figure 14–4 Méthodes du gestionnaire appelées par l'analyseur SAX

Par l'exemple : rechercher les articles d'une facture

L'application de classe `com.eteks.test.AfficherArticlesFacture` recherche les articles de la facture décrite dans le fichier `facture.xml` puis affiche la liste de ceux-ci.

Ce programme définit le gestionnaire SAX avec une sous-classe anonyme ❶ de la classe `org.xml.sax.helpers.DefaultHandler`. Ce gestionnaire redéfinit la méthode `startElement` ❷ afin de récupérer toutes les descriptions des éléments `article` ❹ du document XML analysé.

JAVA Classes anonymes

Les classes anonymes sont abordées au chapitre 10, « Interfaces utilisateur avec Swing ». Elles permettent de redéfinir facilement des méthodes dans une sous-classe qui n'a pas vocation à être réutilisée.

EXEMPLE com/eteks/test/AfficherArticlesFacture.java

```
package com.eteks.test;
import javax.swing.*;
import java.io.*;
import java.util.*;
import javax.xml.parsers.*;
import org.xml.sax.helpers.*;
import org.xml.sax.*;

class AfficherArticlesFacture
{
  public static void main(String[] args)
  {
    try
    {
      SAXParserFactory factory = SAXParserFactory.newInstance();

      SAXParser parser = factory.newSAXParser();

      final ArrayList<String> articles = new ArrayList<>();

      DefaultHandler gestionnaireSAX = new DefaultHandler() ❶
        {
          public void startElement(String namespaceURI, ❷
                                   String localName,
                                   String nom,
                                   Attributes attributs) ❸
          {
            if ("article".equals(nom)) ❹
            {
              String description =
                    attributs.getValue("description");
              articles.add(description);
            }
          }
        };

      parser.parse("facture.xml", gestionnaireSAX);

      JOptionPane.showMessageDialog(null, "Articles " + articles);
    }
    catch (ParserConfigurationException
           | SAXException
           | IOException ex)
    {
      JOptionPane.showMessageDialog(null,
        "Probl\u00e8me : " + ex.getMessage());
    }
  }
}
```

- Packages des classes SAX.
- Instanciation d'une *factory* d'analyseurs SAX.
- Instanciation d'un analyseur SAX.
- Ensemble stockant les articles trouvés dans le fichier XML.
- Création d'un gestionnaire SAX avec une sous-classe anonyme.
- Redéfinition de la méthode appelée quand une balise de début est lue.
- Récupération de l'attribut `description` des éléments `article`.
- Fin de la classe anonyme.
- Analyse du fichier `facture.xml` avec le gestionnaire défini.
- Affiche *Articles [CDRx10, Papier A4]*.
- Exception déclenchée si l'analyseur SAX n'a pas pu être instancié, s'il n'a pas pu analyser le document XML ou si le fichier `facture.xml` n'a pas pu être lu.

REGARD DU DÉVELOPPEUR Limites de SAX

SAX ne donne aucune information sur le niveau hiérarchique d'un élément à l'appel des méthodes `startElement` ou `characters`. Il peut donc être nécessaire d'ajouter des champs dans un gestionnaire SAX pour repérer l'élément dont dépendent des données textuelles ou un élément enfant. S'il y a besoin de distinguer de nombreux éléments imbriqués les uns dans les autres, imaginez alors à quel point ce peut être une tâche compliquée !

JAVA Exceptions déclenchées par les méthodes du gestionnaire SAX

Les méthodes `startElement`, `endElement`, `characters`... de la classe `org.xml.sax.helpers.DefaultHandler` sont déclarées comme étant susceptibles de déclencher des exceptions contrôlées de classe `org.xml.sax.SAXException`, avec la clause `throws` adéquate. Ceci vous permet d'affiner les contrôles sur les données lues dans la redéfinition de ces méthodes et de déclencher une exception de cette classe si vous estimez qu'il y a une erreur qui mérite l'arrêt de l'analyse. Si c'est le cas, répétez la classe d'exception `SAXException` avec la clause `throws` à la redéfinition de ses méthodes. Sinon, rien ne vous oblige à répéter cette exception à la redéfinition des méthodes, comme dans le programme ici présent ❸.

Vérifier la validité d'un document avec SAX

Le document analysé est validé par SAX uniquement si vous appelez la méthode `setValidating` sur une instance de la classe `javax.xml.parsers.SAXParserFactory` en lui passant la valeur `true`, avant d'appeler la méthode `newSAXParser`. L'analyseur SAX que vous obtenez valide alors le document analysé pendant la lecture et appelle en cas d'erreur l'une des méthodes `warning`, `error` ou `fatalError` du gestionnaire SAX fourni, en fonction de la gravité de l'erreur détectée. Ces méthodes reçoivent en paramètre un objet de classe `org.xml.sax.SAXParseException` qui décrit l'erreur survenue.

API JAVA Interface or.xml.sax.ErrorHandler et classe org.xml.sax.SAXParseException

Les méthodes `warning`, `error` ou `fatalError` sont définies par `org.xml.sax.ErrorHandler`, une des quatre interfaces qu'implémente la classe `org.xml.sax.helpers.DefaultHandler`. Leur implémentation dans cette classe ne fait rien, sauf pour la méthode `fatalError` qui déclenche l'exception en paramètre.
La classe `org.xml.sax.SAXParseException` de l'objet que ces méthodes reçoivent en paramètre dérive de `org.xml.sax.SAXException`. Elle définit des méthodes supplémentaires, comme `getLineNumber` ou `getColumnNumber`, qui permettent d'obtenir des informations complémentaires sur les circonstances de l'erreur (décrite comme toujours par le texte renvoyé par `getMessage`).

Par l'exemple : rechercher les erreurs dans un document XML

L'application de classe `com.eteks.test.ValiderDocumentXML` vérifie avec SAX si un document XML saisi par l'utilisateur est bien formé et valide en fonction de sa DTD, puis affiche les erreurs éventuellement trouvées.

EXEMPLE com/eteks/test/ValiderDocumentXML.java

```
package com.eteks.test;

import javax.swing.*;
import java.io.*;
import java.util.*;
import javax.xml.parsers.*;
import org.xml.sax.helpers.*;
import org.xml.sax.*;

class ValiderDocumentXML
{
  public static void main(String[] args)
  {
    try
    {
      String documentXML = JOptionPane.showInputDialog(
                                             "Document XML :"); ❶
      ArrayList<SAXParseException> erreurs =
          chercherErreurs(documentXML); ❷
```

◂ Saisie du fichier XML.

◂ Recherche des erreurs dans le fichier XML.

Si aucune erreur, affichage d'un message confirmant la validité du fichier XML.

Sinon, création et affichage d'un rapport citant ligne par ligne les erreurs trouvées.

Exception déclenchée si l'analyseur SAX n'a pas pu être instancié, s'il n'a pas pu analyser le document XML ou si le fichier n'a pas pu être lu.

Méthode cherchant les erreurs dans le fichier XML en paramètre.

Instanciation d'une factory d'analyseurs SAX.

Instanciation dun analyseur SAX validant les documents lus.

Ensemble stockant les erreurs trouvées dans le fichier XML.

Création d'un gestionnaire SAX.

Redéfinition des méthodes de gestion d'erreur.

Analyse du fichier avec le gestionnaire précédent.

```
        if (erreurs.size() == 0)
          JOptionPane.showMessageDialog(null,
                "Le fichier " + documentXML + " est valide"); ❸
        else
        {
          String rapport = "Le fichier " + documentXML
                           + " est invalide :";
          for (SAXParseException ex : erreurs)
            rapport += "\n\u25cf ligne " + ex.getLineNumber()
                       + " : " + ex.getMessage();
          JOptionPane.showMessageDialog(null, rapport); ❹
        }
      }
      catch (ParserConfigurationException
             | SAXException
             | IOException ex)
      {
        JOptionPane.showMessageDialog(null,
          "Probl\u00e8me : " + ex.getMessage());
      }
    }

    private static ArrayList<SAXParseException>
      chercherErreurs(String documentXML)
      throws ParserConfigurationException, SAXException, IOException ❺
    {
      SAXParserFactory factory = SAXParserFactory.newInstance(); ❻
      factory.setValidating(true); ❼
      SAXParser parser = factory.newSAXParser(); ❽
      final ArrayList<SAXParseException> erreurs =
          new ArrayList<>(); ❾
      DefaultHandler gestionnaireSAX = new DefaultHandler() ❿
        {
          public void warning(SAXParseException ex)
          {
            erreurs.add(ex);
          }
          public void error(SAXParseException ex)
          {
            erreurs.add(ex);
          }
          public void fatalError(SAXParseException ex) ⓫
          {
            erreurs.add(ex);
          }
        };
      try
      {
        parser.parse(documentXML, gestionnaireSAX); ⓬
      }
```

```
    catch (SAXParseException ex) ⓭
    {
    }
    return erreurs;
  }
}
```

Rien à faire dans le `catch`, car l'erreur a déjà été signalée par un appel à `fatalError` ⓫.

Après la saisie du chemin ou d'une URL d'un document XML ❶, cette application fait appel à la méthode `chercherErreurs` ❷ pour vérifier ce document. La méthode de classe `chercherErreurs` ❺ obtient un analyseur SAX ❻ ❽ capable de valider un document XML ❼, puis crée un gestionnaire SAX qui redéfinit les trois méthodes `warning`, `error` et `fatalError` de la classe `org.xml.sax.helpers.DefaultHandler` ❿. Chacune de ces méthodes est implémentée afin de stocker l'erreur reçue en paramètre dans l'ensemble `erreurs` ❾. L'analyse du document est ensuite lancée avec ce gestionnaire ⓫ ; l'appel à la méthode `parse` est programmée ici dans une instruction `try catch` qui n'intercepte que les exceptions de classe `org.xml.sax.SAXParseException` ⓬, déclenchées si le document analysé n'est pas bien formé. Comme les autres classes d'exceptions ne relèvent pas des erreurs de syntaxe XML, la méthode `chercherErreurs` ne les gère pas elle-même ❺ et laisse à la méthode `main` le soin de les intercepter. Finalement, un message est affiché pour annoncer le résultat de l'analyse ❸ ❹.

À RETENIR Un document mal formé provoque une erreur fatale

SAX doit arrêter l'analyse d'un document XML aussitôt qu'il détecte que celui-ci n'est pas bien formé. Pour cela, SAX appelle la méthode `fatalError` ⓭ du gestionnaire en cours d'utilisation, puis déclenche l'exception de classe `org.xml.sax.SAXParseException` passée en paramètre à `fatalError`, si cette méthode ne l'a pas déclenchée elle-même.

En testant l'application de classe `com.eteks.test.ValiderDocumentXML` sur le document invalide `factureInvalide.xml` suivant, vous obtiendrez le rapport de la figure 14-5 qui indique les 3 erreurs trouvées.

EXEMPLE factureInvalide.xml

```
<?xml version="1.0"?>
<!DOCTYPE facture SYSTEM "./facture.dtd">
<facture montant="1500">
  <client nom="Sophie Martin"/>
  <article>PC
</facture>
```

Manque l'attribut obligatoire `date`.

Manque l'attribut obligatoire `description`.

Manque la balise de fin `</article>`.

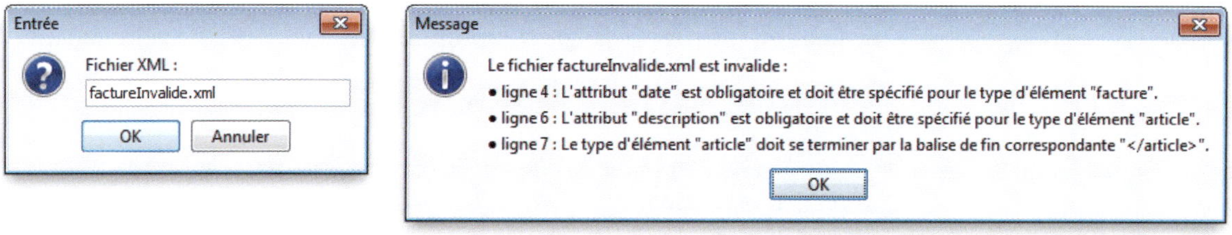

Figure 14–5 Application com.eteks.test.ValiderDocumentXML

Analyser un document avec DOM

L'exploitation des informations d'un document XML avec DOM s'effectue en explorant l'arborescence d'objets que renvoie la méthode `parse` d'un analyseur DOM. Cette arborescence représente en mémoire le document lu et ses éléments à l'aide d'objets dont la classe implémente une des interfaces du package `org.w3c.dom`, ces interfaces héritant elles-mêmes de l'interface `org.w3c.dom.Node`.

API JAVA Interfaces les plus utiles du package org.w3c.dom et leurs méthodes

Description	Interface	Méthode

Nœud dans l'arborescence DOM (interface dont héritent `Document`, `Element` et `Text`)	`org.w3c.dom.Node`	`public short getNodeType()`
		`public org.w3c.dom.Node getFirstChild()`
		`public org.w3c.dom.NodeList getChildNodes()`
		`public org.w3c.dom.Node getParentNode()`

Document DOM renvoyé par la méthode `parse`	`org.w3c.dom.Document`	`public org.w3c.dom.Element getDocumentElement()` `public org.w3c.dom.NodeList getElementsByTagName(java.lang.String tagname)`

Élément de l'arborescence	`org.w3c.dom.Element`	`public java.lang.String getTagName()`
		`public java.lang.String getAttribute(java.lang.String name)`
		`public org.w3c.dom.NodeList getElementsByTagName(java.lang.String tagname)`

Données textuelles	`org.w3c.dom.Text`	`public java.lang.String getData()`
Liste de nœuds	`org.w3c.dom.NodeList`	`public int getLength()` `public org.w3c.dom.Node item(int index)`

Seules sont citées dans ce tableau les interfaces et les méthodes utiles pour explorer un document DOM. Toutefois, il est possible aussi de modifier une arborescence DOM pour y ajouter des nœuds, en supprimer, modifier leur valeur...

Par l'exemple : rechercher le client d'une facture

L'application de classe `com.eteks.test.AfficherClientFacture` recherche le nom et l'adresse du client décrit dans la facture du fichier `facture.xml` puis affiche les informations trouvées.

Ce programme analyse d'abord le fichier XML avec DOM ❶, puis cherche le premier ❸ élément `client` ❷ dans l'arborescence du document DOM. Le nom et l'adresse du client s'obtiennent finalement en récupérant l'attribut `nom` ❹ et les données textuelles ❺ de cet élément.

EXEMPLE com/eteks/test/AfficherClientFacture.java

```
package com.eteks.test;

import javax.swing.*;
import java.io.*;
import javax.xml.parsers.*;
import org.w3c.dom.*;
```

```
import org.xml.sax.SAXException;

class AfficherClientFacture
{
  public static void main(String[] args)
  {
    try
    {
      DocumentBuilderFactory factory =
                DocumentBuilderFactory.newInstance();
      DocumentBuilder builder = factory.newDocumentBuilder();
      Document document = builder.parse("facture.xml"); ❶
      NodeList elements = document.getElementsByTagName("client"); ❷
      Element elementClient = (Element)elements.item(0); ❸
      String message = "Client : \n"
                   + elementClient.getAttribute("nom"); ❹
      Text donneesTexte = (Text)elementClient.getFirstChild(); ❺
      message += donneesTexte.getData();
      JOptionPane.showMessageDialog(null, message);
    }
    catch (ParserConfigurationException
           | SAXException
           | IOException ex)
    {
      JOptionPane.showMessageDialog(null,
         "Probl\u00e8me : " + ex.getMessage());
    }
  }
}
```

- Instanciation d'une factory d'analyseurs DOM.
- Instanciation d'un analyseur DOM.
- Analyse du fichier `facture.xml`.
- Recherche dans le document du premier élément dénommé `client`.
- Récupération de l'attribut `nom`.
- Récupération de l'adresse stockée dans les données textuelles de l'élément.
- Affiche *Client : Albert Dupont 3, rue du pont 75001 PARIS.*
- Exception déclenchée si l'analyseur DOM n'a pas pu être instancié, s'il n'a pas pu analyser le document XML ou si le fichier `facture.xml` n'a pas pu être lu.

Forum : rechercher les utilisateurs ou les messages d'un document XML

La classe `com.eteks.forum.AnalyseurXMLForum` définie ci-après permet de rechercher dans un document XML un ensemble d'utilisateurs ou de messages à l'aide d'un analyseur DOM. Cette classe sera utile dans le prochain chapitre pour la programmation du module de messagerie instantanée qui échange des informations entre le serveur et ses clients au format XML.

> **À RETENIR La DTD, document de référence de votre architecture XML**
>
> Même si vous n'avez pas l'intention de valider vos documents XML (pour des raisons de performances par exemple), écrivez la DTD ou le schéma XML correspondant à ceux-ci, pour fournir une référence de l'architecture XML retenue.

DTD des utilisateurs et des messages

Voici tout d'abord la DTD qui décrit les types des informations échangées. L'architecture des éléments XML retenue est très simple et se base sur les classes du package `com.eteks.forum` développées dans les chapitres précédents.

Tableau 14–5 Correspondances entre classes et éléments XML du forum

Classe	Élément	Commentaire
`com.eteks.forum.UtilisateurForum`	`utilisateur`	Décrit un utilisateur.
`java.util.Set<com.eteks.forum.UtilisateurForum>`	`utilisateurs`	Contient un ensemble d'utilisateurs.
`com.eteks.forum.MessageForum`	`message`	Décrit un message.
`com.eteks.forum.EnsembleMessagesForum`	`messages`	Contient un ensemble de messages.

Forum forum.dtd

Un élément `utilisateurs` contient un ensemble d'éléments `utilisateur`.

```
<!ELEMENT utilisateurs (utilisateur*)>
```

Un élément `utilisateur` est vide et son attribut `pseudonyme` est obligatoire.

```
<!ELEMENT utilisateur EMPTY>
<!ATTLIST utilisateurpseudonyme  CDATA #REQUIRED>
```

L'attribut `motDePasse` est optionnel.

```
<!ATTLIST utilisateurmotDePasse  CDATA #IMPLIED>
```

L'attribut `autorisation` peut prendre pour valeur `null`, `UTILISATEUR` ou `MODERATEUR`, avec `null` comme valeur par défaut.

```
<!ATTLIST utilisateurautorisation
        (null|UTILISATEUR|MODERATEUR) "null">
```

Un élément `messages` contient un ensemble d'éléments `message`.

```
<!ELEMENT messages (message*)>
```

Un élément `message` a des données textuelles décrivant son texte. Ses attributs `auteur` et `dateCreation` sont obligatoires.

```
<!ELEMENT message (#PCDATA)>
<!ATTLIST message auteur       CDATA #REQUIRED>
<!ATTLIST message dateCreation CDATA #REQUIRED>
```

Les attributs `sujet` et `id` d'un élément `message` sont optionnels.

```
<!ATTLIST message sujet        CDATA #IMPLIED>
<!ATTLIST message id           CDATA #IMPLIED>
```

La date et l'heure de l'attribut `dateCreation` respecteront le format XML Schema `yyyy-MM-ddThh:mm:ss`. Pour convertir des dates à ce format en objet de classe `java.util.Date`, on utilisera les méthodes `static parseDateTime` et `printDateTime` de la classe `javax.xml.bind.DatatypeConverter`.

Rechercher les utilisateurs ou les messages avec DOM

Les différentes méthodes de la classe `com.eteks.forum.AnalyseurXMLForum` s'inspirent de la DTD du fichier `forum.dtd` pour créer, à l'aide d'un analyseur DOM, les objets des classes du package `com.eteks.forum` qui correspondent aux éléments lus dans un document XML.

Regard du développeur Créer les objets Java correspondant à un document XML

Aussitôt que le modèle de données à gérer devient complexe, la création d'objets à partir des informations d'un document XML devient une opération assez rébarbative, qui peut être automatisée si besoin est, grâce à la bibliothèque JAXB, abordée à la fin de ce chapitre.

FORUM com/eteks/forum/AnalyseurXMLForum.java

```
package com.eteks.forum;

import java.io.*;
import java.util.*;
import javax.xml.parsers.*;
import javax.xml.bind.DatatypeConverter;
import org.w3c.dom.*;
import org.xml.sax.SAXException;

/**
 * Gestionnaire XML des messages et des utilisateurs.
 */
public class AnalyseurXMLForum
{
  public Document lireXML(InputStream fluxLecture)
                                       throws IOException ❶
  {
    try
    {
      DocumentBuilderFactory factory =
                       DocumentBuilderFactory.newInstance();
      DocumentBuilder builder = factory.newDocumentBuilder();
      Document document = builder.parse(fluxLecture); ❷
      return document;
    }
    catch (ParserConfigurationException | SAXException ex) ❸
    {
      throw new IOException(ex.getMessage(), ex); ❹
    }
    finally
    {
      fluxLecture.close();
    }
  }

  public Set<Utilisateur> lireUtilisateursXML
            (InputStream fluxLecture) throws IOException ❺
  {
    Document document = lireXML(fluxLecture);
    Set<Utilisateur> utilisateurs = new HashSet<>();
    NodeList elements =
             document.getElementsByTagName("utilisateur"); ❻
    for (int i = 0; i < elements.getLength(); i++)
      utilisateurs.add(lireUtilisateurDOM(
                             (Element)elements.item(i)));
    return utilisateurs;
  }
```

- Renvoie le document DOM correspondant au document XML lu dans le flux de lecture en paramètre.
- Instanciation d'une factory d'analyseurs DOM.
- Instanciation d'un analyseur DOM.
- Analyse du document XML.
- Exception déclenchée si l'analyseur DOM n'a pas pu être instancié ou s'il n'a pas pu analyser le document XML.
- Fermeture du flux de lecture.
- Renvoie l'ensemble des utilisateurs correspondant au document XML lu dans le flux de lecture en paramètre.
- Recherche des éléments du document dénommés `utilisateur`.
- Ajout à l'ensemble de l'utilisateur correspondant à l'élément enfant d'indice `i`.

Renvoie l'utilisateur correspondant à l'élément DOM en paramètre.

Modification des propriétés de l'utilisateur avec les attributs `pseudonyme`, `motDePasse` et `autorisation` de l'élément en paramètre.

Renvoie l'ensemble des messages correspondant au document XML lu dans le flux de lecture en paramètre.

Recherche des éléments du document dénommés `message`.

Ajout à l'ensemble du message correspondant à l'élément enfant d'indice `i`.

Renvoie le message correspondant à l'élément DOM en paramètre.

Modification des propriétés du message avec les attributs `id`, `dateCreation`, `sujet` et `auteur` de l'élément en paramètre.

Modification de la propriété texte avec les données textuelles de l'élément en paramètre.

```
  public UtilisateurForum lireUtilisateurDOM(Element element) ❼
  {
    UtilisateurForum utilisateur = new UtilisateurForum();
    utilisateur.setPseudonyme(element.getAttribute("pseudonyme"));
    String motDePasse = element.getAttribute("motDePasse");
    if (motDePasse.length() > 0)
      utilisateur.setMotDePasse(motDePasse);
    String autorisation = element.getAttribute("autorisation");
    if (!autorisation.equals("null"))
      utilisateur.setAutorisation(
          Autorisation.valueOf(autorisation)); ❽
    return utilisateur;
  }

  public EnsembleMessagesForum lireMessagesXML
            (InputStream fluxLecture) throws IOException ❾
  {
    Document document = lireXML(fluxLecture);
    EnsembleMessagesForum messages = new EnsembleMessagesForum();
    NodeList elements = document.getElementsByTagName("message"); ❿
    for (int i = 0; i < elements.getLength(); i++)
      messages.ajouter(lireMessageDOM((Element)elements.item(i)));
    return messages;
  }

  public MessageForum lireMessageDOM(Element element) ⓫
  {
    MessageForum message = new MessageForum();
    String id = element.getAttribute("id");
    if (id.length() > 0)
      message.setId(Integer.parseInt(id));
    String date = element.getAttribute("dateCreation");
    message.setDateCreation(
        DatatypeConverter.parseDateTime(date).getTime());
    message.setSujet(element.getAttribute("sujet"));
    message.setAuteur(element.getAttribute("auteur"));
    Text donneesTexte = (Text)element.getFirstChild();
    message.setTexte(donneesTexte.getNodeValue());
    return message;
  }
}
```

API JAVA Obtenir la constante d'une énumération à partir d'une chaîne

La méthode `static valueOf(java.lang.String s)` d'une énumération renvoie la constante d'une énumération qui correspond à une chaîne de caractères. ❽

Les deux méthodes `lireUtilisateursXML` ❺ et `lireMessagesXML` ❾ de cette classe construisent d'abord un document DOM en mémoire ❷ en faisant appel à la méthode `lireXML`. Ces méthodes recherchent ensuite dans l'arborescence DOM obtenue les informations relatives aux utilisateurs ❻ ❼ ou aux messages ❿ ⓫ pour créer les objets qui leur correspondent. Le document XML est lu à partir d'un flux de classe `java.io.InputStream`, ce qui permet d'accéder à des sources de données variées, comme des fichiers ou des données en mémoire. Notez aussi que deux des classes d'exceptions contrôlées ❸ qui peuvent être déclenchées par DOM sont ici détournées sous forme d'exceptions de classe `java.io.IOException` ❹. Ceci a pour effet de simplifier la gestion des exceptions dans les traitements qui font appel aux méthodes `lireXML`, `lireUtilisateursXML` et `lireMessagesXML`, puisque seule la classe `java.io.IOException` apparaît dans la clause `throws` de ces méthodes ❶ ❺ ❾.

Astuce

Garder la trace de l'exception originale

Une exception peut être chaînée avec une autre soit grâce au constructeur fourni par certaines classes d'exception comme la classe `java.io.IOException`, soit grâce à la méthode `initCause` de la classe `java.lang.Throwable`, dont hérite toute classe d'exception. Cette méthode prend en paramètre l'exception qui est l'origine du déclenchement d'une autre exception.

Cette fonctionnalité permet de garder la trace de l'exception originale quand une exception est détournée sous forme d'une exception d'une autre classe ❹. Ainsi, l'instruction :

```
throw new
    IOException(ex.getMessage(), ex);
```

pourrait s'écrire aussi ainsi :

```
IOException ex2 =
    new IOException(ex.getMessage());
ex2.initCause(ex);
throw ex2;
```

L'exception chaînée à une autre s'obtient en appelant la méthode `getCause`.

Afficher les utilisateurs d'un document XML

L'application suivante recherche les utilisateurs du document `utilisateurs.xml` à l'aide de la classe `com.eteks.forum.AnalyseurXMLForum`, puis les affiche en faisant appel implicitement à la méthode `toString` redéfinie dans la classe `com.eteks.forum.Utilisateur`.

Regard du développeur XSLT

Traiter les informations d'un document XML dans le but d'obtenir un autre texte, comme dans l'application ci-contre, peut s'effectuer aussi en transformant le document XML avec une feuille de styles XSLT (*Extensible Stylesheet Language Transformation*) et les classes du package `javax.xml.transform` étudiés ci-après.

Exemple com/eteks/test/AfficherUtilisateursXML.java

```
package com.eteks.test;

import com.eteks.forum.*;
import java.io.*;
import java.util.*;

class AfficherUtilisateursXML
{
  public static void main(String[] args)
  {
    try (InputStream fluxLecture =
                    new FileInputStream("utilisateurs.xml"))
    {
      AnalyseurXMLForum analyseurXML = new AnalyseurXMLForum();
      Set<Utilisateur> utilisateurs =
                analyseurXML.lireUtilisateursXML(fluxLecture);
      String texte = "";
      for (Utilisateur utilisateur : utilisateurs)
        texte += "\u25cf " + utilisateur + "\n";
      javax.swing.JOptionPane.showMessageDialog(null, texte);
    }
    catch (IOException ex)
    {
      javax.swing.JOptionPane.showMessageDialog(null, ex);
    }
  }
}
```

◂ Ouverture d'un flux de lecture sur le fichier `utilisateurs.xml`.

◂ Analyse des utilisateurs du document XML.

◂ Construction d'un texte avec tous les utilisateurs trouvés.

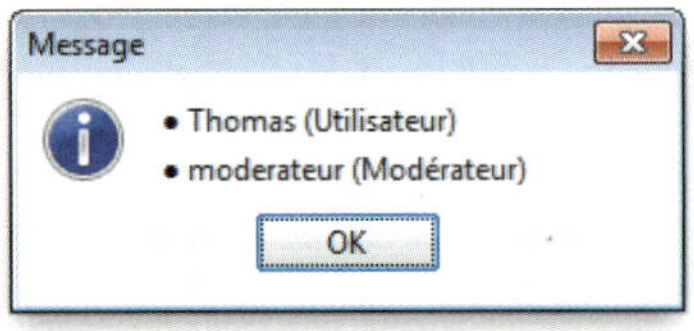

Figure 14–6 Application com.eteks.test.AfficherUtilisateursXML

Pour le fichier `utilisateurs.xml` suivant, on obtient la figure 14-6.

EXEMPLE utilisateurs.xml

```
<?xml version="1.0"?>
<utilisateurs>
  <utilisateur pseudonyme="moderateur" autorisation="MODERATEUR" />
  <utilisateur pseudonyme="Thomas" autorisation="UTILISATEUR" />
</utilisateurs>
```

Transformer un document XML

Les classes du package `javax.xml.transform` permettent d'appliquer une transformation XSLT à un document XML et de créer le fichier d'un document XML à partir d'une arborescence d'objets DOM.

Ces classes s'utilisent de façon similaire à celles des analyseurs JAXP, avec une *factory* dont la méthode `newTransformer(javax.xml.transform.Source sourceXSLT)` renvoie un transformateur capable d'effectuer la transformation XSLT indiquée en paramètre. On transforme une source XML vers un document XML avec la méthode `transform(javax.xml.transform. Source src, javax.xml.transform.Result dest)`, la source `src` et la destination `dest` pouvant être des fichiers, d'autre formes de flux ou des objets DOM en fonction des classes qui implémentent les interfaces `Source` et `Result`.

Par l'exemple : transformer une facture par programme

L'application `com.eteks.test.TransformerFacture` applique la transformation définie dans le document `articlesFacture.xsl` au document `facture.xml` et affiche le texte résultant de la transformation :

EXEMPLE com/eteks/test/TransformerFacture.java

```
package com.eteks.test;

import javax.swing.*;
import java.io.*;
import javax.xml.transform.*;
import javax.xml.transform.stream.*;

class TransformerFacture
{
  public static void main(String[] args)
  {
    try
    {
      TransformerFactory factory = TransformerFactory.newInstance();

      Transformer transformer = factory.newTransformer(
          new StreamSource(new File("articlesFacture.xsl")));
      StringWriter result = new StringWriter();
```

Instanciation d'une factory de transformateurs.

Instanciation d'un transformateur associé à `articlesFacture.xsl`.

```
      transformer.transform(new StreamSource(new File("facture.xml")),
                            new StreamResult(result));
      JOptionPane.showMessageDialog(null,
          result.toString().replace('\n', ' '));
    }
    catch (TransformerException ex)
    {
      JOptionPane.showMessageDialog(null,
          "Probl\u00e8me de transformation : " + ex.getMessage());
    }
  }
}
```

Transformation du fichier `facture.xml` dans un buffer de caractères.

Affiche le document HTML résultant en supprimant les retours à la ligne pour que `showMessageDialog` l'interprète correctement.

Exception déclenchée si la transformation n'a pas pu être effectuée.

Par l'exemple : créer le document XML d'un modèle DOM

Un transformateur peut servir aussi à créer un document XML à partir d'un document DOM en mémoire, en passant en paramètre à la méthode `transform` non pas un fichier, mais une instance de la classe `javax.xml.transform.dom.DOMSource` créée à partir du document DOM en mémoire. C'est ce que fait l'application `com.eteks.test.GenerateurDocumentXML` en créant le document XML `factureDOM.xml` à partir d'un document DOM qui contient deux éléments.

EXEMPLE com/eteks/test/GenerateurDocumentXML.java

```
package com.eteks.test;

import java.io.File;
import javax.swing.JOptionPane;
import javax.xml.parsers.*;
import javax.xml.transform.*;
import javax.xml.transform.dom.DOMSource;
import javax.xml.transform.stream.StreamResult;
import org.w3c.dom.*;

class GenerateurDocumentXML
{
  public static void main(String[] args)
  {
    try
    {
      Document document = DocumentBuilderFactory.newInstance().
          newDocumentBuilder().newDocument();
      Element facture = document.createElement("facture");
      document.appendChild(facture);
      facture.setAttribute("montant", "20.80");
      facture.appendChild(document.createElement("client"));
      Transformer transformer =
          TransformerFactory.newInstance().newTransformer();
```

Création d'un nouveau document DOM avec un élément `facture` à la racine.

Instanciation d'un transformateur de copie.

Indentation des éléments dans le document. ❶

Transformation du fichier `factureDOM.xml`.

Exception déclenchée si la transformation n'a pas pu être effectuée.

```
      transformer.setOutputProperty(OutputKeys.INDENT, "yes"); ❶
      transformer.transform(new DOMSource(document),
                            new StreamResult(new File("factureDOM.xml")));
    }
    catch (ParserConfigurationException | TransformerException ex)
    {
      JOptionPane.showMessageDialog(null,
          "Probl\u00e8me de transformation : " + ex.getMessage());
    }
  }
}
```

ASTUCE Options de présentation

La méthode `setOutputProperty` ❶ de la classe `javax.xml.transform.Transformer` permet d'affiner les options de présentation du document XML produit. Les options qui peuvent être passées en paramètres à cette méthode sont documentées dans la classe `javax.xml.transform.OutputKeys`.

L'application produit ici le fichier `factureDOM.xml` suivant :

```
<?xml version="1.0" encoding="UTF-8" standalone="no"?>
<facture montant="20.80">
<client/>
</facture>
```

Gérer la correspondance entre objets et éléments XML avec JAXB

POUR ALLER PLUS LOIN Autres bibliothèques OXM

JAXB n'ayant été intégrée à Java SE qu'à partir de Java 6 (mais disponible séparément pour les versions antérieures), de nombreuses autres bibliothèques d'OXM, comme Castor ou XStream, sont apparues et restent toujours d'actualité.

- http://www.castor.org/
- http://xstream.codehaus.org/

La bibliothèque Java propose en standard JAXB (*Java Architecture for XML Binding*), un ensemble de classes capables de gérer automatiquement la correspondance entre les données d'un document XML et celles d'objets en mémoire. JAXB fait partie des solutions d'OXM (*Object XML Mapping*) qui ont pour but de simplifier la tâche fastidieuse de gérer la création et la maintenance des classes Java qui correspondent à un schéma XML et/ou inversement.

Une fois qu'une solution d'OXM est mise en place, le programmeur peut produire des documents XML à partir d'un graphe d'objets Java (opération appelée *marshalling*) et/ou créer les objets Java à partir d'un document XML (opération appelée *unmarshalling*).

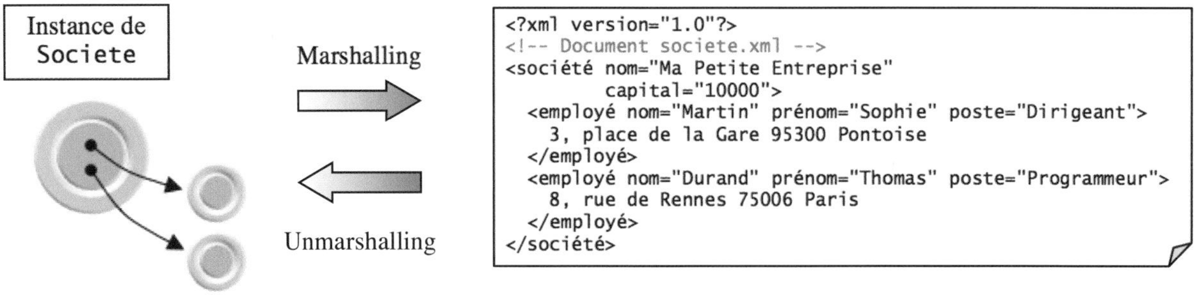

Figure 14–7 Marshalling / Unmarshalling

Définir la syntaxe d'un document XML avec les annotations JAXB

JAXB utilise un ensemble d'annotations Java `@` pour gérer la correspondance entre les classes et les éléments / attributs d'un document XML, dont les plus communes sont présentées dans le tableau 14-6.

Tableau 14–6 Principales annotations JAXB

Annotation JAXB	Élément annoté	Description
`@XmlType`	`class` `enum`	Indique avec le paramètre `name` le nom du type XML Schema (qui peut être un type anonyme si `name` est égal à `""`) et avec le paramètre `propOrder` l'ordre de ses sous-éléments.
`@XmlRootElement`	`class` `enum`	Indique qu'une classe peut être utilisée comme élément racine, dont le nom est précisé par le paramètre `name`.
`@XmlAccessorType`	`class`	Indique le traitement par défaut à effectuer sur les champs et les propriétés d'une classe. Prend en paramètre l'une des valeurs `FIELD`, `NONE`, `PROPERTY` ou `PUBLIC_MEMBER` de l'énumération `XmlAccessType.`
`@XmlElement`	Champ Propriété	Indique qu'un champ d'instance est mémorisé avec un élément XML, dont le nom est précisé par le paramètre `name`, la valeur par défaut par le paramètre `defaultValue` et la présence obligatoire par le paramètre `required`.
`@XmlAttribute`	Champ Propriété	Indique qu'un champ d'instance est mémorisé avec un attribut XML, dont le nom est précisé par le paramètre `name` et la présence obligatoire par le paramètre `required`.
`@XmlValue`	Champ Propriété	Indique qu'un champ d'instance est mémorisé sous forme de la valeur d'un élément XML.

Par l'exemple : définir une société et ses employés avec JAXB

Les classes `com.eteks.outils.Societe` et `com.eteks.outils.Employe` modélisent une société et ses employés. Afin de créer, à partir d'objets de ces classes, un document XML correspondant à celui de la figure 14-7, des annotations JAXB y ont été ajoutées. Chacune de ces deux classes utilise une façon différente de déclarer les éléments fils et les attributs XML qui lui correspondent. La classe `Societe` associe des annotations `@XmlElement` et `@XmlAttribute` avant les champs de la classe, tandis que la classe `Employe` associe ces annotations aux accesseurs de ses propriétés.

JAVA Paramètres d'une annotation

Certaines annotations Java acceptent un ou plusieurs paramètre(s) optionnel(s). Pour les annotations qui ne prennent qu'un seul paramètre comme `@XmlAccessorType` (3), sa valeur est directement passée entre parenthèses. Si l'annotation prend plus d'un paramètre comme `@XmlType` (1), chacune des valeurs de ces paramètres est passée en la précédant du nom du paramètre, chacun étant séparé du suivant par une virgule. Si le paramètre est de type tableau, ses valeurs sont alors citées entre accolades `{ }` (3), sauf si le tableau ne contient qu'une valeur, auquel cas les accolades peuvent être omises. Tout paramètre non renseigné prend une valeur par défaut qui est indiquée dans la javadoc de l'annotation.

EXEMPLE com/eteks/outils/Societe.java

```
package com.eteks.outils;

import java.util.*;
import javax.xml.bind.annotation.*;

@XmlType(name="Soci\u00e9t\u00e9", ❶
         propOrder={"nom", "capital", "employes"}) ❷
@XmlRootElement(name="soci\u00e9t\u00e9")
@XmlAccessorType(XmlAccessType.FIELD) ❸
public class Societe
{
  @XmlAttribute(required=true)
  private String nom;
  @XmlAttribute(required=true)
  private int capital;
  @XmlElement(name="employ\u00e9")
  private List<Employe> employes = new ArrayList<Employe>(); ❹

  public Societe()
  {
  }

  public Societe(String nom, int capital)
  {
    this.nom = nom;
    this.capital = capital;
  }

  public String getNom()
  {
    return this.nom;
  }
  public int getCapital()
  {
    return this.capital;
  }

  public void ajouter(Employe employe)
  {
    this.employes.add(employe);
  }

  public List<Employe> getEmployes()
  {
    return this.employes;
  }
}
```

Annotations de la classe `Societe` à qui l'élément XML racine `Société` est associé.

Annotation indiquant que les valeurs des propriétés des objets de cette classe seront lues et modifiées directement avec leurs champs.

Annotation définissant un attribut obligatoire XML portant le même nom que le champ annoté.

Annotation définissant un ensemble d'éléments XML fils optionnels nommés `employé`.

Constructeur sans paramètre obligatoire pour JAXB.

Surcharge du constructeur pour initialiser les champs.

Accesseurs.

Remarquez que JAXB est capable de comprendre qu'à une collection d'éléments correspond un ensemble d'éléments fils XML ❹. Même si le champ `employes` n'a aucune correspondance directe en XML (les éléments qu'il contient apparaîtront comme des éléments `employé` fils de l'élément `société`), c'est ce champ qui doit être dans la liste optionnelle `propOrder` de l'annotation `@XmlType` ❷, qui donne l'ordre dans lequel apparaîtront les attributs et les éléments fils de l'élément XML `Société`.

EXEMPLE com/eteks/outils/Employe.java

```
package com.eteks.outils;

import javax.xml.bind.annotation.*;

@XmlType(propOrder={"nom", "prenom", "poste", "adresse"})

@XmlAccessorType(XmlAccessType.PROPERTY) ❺
public class Employe
{
  private String nom;
  private String prenom;
  private String poste;
  private String adresse;

  public Employe()
  {
  }

  public Employe(String nom, String prenom, String poste,
                 String adresse)
  {
    this.nom = nom;
    this.prenom = prenom;
    this.poste = poste;
    this.adresse = adresse;
  }

  @XmlAttribute(required=true)
  public String getNom()
  {
    return this.nom;
  }

  public void setNom(String nom) {
    this.nom = nom;
  }
```

◂ Annotation de la classe `Employe` (le nom de l'élément XML correspondant est donné ici par l'utilisateur parent ❹).

◂ Annotation indiquant que les valeurs des propriétés des objets de cette classe seront lues et modifiées via leur accesseur et leur mutateur.

◂ Constructeur sans paramètre obligatoire pour JAXB.

◂ Surcharge du constructeur pour initialiser les champs.

◂ Annotation définissant un attribut obligatoire XML portant le même nom que la propriété `nom` définie par l'accesseur `getNom`.

Annotation définissant l'attribut obligatoire XML prénom correspondant à la propriété prenom.

```
  @XmlAttribute(required=true)
  public String getPrenom()
  {
    return this.prenom;
  }

  public void setPrenom(String prenom) {
    this.prenom = prenom;
  }
```

Annotation définissant un attribut optionnel XML portant le même nom que la propriété poste définie par l'accesseur getPoste.

```
  @XmlAttribute(required=false)
  public String getPoste()
  {
    return this.poste;
  }

  public void setPoste(String poste) {
    this.poste = poste;
  }
```

Annotation définissant la valeur de cet élément XML.

```
  @XmlValue
  public String getAdresse()
  {
    return this.adresse;
  }

  public void setAdresse(String adresse) {
    this.adresse = adresse;
  }
}
```

À la différence de la classe Societe qui fait la correspondance entre les données XML d'une société et celles d'un objet Societe via ses champs ❸, il faut ajouter à la classe Employe des accesseurs et des mutateurs pour chacune de ses propriétés si on veut pouvoir utiliser cette classe pour lire et écrire des objets avec JAXB, car les données des objets seront lues et écrites via les accesseurs et les mutateurs des propriétés de cette classe ❺.

Marshalling et unmarshalling

Une fois les annotations JAXB ajoutées aux classes, il suffit d'utiliser les méthodes static marshall et unmarshall de la classe javax.xml.bind.JAXB pour enregistrer un graphe d'objets (*content tree*) dans un document XML et symétriquement, lire le graphe d'objets correspondant à un document XML :

```
public static void marshal(Object jaxbObject, File xml)
public static <T> T unmarshal(File xml, Class<T> type)
```

API JAVA Autres formes des méthodes marshal et unmarshal

Les méthodes marshal et unmarshal sont surchargées pour permettre aussi d'écrire ou de lire dans un flux de données (de classes java.io.OutputStream / java.io.InputStream ou java.io.Writer / java.io.Reader) ou d'autres sources de données.

Par l'exemple : créer le document XML d'une société

L'application `com.eteks.test.CreerDocumentSociete` crée les objets correspondant à une société avec deux employés puis les enregistre dans le document `societe.xml`, le document produit étant celui représenté dans la figure 14-7.

EXEMPLE com/eteks/test/CreerDocumentSociete.java

```
package com.eteks.test;

import java.io.File;
import javax.xml.bind.JAXB;
import com.eteks.outils.*;

class CreerDocumentSociete
{
  public static void main(String[] args)
  {
    Societe entreprise = new Societe("Ma Petite Entreprise", 10000);
    entreprise.ajouter(new Employe("Martin", "Sophie",
      "Dirigeant", "3, place de la Gare 95300 Pontoise"));
    entreprise.ajouter(new Employe("Durand", "Thomas",
      "Programmeur", "8, rue de Rennes 75006 Paris"));
    JAXB.marshal(entreprise, new File("societe.xml"));
  }
}
```

◂ Création d'un graphe d'objets d'une société avec deux employés.

◂ Création du document XML correspondant au graphe d'objet.

Par l'exemple : lire les objets correspondant au document XML d'une société

La seconde application `com.eteks.test.AfficherEmployesSociete` affiche les nom et prénom des employés d'une société lus dans le fichier `societe.xml`.

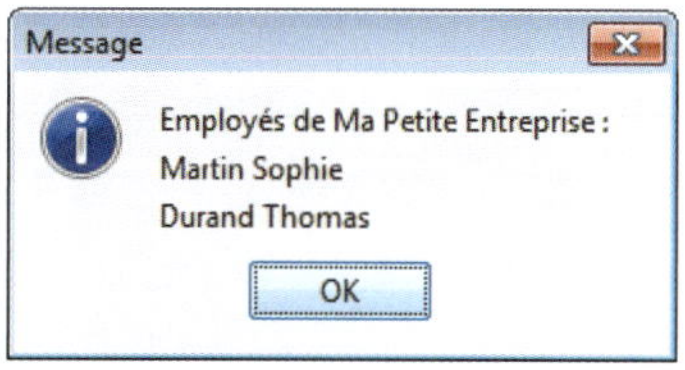

Figure 14–8 Application com.eteks.test.AfficherEmployesSociete

EXEMPLE com/eteks/test/AfficherEmployesSociete.java

```
package com.eteks.test;

import java.io.File;
import javax.swing.JOptionPane;
import javax.xml.bind.JAXB;
import com.eteks.outils.*;

class AfficherEmployesSociete
{
  public static void main(String[] args)
  {
    Societe societe = JAXB.unmarshal(new File("societe.xml"),
                                     Societe.class);
```

◂ Lecture du graphe d'objets dont la racine est objet de classe `com.eteks.outils.Societe`.

Construction d'un texte listant les employés de la société. ▸

```
    String message = "Employ\u00e9s de " + societe.getNom() + " :\n";
    for (Employe employe : societe.getEmployes())
    {
      message += employe.getNom() + " " + employe.getPrenom() + "\n";
    }
    JOptionPane.showMessageDialog(null, message);
  }
}
```

POUR ALLER PLUS LOIN Compilateur et générateur de schéma XML

Le JDK fournit les deux outils `xjc` et `schemagen`, le premier étant capable de fournir les classes Java correspondant à un chéma XML et le second effectuant l'opération inverse, c'est-à-dire produire un schéma XML à partir d'une liste de classes. Bien entendu, comme tout outil automatique, ceux-ci vous donnent beaucoup moins de contrôle sur la correspondance objet/XML que les annotations JAXB.

ATTENTION Volume des objets en mémoire

Une opération d'unmarshalling crée le graphe complet des objets correspondant à un document XML ; à un document XML volumineux peut donc correspondre un ensemble d'objets volumineux en mémoire. Si c'est gênant, il vous faudra alors peut-être recourir plutôt à SAX ou StAX.

En résumé...

Après une introduction présentant les vastes possibilité offertes par XML, ce chapitre vous a montré comment mettre en œuvre les nombreuses API que propose Java pour exploiter cette technologie, notamment les deux catégories de classes parmi les plus utilisées pour analyser un document XML : SAX et DOM. Ces deux API, qui fonctionnent très différemment l'une de l'autre, couvrent l'essentiel des besoins pour exploiter les informations d'un document XML. Pensez aussi à recourir à JAXB si vous avez besoin de lire et d'enregistrer des documents XML qui correspondent aux données de vos classes.

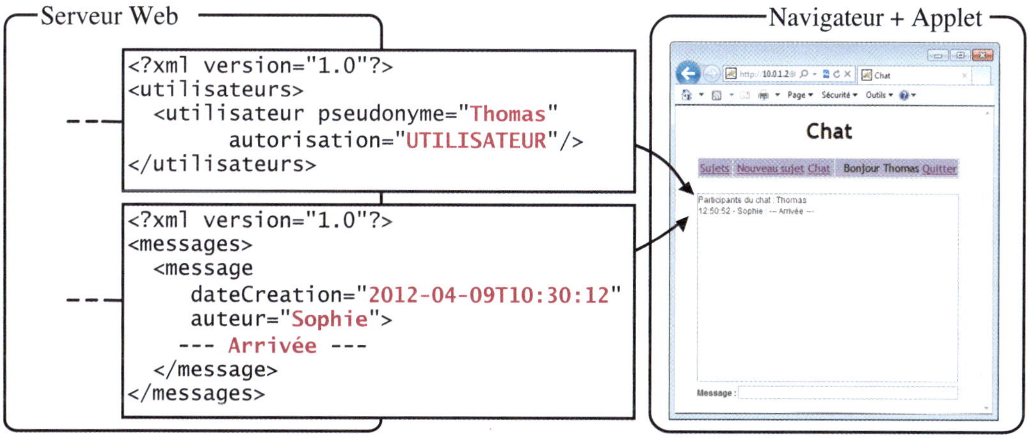
Serveur Web
<?xml version="1.0"?>
<utilisateurs>
<utilisateur pseudonyme="Thomas"
autorisation="UTILISATEUR"/>
</utilisateurs>
<?xml version="1.0"?>
<messages>
<message
dateCreation="2012-04-09T10:30:12"
auteur="Sophie">
--- Arrivée ---
</message>
</messages>
Navigateur + Applet
Chat
Sujets
Nouveau sujet Chat
Bonjour Thomas Quitter
Participants du chat : Thomas
12:50:52 - Sophie : --- Arrivée ---
Message :

chapitre 15

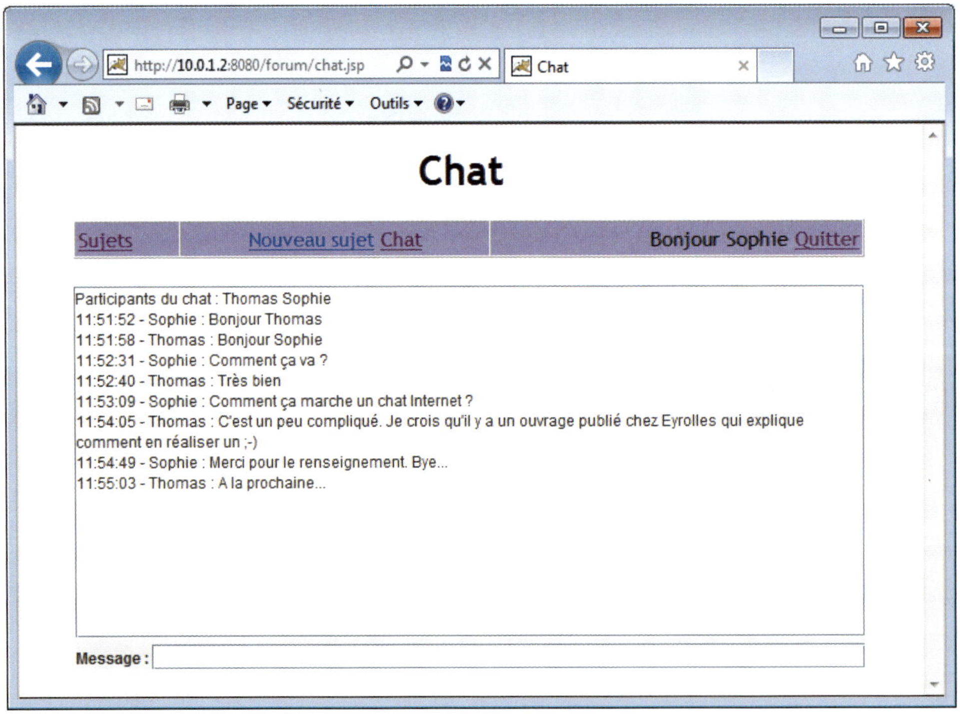
http://10.0.1.2:8080/forum/chat.jsp
Chat
Page
Sécurité
Outils
Chat
Sujets
Nouveau sujet
Chat
Bonjour Sophie
Quitter
Participants du chat : Thomas Sophie
11:51:52 - Sophie : Bonjour Thomas
11:51:58 - Thomas : Bonjour Sophie
11:52:31 - Sophie : Comment ça va ?
11:52:40 - Thomas : Très bien
11:53:09 - Sophie : Comment ça marche un chat Internet ?
11:54:05 - Thomas : C'est un peu compliqué. Je crois qu'il y a un ouvrage publié chez Eyrolles qui explique comment en réaliser un ;-)
11:54:49 - Sophie : Merci pour le renseignement. Bye...
11:55:03 - Thomas : A la prochaine...
Message :

Messagerie instantanée avec la programmation multitâche

Comme tous les systèmes d'exploitation actuels, la machine virtuelle Java est capable d'exécuter plusieurs tâches simultanément, par exemple pour effectuer des animations ou pour lancer des traitements indépendants les uns des autres. Ce chapitre montre les différentes façons d'exploiter ces fonctionnalités multitâches, notamment dans le but de rendre réactive l'interface utilisateur d'une applet de chat.

SOMMAIRE

- Gestion des animations
- Programmation des threads
- Intégration d'un chat au forum
- Synchronisation du chat

MOTS-CLÉS

- Timer
- Thread
- start
- run
- chat
- applet
- synchronized
- wait
- notify

Le principe de la programmation multitâche est le suivant : quand l'ordinateur de l'utilisateur ne possède qu'un seul microprocesseur avec un seul cœur, il ne peut y avoir à un instant donné, qu'une seule tâche (ou *thread*) en cours d'exécution, les autres tâches étant mises en attente. Le système partage ainsi le temps d'exécution entre les différents threads, en leur octroyant chacun son tour un petit temps d'exécution du processeur (quelques millisecondes). On obtient ainsi l'illusion que tous les threads fonctionnent simultanément.

Grâce à la classe `java.lang.Thread` et d'autres classes de la bibliothèque standard dédiées à différents usages, la programmation multithread est simple à mettre en œuvre en Java, même si la gestion des informations partagées entre les threads requiert une attention particulière.

B.A.-BA Tâche, thread et processus

Une tâche ou un *thread* en Java est qualifié de *processus léger*. Ce terme désigne un traitement qui est exécuté en parallèle avec d'autres traitements au sein d'un même programme, qualifié quant à lui de *processus lourd*.
Le terme *thread* est préféré en Java car il fait référence à la classe `java.lang.Thread` qui lui correspond. À un processus lourd correspond la classe `java.lang.Process`.

Gestion d'animations avec la classe javax.swing.Timer

La classe `javax.swing.Timer` est le moyen le plus simple de créer des animations qui soient mises à jour régulièrement. Le constructeur de cette classe fonctionne en requérant un laps de temps en millisecondes et un listener qui implémente l'interface `java.awt.event.ActionListener`.

Appelée chaque fois que le laps de temps spécifié s'est écoulé, la méthode `actionPerformed` du listener est implémentée avec les instructions mettant à jour l'animation.

Les listeners qui « écoutent » des événements sont expliqués au chapitre 10.

API JAVA Classes java.util.Timer et java.util.TimerTask

Le package `java.util` contient les deux classes `Timer` et `TimerTask`, qui offrent des fonctionnalités équivalant au couple `javax.swing.Timer` et `java.awt.event.ActionListener`. Pour mettre à jour une interface utilisateur Swing, choisissez plutôt la classe `javax.swing.Timer` comme dans l'exemple ci-contre.

API JAVA Méthodes les plus utiles de la classe javax.swing.Timer API Java

Description	Méthode

Démarrage, arrêt et redémarrage du timer	`public void start()`
	`public void stop()`
	`public void restart()`

Changement du laps de temps	`public void setDelay(int delay)`

Par l'exemple : afficher les nouvelles

L'applet de classe `com.eteks.test.AppletNouvelles` fait défiler verticalement et en boucle un texte affiché dans une instance de `javax.swing.JLabel`, la mise à jour de l'animation étant assurée toutes les 50 millisecondes par un timer. Comme cette applet gère une animation, ses méthodes `start` et `stop` appelées lors de l'affichage de l'applet et au moment de sa disparition sont redéfinies pour démarrer ❶ et arrêter ❷ le timer utilisé pour mettre à jour l'animation.

EXEMPLE com/eteks/test/AppletNouvelles.java

```
package com.eteks.test;

import java.awt.event.*;
import javax.swing.*;

/**
 * Applet deplaçant verticalement un label parametrable.
 */
public class AppletNouvelles extends JApplet
{
  private Timer timer;

  @Override
  public void init()
  {
    final JLabel texte = new JLabel(getParameter("texte"));

    texte.setLocation(0, getHeight());
    texte.setSize(texte.getPreferredSize());

    setLayout(null);
    add(texte);

    ActionListener timerListener = new ActionListener()
      {
        public void actionPerformed(ActionEvent ev)
        {
          int y = texte.getY();

          if (y < -texte.getHeight())
            y = texte.getHeight();
          else
            y--;
          texte.setLocation(texte.getX(), y);
        }
      };

    this.timer = new Timer(50, timerListener);
  }

  @Override
  public void start()
  {
    this.timer.start(); ❶
  }

  @Override
  public void stop()
  {
    this.timer.stop(); ❷
  }
}
```

- Champ mémorisant le timer démarré et arrêté dans les méthodes `start` et `stop` de l'applet.
- Point d'entrée de l'applet : méthode appelée lors du chargement de l'applet.
- Création d'un label utilisant le paramètre `texte`.
- Positionnement du label en bas de l'applet avec calcul de sa taille « préférée ».
- Annulation du layout de l'applet pour pouvoir déplacer le label pendant l'animation.
- Création d'un listener mettant à jour la position verticale du label `texte`.
- Récupération de la position verticale du label.
- Si tout le texte a défilé, le label est repositionné en bas de l'applet.
- Sinon le label est déplacé d'un pixel vers le haut.
- Création du timer appelé toutes les 50 millisecondes (ce qui correspond à 20 images/seconde).
- Méthode appelée à l'affichage de l'applet.
- Démarrage de l'animation.
- Méthode appelée à l'arrêt de l'applet.
- Arrêt de l'animation.

La classe d'applet `com.eteks.test.AppletNouvelles` fait défiler verticalement le texte contenu dans le paramètre `texte`. Le fichier HTML `AppletNouvelles.html` utilise un texte HTML pour l'animation.

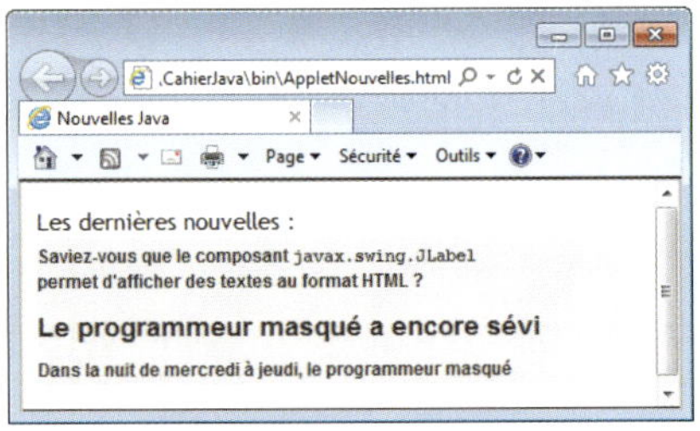

Figure 15–1 Applet com.eteks.test.AppletNouvelles

```
<html><title>Nouvelles Java</title></head>
<body>Les derni&egrave;res nouvelles :<br>
<applet code='com.eteks.test.AppletNouvelles' width='400'
        height='100' codebase='../classes'>
  <param name='texte'
         value="<html><h2>Swing encore plus facile !</h2>
           Saviez-vous que le composant <code>javax.swing.JLabel
           </code><br>
           permet d'afficher des textes au format HTML ?<br>
           <h2>Le programmeur masqu&eacute; a encore s&eacute;vi</h2>
           Dans la nuit de mercredi &agrave; jeudi, le programmeur
           masqu&eacute;<br> a envoy&eacute; un spam contenant le texte
           <i>Vive Java!</i>...</html>">
  <p>Sans <a href='http://java.sun.com/getjava/'>Java</a>,
  les nouvelles sont tellement plus tristes...</p>
</applet></body></html>
```

Programmation d'un thread avec la classe java.lang.Thread

La classe `java.lang.Thread` permet de créer un traitement dans un thread indépendant par rapport au thread principal lancé au démarrage de la JVM. `run`, `start` et `sleep` sont les méthodes les plus utilisées de cette classe.

Instructions exécutées par un thread

```
public void run()
```

La méthode `run` doit être redéfinie dans une sous-classe de `java.lang.Thread` en précisant les instructions du traitement à exécuter dans un thread séparé.

Démarre un thread puis exécute la méthode `run` dans le nouveau thread.

```
public void start()
```

La méthode `start` est appelée pour démarrer un thread et exécuter les instructions implémentées dans sa méthode `run` en parallèle avec les autres threads.

Arrête le thread en cours d'exécution pendant la durée donnée en paramètre.

```
public static void sleep(long millis) throws
     java.lang.InterruptedException
```

La méthode `sleep` est appelée pour arrêter le thread en cours d'exécution pendant un laps de temps donné en millisecondes.

REGARD DU DÉVELOPPEUR Du bon usage de la méthode sleep

Évitez de recourir à une boucle d'attente comme :

```
for (int i = 0; i < 1000000000; i++)
  ;
```

pour laisser s'écouler le temps dans un programme. Une telle boucle a une durée très variable d'une machine à l'autre et peut dégrader la réactivité du système.

Préférez-lui la méthode de classe `sleep` ; l'appel à cette méthode vous oblige à prendre en compte l'exception contrôlée de classe `java.lang.InterruptedException`qu'elle peut déclencher, mais c'est bien la seule difficulté d'utilisation de cette méthode.

```
try
{
  // Arrêt pendant 1 seconde
  Thread.sleep (1000);
}
catch (InterruptedException ex)
{
  // Arrêt du thread interrompu
}
```

La méthode `sleep` est souvent utilisée pour gérer l'attente entre deux mises à jour d'une animation. Pour programmer une animation qui requiert un délai fixe entre deux mises à jour, préférez-lui la classe `javax.swing.Timer` : cette classe évite de prendre en compte le temps que dure la mise à jour de l'animation, avec les appels à la méthode `currentTimeMillis` de la classe `java.lang.System` que cela implique.

Implémenter la méthode run

Les instructions d'un thread doivent être implémentées dans la méthode `run`, soit dans une sous-classe de `java.lang.Thread`, soit dans une classe qui implémente l'interface `java.lang.Runnable`.

Une application peut lancer autant de threads qu'elle le désire et les instructions d'un thread peuvent utiliser toutes les données du programme accessibles dans la méthode `run`.

ATTENTION Démarrez un thread avec start

Il faut appeler la méthode `start` pour démarrer un thread, pas la méthode `run`. Si vous appelez la méthode `run` directement, les instructions de cette méthode seront exécutées dans le thread en cours d'exécution et non dans un thread séparé.

Implémenter la méthode run avec une sous-classe de java.lang.Thread

Le moyen le plus simple d'exécuter un ensemble d'instructions dans un thread séparé est d'utiliser une sous-classe anonyme de `java.lang.Thread`, qui prend la forme suivante :

```
Thread unThread = new Thread()
  {
    @Override

    public void run()
    {

      // Instructions à exécuter
    }

  };

unThread.start();
```

- Définition d'une sous-classe anonyme de `java.lang.Thread` dont l'instance est affectée à la variable `unThread`.
- Redéfinition de la méthode `run` de la classe `java.lang.Thread`.
- Traitement à exécuter dans un thread indépendant.
- Fin de la classe anonyme.
- Démarrage du thread.

API JAVA Interface java.lang.Runnable

L'interface `java.lang.Runnable` contient uniquement la méthode `public void run()`. La méthode `run` de la classe `java.lang.Thread` provient en fait de l'interface `Runnable` qu'implémente cette classe.

Implémenter la méthode run avec l'interface java.lang.Runnable

L'autre moyen de décrire le traitement exécuté par un autre thread est d'utiliser une classe qui implémente l'interface `java.lang.Runnable`. Pour exécuter dans un thread séparé les instructions de la méthode `run` d'une telle classe, il faut créer une instance de `java.lang.Thread` en passant à son constructeur un objet de cette classe, puis appeler la méthode `start` sur ce nouveau thread.

Implémentation de l'unique méthode `run` de l'interface `java.lang.Runnable`.

Création d'un thread avec un objet dont la classe implémente `java.lang.Runnable`.

Démarrage du nouveau thread.

```
package com.eteks.test;

class ClasseRunnable implements Runnable
{
  // Champs et méthodes de la classe
  public void run()
  {
    // Instructions à exécuter dans un thread indépendant
  }
}

class ApplicationMultiThread
{
  public static void main(String[] args)
  {
    ClasseRunnable obj = new ClasseRunnable();
    Thread unThread = new Thread(obj);

    unThread.start();
    // Autres instructions du thread principal lancé par la JVM
  }
}
```

Ajout d'un module de chat au forum de discussion

B.A.-BA Chat

Un chat permet de dialoguer en direct avec plusieurs personnes. À la différence d'un forum de discussion, l'interface utilisateur d'un chat se charge elle-même de mettre à jour la liste de tous les messages postés par les participants au chat.

Voyons à présent coment ajouter un module de chat au forum dont l'interface utilisateur est réalisée avec une applet. Cette applet exécutée dans le navigateur de chaque participant au chat fait appel à un ensemble de pages JSP du serveur web pour lui envoyer chaque nouveau message, obtenir la liste des derniers messages et la liste des participants au chat. Les appels à ces pages, qui peuvent être ralentis par le temps d'accès au serveur, sont programmés dans des threads séparés de façon que l'interface utilisateur soit plus réactive.

REGARD DU DÉVELOPPEUR **Programmation multithread et Swing**

La mise à jour des composants à l'écran et l'appel aux listeners de votre programme quand un événement survient sont gérés par un thread propre à AWT et Swing. Ce thread est lancé par la JVM aussitôt que ces bibliothèques sont utilisées à l'exécution d'un programme Java. Même si Swing a ses propres threads, il existe des cas où il est nécessaire de créer des threads personnalisés avec cette bibliothèque : si vous programmez une longue opération dans une méthode d'un listener comme `actionPerformed`, vous risquez de retarder à l'exécution la mise à jour des composants à l'écran et la réaction aux événements provoqués ultérieurement. Si l'attente se prolonge, ce type de programmation donne l'impression à l'utilisateur que l'application n'est pas réactive ou bloquée, ce que tente d'éviter l'applet de chat.

Interaction entre l'applet de chat et les pages JSP

Comme le montre la figure 15-2, l'interface utilisateur de l'applet couvre les deux fonctions principales d'un chat : la saisie et l'affichage des messages postés par les participants.

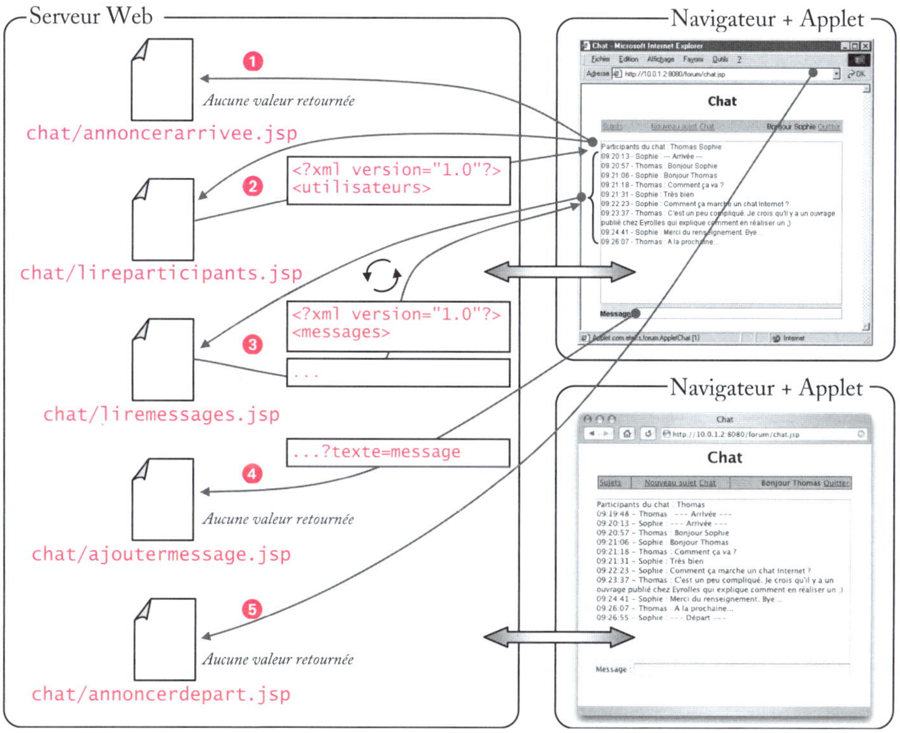

Figure 15–2 Interaction entre l'applet de chat et le serveur web

Pendant son exécution, l'applet a recours à cinq pages JSP du serveur pour assurer ses fonctionnalités :

1 Lors de son lancement, l'applet fait appel à la page `chat/annoncerarrivee.jsp` ❶ pour ajouter l'utilisateur à la liste des participants du chat et annoncer son arrivée aux autres participants du chat. L'applet affiche ensuite la liste des participants renvoyée par la page `chat/lireparticipants.jsp` ❷, puis lance un thread pour lire les messages et les afficher. Tant que l'applet est en marche, ce thread fait appel en boucle à la page `chat/liremessages.jsp` ❸ pour obtenir la liste des nouveaux messages, puis attend une seconde avant de recommencer.

2 Une fois l'applet lancée, l'utilisateur peut saisir des messages dans le champ de saisie, qui sont envoyés au serveur aussitôt qu'il appuie sur la touche Entrée (retour chariot). Le texte de chaque message est transmis au serveur en faisant appel à la page `chat/ajoutermessage.jsp` ❹ qui le mémorise sur le serveur afin que la page `chat/liremessages.jsp` puisse le retransmettre à tous les participants.

3 À l'arrêt de l'applet, la page `chat/annoncerdepart.jsp` ❺ est finalement appelée pour retirer l'utilisateur de la liste des participants du chat et annoncer son départ aux autres participants.

Composants JavaBeans du serveur pour le chat

Les classes des messages, des participants et des ensembles correspondants sont les mêmes classes que celles utilisées dans le forum, c'est-à-dire les classes `MessageForum`, `UtilisateurForum` et `EnsembleMessagesForum` du package `com.eteks.forum`. Ces classes sont définies dans les chapitres 6 « Les classes de base de la bibliothèque Java » et 11 « Connexion à la base de données avec JDBC ».

L'ensemble des messages du chat et la liste des participants sont stockés par des objets de portée `application` pour pouvoir être partagés entre tous les utilisateurs et les pages du chat. Le mode de fonctionnement reproduit celui des chats disponibles sur Internet, proposant en général d'afficher uniquement les messages créés depuis la connexion d'un utilisateur sans possibilité de remonter dans l'historique avant connexion. Ces listes n'ont donc pas besoin d'être sauvegardées dans la base de données et restent en mémoire.

Ensemble des messages du chat

La liste des messages est stockée par l'objet `messagesChat` de classe `com.eteks.forum.EnsembleMessagesForum`. Cet objet est déclaré dans le fichier `WEB-INF/jspf/bean/messageschat.jspf`, inclus dans les pages qui doivent accéder à l'ensemble des messages.

CHAT WEB–INF/jspf/bean/messageschat.jspf

Déclaration de l'objet `messagesChat` de portée `application`.

```
<jsp:useBean id='messagesChat' scope='application'
        class='com.eteks.forum.EnsembleMessagesForum' />
```

Message du chat

La classe `com.eteks.forum.MessageForum` est utilisée comme composant JavaBeans pour mémoriser chaque message du chat, leur sujet n'étant pas utilisé ici.

Ensemble des participants au chat

L'ensemble des participants est stocké dans l'objet `participantsChat` de classe `java.util.HashSet`. L'objet `utilisateurForum` d'un utilisateur y est ajouté quand il accède au chat puis en est retiré quand il quitte le chat. L'objet `participantsChat` est déclaré dans le fichier `WEB-INF/jspf/bean/participantschat.jspf` qui est inclus dans les pages devant accéder à l'ensemble des participants.

L'objet `utilisateurForum` de portée `session` représente chaque utilisateur du forum. Il est déclaré dans le fichier `WEB-INF/jspf/bean/utilisateurforum.jspf`, décrit au chapitre 13 « Interface utilisateur du forum ».

CHAT WEB-INF/jspf/bean/participantschat.jspf

```
<jsp:useBean id='participantsChat' scope='application'
    class='java.util.HashSet'
    type='java.util.Set<com.eteks.forum.UtilisateurForum>'/>
```

◂ Déclaration de l'objet `participantsChat` de portée `application`

Date de la dernière lecture des messages

Pour éviter d'envoyer la liste de tous les messages à chaque fois que l'applet demande une mise à jour du chat, on associe à chaque participant un objet `dateLectureMessagesChat` de portée `session` qui mémorise la date de sa dernière requête de lecture des messages.

CHAT WEB-INF/jspf/bean/datelecturemessageschat.jspf

```
<jsp:useBean id='dateLectureMessagesChat' scope='session'
        class='java.util.Date' />
```

◂ Déclaration de l'objet `dateLectureMessagesChat` de portée `session`

Pages JSP de gestion du chat

Les cinq pages propres au module de chat utilisent les objets décrits précédemment pour gérer les messages et les accès au chat d'un utilisateur du forum.

Arrivée d'un utilisateur dans le chat

La page `chat/annoncerarrivee.jsp` est appelée au lancement de l'applet d'un utilisateur pour ajouter cet utilisateur à l'ensemble des participants au chat ❶ et créer automatiquement un message qui signale son arrivée en faisant appel à la page `chat/ajoutermessage.jsp` ❸.

CHAT chat/annoncerarrivee.jsp

- Balise page spécifiant le package à importer.
- Inclut les objets décrits dans les fichiers du sous-dossier WEB-INF/jspf/bean.
- Ajout de l'utilisateur à l'ensemble des participants.
- Initialisation de l'objet dateLectureMessagesChat avec la date du moment.
- Transfert du contrôle à la page ajoutermessage.jsp.

```
<%@ page import='java.util.*' %>

<%@ include file='/WEB-INF/jspf/bean/utilisateurforum.jspf' %>
<%@ include file='/WEB-INF/jspf/bean/datelecturemessageschat.jspf' %>
<%@ include file='/WEB-INF/jspf/bean/participantschat.jspf' %>

<% participantsChat.add(utilisateurForum); %> ❶

<% dateLectureMessagesChat.setTime(new Date().getTime()); %> ❷

<jsp:forward page='ajoutermessage.jsp'> ❸
  <jsp:param name='texte' value='<%= "--- Arriv\u00e9e ---" %>'/>
</jsp:forward>
```

Cette page modifie aussi l'objet dateLectureMessagesChat de l'utilisateur en lui affectant la date du moment ❷ : cette opération permet à la page de lecture des messages, chat/liremessages.jsp, de n'envoyer à l'utilisateur que les messages de messagesChat ajoutés après son arrivée.

ASTUCE Tester les pages JSP

Même si certaines des pages JSP utilisées par le chat ne renvoient pas de texte (comme la page annoncerarriveechat.jsp), il est important de pouvoir les tester individuellement pendant leur mise au point. Ainsi, si vous saisissez directement l'URL de la page JSP dans le champ d'adresse du navigateur (par exemple, http://127.0.0.1:8080/forum/chat/annoncerarrivee.jsp), le serveur vous répondra par un texte d'erreur s'il n'a pas réussi à interpréter ou exécuter la page.

REGARD DU DÉVELOPPEUR Servlet ou JSP, que choisir ?

Les pages JSP du chat ne font pas de mise en page et auraient très bien pu être développées sous forme de servlets. Les pages JSP ont été utilisées ici principalement par souci de concision et parce que les balises jsp:useBean sont plus simples à programmer que leur code équivalent dans une servlet qui utilise des attributs (ouvrez un fichier .java équivalent à une page JSP et vous pourrez comparer par vous-même !).

Lecture des participants au chat

La page chat/lireparticipants.jsp peut être appelée à tout moment pour obtenir du serveur la liste des participants au chat. Cette page renvoie un document XML ❶ ❷ d'élément racine utilisateurs ❸ qui décrit les utilisateurs participant au chat avec leur élément utilisateur correspondant ❹.

CHAT chat/lireparticipants.jsp

- Prologue XML.
- Balise page spécifiant le type MIME de XML avec l'encodage UTF-8.
- Inclut l'objet participantsChat.
- Balise de début de l'élément racine.
- Énumération des participants au chat.

```
<?xml version='1.0'?> ❶

<%@ page contentType='application/xml;charset=UTF-8' ❷
     import='com.eteks.forum.*,com.eteks.outils.*,java.util.*' %>

<%@ include file='/WEB-INF/jspf/bean/participantschat.jspf' %>

<utilisateurs> ❸

<% for (UtilisateurForum participant : participantsChat)
   { %>
```

```
  <utilisateur ❹
    pseudonyme='<%= OutilsChaine.convertirEnEntites( ❺
                                participant.getPseudonyme()) %>'
    autorisation='<%= participant.getAutorisation() %>' />
<% } %>
</utilisateurs>
```

◂ Création d'un élément `utilisateur` avec ses attributs `pseudonyme` et `autorisation`.

◂ Balise de fin de l'élément racine.

Comme un attribut XML ne doit pas contenir un des symboles `&<'"`, notez que la méthode `convertirEnEntites` de la classe `com.eteks.outils.OutilsChaine` est appelée sur le pseudonyme de l'utilisateur ❺ pour convertir, si besoin est, ces caractères en leur entité respective.

Les éléments et les attributs XML retenus pour échanger des informations entre le serveur et les clients du module de chat sont décrits dans la DTD `forum.dtd` donnée à la fin du chapitre 14 « Échanger des informations avec XML ».

Lecture des messages du chat

La page `chat/liremessages.jsp` est appelée régulièrement par l'applet pour obtenir du serveur les derniers messages ajoutés au chat, sous forme d'un document XML d'élément racine `messages`.

CHAT chat/liremessages.jsp

```
<?xml version='1.0'?>

<%@ page contentType='application/xml;charset=UTF-8'
      import='com.eteks.forum.*,com.eteks.outils.*,
              java.util.*,javax.xml.bind.*' %>
<%@ include file='/WEB-INF/jspf/bean/messageschat.jspf' %>
<%@ include file='/WEB-INF/jspf/bean/datelecturemessageschat.jspf'%>

<messages>

<% for (MessageForum message : messagesChat) ❶
   {
     Date dateMessage = message.getDateCreation();
     if (dateMessage.after(dateLectureMessagesChat)) ❷
     {
       Calendar date = Calendar.getInstance(); ❸
       date.setTime(dateMessage); %>
  <message auteur='<%= OutilsChaine.convertirEnEntites( ❹
                                    message.getAuteur()) %>'
      dateCreation='<%= DatatypeConverter.printDateTime(date) %>'> ❺
    <%= OutilsChaine.convertirEnEntites(message.getTexte()) %>
  </message>
<%   }
   }
   dateLectureMessagesChat.setTime(System.currentTimeMillis()); %> ❻

</messages>
```

◂ Prologue XML.

◂ Balise `page` spécifiant le type MIME de XML avec l'encodage `UTF-8`.

◂ Inclut les objets décrits dans les fichiers du sous-dossier `WEB-INF/jspf/bean`.

◂ Balise de début de l'élément racine.

◂ Énumération des messages du chat.

◂ Si la date du message est postérieure à la date de dernière lecture...

◂ ... création d'un élément `message` avec ses attributs `dateCreation`, `auteur` et ses données textuelles représentant le texte du message.

◂ Modification de l'objet `dateLectureMessagesChat` avec la date du moment.

◂ Balise de fin de l'élément racine.

Pour éviter d'envoyer la liste de tous les messages à chaque requête de l'applet de chat, cette page utilise l'objet `dateLectureMessagesChat` propre à chaque utilisateur (grâce à sa portée `session`) afin de ne lui envoyer que les nouveaux messages postés depuis sa dernière requête.

Au cours de l'énumération sur l'ensemble des messages ❶, seuls les messages postérieurs à cette date ❷ sont donc renvoyés sous la forme d'un élément `message` ❹. Une fois l'énumération terminée, l'objet `dateLectureMessagesChat` est mis à jour avec la date du moment ❻. Remarquez que pour convertir d'une instance de `java.util.Date` en un objet de type `java.util.Calendar` requis en paramètre pour la méthode `printDateTime` ❺, il faut obtenir une instance de `Calendar` puis appeler sa méthode `setTime` ❸ pour l'initialiser à l'heure voulue.

> **ATTENTION Blancs typographiques introduits dans une page JSP**
>
> Toutes les indentations et balises JSP isolées sur une ligne introduisent autant d'espaces ou de retours à la ligne dans la réponse. L'applet devra nettoyer ces espaces pour n'extraire que l'information utile. Ces espaces n'empêchent pas le document XML d'être syntaxiquement correct, excepté pour le prologue XML qui doit apparaître au tout début du fichier JSP pour ne pas poser de problème aux analyseurs XML.

Ajout d'un message dans le chat

La page `chat/ajoutermessage.jsp` est appelée par l'applet pour transmettre au serveur le texte des messages rédigés par l'utilisateur. Les pages `chat/annoncerarrivee.jsp` et `chat/annoncerdepart.jsp` y font aussi appel pour créer automatiquement un message qui annonce l'arrivée ou le départ d'un participant du chat.

CHAT chat/ajoutermessage.jsp

- Balise `page` spécifiant le package à importer.
- Inclut les objets décrits dans les fichiers du sous-dossier `WEB-INF/jspf/bean`.
- Énumération des messages du chat.
- Si le message date de plus de 5 minutes...
- ... suppression du message.
- Création d'un message avec le texte en paramètre de la requête.
- Modification de l'auteur.
- Ajout du message à l'ensemble des messages.

```
<%@ page import='com.eteks.forum.*,java.util.*' %>

<%@ include file='/WEB-INF/jspf/bean/utilisateurforum.jspf' %>
<%@ include file='/WEB-INF/jspf/bean/messageschat.jspf' %>

<% for (Iterator<MessageForum> it = messagesChat.iterator(); ❶
        it.hasNext(); )
   {
     MessageForum message = it.next();
     if ( System.currentTimeMillis()
         - message.getDateCreation().getTime() > 300000) ❷
       it.remove(); ❸
   } %>
<jsp:useBean id='message' class='com.eteks.forum.MessageForum'> ❹
  <jsp:setProperty name='message' property='*'/> ❺

  <% message.setAuteur(utilisateurForum); %>
</jsp:useBean>
<% messagesChat.ajouter(message); %> ❻
```

Cette page crée un objet de classe `com.eteks.forum.MessageForum` ❹ initialisé avec le texte reçu en paramètre ❺ puis l'ajoute à l'ensemble des messages du chat ❻.

Avant cela, les messages qui ont plus de 5 minutes ❷ (5 minutes = 5 × 60 × 1 000 millisecondes) sont supprimés de l'ensemble `messagesChat` ❸, pour qu'ils puissent être détruits par le ramasse-miettes de la JVM. Comme les messages sont lus presque instantanément par les applets, il est inutile de stocker en mémoire ceux qui ont déjà été renvoyés aux applets connectées ; la marge (arbitraire) de 5 minutes permet de

> **À RETENIR Méthode remove de l'interface java.util.Iterator**
>
> Remarquez qu'ici, les messages du chat sont énumérés à l'aide d'une boucle opérant sur un itérateur ❶ et non d'une boucle itérative `for ( : )` pour appeler la méthode `remove` disponible dans cet interface ❸.

tolérer les éventuelles coupures de connexion Internet qui retarderaient la lecture des messages.

Départ d'un participant du chat

La page `chat/annoncerdepart.jsp` est appelée lors de l'arrêt de l'applet d'un utilisateur pour retirer ce dernier de l'ensemble des participants au chat ❶ et créer automatiquement un message signalant son départ ❷.

CHAT chat/annoncerdepart.jsp

```
<%@ include file='/WEB-INF/jspf/bean/participantschat.jspf' %>
<%@ include file='/WEB-INF/jspf/bean/utilisateurforum.jspf' %>

<% participantsChat.remove(utilisateurForum); %> ❶

<jsp:forward page='ajoutermessage.jsp'> ❷
  <jsp:param name='texte' value='<%= "--- D\u00e9part ---" %>'/>
</jsp:forward>
```

◄ Inclut les objets décrits dans les fichiers du sous-dossier `WEB-INF/jspf/bean`.

◄ Suppression de l'utilisateur de l'ensemble des participants.

◄ Transfert du contrôle à la page `ajoutermessage.jsp`.

Interface utilisateur du chat

L'interface utilisateur du chat est réalisée sous la forme d'une applet incluse dans une page JSP. Cette applet de classe `com.eteks.forum.AppletChat` met en page une zone de texte de classe `javax.swing.JTextArea` ❶ affichant la liste des messages du chat et un composant de classe `javax.swing.JTextField` ❷ pour la saisie de nouveaux messages. On accède aux pages JSP du serveur décrites précédemment au moyen des cinq méthodes, `annoncerArrivee` ❺, `lireParticipants` ❻, `lireMessages` ❽, `envoyerMessage` ❿ et `annoncerDepart` ⓬, de la classe `AppletChat`.

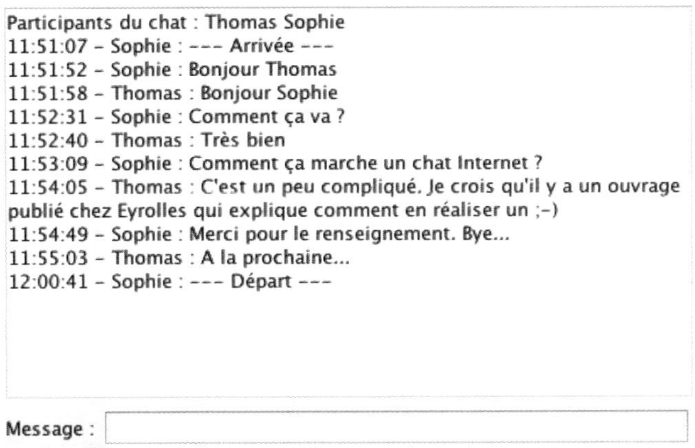

Figure 15–3 Interface utilisateur du chat

CHAT com/eteks/forum/AppletChat.java

```
package com.eteks.forum;
import java.awt.*;
import java.awt.event.*;
import javax.swing.*;
import java.net.*;
import java.io.*;
import java.util.*;
import java.text.*;
public class AppletChat extends JApplet
{
```

Création des composants Swing affichés dans l'applet.

```
  private JTextArea texteMessages = new JTextArea(); ❶
  private JScrollPane panneauAscenseur =
                        new JScrollPane(texteMessages);
  private JLabel labelMessage =
                        new JLabel("En cours de connexion...");
  private JTextField saisieMessage = new JTextField(50); ❷
```

Format pour afficher l'heure des messages.

```
  private DateFormat formatHeure = DateFormat.getTimeInstance();
```

Analyseur des documents XML renvoyés par les pages JSP du serveur.

```
  private AnalyseurXMLForum analyseurXML =
                               new AnalyseurXMLForum();
```

Champ utilisé pour arrêter le thread principal de l'applet.

```
  private boolean arretApplet;

  @Override
```

Point d'entrée de l'applet : Méthode appelée au chargement de l'applet.

```
  public void init()
  {
```

Le champ de saisie multiligne `texteMessages` est rendu non éditable et met automatiquement à la ligne les phrases qui excèdent la largeur du composant, mais sans couper les mots.

```
    this.texteMessages.setEditable(false);
    this.texteMessages.setLineWrap(true);
    this.texteMessages.setWrapStyleWord(true);
```

Ajout du label et du champ de saisie du message au panneau de saisie.

```
    JPanel panneauSaisie = new JPanel(new BorderLayout());
    panneauSaisie.add(this.labelMessage, BorderLayout.WEST);
    panneauSaisie.add(this.saisieMessage, BorderLayout.CENTER);
```

Le champ de saisie est rendu invisible tant que la connexion n'est pas établie.

```
    saisieMessage.setVisible(false);
```

Utilisation pour l'applet d'un layout de classe `BorderLayout`.

```
    setLayout(new BorderLayout(0, 5));
```

Ajout du panneau à ascenseurs au centre et du panneau de saisie en bas.

```
    add(panneauAscenseur, BorderLayout.CENTER);
    add(panneauSaisie, BorderLayout.SOUTH);
```

Ajout du listener d'action au champ de saisie pour envoyer le message saisi au serveur.

```
    saisieMessage.addActionListener(new ActionListener()
      {
        public void actionPerformed(ActionEvent ev) ❸
        {
```

Récupération du texte saisi sans les espaces au début et à la fin.

```
          String texteSaisi = saisieMessage.getText().trim();
```

Envoi du texte saisi si sa longueur n'est pas nulle.

```
          if (texteSaisi.length() > 0)
            envoyerMessage(texteSaisi);
```

```
        saisieMessage.setText("");
      }
    });
}

public void afficherMessage(String message)
{
  this.texteMessages.append(message + "\n");
  this.panneauAscenseur.getVerticalScrollBar().
    setValue(Integer.MAX_VALUE);
}

public void afficherErreur(String message)
{
  this.labelMessage.setText(message);
  this.saisieMessage.setVisible(false);
  this.arretApplet = true; ❹
}

public void annoncerArrivee() throws IOException ❺
{
  lancerRequete(getParameter("annoncerArrivee"));
}

public void lireParticipants() throws IOException ❻
{
  InputStream fluxLecture =
        connecter(getParameter("lireParticipants"));
  Set<Utilisateur> utilisateurs =
      analyseurXML.lireUtilisateursXML(fluxLecture); ❼
  String message = "Participants du chat :";
  for (Utilisateur utilisateur : utilisateurs)
    message += " " + utilisateur.getPseudonyme();
  afficherMessage(message);
}

public void lireMessages() throws IOException ❽
{
  try
  {
    for (arretApplet = false; !arretApplet; )
    {
      InputStream fluxLecture =
           connecter(getParameter("lireMessages"));
      afficherMessagesXML(fluxLecture);
      Thread.sleep(1000);
    }
  }
```

◂ Suppression du texte saisi dans le champ de saisie.

◂ Ajout du message en paramètre à la fin du champ de saisie multiligne.

◂ Positionnement de l'ascenseur vertical à sa position la plus basse pour visualiser le texte ajouté.

◂ Affichage du message en paramètre et interdiction de saisir un nouveau message.

◂ Changement du texte du label et effacement du champ de saisie.

◂ Ne plus continuer à lire les messages dans le thread de lecture des messages.

◂ Annonce de l'arrivée de l'utilisateur dans le chat.

◂ Appel de la page JSP du serveur qui annonce l'arrivée d'un utilisateur.

◂ Lecture de la liste des participants au chat.

◂ Connexion à la page JSP du serveur qui renvoie la liste des participants.

◂ Lecture des utilisateurs dans le document XML.

◂ Construction d'un message énumérant tous les participants.

◂ Affichage de la liste des participants.

◂ Lecture de la liste des messages du chat.

◂ Démarrage d'une boucle de lecture des messages.

◂ À chaque tour de boucle, lecture des nouveaux messages renvoyés par la page JSP du serveur, puis arrêt du thread en cours d'exécution pendant 1 seconde.

Exception déclenchée par le navigateur pour couper la pause du thread quand l'applet est arrêtée.

```
  catch (InterruptedException ex)
  {
  }
}
```

Lecture de la liste des nouveaux messages dans le flux de données en paramètre.

```
public void afficherMessagesXML(InputStream fluxLecture)
                                        throws IOException
{
```

Lecture des messages dans le document XML.

```
  EnsembleMessagesForum messages =
              analyseurXML.lireMessagesXML(fluxLecture); ❾
```

Énumération des messages pour les ajouter dans la zone de texte multiligne.

```
  for (MessageForum message : messages)
  {
```

Mise en forme du message au format *hh:mm:ss – auteur*: *texte*.

```
    String messageAffiche =
              formatHeure.format(message.getDateCreation())
            + " - " + message.getAuteur()
            + " : " + message.getTexte();
    afficherMessage(messageAffiche);
  }
}
```

Envoi du message en paramètre au serveur.

```
public void envoyerMessage(final String message) ❿
{
```

Création d'un thread pour envoyer le message sans bloquer l'applet.

```
  Thread threadEnvoiMessage = new Thread() ⓫
    {
```

Redéfinition de la méthode `run` de la classe `java.lang.Thread`.

```
      public void run()
      {
        try
        {
```

Ajout à la suite de la page JSP du paramètre `texte` qui a pour valeur le message au format `x-www-form-urlencoded`, avec l'encodage de caractères `ISO-8859-1` (codage par défaut des paramètres).

```
          String ajouterMessageAvecTexte =
            getParameter("ajouterMessage") + "?texte="
              + URLEncoder.encode(message, "ISO-8859-1");
```

Appel de la page JSP du serveur.

```
          lancerRequete(ajouterMessageAvecTexte);
        }
```

Si une exception a été déclenchée suite à un problème de connexion avec le serveur, affichage d'un message d'erreur.

```
        catch (IOException ex)
        {
          afficherErreur("Envoi du message impossible");
        }
      }
    };
```

Démarrage du thread.

```
  threadEnvoiMessage.start();
}
```

Annonce du départ de l'utilisateur du chat.

```
public void annoncerDepart() throws IOException ⓬
{
```

Appel de la page JSP du serveur qui annonce le départ d'un utilisateur.

```
  lancerRequete(getParameter("annoncerDepart"));
}
```

```
public void lancerRequete(String urlRelative) throws IOException ⑬
{
  InputStream fluxLecture = connecter(urlRelative);
  fluxLecture.close();
}

public InputStream connecter(String urlRelative)
                                         throws IOException ⑭
{
  URL url = new URL(getDocumentBase(), urlRelative); ⑮

  return url.openStream();
}

@Override
  return url.openStream();
}

@Override
public void start() ⑯
{
  Thread threadApplet = new Thread() ⑰
    {
      public void run()
      {
        try
        {
          annoncerArrivee();
          labelMessage.setText("Message : ");
          saisieMessage.setVisible(true);
          lireParticipants();
          lireMessages();
        }
        catch (IOException ex)
        {
          afficherErreur("Acc\u00e8s impossible au serveur");
        }
      }
    };
  threadApplet.start();
}

@Override
public void stop() ⑱
{
```

- Appel d'une page JSP relative à celle de cette applet, qui ne renvoie pas de données.
- Envoi de la requête au serveur sans lecture des données renvoyées.
- Renvoi d'un flux de données sur une page JSP relative à celle de cette applet.
- Construction d'une URL relative à la page de cette applet.
- Envoi de la requête au serveur et obtention d'un flux de lecture sur les données renvoyées.
- Envoi de la requête au serveur et obtention d'un flux de lecture sur les données renvoyées.
- Méthode appelée à l'affichage de l'applet.
- Création d'un thread pour lire les messages en tâche de fond.
- Redéfinition de la méthode `run` de la classe `java.lang.Thread`.
- Annonce de l'arrivée de l'utilisateur.
- Modification du label et affichage du champ de saisie.
- Lecture de la liste des participants au chat.
- Lecture de la liste des messages du chat.
- Si une exception a été déclenchée suite à un problème de connexion avec le serveur, affichage d'un message d'erreur.
- Démarrage du thread.
- Méthode appelée à l'arrêt de l'applet.

Ne plus continuer à lire les messages dans le thread de lecture des messages.

Annonce du départ de l'utilisateur.

Inutile d'afficher un message d'erreur à l'utilisateur puisque l'applet n'est plus à l'écran.

```
    this.arretApplet = true; ⓳
    try
    {
      annoncerDepart();
    }
    catch (IOException ex)
    {
      ex.printStackTrace();
    }
  }
}
```

Threads nécessaires au chat

Des threads indépendants sont utilisés dans cette applet dans les deux circonstances suivantes :

- Au moment où le navigateur affiche l'applet en appelant sa méthode `start` ⓰, l'applet annonce l'arrivée de l'utilisateur aux participants du chat, lit la liste des participants ❻ puis démarre la lecture en boucle des messages ❽. Comme cette dernière opération doit continuer tant que l'applet est à l'écran ⓳ ou tant qu'aucun problème ne survient ❹, l'exécution de la méthode `start` ne peut se terminer que si la lecture des messages est effectuée dans un thread séparé. Afin que le dessin à l'écran des composants, qui est réalisé automatiquement après l'appel à `start`, s'effectue sans délai, toutes les opérations nécessitant l'accès au réseau sont en fait programmées dans ce thread.
- Chaque fois que l'utilisateur de l'applet appuie sur la touche Entrée du clavier ❸ dans le champ de saisie, le message qu'il a saisi doit être transmis au serveur et nécessite donc d'accéder au réseau. Pour que le thread Swing, qui est à l'origine de l'appel à la méthode `actionPerformed`, ne soit pas gêné pas cette opération, il vaut donc mieux lancer la requête sur la page JSP dans un thread séparé ⓫.

JAVA Éviter la méthode stop pour arrêter un thread

La méthode `stop` de la classe `java.lang.Thread` est marquée `deprecated`. Pour arrêter un thread qui effectue des instructions en boucle, utilisez une valeur booléenne indiquant au thread s'il doit continuer sa tâche ou non, comme ici avec le champ `arretApplet`.

La classe `com.eteks.forum.AnalyseurXMLForum` de l'analyseur XML est définie à la fin du chapitre 14 « Échanger des informations avec XML ».

ATTENTION Exceptions déclenchées par une méthode redéfinie

Une méthode d'instance ne peut pas déclarer qu'elle est susceptible de déclencher plus de classes d'exceptions contrôlées que la méthode qu'elle redéfinit. Concrètement, vous ne pouvez déclarer avec `throws` les exceptions contrôlées que vous ne voulez pas traiter dans une méthode redéfinie. Le cas se présente dans l'applet de chat pour sa méthode `stop` ⓲ et les méthodes `run` de ses threads ⓬ ⓱, qui interceptent ici la classe `java.io.Exception`.

Gestion de l'accès aux pages JSP du serveur

Les méthodes qui accèdent aux pages JSP du serveur se répartissent en deux catégories :

- les méthodes `annoncerArrivee` ❺, `envoyerMessage` ❿ et `annoncerDepart` ⓬ qui ne font que lancer une requête vers leur page JSP respective en appelant la méthode `lancerRequete` ⓭ sans avoir à analyser le contenu vide qui leur est renvoyé ;
- les méthodes `lireParticipants` ❻ et `lireMessages` ❽ qui font appel à leur page JSP respective grâce à la méthode `connecter` ⓮ pour obtenir un flux de données sur les informations renvoyées par le serveur. Ce flux qui contient ici un document XML est lu et analysé par les méthodes `lireUtilisateursXML` ❼ et `lireMessagesXML` ❾ de l'analyseur XML, afin d'afficher à l'écran les participants au chat et leurs messages.

Toutes les pages `.jsp` nécessaires à l'applet sont décrites avec les paramètres `annoncerArrivee`, `annoncerDepart`, `ajouterMessage`, `lireParticipants`, `lireMessages` de la balise `applet` qu'interrogent les méthodes avec la méthode `getParameter`. Ce paramétrage permet de modifier aisément le nom de ces pages JSP sans retoucher à l'applet, fonctionnalité utilisée dans la dernière partie de cet ouvrage consacré à la synchronisation des threads. Pour pouvoir exprimer ces pages sous forme d'URL relatives à la page `chat.jsp` où la balise `<applet code='com.eteks.forum.AppletChat' ...>` est déclarée, la méthode `connecter` utilise le constructeur `public URL(java.net.URL url,java.lang.String urlRelative)` de la classe `java.net.URL`, en lui donnant en premier paramètre l'URL de la page `chat.jsp` renvoyée par la méthode `getDocumentBase` ⓯.

POUR ALLER PLUS LOIN

Interface utilisateur de l'applet

L'interface utilisateur du chat présentée ici est volontairement simplifiée. Cependant, vous pouvez l'améliorer assez facilement en affichant par exemple la liste des participants à la droite de l'applet, dans une liste de classe `javax.swing.JList`, et en rafraîchissant cette liste régulièrement grâce à la page `lireparticipantschat.jsp`.
Souvenez-vous aussi que l'objet `utilisateurForum` du serveur web est associé à chaque utilisateur de l'applet et qu'il est possible d'ajouter des informations dans la classe `com.eteks.forum.UtilisateurForum` (ou mieux dans une classe dérivée) qui permettraient de personnaliser l'applet de chaque utilisateur (couleurs, délai de rafraîchissement...).

Page de lancement de l'applet

La page de lancement de l'applet `chat.jsp` intègre la barre de navigation du forum et la balise `applet` adéquate. La balise `applet` inclut les balises `param` avec les noms et les valeurs des paramètres requis par l'applet pour obtenir les pages JSP du chat.

CHAT chat.jsp

```
<%@ page errorPage='erreur.jsp' %>
<html><head><title>Chat</title></head>
<body><center><h1>Chat</h1>
<jsp:include page='/WEB-INF/jspf/navigation.jsp' /><br>
<applet code='com.eteks.forum.AppletChat' codebase='classes'
        width='90%' height='300'>

  <% String infoIdSession = ";jsessionid="
                        + request.getSession().getId(); %> ❶
  <param name='annoncerArrivee'
         value='chat/annoncerarrivee.jsp<%= infoIdSession %>' > ❷
  <param name='annoncerDepart'
         value='chat/annoncerdepart.jsp<%= infoIdSession %>' >
```

◄ Inclut la barre de navigation.

◄ Balise `applet` utilisant la classe `com.eteks.forum.AppletChat` installée dans le sous-dossier `classes`.

◄ Liste des pages JSP nécessaires à l'applet pour faire appel au serveur avec l'identificateur de session de l'utilisateur.

```
  <param name='ajouterMessage'
         value='chat/ajoutermessage.jsp<%= infoIdSession %>' >
  <param name='lireParticipants'
         value='chat/lireparticipants.jsp<%= infoIdSession %>'>
  <param name='lireMessages'
         value='chat/liremessages.jsp<%= infoIdSession %>' >
```

Message d'information affiché quand Java n'est pas installé.

```
  <p>Pour utiliser le chat, vous devez installer et autoriser
    <a href='http://java.sun.com/getjava/'>Java</a></p>
```

Fin de la balise applet.

```
</applet>
</center></body></html>
```

REGARD DU DÉVELOPPEUR Proxy et cookie

Il est très avantageux de programmer le serveur du chat sous forme de pages JSP ou de servlets, car cette technologie simplifie la programmation du serveur et la gestion des cookies qui assurent automatiquement l'identification des participants (tâches que vous auriez à programmer si vous recourriez aux *sockets*).

De plus, si le serveur de servlets est disponible sur le port 80, comme c'est le cas d'habitude en production, vous permettrez même aux utilisateurs passant par un proxy d'utiliser le module de chat, car une applet récupère automatiquement la configuration du proxy du navigateur pour lire une URL.

Pour que le serveur puisse retrouver les objets associés à la session d'un utilisateur, il faut ajouter dans l'URL elle-même ❷ une information sur la session utilisée par le serveur en remplacement du cookie. Cette information est codée en ajoutant aux fichiers des URL de la page `chat.jsp` le texte `';jsessionid=idSession'`, où `idSession` ❶ est l'identifiant de session de l'utilisateur renvoyé par l'appel `request.getSession().getId()`.

ATTENTION Ne pas mélanger les fichiers .class

Les fichiers de l'applet de chat sont téléchargés à partir du serveur pour être exécutés par le navigateur dans le contexte d'une applet. Ils doivent donc être rangés dans le dossier `forum/classes` pour être accessibles comme des fichiers `.jsp` ou `.html`. Pour le forum, il ne faut pas les mettre dans le répertoire `forum/WEB-INF/classes`, car le serveur interdit à un internaute l'accès au dossier `WEB-INF` d'une application web.

La commande `javac` suivante compile la classe `com.eteks.forum.AppletChat` et les classes de l'analyseur XML dont elle a besoin, en rangeant les fichiers `.class` produits dans le dossier `forum/classes` du dossier de développement :

```
javac -sourcepath ./src -d ./forum/classes
  ➥ ./src/com/eteks/forum/AppletChat.java
```

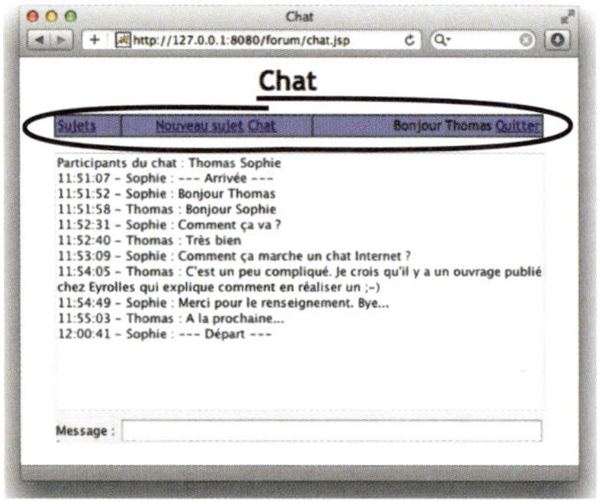

Figure 15–4
Page chat.jsp intégrée dans le forum

Intégration du chat au forum de discussion

Il faut maintenant ajouter un lien vers la page `chat.jsp` dans la barre de navigation du forum pour permettre aux utilisateurs identifiés d'utiliser le chat. Pour faire apparaître ce lien à côté du lien *Nouveau sujet*, on procède à la modification suivante dans la page JSP `WEB-INF/jspf/navigation.jsp` (voir le chapitre 13, « Interface utilisateur du forum ») :

```
<td align='center'>
   <a href='creersujet.jsp'>Nouveau sujet</a>
   <a href='chat.jsp'>Chat</a>
</td>
```

Synchronisation du module de chat

Comme tous les threads d'une même JVM partagent le même espace mémoire, il peut être nécessaire d'éviter dans certains cas que les threads n'aient accès simultanément à certaines données partagées entre eux. Par exemple, si un thread est en train de modifier les éléments d'un ensemble, il ne faut pas que d'autres threads aient accès à cet ensemble tant que la modification de celui-ci n'est pas terminée. Il faut donc *synchroniser* l'accès à cet ensemble, une technique mise en pratique ici dans le module de chat pour résoudre des problèmes de concurrence d'accès qui peuvent survenir sur le serveur.

États d'un thread

Pour utiliser correctement la synchronisation, il faut tout d'abord comprendre par quels états passe un thread pendant sa durée de vie :

1. À sa création, un thread est dans l'état *nouveau*.
2. À l'appel de la méthode `start` sur un nouveau thread, celui-ci passe dans l'état *exécutable* en rejoignant l'ensemble des threads dans le même état et en attente d'être exécutés par le microprocesseur.
3. Un seul thread pouvant être exécuté à la fois par microprocesseur, la JVM doit élire le thread qui pourra passer dans l'état *en cours d'exécution*. Parmi tous les threads dans l'état *exécutable*, la JVM choisit celui de plus grande priorité, ou, à priorité égale, n'importe quel thread dans l'état *exécutable*. Un thread en cours d'exécution exécute ses instructions et garde le contrôle du microprocesseur jusqu'à ce qu'une des circonstances suivantes survienne :
   - Si le temps accordé au thread par le gestionnaire de tâches du système s'est écoulé, il repasse alors dans l'état *exécutable*, ce qui permet à d'autres threads exécutables d'être exécutés à leur tour.
   - Si le thread appelle la méthode de classe `sleep`, il passe dans l'état *bloqué* et repasse dans l'état *exécutable* quand la durée de repos s'est écoulée ou si la méthode `interrupt` est appelée sur ce thread.
   - Après l'exécution de la dernière instruction du thread, il passe dans l'état *mort* et ne peut plus changer d'état. Pour exécuter à nouveau les instructions d'un thread *mort*, il faut créer une nouvelle instance du même thread puis appeler `start` sur ce nouvel objet.

JAVA Thread vivant

Un thread dans l'état *exécutable*, *en cours d'exécution* ou *bloqué* est un thread *vivant* dont la méthode `isAlive` renvoie `true`.

JAVA Autres transitions

Seules les méthodes `run`, `start`, `sleep` et `interrupt` sont représentées dans les transitions de la figure 15-5, `interrupt` permettant de *réveiller* un thread *bloqué* dont le délai de repos n'est pas entièrement écoulé. Les classes `java.lang.Thread` et `java.lang.Object` comptent d'autres méthodes liées à la synchronisation qui peuvent faire passer un thread dans l'état *bloqué*. Les plus utilisées sont étudiées dans la suite de ce chapitre.

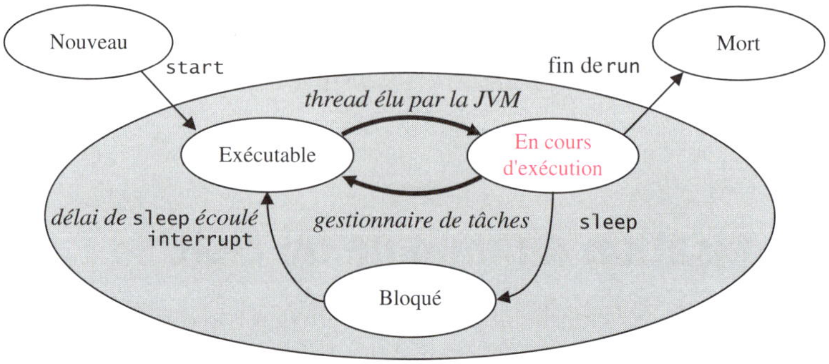

Figure 15–5
États d'un thread

Synchroniser les traitements sur les données partagées

La synchronisation permet de désigner les blocs ou les méthodes qui ne doivent pas être exécuté(e)s simultanément, grâce au mot-clé `synchronized`.

De la nécessité de synchroniser...

La synchronisation est le plus souvent utilisée pour résoudre des problèmes de cohérence d'un objet modifié par un thread et lu par un autre en même temps. Soit un objet `objetModifiable` auquel deux threads `threadModification` et `threadLecture` dans l'état exécutable tentent d'accéder, l'un en appelant la méthode `modifier` de cet objet, et l'autre en appelant la méthode `lire`. Comme vous ne pouvez contrôler ni le moment où le gestionnaire de tâches décidera d'exécuter l'un de ces deux threads, ni la durée pendant laquelle le thread élu aura le contrôle du microprocesseur, le laps de temps qu'accordera le gestionnaire de tâches au thread `threadModification` n'est donc pas forcément suffisant pour que ce thread ait le temps d'exécuter toutes les instructions de la méthode `modifier` ❶. En repassant à l'état exécutable, `threadModification` laissera dans ce cas les données de `objetModifiable` dans un état incohérent, ce qui peut provoquer des erreurs au moment où `threadLecture` interviendra pour accéder à cet objet avec sa méthode `lire` ❷.

JAVA Priorités des threads

Il est possible de donner une priorité plus ou moins grande à un thread avec sa méthode `setPriority`, afin que le gestionnaire de tâches lui accorde un temps d'exécution plus ou moins long. Toutefois, ne jouez pas sur cette priorité pour forcer l'ordre d'exécution de plusieurs threads, car le fait de donner la plus grande priorité à un thread ne lui permet pas pour autant d'acquérir l'exclusivité du microprocesseur.

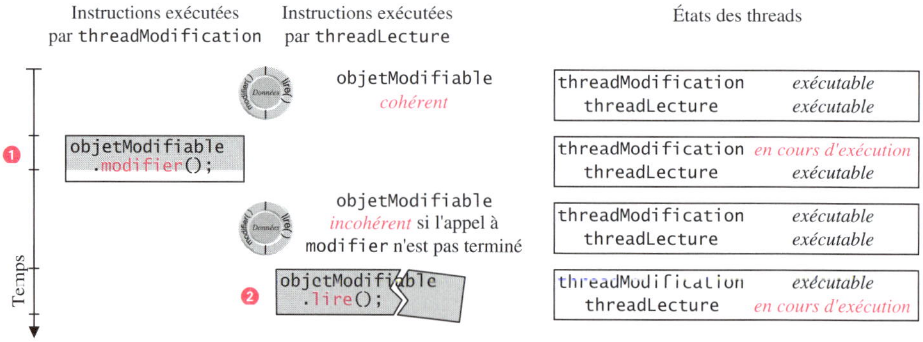

Figure 15–6
Accès non synchronisé à un objet

Synchroniser avec synchronized

Si vous n'avez pas en Java le moyen de contrôler le gestionnaire de tâches, vous avez en revanche la possibilité de synchroniser l'accès à un objet par deux threads concurrents, sans que ces threads aient besoin de se connaître l'un l'autre. La synchronisation se programme grâce au mot-clé `synchronized` pour signaler qu'un thread doit verrouiller un objet avant d'exécuter un ensemble d'instructions accédant à cet objet. Comme l'accès au verrou (*lock* en anglais) d'un objet est exclusif, le thread qui obtient le premier le verrou d'un objet empêche les autres threads de verrouiller cet objet, tant qu'il ne l'a pas libéré.

Le mot-clé `synchronized` s'emploie soit comme instruction suivie d'un bloc d'instructions synchronisées sur un objet, soit comme modificateur d'une méthode pour synchroniser l'appel à cette méthode sur un objet de sa classe.

```
synchronized (objetVerrouillé)
{
  // Instructions synchronisées
  // sur objetVerrouillé
}
```

```
synchronized TypeRetour methode()
{
  // Instructions synchronisées
  // sur this
}
```

En incluant les appels aux méthodes `modifier` et `lire` dans des blocs `synchronized` sur l'objet `objetModifiable`, les deux threads `threadModification` et `threadLecture` n'auront plus le droit d'accéder simultanément à l'objet `objetModifiable` tant que l'un des deux blocs `synchronized` n'a pas été entièrement exécuté (voir figure 15-7). Quand ces threads tentent d'exécuter leur bloc `synchronized(objetModifiable)`, deux cas de figure peuvent alors se présenter :

- Soit l'objet `objetModifiable` n'est pas verrouillé ❶ : le thread *en cours d'exécution* acquiert alors un verrou sur cet objet et exécute les instructions du bloc `synchronized` ❷. Ce verrou reste en sa possession jusqu'à la fin du bloc `synchronized`, même s'il repasse entre temps dans l'état *exécutable* ❸ ❺. À la fin de ce bloc ❻, le thread libère le verrou sur l'objet `objetModifiable` ❽.
- Soit l'objet `objetModifiable` est déjà verrouillé ❹ : si le thread *en cours d'exécution* n'est pas celui qui a verrouillé l'objet `objetModifiable` ❸, il passe dans l'état *bloqué* ❺, tant que cet objet reste verrouillé. Une fois que le verrou sur l'objet est libéré ❻, ce thread repasse dans l'état *exécutable* ❼, ce qui lui laisse une nouvelle chance de pouvoir verrouiller l'objet `objetModifiable` ❽ quand il sera exécuté ❾.

À RETENIR Tout objet peut être verrouillé

Tout objet Java, quelle que soit sa classe, comporte un verrou qui peut être utilisé pour empêcher que deux threads aient un accès simultané à cet objet.

JAVA Synchronisation d'une méthode de classe

`synchronized` peut être utilisé comme modificateur d'une méthode d'instance ou de classe. Pour une méthode de classe, le même mécanisme de synchronisation est mis en œuvre à l'appel de la méthode, mais cette fois-ci en utilisant le verrou associé à sa classe.

ASTUCE Objets immuables partagés entre threads

Les objets immuables (*immutable* en anglais), comme ceux de classe `java.lang.String` ou ceux des classes d'emballage sont particulièrement intéressants en programmation multithread. Leurs données n'étant pas modifiables, ils peuvent être partagés sans risque entre différents threads, ce qui rend inutile toute synchronisation sur de tels objets.

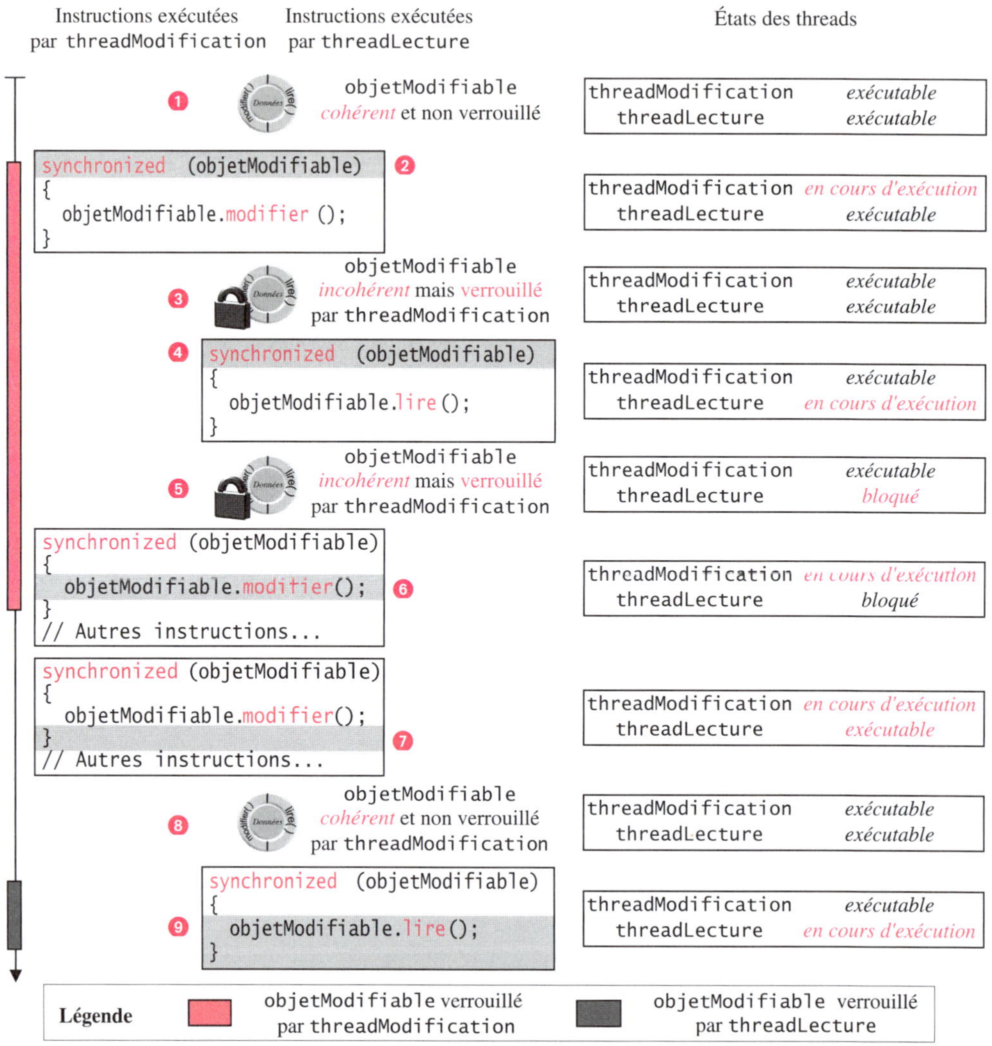

Figure 15–7 Accès synchronisé à un objet

Chat : synchroniser l'accès à la liste des participants

Une des applications les plus courantes de la synchronisation concerne les applications web qui partagent des objets entre plusieurs servlets ou plusieurs pages JSP. Par l'exemple, voyons le problème que peut soulever le fait de partager l'objet `participantsChat` de portée `application` entre les pages `chat/annoncerarrivee.jsp`, `chat/annoncerdepart.jsp` et `chat/lireparticipants.jsp`.

Ralentir l'exécution pour révéler un problème de synchronisation

Même si les pages JSP qui partagent l'objet `participantsChat` fonctionnent sans problème apparent, elles peuvent en fait provoquer des erreurs si la page `chat/lireparticipants.jsp` et l'une des deux autres pages sont appelées simultanément. En effet, un serveur de servlets exécute chaque requête d'un client dans un thread séparé, ce qui lui permet de répondre en même temps aux requêtes de plusieurs clients. Si l'appel à la méthode `supprimer` sur l'objet `participantsChat` dans la page `chat/annoncerdepart.jsp` est exécuté alors que la boucle `for` énumérant les participants de la page `chat/lireparticipants.jsp` n'est pas encore terminée, comment se déroulera la fin de l'énumération puisque l'ensemble `participantsChat` aura été modifié entre temps ?

Les pages `chat/lireparticipants.jsp` et `chat/annoncerdepart.jsp` sont décrites dans la section « Pages JSP de gestion du chat » au début du chapitre.

Le test de cette situation est difficile à réaliser car tout se joue en quelques millisecondes ; pour vous laisser le temps de retirer un utilisateur de la liste avec la page `chat/annoncerdepart.jsp`, alors que vous accédez à la page `chat/lireparticipants.jsp` dans une autre fenêtre de navigateur ou avec une autre machine, le moyen le plus simple consiste à ralentir volontairement la boucle `for` de la page `chat/lireparticipants.jsp` en appelant la méthode `sleep` de la classe `java.lang.Thread` :

```
<% for (UtilisateurForum participant : participantsChat)
   {
     Thread.sleep(30000);
  <utilisateur
    pseudonyme='<%= OutilsChaine.convertirEnEntites(
                        participant.getPseudonyme()) %>'
    autorisation='<%= participant.getAutorisation() %>' />
<% }%>
```

◄ Boucle d'énumération de la page `chat/lireparticipants.jsp`.

◄ Thread bloqué pendant 30 secondes pour vous laisser le temps de tester la modification de la liste des participants.

Une fois ainsi modifié le fichier `chat/lireparticipants.jsp`, vous pouvez provoquer une erreur à l'aide d'un seul ordinateur en respectant la procédure suivante :

1. Ouvrez deux fenêtres de navigateur.
2. Dans une des deux fenêtres, identifiez-vous sur le forum puis lancez l'applet de chat.
3. Dans la barre d'adresse de l'autre fenêtre, saisissez directement l'URL de la page `chat/lireparticipants.jsp` (par exemple en tapant http://127.0.0.1:8080/forum/chat/lireparticipants.jsp).
4. Fermez rapidement (vous avez 30 secondes tout de même !) la fenêtre du chat pour provoquer l'appel à la page `chat/annoncerdepart.jsp`.
5. Une fois écoulé le délai d'attente dans la boucle `for` de la page `chat/lireparticipants.jsp`, une erreur sera provoquée sur le serveur, qui vous renverra la trace de la pile d'exécution de la figure 15-8.

Cette trace de la pile d'exécution vous informe que l'appel de la méthode `next` a provoqué une exception de classe `java.util.ConcurrentModificationException`. La documentation de cette classe vous indique que ce type d'exception est déclenché parce qu'il est interdit à un thread de modifier une collection pendant qu'un autre thread est en train d'énumérer les éléments de celle-ci (*it is not permissible for one thread to modify a collection while another thread is iterating over it*).

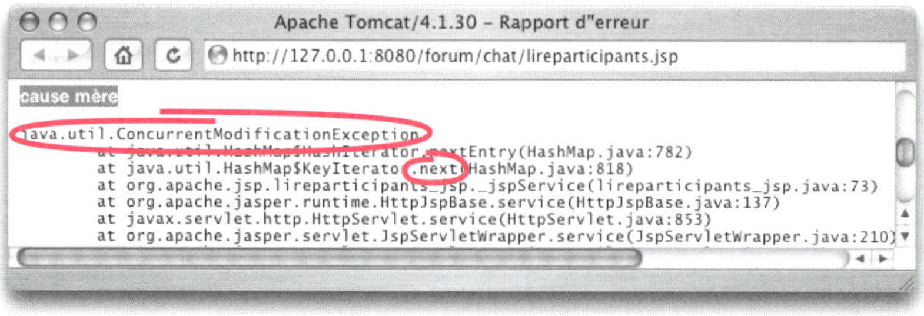

Figure 15–8 Erreur d'accès à l'objet participantsChat sans synchronisation

ASTUCE Vérifier l'effet de la synchronisation

En laissant l'appel à la méthode `sleep` dans la boucle `for` comme précédemment, vous pourrez vérifier l'effet de la synchronisation dans la page `chatlive/lireparticipants.jsp`. Notez au passage qu'un thread endormi conserve les verrous qu'il a acquis.

Synchronisation des pages de gestion de la liste des participants

Pour synchroniser l'accès à l'objet `participantsChat`, il faut ajouter les blocs `synchronized` adéquats dans les pages `chat/annoncerarrivee.jsp`, `chat/annoncerdepart.jsp` et `chat/lireparticipants.jsp`. Ces modifications sont effectuées dans une nouvelle version de ces fichiers rangés dans le dossier `chatlive`, où seront mises aussi les pages JSP relatives à la synchronisation sur la liste des messages, étudiées dans la suite de ce chapitre.

CHAT chatlive/annoncerarrivee.jsp

```
<%@ page import='java.util.*' %>
<%@ include file='/WEB-INF/jspf/bean/utilisateurforum.jspf' %>
<%@ include file='/WEB-INF/jspf/bean/datelecturemessageschat.jspf' %>
<%@ include file='/WEB-INF/jspf/bean/participantschat.jspf' %>
<% synchronized (participantsChat)
   {

     participantsChat.add(utilisateurForum);


   } %>

<% dateLectureMessagesChat.setTime(new Date().getTime()); %>
<jsp:forward page='ajoutermessage.jsp'>
  <jsp:param name='texte' value='<%= "--- Arriv\u00e9e ---" %>'/>
</jsp:forward>
```

- Début du traitement synchronisé sur l'objet `participantsChat`.
- Ajout de l'utilisateur à l'ensemble des participants.
- Fin du traitement synchronisé.

CHAT chatlive/lireparticipants.jsp

```
<?xml version='1.0'?>
<%@ page contentType='application/xml;charset=UTF-8'
       import='com.eteks.forum.*,com.eteks.outils.*,java.util.*' %>
<%@ include file='/WEB-INF/jspf/bean/participantschat.jspf' %>
<utilisateurs>
<% synchronized (participantsChat)
   {

     for (UtilisateurForum participant : participantsChat)
     { %>
```

- Début du traitement synchronisé sur l'objet `participantsChat`.
- Énumération des participants au *chat*.

```
  <utilisateur
    pseudonyme='<%= OutilsChaine.convertirEnEntites(
                          participant.getPseudonyme()) %>'
    autorisation='<%= participant.getAutorisation() %>' />
<%   }
   } %>
</utilisateurs>
```

◂ Fin du traitement synchronisé.

CHAT chatlive/annoncerdepart.jsp

```
<%@ include file='/WEB-INF/jspf/bean/participantschat.jspf' %>
<%@ include file='/WEB-INF/jspf/bean/utilisateurforum.jspf' %>
<% synchronized (participantsChat)
   {
     participantsChat.remove(utilisateurForum);

   } %>
<jsp:forward page='ajoutermessage.jsp'>
  <jsp:param name='texte' value='<%= "--- D\u00e9part ---" %>'/>
</jsp:forward>
```

◂ Début du traitement synchronisé sur l'objet `participantsChat`.

◂ Suppression de l'utilisateur de l'ensemble des participants.

◂ Fin du traitement synchronisé.

Synchroniser les traitements dans un ordre déterminé

`synchronized` permet d'empêcher plusieurs threads d'exécuter en parallèle un ensemble d'instructions, que ces threads se connaissent ou non. Maintenant, comment assurer que ces threads seront exécutés dans un certain ordre s'ils s'ignorent les uns les autres ? Par exemple, comment un thread `threadModification` qui a modifié les données d'un objet `objetModifiable` peut-il prévenir un autre thread `threadLecture` en attente que de nouvelles données sont disponibles ?

API JAVA Package java.util.concurrent

Le package `java.util.concurrent` et ses sous-packages contient de nombreuses classes de gestion avancée des threads (pools de threads, sémaphores, variables atomiques...).

▸ http://lroux.developpez.com/article/java/tiger/

Synchroniser avec wait et notify

Le recours aux méthodes `wait`, `notify` et `notifyAll` de la classe `java.lang.Object` est la meilleure solution pour synchroniser dans un ordre déterminé l'exécution de plusieurs threads qui ne se connaissent pas. Ces méthodes sont liées au verrou de synchronisation que possède chaque objet Java.

API JAVA Méthodes wait et notify de la classes java.lang.Object

Description	Méthode

Met en attente volontairement le thread en cours d'exécution sur un objet verrouillé (avec éventuellement un délai maximum d'attente)	`public void wait() throws InterruptedException`
	`public void wait(long timeoutMillis) throws InterruptedException`
	`public void wait(long timeoutMillis, int nanos) throws InterruptedException`

Réveille les threads en attente sur un objet verrouillé	`public void notify()` `public void notifyAll()`

Quand la méthode `wait` est appelée sur un objet `objetModifiable` verrouillé ❶, le thread *en cours d'exécution* passe dans l'état *en attente* sur cet objet **et** libère le verrou qu'il a acquis sur cet objet ❷ (contrairement à un appel à la méthode `sleep` de `java.lang.Thread` qui ne libère pas ce verrou). Comme l'objet est déverrouillé, un autre thread peut alors obtenir un verrou sur l'objet `objetModifiable` ❸ et se synchroniser sur celui-ci.

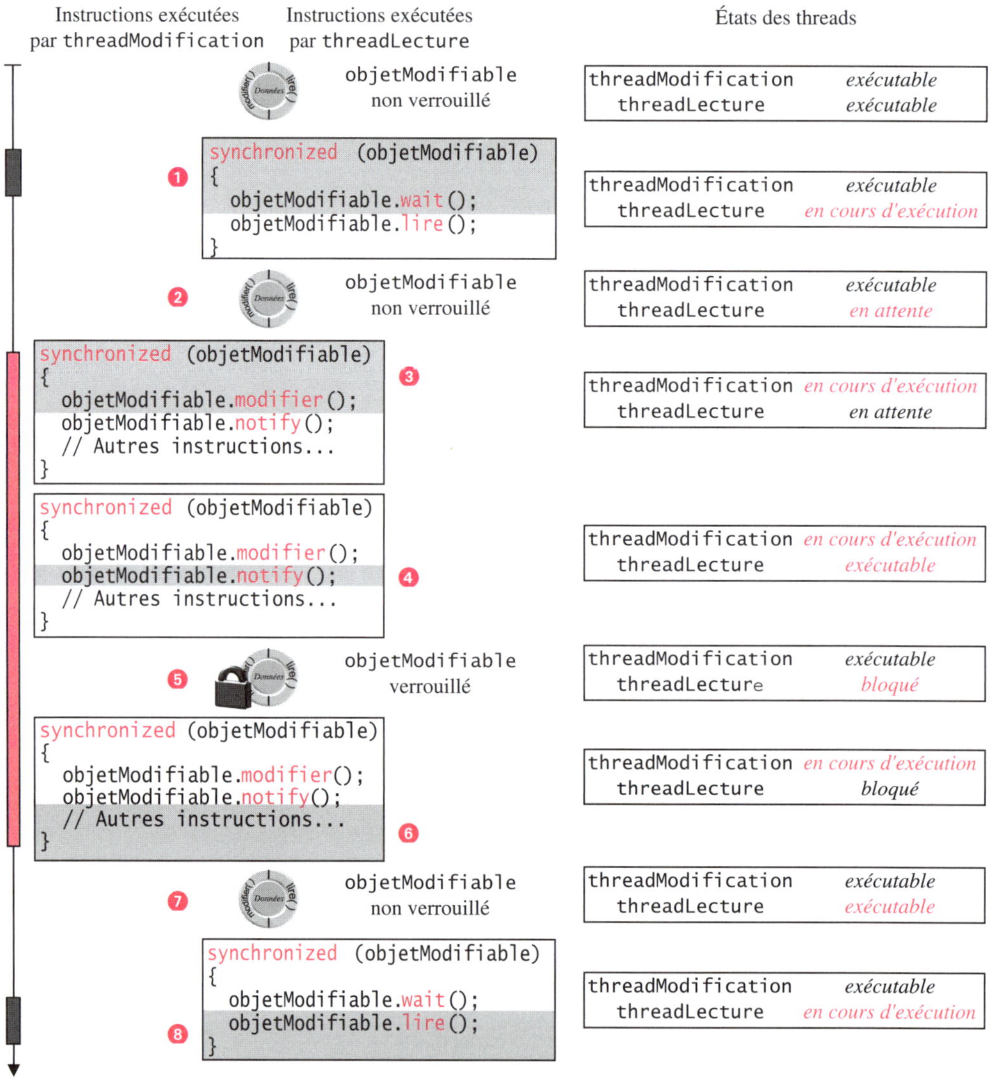

Figure 15–9 Accès synchronisé à un objet avec wait et notify

Après l'appel à la méthode `wait`, un thread reste *en attente* jusqu'à ce que l'une des circonstances suivantes survienne :

- Le délai donné en argument à `wait` s'est écoulé. Par défaut, ce délai est infini.
- Un autre thread a appelé la méthode `notifyAll` sur l'objet `objetModifiable`.
- Un autre thread a appelé la méthode `notify` sur l'objet `objetModifiable` ❹, et le thread *en attente* a été choisi par la JVM parmi tous ceux *en attente* sur cet objet.
- Un autre thread appelle la méthode `interrupt` sur le thread *en attente* pour le réveiller. Notez que, dans ce cas, les deux threads ne s'ignorent pas, puisque le thread qui réveille l'autre doit avoir une référence sur ce dernier.

Le thread *en attente* passe alors dans l'état *exécutable* et essaye de verrouiller à nouveau l'objet `objetModifiable` quand vient son tour d'être exécuté ❺ ❻. Aussitôt qu'il obtient le verrou ❼ ❽, il peut alors continuer son exécution dans le même état qu'avant l'appel à `wait`.

ATTENTION wait et notify s'emploient avec synchronized

Les méthodes `wait`, `notify` et `notifyAll` ne peuvent être appelées que sur un objet verrouillé par le thread *en cours d'exécution*, c'est-à-dire dans une méthode ou un bloc `synchronized` qui a verrouillé cet objet. Si ce n'est pas le cas, une exception de classe `java.lang.IllegalMonitorStateException` est déclenchée.

Chat : synchroniser l'envoi des nouveaux messages aux applets

Le partage de l'objet `messagesChat` de portée `application` entre les pages `chat/ajoutermessage.jsp` et `chat/liremessages.jsp` pose le même problème qu'avec l'objet `participantsChat`. Cependant, au lieu d'ajouter de simples synchronisations à ces pages JSP, la page qui énumère les messages va être modifiée pour la rendre aussi capable de créer un flux continu de données ; ce flux sera alimenté par les nouveaux messages enregistrés au fur et à mesure dans l'ensemble `messagesChat` grâce à la page d'ajout de message. L'applet de chat sera finalement modifiée afin qu'elle ne se connecte qu'une seule fois au flux de données, et qu'elle soit capable de mettre à jour à l'écran la liste des messages au fur et à mesure que de nouveaux messages arrivent du serveur.

REGARD DU DÉVELOPPEUR Synchronisation des messages du forum

L'accès aux messages du **forum** nécessite-il d'être synchronisé lui aussi ? Bien sûr, puisque les pages JSP du forum peuvent être exécutées simultanément elles aussi ! Toutefois, cette synchronisation est réalisée de fait par la base de données elle-même. Les pages JSP du forum qui peuvent être appelées par des requêtes concurrentes prennent soin aussi de ne partager aucune donnée et, par exemple, la liste des sujets de la page d'accueil ou celles des messages d'un sujet sont relues à chaque requête des clients (il serait possible de gérer une sorte de mémoire cache de ces listes, mais ceci sort du propos de cet ouvrage). C'est aussi pour des raisons de concurrence d'accès que les classes du forum accédant au SGBDR ne cherchent pas, d'une requête à l'autre, à réutiliser les instructions précompilées dont elles ont besoin (voir le chapitre 11 « Connexion à la base de données avec JDBC »).

ATTENTION Deadlocks

Évitez quand c'est possible de multiplier les objets verrous afin d'éviter les interblocages ou *deadlocks* entre threads : un deadlock peut survenir quand, par exemple, deux threads restent dans l'état *bloqué* parce que l'un d'eux attend qu'un objet soit déverrouillé par le second, alors que le second attend qu'un autre objet soit déverrouillé par le premier thread. C'est à vous de faire attention qu'un deadlock ne survienne pas.

Synchronisation des pages de gestion de la liste des messages

La synchronisation avec les méthodes `wait` et `notifyAll` est utilisée dans le cas présent pour qu'un thread qui exécute la page `chatlive/ajoutermessage.jsp` puisse prévenir ❷ les threads exécutant la page `chatlive/liremessages.jsp` ❿ qu'un nouveau message est arrivé sur le serveur. Ces deux pages se synchronisent sur le même objet `participantsChat` ❶ ❹ que les pages JSP relatives à la gestion des participants au chat, car l'accès à cet objet est nécessaire, pour déterminer si un utilisateur donné est toujours présent sur le chat ❺ et continuer ou non à lui envoyer des messages.

CHAT chatlive/ajoutermessage.jsp

```
<%@ page import='com.eteks.forum.*,java.util.*' %>
<%@ include file='/WEB-INF/jspf/bean/utilisateurforum.jspf' %>
<%@ include file='/WEB-INF/jspf/bean/messageschat.jspf' %>
<%@ include file='/WEB-INF/jspf/bean/participantschat.jspf' %>
<% synchronized (participantsChat) ❶
   {
     for (Iterator<MessageForum> it = messagesChat.iterator();
          it.hasNext(); )
     {
       if ( System.currentTimeMillis()
            - it.next().getDateCreation().getTime() > 300000)
         it.remove();
     } %>
<jsp:useBean id='message' class='com.eteks.forum.MessageForum'>
  <jsp:setProperty name='message' property='*'/>
  <% message.setAuteur(utilisateurForum); %>
</jsp:useBean>
  <% messagesChat.ajouter(message);

     participantsChat.notifyAll(); ❷

   } %>
```

- Début du traitement synchronisé sur l'objet `participantsChat`.
- Suppression des messages datés de plus de 5 minutes.
- Ajout du message à l'ensemble des messages.
- Notification aux threads en attente.
- Fin du traitement synchronisé.

CHAT chatlive/liremessages.jsp

```
<%@ page contentType='application/xml;charset=UTF-8'
      import='com.eteks.forum.*,com.eteks.outils.*,
              java.util.*,javax.xml.bind.*'%>
<%@ include file='/WEB-INF/jspf/bean/messageschat.jspf' %>
<%@ include file='/WEB-INF/jspf/bean/datelecturemessageschat.jspf'%>
<%@ include file='/WEB-INF/jspf/bean/participantschat.jspf' %>
<%@ include file='/WEB-INF/jspf/bean/utilisateurforum.jspf' %>
<% while (true) ❸

     synchronized (participantsChat) ❹
     {

       if (!participantsChat.contains(utilisateurForum)) ❺
         break;
```

- Boucle de production du flux continu.
- Début du traitement synchronisé sur l'objet `participantsChat`.
- Si l'utilisateur ne participe plus au chat, arrêt de la boucle produisant le flux de données continu.

```
        out.clearBuffer(); ❻
%><?xml version='1.0'?> ❼
<messages>
    <% for (MessageForum message : messagesChat)
       {
         Date dateMessage = message.getDateCreation();
         if (dateMessage.after(dateLectureMessagesChat))
         {
           Calendar date = Calendar.getInstance();
           date.setTime(dateMessage);%>
  <message auteur='<%= OutilsChaine.convertirEnEntites(
                                    message.getAuteur()) %>'
      dateCreation='<%= DatatypeConverter.printDateTime(date) %>' >
    <%= OutilsChaine.convertirEnEntites(message.getTexte()) %>
  </message>
    <%   }
       }
      dateLectureMessagesChat.setTime(System.currentTimeMillis()); %>
</messages>
    <% out.write(0); ❽
        out.flush(); %> ❾
<%     participantsChat.wait(); ❿
      } %>
```

◂ Effacement des données dans la mémoire tampon du flux de la réponse.

Écriture d'un symbole de séparation entre deux documents XML.

◂ Écriture des données en mémoire tampon.

◂ Attente des messages suivants.

◂ Fin du traitement synchronisé.

La page `chatlive/liremessages.jsp` ne produit pas le flux d'un seul document XML, comme cela pourrait sembler normal, mais le flux de plusieurs documents ❼, à raison d'un par cycle ❸. Ce format de données est imposé par la méthode `lireMessagesXML` de la classe `com.eteks.forum.AnalyseurXMLForum` : cette méthode qui est appelée par l'applet pour lire les messages d'un document XML n'est en effet capable d'analyser que des document XML bien formés se terminant par une balise de fin `</messages>`. Pour assurer que chaque document XML créé débute bien par le prologue `<?xml version='1.0'?>` dès le premier caractère ❼, les blancs typographiques superflus sont éliminés de la mémoire tampon de la réponse grâce la méthode `clearBuffer` ❻. Les nouveaux messages sont ensuite produits et un symbole nul ❽ est écrit afin de faciliter le repérage de la fin du document par l'applet cliente. La mémoire tampon de la réponse est finalement écrite sur le flux de données ❾ pour que l'applet reçoive immédiatement le document XML.

POUR ALLER PLUS LOIN Produire un seul document XML et l'analyser avec SAX

L'utilisation d'un analyseur SAX côté client pourrait paraître plus judicieuse car il permettrait de produire côté serveur le flux d'un seul document XML qui serait analysé au fur et à mesure de l'arrivée des données dans le flux. Cependant, l'analyseur SAX de la bibliothèque standard Java utilise d'office une mémoire tampon à la lecture du document XML, qui provoque une analyse des données bloc par bloc et empêche l'affichage des messages aussitôt qu'ils sont reçus par l'applet cliente.

REGARD DU DÉVELOPPEUR notify ou notifyAll

Il faut utiliser dans le cas présent la méthode `notifyAll` plutôt que `notify`, car il est possible que plusieurs threads soient en attente, étant donné que le serveur web lance un thread séparé pour chaque requête d'un client afin d'y répondre simultanément. Si la méthode `notify` était appelée, un seul thread, choisi au hasard, serait prévenu et donc une seule applet cliente recevrait les mises à jour.

Applet de lecture du flux continu de messages

Au lieu de demander à intervalle régulier la liste des nouveaux messages stockée sur le serveur, la nouvelle version de l'applet de chat doit se connecter au flux de données continu renvoyé par la page `chatlive/liremessages.jsp`, et lire les nouveaux messages au fur et à mesure qu'ils arrivent. Ces opérations sont réalisées dans une sous-classe de `com.eteks.forum.AppletChat` ❶ où la méthode `lireMessages` est redéfinie ❷, la référence aux nouvelles pages JSP du dossier `chatlive` s'effectuant dans la nouvelle page `chatlive.jsp`.

CHAT com/eteks/forum/AppletChatLive.java

- Sous-classe de `com.eteks.forum.AppletChat`. (❶)
- Redéfinition de la méthode de la super-classe. (❷)
- Connexion à la page JSP renvoyant le flux de messages encodé en UTF-8. (❸)
- Création d'une mémoire tampon d'octets. (❹)
- Boucle de lecture des octets du flux. (❺)
- Ajout à la mémoire tampon des caractères lus qui ne sont pas le caractère de séparation des documents XML. (❻)
- Si le symbole de séparation est rencontré... (❼)
- ... récupération du tableau d'octets lus et affichage des messages. (❽)
- Vide la mémoire tampon, avant de lire la suite.

```
package com.eteks.forum;
import java.io.*;
public class AppletChatLive extends AppletChat ❶
{
  @Override
  public void lireMessages() throws IOException ❷
  {
    try (Reader fluxLecture = new InputStreamReader(
             connecter(getParameter("lireMessages")), "UTF-8")) ❸
    {
      ByteArrayOutputStream bytes = new ByteArrayOutputStream(); ❹
      Writer chars = new OutputStreamWriter(bytes, "UTF-8");
      int c;
      while ((c = fluxLecture.read()) != -1) ❺
        if (c != 0)
          chars.write(c); ❻

        else ❼
        {
          chars.flush();
          byte [] octetsLus = bytes.toByteArray(); ❽
          InputStream fluxOctets =
                        new ByteArrayInputStream(octetsLus); ❾
          afficherMessagesXML(fluxOctets); ❿
          bytes.reset();
        }
    }
  }
}
```

Après s'être connectée à la page JSP ❸, la méthode lit en boucle ❺ les octets reçus sur le flux de données en les stockant ❻ dans une mémoire tampon de classe `java.io.ByteArrayOutputStream` ❹. Chaque fois qu'un symbole de séparation signalant la fin d'un document XML est lu ❼, les octets en mémoire tampon sont récupérés ❽, puis les messages qu'il contient sont analysés et affichés grâce à la méthode afficherMessagesXML ⑩ en lui passant un flux de données alimenté à partir des octets lus ⑨.

Page de lancement de l'applet

Le lancement de la version synchronisée du module de chat s'effectue grâce à la page chatlive.jsp dont la balise applet fait référence à la classe com.eteks.forum.AppletChatLive et aux pages JSP stockées dans le dossier chatlive.

CHAT chatlive.jsp

```
<%@ page errorPage='erreur.jsp' %>
<html><head><title>Chat live</title></head>
<body><center><h1>Chat live</h1>
<jsp:include page='/WEB-INF/jspf/navigation.jsp' /><br>
<applet code='com.eteks.forum.AppletChatLive' codebase='classes'
        width='90%' height='300'>

  <% String infoIdSession = ";jsessionid="
                          + request.getSession().getId(); %>
  <param name='annoncerArrivee'
         value='chatlive/annoncerarrivee.jsp<%= infoIdSession %>' >
  <param name='annoncerDepart'
         value='chatlive/annoncerdepart.jsp<%= infoIdSession %>' >
  <param name='ajouterMessage'
         value='chatlive/ajoutermessage.jsp<%= infoIdSession %>' >
  <param name='lireParticipants'
         value='chatlive/lireparticipants.jsp<%= infoIdSession %>'>
  <param name='lireMessages'
         value='chatlive/liremessages.jsp<%= infoIdSession %>' >
  <p>Pour utiliser le chat, vous devez installer et autoriser
    <a href='http://java.sun.com/getjava/'>Java</a></p>
</applet>
</center></body></html>
```

◄ Inclut la barre de navigation.

◄ Balise applet utilisant la classe com.eteks.forum.AppletChatLive installée dans le sous-dossier classes.

◄ Liste des pages JSP nécessaires à l'applet pour faire appel au serveur.

Pour que les utilisateurs puissent se servir de cette nouvelle version du chat, il reste finalement à remplacer le lien vers la page chat.jsp par un lien vers la nouvelle page chatlive.jsp dans la barre de navigation du forum créée par la page JSP WEB-INF/jspf/navigation.jsp.

En résumé...

Dans ce dernier chapitre, vous avons vu comment ajouter au forum de discussion un module de chat qui a recours à la programmation multithread, autant côté client pour rendre l'interface utilisateur d'une applet plus réactive, que côté serveur pour synchroniser le partage d'informations entre des pages JSP qui sont exécutées simultanément.

REGARD DU DÉVELOPPEUR **Programmation synchronisée**

La programmation de la synchronisation des threads est une tâche ardue, sur laquelle vous passerez sûrement du temps... Pour bien l'utiliser, il faut s'imaginer par quels états vont passer les threads, quelle implication aura l'utilisation des méthodes `wait` et `notify` sur l'ordre d'exécution des instructions du programme, tout en gardant à l'esprit que ces méthodes ne peuvent être appelées que sur des objets verrouillés.
Le piège le plus classique est de se retrouver avec un deadlock parce que les threads sont tous en attente après avoir appelé la méthode `wait`.

Annexes

A. Types de licences logicielles

De nombreuses classes Java développées par des entreprises ou des particuliers sont disponibles sur Internet ou sur des CD-Rom de démonstration. Que le code source de ces classes soit disponible ou non, n'oubliez pas qu'elles sont utilisables uniquement sous les conditions de la licence concédée même si celle-ci n'est pas citée.

Suite à l'essor des logiciels libres (*free* en anglais à ne pas confondre avec gratuit !), on distingue aujourd'hui quatre grandes catégories de logiciels :

- Les logiciels du domaine public. Ils peuvent être utilisés, modifiés et distribués complètement librement, leur(s) auteur(s) ayant abandonné leurs droits.
- Les logiciels libres distribués sous licence Apache ou GNU LGPL. Ils peuvent être utilisés, modifiés et distribués en respectant certaines conditions assez peu contraignantes. Vous pouvez notamment réutiliser les classes ou les bibliothèques distribuées sous cette licence dans des logiciels non libres ou propriétaires (voir aussi http://www.apache.org/foundation/licence-FAQ.html pour plus de détails).
- Les logiciels libres distribués sous licence GNU GPL. Contrairement aux précédents, vous ne pouvez réutiliser les classes ou les bibliothèques distribuées sous cette licence que dans des logiciels libres eux aussi et disponibles sous une licence comparable. Ceci vous interdit donc de les réutiliser dans des logiciels propriétaires (voir aussi http://www.gnu.org/philosophy/philosophy.fr.html pour plus de détails)
- Les logiciels propriétaires. Ces logiciels ne peuvent être généralement réutilisés que sous certaines conditions contraignantes même s'ils sont distribués gratuitement. C'est la licence par défaut.

En cas de doute sur la licence des classes que vous désirez réutiliser dans votre programme, écrivez à son auteur pour plus d'information. Si vous avez l'intention de distribuer vos propres classes, n'hésitez pas à opter pour l'une des licences précédentes.

B. Fichiers du forum de discussion

Les fichiers nécessaires au fonctionnement du forum et du chat sont organisés sous forme d'une application web Java, ce que montre la figure ci-dessous.

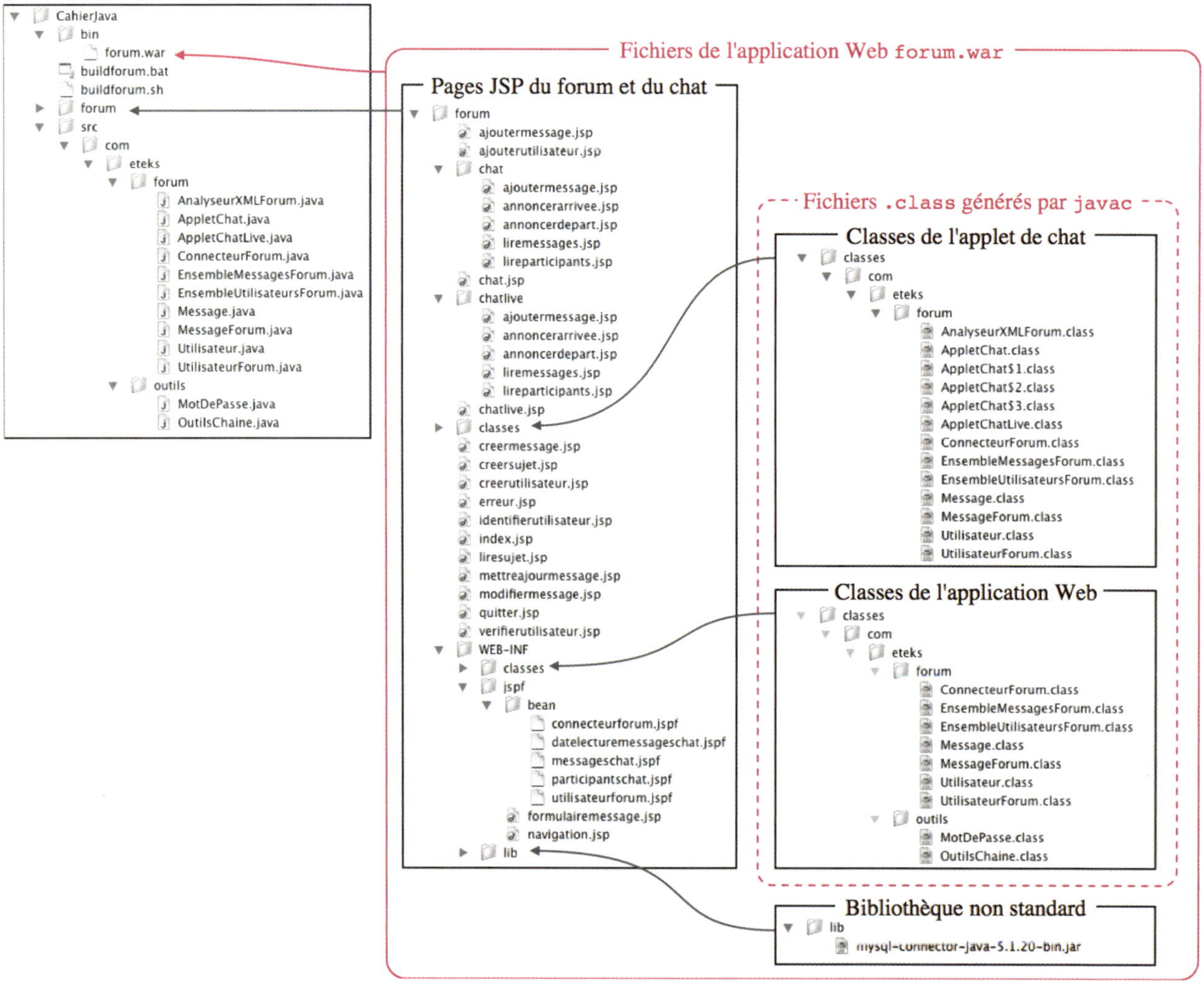

La création du fichier `forum.war` de l'application web est effectuée grâce au fichier de commandes `buildforum.sh`. Celui-ci effectue les actions suivantes :

1 Compilation des classes nécessaires à l'application web en les rangeant dans le dossier `forum/WEB-INF/classes`.
2 Compilation des classes nécessaires à l'applet de chat en les rangeant dans le dossier `forum/classes`.
3 Création du fichier d'archive `bin/forum.war` avec le contenu du dossier `forum`.

```
javac -sourcepath ./src -d ./forum/WEB-INF/classes
  ➥ ./src/com/eteks/forum/UtilisateurForum.java
  ➥ ./src/com/eteks/forum/EnsembleMessagesForum.java
  ➥ ./src/com/eteks/outils/MotDePasse.java
  ➥ ./src/com/eteks/outils/OutilsChaine.java

javac -sourcepath ./src -d ./forum/classes
  ➥ ./src/com/eteks/forum/AppletChatLive.java

jar -cfM ./bin/forum.war -C./forum.
```

Le diagramme de classes UML ci-dessous présente les différentes classes du forum et du chat, avec leurs champs et/ou leurs méthodes principales.

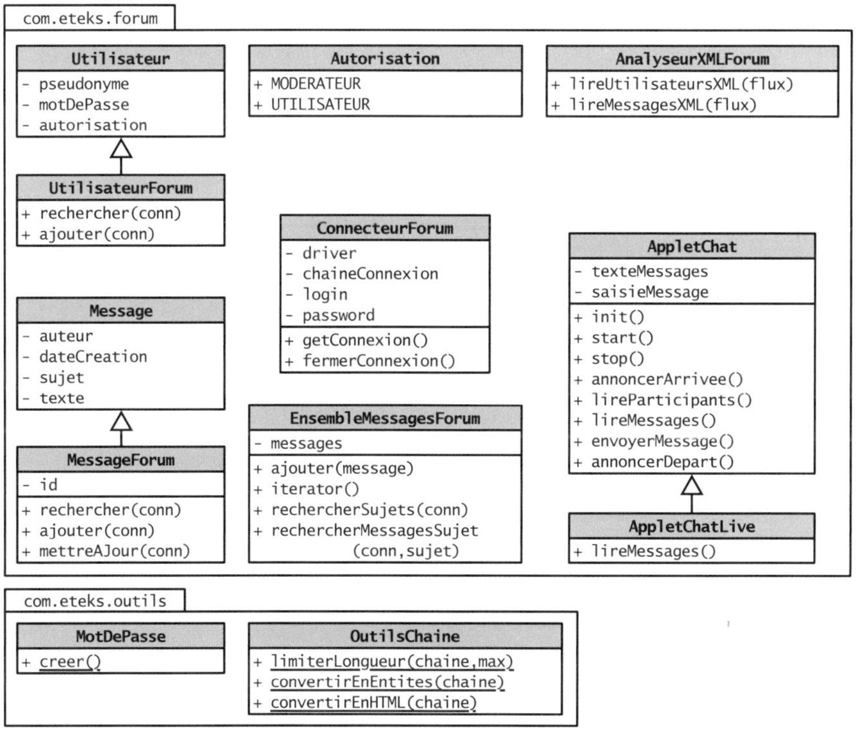

Mise en route du forum

Il suffit de déposer le fichier `forum.war` dans le dossier `webapps` de Tomcat pour déployer le forum.

Le fichier `buildforum.bat` contient les mêmes commandes avec des caractères \ à la place des caractères /.

C. Précisions sur les commentaires javadoc

Un commentaire entre `/***/` est un commentaire `javadoc` utilisé avant la déclaration d'une classe, d'une interface, d'un champ, d'une méthode ou d'un constructeur.

Ce commentaire est un texte descriptif au format HTML suivi éventuellement de balises `javadoc` précédées du caractère `@` comme `@param` ou `@return`. Par convention, un commentaire `javadoc` répète le caractère `*` à chaque début de ligne, caractère omis dans la documentation produite.

Balise javadoc	Usage

@author *auteur*	Décrit l'auteur d'une classe ou d'une interface. Peut être répété pour citer plusieurs auteurs. Exemples :
	`@author Alfred Dupont`
	`@author Georges Durand`

@version *version*	Décrit la version d'une classe ou d'une interface. Exemple : `@version 1.1.3`

@see *Classe*
@see *Classe#champ*
@see *Classe#Classe*
@see *Classe#methode*
@see *Classe#methode(typeParam)*
@see *Interface*
@see *Interface#methode*
	Crée dans la documentation un lien hypertexte vers une classe, une interface, un champ, une méthode ou un constructeur en rapport avec la classe, l'interface, le champ, la méthode ou le constructeur commenté. Exemples :
	`@see com.eteks.outils.Service#Service`
	`@see com.eteks.outils.Payant`
	`@see com.eteks.outils.Payant#getPrix`

@param *parametre commentaire*	Décrit un paramètre d'une méthode ou d'un constructeur. Exemple : `@param prix nouveau prix du produit.`
@return *commentaire*	Décrit la valeur retournée par une méthode. Exemple : `@return le prix de ce produit.`

@exception *ClasseEx commentaire*	Décrit les circonstances dans lesquelles une méthode ou un constructeur est susceptible de déclencher l'exception de classe *ClasseEx*. Exemple :
	`@exception java.lang.IllegalArgumentException si le`
	`parametre est negatif ou plus grand que 20.`

La première phrase d'un commentaire `javadoc` est affichée dans le résumé de la documentation d'une classe.

D. Mise en route de ConTEXT et d'Eclipse

Vous trouverez dans cette section une description de ConTEXT, un éditeur de textes pour écrire vos premiers programmes Java sous Windows, ainsi qu'une introduction à Eclipse, l'un des IDE les plus puissants du marché.

ConTEXT

Disponible sur le site http://www.contexteditor.org/fr/, ConTEXT est un éditeur gratuit suffisant pour débuter la programmation en Java ou pour éditer des programmes sur une configuration matérielle ancienne.

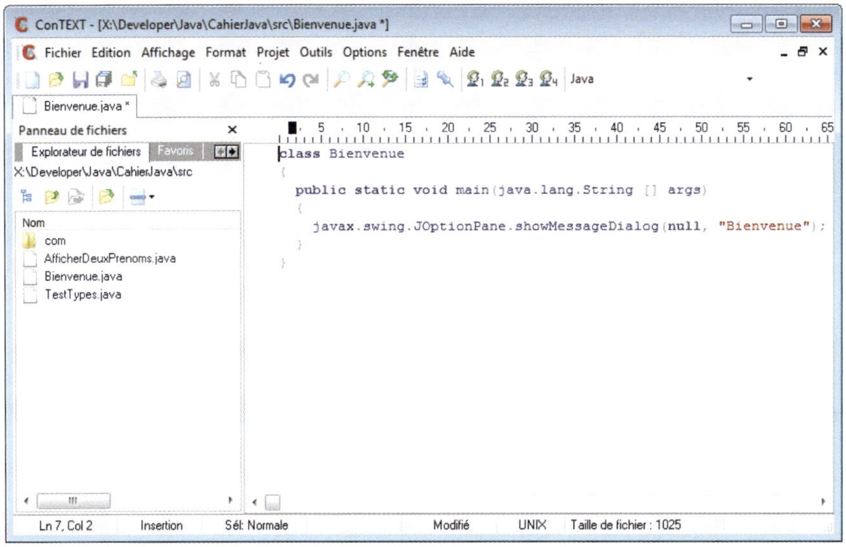

Installation

Lancez le programme d'installation `ConTEXT`*`VERSION`*`.exe` que vous aurez téléchargé, puis laissez-vous guider par l'assistant d'installation. ConTEXT s'installe dans le dossier de votre choix.

Démarrage

Lancez le programme *Context*. Si vous le désirez, le français peut être utilisé comme langue d'affichage en sélectionnant l'élément *Environment options...* du menu *Options*, puis en choisissant le français dans la liste proposé en bas de la boîte de dialogue affichée et en relançant l'éditeur. Sélectionnez Java comme langage par défaut de l'éditeur dans l'option *Syntaxe* de l'onglet *Éditeur* de cette même boîte de dialogue pour que les nouveaux fichiers bénéficient de la coloration syntaxique Java.

Création des classes

Comme ConTEXT est un éditeur de textes général, vous n'avez qu'à sélectionner l'élément *Nouveau* du menu *Fichier* pour créer une classe dans un nouveau fichier.

ASTUCE Gérer les fichiers courants

Le *Panneau de fichiers* de ConTEXT intègre un explorateur de fichiers, une liste de fichiers favoris et un historique qui vous aide à retrouver les fichiers dont vous vous servez le plus souvent. Il est aussi possible de créer de nouvelles listes personnalisées grâce aux éléments du menu *Projet*.

Édition des classes

Outre les outils classiques d'un éditeur que vous retrouverez dans le menu *Édition*, quelques outils sont mis à votre disposition dans le menu *Format* pour accélérer l'édition des classes : indentation en bloc de plusieurs lignes, mise en commentaire de code mais aussi l'option *Insérer code depuis modèle* qui permet d'écrire des portions de code en ne tapant que quelques lettres, par exemple pour créer une boucle à partir du mot `for`. La liste des modèles est disponible par le biais de l'élément *Modèles de code...* du menu *Options*.

Compilation et exécution

Si vous souhaitez compiler ou exécuter une application directement à partir de ConTEXT, vous devez construire les commandes `javac` et `java` correspondantes grâce aux outils de l'onglet *Touches d'exécution* de la boîte de dialogue *Options d'environnement*.

Eclipse

Disponible pour Windows, Mac OS X et Linux sur le site http://www.eclipse.org, Eclipse est un IDE Open Source parmi les plus utilisées.

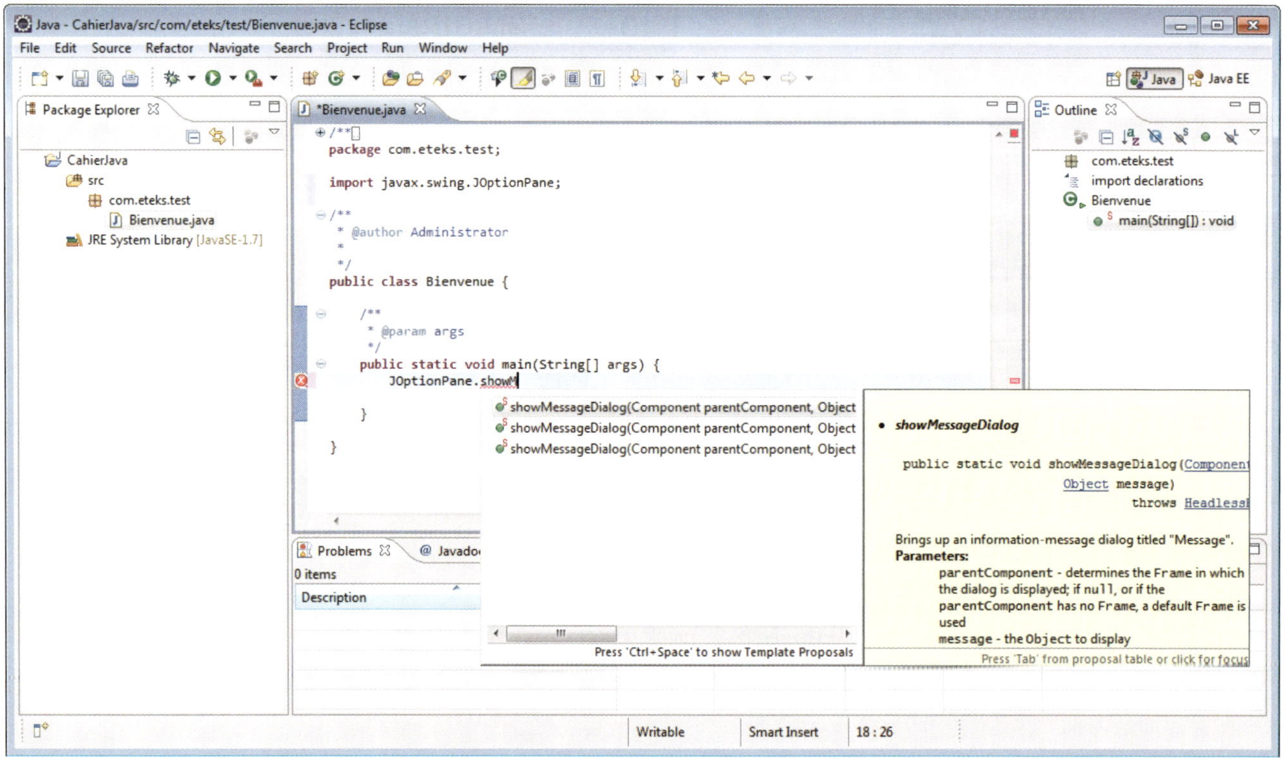

Installation

Une fois téléchargé le fichier d'installation de la version *Eclipse IDE for Java EE Developers* pour votre système, décompressez-le dans le dossier de votre choix puis installez le JDK comme indiqué dans le chapitre 2, si ça n'est pas déjà fait.

Démarrage

Lancez le programme *Eclipse* de votre système situé dans le dossier `eclipse` (`eclipse.exe` sous Windows, `eclipse` sous Linux ou `Eclipse.app` sous Mac OS X).

Vous pouvez franciser l'interface utilisateur d'Eclipse en installant un *language pack* disponible sur leur site.

Au premier lancement, Eclipse vous demande de renseigner le chemin de votre dossier de travail (*Workspace*) où seront rangés par défaut les projets. Une page d'accueil vous présentant les fonctionnalités d'Eclipse est finalement affichée.

Création d'un projet

Pour créer un projet, choisissez l'élément *Project...* dans le sous-menu *New* du menu *File*. Après avoir sélectionné le type de projet *Java Project*, l'assistant (*wizard*) *New Project* qui s'affiche vous propose alors de choisir le nom de votre projet, le dossier dans lequel il sera enregistré, la version du JDK (7 ou autre) avec lequel il est compatible, ainsi que les sous-dossiers où seront rangés les fichiers sources `.java` et les fichiers `.class` si vous désirez les séparer. Cet assistant permet aussi de sélectionner les sous-projets et les bibliothèques nécessaires à votre projet. Une fois la création du projet confirmée, si Eclipse vous propose de passer en perspective Java, répondez par l'affirmative.

POUR ALLER PLUS LOIN Autres options d'un projet

D'autres options comme le chemin où sont rangés les fichiers produits par `javadoc` et certaines options de compilation sont disponibles sur un projet. Vous retrouverez ces options dans la boîte de dialogue affichée en sélectionnant l'élément *Properties...* du menu *Project*. Les options communes à tous les projets comme celles relatives au formatage du code pour la position des accolades, l'indentation, la gestion des retours à la ligne... dépendent de la boîte de dialogue affichée en sélectionnant l'élément *Preferences...* du menu *Window*.

Création des classes

La création de classes s'effectue en sélectionnant l'élément *Class* dans le sous-menu *New* du menu *File* (si l'élément *Class* n'apparaît pas, sélectionnez l'élément *Other...* puis *Class* dans la liste qui s'affiche). L'assistant *New Java Class* qui s'affiche vous permet de renseigner l'identificateur de la nouvelle classe, son package, sa super-classe et diverses options comme l'ajout d'une méthode `main`, l'implémentation automatique des méthodes abstraites... À la confirmation de cette boîte de dialogue, la classe est créée dans le dossier des sources du projet et les sous-dossiers correspondant à son package sont créés automatiquement si nécessaire.

B.A.-BA Perspective Eclipse

Eclipse propose différentes perspectives et vues sur un même projet : une perspective *Resource* pour visualiser les fichiers du projet, des perspectives Java pour visualiser les packages et les classes du projet ou leur contenu, des perspectives CVS... Le choix d'une perspective s'effectue grâce aux éléments du sous-menu *Open perspective...* du menu *Window*.

Édition des classes

Outre les outils classiques d'un éditeur que vous retrouverez dans les menus *Edit*, deux fonctionnalités sont particulièrement utiles pendant l'édition de vos classes :

- La complétion automatique qui ajoute automatiquement les clauses `import` nécessaires à la saisie d'une classe, vous propose les méthodes disponibles sur un objet ou une classe avec des extraits de leur documentation `javadoc`... La complétion se déclenche soit volontairement grâce au raccourci clavier *Ctrl + Espace*, soit automatiquement dans certaines situations.
- Les modèles de code Java (*templates*) qui écrivent des portions de code en ne tapant que quelques lettres, par exemple pour créer une boucle d'itération à partir du mot `for`. Cette fonctionnalité s'obtient grâce au raccourci clavier *Ctrl + Espace* après avoir saisi l'un des mots de la liste des modèles disponibles. Cette liste est visible dans la section *Java / Editor / Templates* de la boîte de dialogue *Preferences* lancée par l'élément *Preferences...* du menu *Window*.

Les menus *Source* et *Refactoring* donnent accès à des fonctionnalités plus poussées comme l'élément *Generate getters and setters...* du menu *Source* qui ajoute automatiquement les accesseurs `get` et les mutateurs `set` d'une classe, ou l'élément *Rename...* du menu *Refactoring* qui renomme la classe, la méthode ou la variable en cours de sélection dans l'ensemble des fichiers `.java` d'un projet.

Compilation et exécution

Un fichier Java est compilé automatiquement au moment où vous l'enregistrez si l'élément *Build Automatically...* du menu *Project* est coché, ou en utilisant les éléments *Build* du menu *Project*.

Dans le menu *Run*, les éléments du sous-menu *Run As* et ceux du sous-menu *Debug As* permettent de lancer une application ou de la déboguer.

B.A.-BA Warning

En plus des erreurs de compilation, le compilateur d'Eclipse peut vous signaler des warnings mais vous n'êtes pas obligé de les prendre en compte. Un warning correspond à une instruction superflue, comme une clause `import` inutile, ou peut révéler un problème potentiel comme le fait de laisser un type de retour devant un constructeur, ce qui en fait une méthode. La liste des warnings est visible dans la section *Java / Compiler* de la boîte de dialogue *Preferences*.

E. Erreurs de compilation les plus fréquentes

Voici une liste des erreurs les plus fréquentes retournées par `javac` à la compilation de fichiers `.java`. Cette liste complète les autres erreurs décrites dans les différents chapitres de cet ouvrage.

Symbole introuvable

```
ClasseXxxx.java:numLigne: package com.eteks.outils does not exist
```

Le package `com.eteks.outils` n'existe pas.

Vérifiez si le dossier racine cité par l'option `-sourcepath` (ou le dossier courant si cette option n'est pas utilisée) contient bien l'arborescence de dossiers `com/eteks/outils`. Si l'erreur est provoquée par la clause `importcom.eteks.outils.*;` vérifiez par ailleurs que le dossier `com/eteks/outils` contient au moins un fichier `.java`.

```
ClasseXxxx.java:numLigne: cannot resolve symbol
symbol : class ClasseYyyy
location: package com.eteks.outils
```

Classe *`ClasseYyyy`* du package `com.eteks.outils` introuvable.

Vérifiez que le dossier `com/eteks/outils` contient bien un fichier *`ClasseYyyy`*`.java` qui déclare la classe `public` *`ClasseYyyy`*.

```
ClasseXxxx.java:numLigne: cannot resolve symbol
symbol : class flot
location: class ClasseXxxx
```

Classe ou type inconnu.

Vérifiez la syntaxe du type primitif (ici `float` à la place de `flot`) ou de la classe.

```
ClasseXxxx.java:numLigne: cannot resolve symbol
symbol : variable getXxxx
location: class com.eteks.test.ClasseYyyy
```

Variable *`getXxxx`* introuvable. Une méthode sans paramètre est toujours suivi d'un couple de parenthèses vide.

Vérifiez si l'appel à la méthode *`getXxxx`* est suivi d'un couple de parenthèses.

```
ClasseXxxx.java:numLigne: cannot resolve symbol
symbol : method showMessageDialog(java.lang.String)
location: class javax.swing.JOptionPane
```

`showMessageDialog` avec un seul paramètre de classe `java.lang.String` n'existe pas.

Ajoutez `null` ou un composant en premier paramètre. Pour d'autres méthodes, vérifiez le nombre et le type des paramètres requis par la méthode.

```
ClasseXxxx.java:numLigne: cannot resolve symbol
symbol : constructor ClasseYyyy()
location: class com.eteks.test.ClasseYyyy
```

Le constructeur de la classe `com.eteks.test.`*`ClasseYyyy`* sans paramètre n'existe pas.

Si vous avez déclaré un constructeur avec paramètre dans la classe `com.eteks.test.`*`ClasseYyyy`* vous devez lui passer les valeurs attendues ou ajouter un constructeur sans paramètre à la classe `com.eteks.test.`*`ClasseYyyy`*.

Déclaration de classe incorrecte

Une classe public doit être déclarée dans un fichier du même nom suivi d'une extension .java.

```
ClasseXxxx.java:numLigne: class ClasseYyyy is public, should be
declared in a file named ClasseYyyy.java
```

Vérifiez si le nom du fichier correspond au nom de la classe.

Conflit entre les noms du package et de la classe.

```
ClasseXxxx.java:numLigne: package com.eteks.test.ClasseXxxx
clashes with class of same name
package com.eteks.test.ClasseXxxx;
```

Vérifiez si le nom du fichier correspond au nom de la classe.

javac a trouvé deux classes de même identificateur dans le même package.

```
ClasseXxxx.java:numLigne: duplicate class: class ClasseXxxx
```

Vérifiez si le nom du fichier correspond au nom de la classe.

Déclaration de méthode incorrecte

Déclaration de la méthode non valide, type de retour exigé. Seuls les constructeurs ne sont pas précédés d'un type de retour.

```
ClasseXxxx.java:numLigne: invalid method declaration; return type
required
```

Ajoutez void ou le type renvoyé devant le nom d'une méthode.

Identifiant attendu. L'identifiant d'une méthode est précédé de void si elle ne renvoie pas de valeur ou d'un type si elle renvoie une valeur.

```
ClasseXxxx.java:numLigne: <identifier> expected
  public void float getYyyy()
              ^
```

Éliminez void ou le type (ici float) en fonction de ce que doit renvoyer la méthode.

Modificateur d'accès incorrect

La classe com.eteks.test.*ClasseYyyy* n'étant pas public elle est inaccessible en dehors de son package.

```
ClasseXxxx.java:numLigne: com.eteks.test.ClasseYyyy is not public in
com.eteks.test; cannot be accessed from outside package
```

Ajoutez le modificateur d'accès public à la classe com.eteks.test.*ClasseYyyy*.

La méthode *methodeZzz* de la classe com.eteks.test.*ClasseYyyy* n'étant pas public elle est inaccessible en dehors de son package.

```
ClasseXxxx.java:numLigne: methodeZzz() is not public in
com.eteks.test.ClasseYyyy; cannot be accessed from outside package
```

Ajoutez le modificateur d'accès public à la méthode *methodeZzz*.

```
ClasseXxxx.java:numLigne: getXxxx() in ClasseXxxx cannot override
getXxxx() in SuperClasseXxxx; attempting to assign weaker access
privileges; was public
```

Utilisez le même modificateur d'accès ou un modificateur d'accès moins restrictif dans la sous-classe. Ici, n'oubliez pas d'ajouter `public` à la déclaration de la méthode *`getXxxx`* dans la classe *`ClasseXxxx`*.

Une méthode ne peut pas avoir un modificateur d'accès qui restreint la portée de la méthode redéfinie de sa super-classe (plus faible = *weaker*). L'ordre de priorité des modificateurs d'accès est du plus restrictif au moins restrictif : `private`, *package protected*, `protected` et `public`.

Déclaration de variable locale incorrecte

```
ClasseXxxx.java:numLigne: illegal start of expression
   private int somme;
```

Supprimez `private` si `somme` est une variable locale.

Expression invalide. `somme` ne peut pas être déclarée `private` si c'est une variable locale.

```
ClasseXxxx.java:numLigne: texte is already defined in
main(java.lang.String[])
```

Déclarez votre variable avant l'instruction ou incluez-la dans un bloc. Vérifiez si vous n'avez pas oublié des accolades.

La variable locale `texte` est déjà déclarée dans la méthode `main`.

```
ClasseXxxx.java:numLigne: not a statement
     java.lang.String message;
```

Déclarez votre variable avant l'instruction ou incluez-la dans un bloc. Vérifiez si vous n'avez pas oublié des accolades.

Les instructions `if` `else` `for` `while` ou `do` doivent être suivies d'une instruction ou d'un bloc d'instructions. Une déclaration de variable locale n'est pas une instruction.

Utilisation de variable incorrecte

```
ClasseXxxx.java:numLigne: variable x might not have been initialized
```

Initialisez la variable `x` avant de l'utiliser.

Tentative d'utilisation de la variable locale `x` déclarée mais pas initialisée.

```
ClasseXxxx.java:numLigne: possible loss of precision
found : double
required: float
```

Ajoutez un `f` à la fin d'une valeur littérale décimale pour indiquer qu'elle est de type `float`.

Perte possible de précision en passant du type `double` au type `float`. Attention les valeurs littérales décimales ont un type `double` par défaut !

Erreur avec return

```
ClasseXxxx.java:numLigne: missing return statement
```

Ajoutez l'instruction `return` suivie du résultat de la méthode.

Manque une instruction `return` pour renvoyer le résultat de la méthode.

```
ClasseXxxx.java:numLigne: unreachable statement
```

Vérifiez la logique des instructions de la méthode : une instruction `return` ne doit pas être suivie d'une autre instruction.

Instruction impossible à atteindre.

Erreur dans les conditions des instructions if, for ou while

Une expression avec l'opérateur = doit avoir une variable à gauche du symbole =. Cette erreur survient quelquefois quand on utilise = au lieu de == pour une comparaison.

```
ClasseXxxx.java:numLigne: unreachable statement
```

Vérifiez si l'opérateur = est vraiment l'opérateur requis.

Types incompatibles. Cette erreur survient quelquefois quand on utilise = au lieu de == dans une condition de l'instruction `if`.

```
ClasseXxxx.java:numLigne: incompatible types
found   : int
required: boolean
```

Vérifiez si l'opérateur = est vraiment l'opérateur requis.

Équilibre incorrect entre accolades ouvrantes et fermantes

Déclaration d'une classe attendue. Cette erreur survient parfois quand il y a une accolade fermante de trop.

```
ClasseXxxx.java:numLigne: 'class' or 'interface' expected
```

Vérifiez l'équilibre entre les accolades ouvrantes et fermantes avant la ligne mise en cause.

Expression non valide. Si une instruction d'appel à une méthode suit l'accolade fermante, cette instruction est utilisée en dehors d'une méthode.

```
ClasseXxxx.java:numLigne: illegal start of expression
  }
```

Vérifiez si vous n'avez pas fermé trop tôt l'accolade de la méthode qui doit contenir l'instruction.

Déclaration incorrecte. Si la ligne où l'erreur survient est une instruction commençant par `if` `else` `for` `while` `do` ou `return`, cette instruction est utilisée en dehors d'une méthode.

```
ClasseXxxx.java:numLigne: illegal start of type
```

Vérifiez si vous n'avez pas fermé trop tôt l'accolade de la méthode qui doit contenir l'instruction.

Chaîne littérale non fermée

Chaîne de caractères littérale non fermée.

```
ClasseXxxx.java:numLigne: unclosed string literal
```

Vérifiez si vous n'avez pas oublié le caractère " à la fin de votre chaîne de caractères.
Attention : une chaîne de caractères littérale ne peut pas être répartie sur plusieurs lignes en Java.

Commentaire non fermé

Commentaire non fermé.

```
ClasseXxxx.java:numLigne: unclosed comment
```

Vérifiez si votre commentaire commençant par /* est bien fermé par */.

F. Bibliographie

[1] *UML, le langage de modélisation objet unifié* – (http://uml.free.fr/)

L'introduction sur la programmation objet de ce site expose la problématique posée par l'ajout d'un nouveau type d'ouvrage à une bibliothèque. Un modèle du genre qui vous permettra en plus d'apprendre UML !

[2] *Cahier du programmeur UML – Modéliser un site e-commerce*, Pascal Roques, Eyrolles 2008.

Pour ceux qui croient que l'apprentissage d'UML est ardu, une introduction limpide à la modélisation UML sur un cas qui concerne tous les développeurs web : la modélisation d'un site e-commerce.

[3] *The Java Tutorial* – Mary Campione, Kathy Walrath,... – Oracle (http://docs.oracle.com/javase/tutorial/, existe aussi en version papier aux éditions Addison Wesley)

De très bonnes documentations pour démarrer en Java et pour utiliser sa bibliothèque.

[4] *Thinking in Java* – Bruce Eckel – Mind View (http://www.mindview.net/ & http://penserenjava.free.fr/, existe aussi en version papier aux éditions Prentice Hall)

S'appuyant sur de nombreux exemples, les premiers chapitres de cet ouvrage de plus de 1000 pages traitent du noyau du langage Java avec une approche originale très efficace pour les personnes ayant déjà programmé. Son plus gros défaut est son manque d'illustrations (vous ne trouverez pas une seule capture d'écran dans le chapitre consacré à Swing !).

[5] *Java Look and Feel Design Guidelines* – Sun Microsystems – Addison Wesley, 1999

Ce bel ouvrage explique comment concevoir une interface utilisateur avec les composants Swing.

[6] *Conception de sites web : l'art de la simplicité* – Jakob Nielsen – CampusPress, 2000

S'appuyant sur des exemples de sites Internet existants (ou ayant existé), cet ouvrage expose les règles à utiliser pour créer un site web ergonomique.

[7] *Java efficace* – Joshua Bloch – Vuibert, 2002

Réservé aux programmeurs expérimentés, cet ouvrage très intéressant donne 57 recettes pour développer de meilleures classes en Java en s'appuyant notamment sur les design patterns.

G. Glossaire

Mot anglais ou mot-clé	**Synonymes et traduction**	**Définition**
`abstract`	Abstrait	Modificateur d'une classe interdite à l'instanciation ou d'une méthode non implémentée.
Access modifier	Modificateur d'accès	Mot-clé (`private`, rien, `protected` ou `public`) modifiant la portée d'un champ, d'une méthode ou d'une classe.
Accessor	Accesseur	Méthode généralement préfixée par `get` ou `is` renvoyant la valeur d'un champ.
API	*Application Programming Interface*	Liste des classes d'une bibliothèque mises à la disposition des programmeurs, avec leurs champs et leurs méthodes.
Cast	Conversion, transtypage	Opérateur utilisé pour convertir la représentation binaire d'une donnée d'un type primitif numérique dans un autre ou pour changer la classe d'une référence.
`class`	Classe, modèle, type d'objet	Type définissant un ensemble de champs et de méthodes communs à un ensemble d'objets.
Collection	Collection	Instance d'une classe gérant un ensemble d'éléments.
Constructor	Constructeur	Groupe d'instructions appelées pour initialiser un objet à sa création.
Encapsulation	Encapsulation	Protection des champs et des méthodes par l'utilisation du modificateur d'accès `private`.
`enum`	Énumération	Type de classe définissant un ensemble homogène de constantes dont le type est l'énumération elle-même.
Exception	Exception	Objet de diagnostic créé en cas d'erreur exceptionnelle.
Field	Champ, donnée, attribut, variable	Donnée déclarée dans une classe. Un champ d'instance mémorise une donnée pour chaque objet, un champ de classe mémorise une donnée globale d'une classe.
`final`	Non modifiable, constant	Modificateur d'une classe, d'une méthode, d'un champ, d'un paramètre ou d'une variable locale non modifiables.
Framework	Environnement, structure	Modèle de traitement requérant l'utilisation d'un ensemble de classes et d'un type d'implémentation.
Garbage collector	Ramasse-miettes	Tâche de la JVM collectant les objets inutiles pour libérer leur mémoire.
Heap	Tas	Zone de la mémoire utilisée pour stocker les objets Java.
Implement	Implémenter	Programmer les champs d'une classe et les instructions de ses méthodes.
Inherit	Étendre, hériter, dériver	Relation créée entre une classe et une autre sous catégorie de la première.
Instance	Instance	Objet créé à partir d'une classe.
`interface`	Interface	Ensemble de méthodes et de constantes que peut implémenter une classe pour accomplir une fonctionnalité.
Iterator	Itérateur	Outil utilisé pour énumérer les éléments d'une collection.
JVM	*Java Virtual Machine*	Interpréteur des fichiers `.class` Java.
Lifetime	Durée de vie	Période d'existence en mémoire d'une variable locale, d'un paramètre, d'un champ ou d'une classe.
Listener	Écouteur, auditeur	Classe utilisée pour suivre les événements émis par un composant réutilisable.
Member	Membre	Champ ou méthode d'une classe.

Mot anglais ou mot-clé	**Synonymes et traduction**	**Définition**
Method	Méthode, message, fonction membre	Traitement défini dans une classe répondant aux besoins d'une fonctionnalité. Une méthode d'instance manipule les champs d'instance d'un objet, une méthode de classe est un traitement global à une classe.
Mutator	Mutateur, modificateur	Méthode généralement préfixée par `set` modifiant la valeur d'un champ.
`native`	Natif	Modificateur d'une méthode dont l'implémentation est donnée dans une bibliothèque dynamique native du système d'exploitation.
Object	Objet	Module regroupant des données et les traitements s'y appliquant. Instance d'une classe.
Overload	Surcharge	Définition dans une classe de méthodes avec le même identificateur mais ayant des paramètres de types différents.
Override	Redéfinir, outrepasser, spécialiser, supplanter	Définition de méthodes d'instance avec le même identificateur et ayant les mêmes types de paramètres dans deux classes héritant l'une de l'autre.
`package`	Paquetage	Module rassemblant les classes traitant du même thème (application, bibliothèque).
Package protected	*Friendly*, portée par défaut	Modificateur d'accès d'un champ ou d'une méthode limitant sa portée aux classes du même package que sa classe.
Polymorphism	Polymorphisme	Faculté qu'a une classe de prendre plusieurs formes grâce à l'héritage, la relation *est un* et la redéfinition de méthodes.
`private`	Privé	Modificateur d'accès d'un champ ou d'une méthode limitant sa portée à sa classe.
Promotion	Promotion	Conversion d'un type primitif numérique dans un autre avec gain de précision.
Primitive type	Type primitif	L'un des types de données `byte`, `short`, `int`, `long`, `float`, `double`, `char` ou `boolean`.
Property	Propriété	Donnée d'un composant réutilisable accessible par un accesseur et éventuellement un mutateur.
`protected`	Protégé, héritable	Modificateur d'accès d'un champ ou d'une méthode limitant sa portée aux sous-classes de sa classe et aux classes du même package que sa classe.
`public`	Public	Modificateur d'accès d'un champ ou d'une méthode ayant la même portée que sa classe.
Reference	*Handle*, référence, pointeur	Variable locale, paramètre ou champ désignant un objet ou égal à `null`.
Scope	Portée, étendue	Zone du programme où une variable locale, un paramètre, un membre ou une classe est utilisable.
Signature	Signature	Combinaison de l'identificateur et des types des paramètres d'une méthode. Chaque méthode d'une classe doit avoir une signature unique. Une méthode qui redéfinit une autre méthode a la même signature.
Stack	Pile	Zone de la mémoire où sont empilés les variables locales et les paramètres, rendant plus rapide l'allocation et la libération de mémoire.
`static`	Statique, global	Modificateur des champs et méthodes de classe.
Subclass	Sous-classe, classe dérivée	Classe héritant d'une autre classe.
Super-class	Super-classe, classe de base, classe mère	Classe dont héritent d'autres classes. Toute classe hérite de la classe `java.lang.Object`.
Thread	Tâche, processus	Suite d'instructions exécutées en parallèle d'autres sur une même machine.
Wrapping class	Classe d'emballage, classe d'enveloppe	Classe mémorisant et manipulant une donnée d'un type primitif sous forme d'objet..

Index

C

D

M

N

O

P

R

S

Dépôt légal : octobre 2012
N° d'éditeur : 8790
IMPRIMÉ EN SLOVÉNIE PAR PP-F